역사

한국개념사총서 |**12**|

역사

박근갑 지음

小花

한국개념사총서 ⓬
역사

초판 1쇄 발행 / 2016년 10월 28일

지은이 / 박근갑

펴낸이 / 고화숙
펴낸곳 / 도서출판 소화
등록 / 제13-412호
주소 / 서울시 영등포구 버드나루로 69
전화 / 2677-5890
팩스 / 2636-6393
홈페이지 / www.sowha.com

값 24,000원

ISBN 978-89-8410-485-3 94300
ISBN 978-89-8410-337-5 (세트)

| 한국개념사총서 발간사 |

19세기 중엽부터 우리 사회에 격랑을 몰고 온 인문 · 사회과학의 개념들에 관하여 혼돈 상태가 아직도 계속되고 있습니다. 몇 가지 예를 들어 봅니다. 민족과 민족주의, 근대국가와 주권, 자주와 독립 같은 핵심 개념들조차 비학문적으로 사용하고 있습니다. 이탈리아에서 19세기 통일 운동 이전의 민족과, 부활리소르지멘토을 지향하는 민족주의운동의 원동력이 된 민족은 서로 구별됩니다. 근대국가는 서유럽에서 등장한 독특한 정치사회의 한 형식이며, 이 형식을 지탱하는 것이 주권 개념입니다. 주권은 서양의 중세사회나 동양의 사대 질서에서 보는 통치권과는 다른 차원의 개념입니다. 자주와 정교금령은 사대 질서의 개념이며, 독립과 내치 외교는 서양 공법 질서의 개념입니다. 이런 역사적 개념을 서로 구별하지 않는 것은 반反역사적은 아닐지라도 비非역사적입니다.

인문 · 사회과학의 개념은 정태적인 것이 아니라 정치 · 사회운동을 함축하고 있는 역동적인 성격을 지니고 있어서 개념사 연구는 정치 · 사회제도의 분석을 전제로 합니다. 그리고 개념들은 장소*topos*와 시간*tempo*에 따라 그 성격이 다르기 마련입니다. 그런데 이 지적 작업을 수행하는 데 세계 정치의 중심 지역 학자들보다 훨씬 어려운 위치에 놓여 있다는 것이 우리 한국 학계의 고민입니다.

우리는 외국 학자들처럼 개념의 공시적이고 통시적인 분석, 의미론이나 명의론에 안주할 수 없습니다. 우리는 여러 장소의 개념들의 충돌을 연구해야만 합니다. 더욱이 우리의 한반도는 독특한 역사적 성격을 지닌 장소입니다. 유럽 열강의 세계 팽창 대상 지역 중에서도 오지奧地에 속하는 곳입니다. 오지의 특징은 외래 개념에 대한 저항과 오해가 그 어느 지역보다 강렬하다는 데에 있습니다. 저항이 강하다는 것은 이미 지켜 온 개념들에 대한 집착이 강하다는 것을 의미합니다. 이른바 가정假晶 · pseudo-morphosis의 현상이 두드러진 곳입니다. 가정은 광물이 그 내부 구조에 따른 본래의 결정형과는 다른 결정형을 나타내는 현상을 지칭하는 광물학의 용어입니다. 다른 장소의 개념이 전파되는 경우, 본래의 의미가 왜곡되는 사회현상을 은유적으로 표현하기 위해 슈펭글러O. Spengler가 광물학에서 차용한 낱말입니다. 이런 점에서 한반도는 중국이나 일본과도 판이한 역사적 경험을 지니게 되었습니다. 오지라는 장소의 특징은 시간의 역사적 성격에도 반영됩니다. 세계 정치 중심 지역의 개념들이 뒤늦게 전파되는 특징을 지니고 있습니다. 오지와 세계사의 접목은 세계사 흐름의 최후 단계에 이루어져서 오지의 세계화는 난항을 겪게 됩니다.

그런데 한반도의 장소적인 특징은 여기에 머물지 않습니다. 같은 동북아 질서에 속하였던 중국과 일본의 변모로 동북아 삼국 사이에도 개념의 갈등이 야기됩니다. 교린 질서 안에 살고 있던 한국과 일본은 1868년부터 개념의 충돌이 시작되어 1876년까지 8년의 위기를 맞습니다. 이 위기를 거치면서 일본은 개념의 세계화 노력에 박차를 가하고 이런 개념에 의한 담론을 세계에 전파합니다.

같은 사대 질서에 살고 있던 중국이 1880년을 전후하여 사대 질서의 변형을 주장해 한국은 중국과 충돌하고 그리고 고민합니다. 유길준의 '양절체제兩截體制'라는 천재적인 직관은 사대 질서의 개념들을 서양 공법 질서의 개념으로 전환시키려는 중국에 대한 우리의 처절한 저항입니다.

이런 역사적 특징을 지닌 한반도라는 장소에서 인문 · 사회과학의 근대적인 기본 개념 형성에 중요한 시기*tempo*는 1850년에서 1950년에 이르는 1백 년이라고 생각합니다. 이질 문명권과 만나 충돌하면서 동시에 동북아 삼국 사이에 개념의 마찰이 병행하는 시기입니다. 이 시기의 개념들은 크게 세 부류로 나눌 수 있습니다.

첫째, 19세기 중엽 이전 우리에게는 알려지지 않았던 새로운 사회현상들의 전파 양상을 가리키는 개념들이 있습니다. 이런 생소한 유럽 학문 체계상의 개념들에 대한 오해는 아직도 존재하고 있습니다.

둘째, 19세기 이전에 사용되었던 개념 가운데 그 본래의 내용이 굴절되어 새로운 현상을 지칭하게 된 개념들이 있습니다. 본래의 의미와 굴절된 내용이 혼재하게 됩니다.

셋째, 19세기 중엽을 전후하여 사라진 개념들이 있습니다. 통용의 중단이 일시적인 것도 있고 다시 부활하는 경우도 있습니다. 어떤 경우이건 스스로 일어난 것이 아니라 그 배경에는 사회적인 격동이 있습니다.

이런 개념사 연구를 우리는 어떤 시각에서 어떻게 서술해야 합니까?

시간의 문제에 대해서는 공시적이고 통시적인 분석을, 그리고 장소의 문제에 관해서는 비교문명권의 입장에 입각해야 한다고 생각합니다. 우리는 이런 방법론에 따라 다음과 같은 순서로 주요 개념들을 서술할 것입니다.

먼저 동서양의 어원을 고찰합니다. 어원은 통시적 분석의 출발점입니다. 개념이 19세기 이전에도 동양 세계에서 통용된 경우에는 그 동양적인 의미와 19세기 이후의 변천 과정을 추적합니다. 그리고 19세기 중엽 새로 동양에 전파된 서양의 개념인 경우에는 서양 세계에서 통용된 의미와 동양에 전파되는 과정을 추적합니다.

그러나 서술의 중심은 한반도라는 장소에서 일어난 개념들의 해석, 번역, 굴절, 선택, 그리고 오해를 포함한 모든 충돌 현상에 관한 분석입니다. 그리고 1950년 이후 이 개념들이 한국 학계에 정착되는 데에 따르는 오늘날의 문제점들을 제시합니다. 정착 문제는 우리 학계의 수준을 폭로하는 일입니다.

이렇게 볼 때 개념사 연구는 인문 · 사회과학의 모든 분야에 걸친 연구입니다. 이른바 '전체의 역사l'histoire totale'를 시도하는 지적 작업입니다. 이런 학술 사업을 진행하기에는 우리 학계의 수준이 아직 일천하다고 걱정하는 소리도 있습니다. 그리고 개념사 연구 자체에 관한 회의와 냉소도 있습니다. 그러나 한국이라는 장소*topos*의 인문 · 사회과학 기본 개념에 관한 연구는 단지 학문상의 문제만이 아닙니다. 이 연구는 우리의 생존에 관한 현실적인 문제이기도 합니다. 개념의 정확한 인식에 의한 학술적인 담론의 세계화는 21세기에 우리가 한반도에서 한국적인 삶을 영위하기 위한 전제 조건입니다. 담론의 세계화를 이룩하지 못한 것이 1910년의 불행을 자초한 한 원인이기 때문입니다.

2008년 8월

한림대학교 한림과학원

한국개념사총서 편집위원회위원장 김용구

차례

| 책머리에 |

"역사는 흐른다."

이 말은 유행가 가사에 오를 정도로 흔하다. 그러나 매번 거기에 역사철학의 언술이 함께한다고 느끼면서 그 말을 쓰는 사람은 드물 것이다. 흐르는 역사는 살아 있으며 어딘가로 나아간다. 그렇다면 그것은 시간의 계기를 지닌 하나의 생물 존재인가?

"역사가 나를 심판할 것이다."

이 말도 신문이나 방송 보도에 자주 나온다. 누군가 억울한 무고나 다툼에 휘말린다고 여길 때 곧잘 그러한 표현을 쓴다. 여기에도 역사철학의 명제가 들어 있다. 역사가 심판자의 자리에 있으려면 신의 존재와 버금가거나 그를 대신할 수 있어야 한다. 그 막중한 힘과 권위는 어디에서 나올까? 이렇듯 우리가 무심코 듣거나 말하는 역사 가운데 무언가 예사롭지 않은 뜻이 담겨 있으리라고 예단하면서 이 책은 시작한다. 우리는 그 말을 언제부터 썼으며, 그것은 또 어디에서 유래했을까? 아마도 이 책이 가장 먼저 다루어야 할 질문일 것이다.

서둘러서 미리 말하자면, 우리 옛 선조들은 '역사'라는 말을 거의 사용하지 않았다. 그 말은 오래전 중국 관찬 사서의 한 귀퉁이에 있는 듯 없는 듯 실려 있었을 따름이다. 굳이 그 말뜻을 풀어 보자면 '역대의 공식 기록물'이라고 할 만한 '역사'는 우연히 에도江戸 시대 초반 일본에 전해졌는데, 간간이 이 말을 글에 남긴 사람들은 개항과 개국의 와중에 유럽 언어의 번역어로 쓰이게 될 줄 짐작조차 할 수 없었을 것이다. 한국 개화파 지식인들이 그렇게 일본 토양에 적응했던 역사를 이 땅에 이식하는 이야기가 이 책의 실마리를 이룬다. 거기에 그리스시대로 거슬러 오르는 유럽 말의 기원과 의미의 족적, 원래 한자 말에 켜켜이 쌓여 있음 직한 이념과 가치, 이 말을 번역어로 바꾸면서 뒤섞였을 일본의 문화 전통, '번역된' 용어를 그대로 가져다 쓴 한국 근대 지식인들의 사유 양식, 이렇게 복잡하기 그지없는 사연들이 이 책의 내용을 꾸밀 것이다. 역사의 말뜻과 그것을 그때그때 사용한 사람들의 사정을 전하는 동서고금의 텍스트들이 이 책의 근간이다.

유럽 언어들, 한문, 일본어와 같은 외래어 사료는 나름대로 번역하여 실으면서 한말 국한문 혼용의 글들은 그대로 책에 올린다. 한글 쓰기 이전의 우리글 또한 하나의 외국어처럼 난독의 대상이지만, 거기에 담긴 시대적 숨결 또한 이 책이 그대로 전해야 할 과제 가운데 하나일 것이다.

이 책은 〈한국개념사총서〉 시리즈로 미리 나와 한국 지식사회에 큰 파장을 일으킨 명저들을 '앞선 수레 거울삼듯' 본받고 뒤따랐다. 그럼에도 이 책의 어지러운 이야기가 자칫 곁길로 가는 바퀴자국을 남겨 '뒤에 오는 수레'에 큰 누를 끼치지나 않을지 염려스럽다. 부족한 글을 쓰면서도 여러 현학의 은덕을 입었다. 한림과학원의 등불을 밝히고 계신 여러분의 도움과 질책 끝에 이 책은 빛을 볼 수 있었다. 그 속에 담긴 모든 결함은 오직 글 쓴 사람 몫으로 되돌아가야 옳을 것이다.

2016년 9월

박근갑

| 서론 |

대묘동 사ᄅᆞᆷ들이 학부에 쳥원 ᄒᆞ야 인가를 맛하 가지고 젼슌쳥 뒤에다 쇼학과를 샤립 ᄒᆞ야 어린 ᄋᆞ히들을 모화 ᄀᆞᄅᆞ치려 ᄒᆞᄂᆞᆫᄃᆡ 학도ᄂᆞᆫ 칠셰 이샹으로 십오셰 ᄭᆞ지 ᄲᅩᆸ고 과졍은 한문과 여러 가지 글 닑기와 글 짓기와 글ᄌᆞ 익히기와 산슐과 죠션 력ᄉᆞ와 디지로 졍 ᄒᆞ고 혹 수신 ᄒᆞ기와 톄죠 ᄒᆞ기와 외국 말도 ᄀᆞᄅᆞ치고 글칙은 이 학교에셔 ᄎᆔ여 준다 ᄒᆞᄂᆞᆫᄃᆡ ᄇᆡ호 고져 ᄒᆞᄂᆞᆫ 쟈ᄂᆞᆫ 셩명과 년셰와 거디를 자셔히 긔록 ᄒᆞ여 음력 십이월 이십일 안으로 본학교에 모화 이달 이십 삼일노 ᄀᆡ학 ᄒᆞᆫ다 ᄒᆞ엿스니 이 일노 밀우여 볼진ᄃᆡ 대묘동에셔 이 샤립 쇼학교 주쟝 ᄒᆞᄂᆞᆫ 사ᄅᆞᆷ들은 ᄎᆞᆷ ᄀᆡ명 진보 ᄒᆞ기에 크게 쥬의 ᄒᆞᄂᆞᆫ 사ᄅᆞᆷ들이라.

1897년 1월 28일 『독립신문』에 실린 이 기사는 갑오개혁1894~1896 이후 우후죽순으로 생겨난 소학교 가운데 한 사립학교 이야기를 전한다. '참개명진보'의 기치 아래 일어선 이 학교가 글짓기, 산술, 지리와 같은 신식 과목을 가르친다는 소식에 주목할 만하다. 그 가운데 '력ᄉᆞ'도 들어 있다.[1] 오늘날 역사로 쓰고 읽는 그 표현은 아마도 이 때 이 신문에 처음 나왔을 것이다. 이즈음에 나온 다른 신문 기사를 보면 이 말이 歷史의 한글 표기로 쓰였다고 짐작할 수 있다. 1898년 9월 24일 『황성신문皇城新聞』에 실린 이야기가 그 사례이다.

> 敦義門外尾洞 居ᄒᆞᄂᆞᆫ 前注書朴禮秉氏가 自己家에 學校를 私立 ᄒᆞ얏스니 日光興塾이라 工은 日語, 英語, 漢文, 法律, 算術, 地誌, 歷史오 敎師ᄂᆞᆫ 外國留學ᄒᆞ얏든 魚蓉善 南舜澌 兩氏가 名譽로 授業ᄒᆞ고 校中에 維持費ᄂᆞᆫ 朴禮秉氏가 自當ᄒᆞᆫ다ᄒᆞ니 三氏의 後學을 開進코져ᄒᆞᄂᆞᆫ 盛擧ᄂᆞᆫ 진실로 感賀ᄒᆞ거니와 此를 推ᄒᆞ면 우리 大韓도 漸次 文明之域에 就ᄒᆞᆷ을 期ᄒᆞᆯ너라.

이 기사에서도 역사는 일어나 영어와 함께 새 교과목을 지시하는 이름이다. 한국 고전 문헌에서 찾아보기 힘든 그 말은 어디에서 유래했을까? 갑신정변1884의 주역 가운데 한 사람인 박영효朴泳孝, 1861~1939가 1888년 망명지 일본에서 조선 국왕에게 올린 「건백서建白書」 가운데 그 실마리를 찾을 만한 설명이 들어 있다.[2] 나중에 갑오경장

1 몇 달 뒤에 나온 이 신문의 다른 기사를 보면, 이즈음에 '력ᄉᆞ'를 비롯한 신식 학과목이 소학교 교과과정에 정착했다는 사실을 알 수 있다. 1898년 6월 9일의 소식은 이렇게 전한다. "홍문동 샤립 쇼학교에셔 이왕 ᄀᆞᄅᆞ친 학도 ᄉᆞ십인은 다 졸업이 된 고로 이돌 삼일 브터 이십일 ᄭᆞ지 다시 십오셰 이샹되ᄂᆞᆫ 학도를 채려 하ᄂᆞᆫᄃᆡ 과뎡은 한문 작문 국 한문 대쇼 습ᄌᆞ 산슐 력ᄉᆞ 디리 톄죠라 ᄒᆞᄂᆞᆫᄃᆡ 그 교샤 리시션씨 ᄀᆞᆺ훈이ᄂᆞᆫ 참 ᄀᆡ명에 쥬의 ᄒᆞᄂᆞᆫ이라 우리ᄂᆞᆫ 리씨를 대 ᄒᆞ야 크게 치샤 ᄒᆞ노라."

2 이 상소문은 일본국제연합회가 편찬한 『日本外交文書』(第21卷, 1949, 東京)에 편철되어 있으며, 「朝鮮國內政ニ關スル朴泳孝建白書」(朝鮮關係雜件 No.106)라는 표제와 더불어 '朴泳孝建白

의 중심에 자리하게 될 이 개혁가가 부국강병과 문명개화의 한 방안으로서 정치 · 재정 · 법률 · 지리 · 산술 등의 '책'과 함께 역사 또한 "한문 또는 언문으로 번역하여" 가르치는 신식 학교 설립을 주장했을 때(朴泳孝 1973 : 63),[3] 그것은 '서양의' 새로운 교과목이나 교재를 지칭한 것이었다. 박영효는 일본 '개국'의 시점에 history의 번역어로 정착한 그 용어에 주목했을 것이다.

유길준俞吉濬, 1856~1914이 1889년에 펴낸 『서유견문西遊見聞』은 그러한 사정을 보다 분명하게 증언한다. 이른바 개화사상을 상징하는 그가 일본을 거쳐 미국과 유럽을 두루 여행한 뒤 선진사회의 제도와 문물을 소개할 목적으로 이 책을 출간했다는 사실은 너무나 유명하다. 여기에서도 역사를 찾을 수 있는데, 그것은 서구의 '문법학교'에서 가르치는 여러 과목을 소개할 때 나타난 표현이다(유길준 1969 : 235). 역사는 곧 history와 짝하는 말이었다. 유길준 또한 이 번역어를 일본의 사례에서 찾았을 것이다. 그의 스승이자 후견인이었던 후쿠자와 유키치福澤諭吉, 1835~1901가 1870년에 완성한 『서양사정西洋事情』이 그러한 점을 시사한다. 일본 계몽의 시대를 이끈 이 책은 『서유견문』의 주요 참고문헌이면서 모범이었다. 후쿠자와는 그 『초편』의 서문에서, "내가 요즈음 영국과 미국에서 출판된 역사와 지리지地理誌 몇 권을 조사하고 그 가운데 서양 여러 나라의 조목을

書'라고 약칭한 제목이 붙어 있다(김석근 2013 : 118~123). 이 문서는 역사학회 편(1973), 『한국자료선집 V : 최근세 편』, 일조각, pp.49~67에 '朴泳孝, 「內政改革에 대한 建白書」'라는 제목으로 다시 수록되었다.

3 "設壯年校 以漢文 或以諺文 譯政治 財政 內外法律 歷史 地理及算術 理化學大意等書 敎官人之少壯者(此似湖堂古事 而其益必大也) 或徵壯年之士于八道 以敎之."

초역하여" 한 권의 책을 서술한다고 밝혔다. 여기에서 역사는 서양의 형세를 알려 주는 계몽의 길잡이와 같은 뜻이었다(福澤諭吉 2004a : 10 ff). 이 책을 읽은 유길준은 번역 행위에 참여하는 수고로움 없이 그 말을 손쉽게 이용할 수 있었을 것이다.

한국 개화파 지식인들은 그러한 수용 과정에서 어떠한 새로움을 기대했을까? 앞에서 본 「건백서」에서 의미심장한 설명을 읽을 수 있다. "만약 말단을 버리고 근본을 취하여 격물궁리의 학문으로부터 천하를 평정하는 방법에 이르게 되면, 그것은 곧바로 지금 구미에서 널리 성행하고 있는 학문과 같습니다. 하지만 물려받은 도는 이미 이어지지 않아 궁리와 격물이 어떠한 것인지를 알지 못하게 되었으니, 어찌 그것을 가르칠 수 있으며, 어떻게 그것을 배울 수 있겠습니까?"(朴泳孝 1973 : 63).[4] 이렇듯 박영효는 옛 도와 외래 학문을 대척점에 세우면서 새로운 시대로 향하는 개혁 과제를 구상한다. 그가 보기에 사서삼경과 제자백가서를 암송하던 '우치愚癡의 부유腐儒가' 백성과 나라를 그르쳤으며, 바로 여기에서 아시아 여러 국가가 쇠퇴하게 된 근본 원인을 찾을 수 있다. 그러므로 이제 새로운 시대는 새로운 학문과 함께 열려야만 한다. 이러한 생각과 함께 그는 즐겨 '자유'와 '통의', '문명'과 '개화'를 말했는데, 이 용어들은 중국 옛 고전에 담긴 이념을 벗어나 미래의 희망을 나타내는 번역어로 쓰인 말들이었다(김현철 2004 ; 김주성 2000).

이처럼 한국 계몽의 시대를 신호한 박래품 언어들은 대부분 일본

4 "若棄其末取其本 以自格物窮理之學 至於平天下至術 則與當今歐美方盛之學同也 然授受之道 已失其傳 而不知窮理格物之爲如何者 則何足以敎之 何足以學之哉."

의 토양에 뿌리내린 신조어들이다. 원래 서양의 근대를 구성한 그 이식언어들은 이른바 개화기를 맞이한 한국 지식사회에서 어떠한 시대적 정당성을 표현했는가? 이 질문은 오늘날의 개념사인식과 맞닿을 수 있다. 그 방법론을 실험한 라인하르트 코젤렉Reinhart Koselleck, 1923~2006은 이렇게 설명한다. '근대Neuzeit'라는 시점에 이르러 옛 경험들은 미지의 기대와 충돌한다. 이때 수많은 개념이 '새로운 시간eine neue Zeit'을 신호하면서 이끌고 가는 힘을 나타낸다. 그 시작점에서 고전적인 상투어들이 심각한 의미변화를 겪는 가운데 '개념 투쟁'이 시작한다(박근갑 2012). 이러한 '시간적 변화계수'를 드러내는 개념 가운데 무엇보다도 '역사'가 유별난 의미를 지닌다. "경험을 섭취하는 특정한 관점과 방식이 새로운 시간으로 체험되는 역사와 함께 불쑥 나타나기" 때문이다. 그것의 새로움은 여러 개별 현실을 보편적 연쇄 관계 속으로 수렴하는 대표단수의 용법에서 비롯한다. 이러한 범례의 "근대 역사 개념은 날이 갈수록 복잡해진 '역사 일반Geschichte überhaupt'을 계몽적으로 성찰한 결과인데, 그 속에서 경험의 조건들은 바로 그 경험에서 점점 벗어난다. 그 의미는 역사 일반이라는 근대 개념이 포괄하면서 공간적으로 넓어진 세계역사Weltgeschichte나 그런 다음에 과거와 미래를 늘 새롭게 서로 연결하는 시간 전망에도 통한다"(Koselleck 1979a : 12 ff).

독일 낭만파 시인 노발리스Novalis(Friedrich von Hardenberg), 1772~1801는 1799년 미래를 향해 끊임없이 시간 체험을 넘어서는 역사의 새로운 의미를 이렇게 표현했다. "진보하면서 점점 더 넓게 나아가는 발전이 역사의 실체이다"(Novalis 1826 : 193). 개념사는 이처럼 근대라는 위기의 시점에 "역사적 운동의 요소이면서 지표"로 이해할 만한 언어들의 작용연관을 재구성한다(Koselleck 1967). 이러한 과제의 중심에 기념비적 개념사 사전, 곧 『역사적 기본 개념 : 독일 정치 · 사회언어 역사 사전*Geschichtliche Grundbegriffe : Historishes Lexikon zur politisch-sozialen Sprache in Deutschland*』이 자리한다(Brunner, Conze and Koselleck 1972~1997). 코젤렉은 '20세기 후반기 서양 역사학계의 최대 성과' 가운데 하나로 일컬어지는 그 과업을 기획하면서 중심 개념들의 의미론 '지침'으로 이를 만한 하나의 설명 모델을 제시한다. "기획의 무게중심은 '근대세계'에 있다기보다는 그 '형성'에 있다. 우리는 그 과정이 역사성을 지닌다는 점에서 출발한다. 따라서 개념 사전은 역사적이며 비판적인 방법으로 완성될 것이다. 프랑스혁명 이전 시기에서 시작하여 혁명적 사건과 변동을 지나 우리 시대의 언어공간으로 이어지는 개념의 변화를 추적하는 것이 그 과제이다. 지난 세기의 중반기 이래 같은 이름의 단어들에서 더 이상 '번역'을 요구하지 않을 만큼 오늘날의 의미내용이 처음으로 확실하게 정해졌듯, 그러한 개념의 변화가 무엇보다도 1750~1850년 사이에 이루어졌다는 사실이 편찬 작업을 이끄는 발견적 원리heuristisches Prinzip이다. 그 탐색적 예견은 이를테면 하나의 자텔차이트Sattelzeit를 내세우는데, 그때 개념들의 어원이 오늘날 쓰는 의미로 바뀌었다"(Koselleck 1967 : 81 ff).[5] 이 명제와 함께 사전의 개

5 독일어 'Sattel'은 말이나 자전거의 안장(鞍裝) 또는 마주 보는 두 산이 아래 부분에서 서로 맞닿는 안부(鞍部)를 뜻한다. 여기에 시간을 말하는 'Zeit'가 더해져서 '자텔차이트'라는 학술 용어가 탄생했다. 코젤렉은 나중에 이 말이 "이론적 관점에서 대단히 흠이 있다"고 여겨 '문턱의 시간(Schwellenzeit)'이라는 용어로 바꾸어 쓰자고 제안했다. 이 새로운 시간 개념은 은유학자 한스 블루멘베르크(Hans Blumenberg, 1920~1996)가 '근대(Neuzeit)'의 시작점을 묘사하기 위해 설정했던 '시대의 문턱(Epochenschwelle)'에서 유래한 것으로 보인다. 시대의 전환점을 의미하는 '문턱(Schwelle)'이란 '눈에 띄지 않는 국경 방어벽'처럼 동시대인들이 아직 넘어서지 못했거나 이

별 항목은 네 가지 기본 범주에 따라 언어표현의 변화 과정을 서술하게 된다. 이를테면, ① '새로운 시간' 이래 사회적 · 정치적 개념들의 사용 범위가 귀족이나 정치 엘리트층을 넘어 점점 대중으로 넓혀지는 과정개념의 민주화, ② 그때부터 여러 시대적 언어들의 의미가 분명한 시간의식을 내포하는 가운데 역사적 목적 개념이 나타나는 현상개념의 시간성, ③ 이와 더불어 시대적 언어들이 대표단수의 형태로 쓰이면서 점점 보편화와 추상화의 수준으로 상승하는 경향개념의 이념지향성, ④ 대체로 정치적 구호나 표어로 등장한 신조어들에서 보듯 일상의 개념들이 투쟁 개념으로 발전하는 과정개념의 정치화이 곧 그것이다(Koselleck 1979b : XVI~XVIII).

자텔차이트는 근대의 공간을 제도화된 가상세계로 인정하는 하나의 인식 범주이다. 이로부터 지나간 경험과 미지의 기대 사이에 언어적 존재 방식의 긴장 관계가 발생한다는 예견이 가능해진다. 코젤렉은 탐색의 과정에 앞서는 선험적 명제의 필요성을 이렇게 설명한다. "언제나 사료에 기술되어 있는 것보다도 훨씬 중요한 것이

미 넘어서고도 감지하지 못하는 시간공간의 은유이다. 뚜렷한 날짜나 명백한 사건으로 구획지어지지 않는 그 지점은 나중 시간에 인지될 수 있는 역사서술의 범주에 속한다(Blumenberg 1996 : 531 ff). 코젤렉은 이러한 은유법을 빌려 서로 다른 두 시대를 연결하는 전환의 시간을 표현했을 것이다. 이와 같은 의미연관에서 유추하건대 '자텔차이트'는 두 시대 사이의 '문턱'처럼 말안장의 모습으로 두 산봉우리를 연결하는 기저를 상정했을 것이다. 따라서 그 용어는 준령의 고갯길(Bergssattel)을 은유적으로 묘사한 표현법으로 봄 직하다. 이렇게 이해하면 오늘날 한국학계에서 그 번역어로 두루 쓰이는 '말안장시대'는 원래 의미와 다소 먼 거리에 있다고 여길 만하다. 〈한국개념사총서〉 제4권으로 나온 『국민 · 인민 · 시민』(박명규, 2009, 소화)에는 '안착기'라는 표현이 '자텔차이트'와 짝하고 있는데(p.39), 원어에 보다 가까운 이 번역어 또한 'Sattel'의 은유를 온전히 되살렸다고 보기 힘들다. 이처럼 우리말로 번역하기 어려운 '자텔차이트'는 코젤렉 스스로도 인정했듯 다소 성급하게 구성되었지만, 그럼에도 이 용어가 오늘날 근대의 언어적 성과를 파악하는 하나의 설명 모델로 정착했다는 사실 또한 부정하기 힘들다(Joas and Vogt 2011 : 319~556).

역사인식 가운데 들어 있다. 사료는 드러나거나 발견될 수 있지만, 또한 없을 수도 있다. 그렇지만 역사가는 어쩔 수 없이 진술을 감행해야 한다. ……어떠한 요소들을 말할 것인가 말하지 않을 것인가를 두고 내리는 결정은 문제 삼을 만한 역사의 조건을 규정하는 이론의 수준에서 이루어진다"(Koselleck 1979a : 204 ff). 말하자면 역사인식은 '진정한 긴장', 곧 이론과 사료 사이의 '생산적 긴장'을 불러온다. 이러한 방법론 전제에서 자텔차이트는 역사적 현상에 가까이 다가가려는 역사가의 성찰에 기여한다. 그것은 탐색의 조건들을 가늠하고 규정하는 가설체계라는 점에서 하나의 이상형Idealtypus에 가깝다. 그 방법론을 세운 막스 베버Max Weber, 1864~1920에 따르면, "이 사유상은 그 개념적 순수성으로 볼 때 현실의 어느 곳에도 경험적으로 존재하지 않는다. 그것은 하나의 유토피아이다. 그리고 개개의 사례에서 실상이 이러한 이념상에 얼마나 가까운지 또는 멀리 떨어져 있는지를 밝혀내는 것이 역사 연구의 과제이다." 이상형은 '진정한' 현실과 겹칠 수 없다. 그것은 더구나 역사적 현상이 거기에 하나의 사례로 편입되어야 할 도식으로 작용할 수도 없다. 그것은 다만 하나의 가상 모델일 따름이다. 역사 연구의 명제가 이러한 실용성에서 멀어진다면, 그것은 새로운 인식관심에 따라 수정되어야 한다(Weber 1982 : 146~214, 인용문 191).

〈한국개념사총서〉가 『역사적 기본 개념』을 하나의 선행 과업으로 본받는다면, 자텔차이트는 한국 근대의 언어 성과를 '생산적 긴장'으로 이끌 만한 이상형으로 작용할 수 있을까? 그 형식적 범주의 공간 안에서 지나간 경험을 벗어난 개념들이 사회적 · 정치적 파괴력을 드러낸다고 보면, 한국 사례를 질문하는 발견적 통로가 열릴 것이다. 이른바 문명개화 또는 애국계몽의 시대에 낯선 외래 용어들이 새로운 국가와 사회의 기대를 의식적으로 표현하면서 의미론 갈등을 불러일으켰다는 사실에 주목할 만하다. 한국 지식사회에 이식되었던 '역사'가 '새로운 시간'의 지평에서 드러내는 소통의 행위와 의미연관이 이 글의 중심 과제로 다루어진다. 이는 곧 자텔차이트의 이상형을 불러내어 가상 모델과 개별 사례 사이의 거리를 가늠하는 사유의 실험이다. 그 박래품 언어의 뿌리를 거슬러서 하나의 상투어가 보편적이며 추상적인 '역사 일반'으로 발전해 가는 과정이 이야기의 출발점을 이룰 것이다.

Part 1

서양의 역사 개념

1. 이름의 기원

"이 글은 할리카르낫소스 출신 헤로도토스가 제출하는 탐사 보고서ιστορίης ἀπόδεξις이다"(Herodotus 1890 : Πρόλογος).[6] 로마공화정 말기 정치가이자 저술가로 유명했던 키케로Marcus Tullius Cicero, 기원전 106~기원전 43에게 '역사의 아버지pater historiae'라는 칭호를 얻은 헤로도토스Herodotos, 기원전 484?~기원전 425?는 '페르시아전쟁' 이야기를 그렇게 시작했다. 여기에 탐구, 관찰, 연구, 그리고 그 결과의 지식을 뜻하는 히스토리에ιστορίη가 들어 있다. 그 대상은 인간사, 생물학적 현상, 수학의 원리, 사물의 본질 등 아주 넓은 범주에 걸쳐 있다. 나중에 로마 사람

6 원전의 한글 번역은 대체로 헤로도토스(2009), 『역사』, 천병희 옮김, 도서출판 숲, p.24의 내용을 따랐다.

들은 이 말을 'historia'라는 표기 방식으로 받아들였는데, 오늘날 역사를 뜻하는 유럽 용어들은 대부분 여기에서 비롯한 것이다. 그 그리스 어원은 어떤 분쟁의 중재에 관여하는 증인이나 조사관을 지칭하는 단어에서 파생했다고 한다. ἱστορίη는 원래 오늘날 역사의 의미와 아무런 관련성을 지니지 않았던 셈이다(김경현 2006 : 31). 그렇지만 이 말이 특히 목격자들에게 직접 질문을 던지는 탐색을 가리켰다는 사실에 주목할 만하다. 그 책의 프롤로그는 이렇게 이어진다.

> 이 글의 목적은 인간의 행적들이 시간이 지나면서 잊히고, 헬라스 사람들과 헬라스 바깥 사람들의 위대하고도 놀라운 업적들이 사라지는 것을 막고, 무엇보다도 이들이 서로 전쟁을 하게 된 원인을 밝히는 데 있다(Herodotus 1890 : Πρόλογος ; 헤로도토스 2009 : 24).

여기에서 ἱστορίη가 과거 사실의 정보를 탐문하는 방법을 암시할 때, 그 지식은 오직 목격자의 증언을 통해 얻을 수 있는 것이었다. 이렇게 보면 그 말의 의미는 경험적으로 추적할 수 있는 대상을 아우른다. 나중에 역사의 뜻을 지니게 되는 라틴어 historia의 근거가 바로 거기에 있었다고 짐작할 만하다(Engels, Günther, Meier and Koselleck 1979 : 595 ff).

> 하지만 나는 사실은 이랬느니 저랬느니 꼬치꼬치 따지고 싶지 않다. 대신 내가 알기에 헬라스 사람들에게 맨 처음 적대 행위를 시작했음이 분명한 남자 이야기를 하려 한다. 나는 먼저 그가 누구인지 밝힌 후 나머지 이야기를 계속하며 크고 작은 도시들을 이야기하려 한다. 전에는 강력했던

수많은 도시가 미약해지고, 내 시대의 위대한 도시들이 전에는 미약했기 때문이다. 인간의 행복이란 덧없는 것임을 알기에 나는 큰 도시와 작은 도시의 운명을 똑같이 언급하려는 것이다[Herodotus 1890 : I, 5, (3)~(4) ; 헤로도토스 2009 : 28].

헤로도토스는 이렇듯 페르시아전쟁과 얽힌 사연들을 밝히는 글을 '로고스 λόγος', 곧 이야기라고 일컬었다. 거기에는 약 3세대에 걸쳐 일어났던 여러 행위와 사건들, 그리고 그 결말이 다양한 주체의 경험을 재구성하는 형식으로 묘사되어 있다. 그렇지만 헤로도토스는 오늘날 역사라고 부르는 그 맥락이나 과정들을 형상하기 위해 어떠한 말도 사용하지 않았다. 헤로도토스를 이어 펠로폰네소스전쟁 이야기를 남긴 투키디데스Thucydides, 기원전 460?~기원전 400? 또한 비슷한 사례를 보인다. 그는 다양한 인간 경험세계에서 두드러지는 정치적·군사적 사건들을 헤로도토스보다 훨씬 심층적으로 묘사하면서도 ἱστορίη라는 표현조차 쓰지 않았다. 그 말은 기원전 4세기 중반기에 이르러서야 비로소 역사적 사건이나 그 경과를 표현하는 형식으로 쓰이기 시작했다. 아리스토텔레스Aristoteles, 기원전 384~기원전 322의 『시학ποιητικῆς』에서 그러한 용례를 찾을 수 있다. 그가 보기에 시인ποιητής은 "일어날 수 있는 일, 곧 개연성 또는 필연성의 법칙에 따라 가능한 일을" 이야기한다. 이와는 다르게 역사가ἱστορικὸς는 "실제로 일어난 일τὰ γενόμενα λέγειν을 이야기한다." 그리고 그의 설명은 이렇게 이어진다.

따라서 시ποίησις는 역사ἱστορίας보다 더 철학적이고 중요하다. 왜냐하면

> 시는 보편적인 것을 말하는 경향이 강하고, 역사는 개별적인 것을 말하기 때문이다. '보편적인 것을 말한다'는 것은 다시 말해 이러이러한 성질의 인간이 개연적으로 또는 필연적으로 이러이러한 것을 말하거나 행하게 될 것이라고 말하는 것을 의미한다. 비록 시가 등장인물에게 고유한 이름을 붙인다 하더라도 시가 추구하는 것은 보편적인 것이다. '개별적인 것을 말한다'는 것은 이를테면 알키비아테스가 무엇을 행했는지 또는 무엇을 당했는지를 말하는 것을 의미한다(Aristotle 1902 : 34 ff).[7]

아리스토텔레스는 그렇게 시학의 과제를 논하면서 ἱστορικὸς를 처음으로 호명했다. '역사학자'로 풀이할 만한 이 말은 원래 연구자나 전문가를 지칭했다. 그것이 문학적 표현이라는 보편적 속성 가운데에서 시의 영역과 차별성을 지니게 되었을 때, 앞으로 '역사'와 뜻을 같이하게 될 히스토리아ἱστορία는[8] 하나의 특별한 의미를 표현할 수 있었다. "역사가와 시인의 차이점은 운문을 쓰느냐 아니면 산문을 쓰느냐 하는 점에 있는 것이 아니다. 헤로도토스의 작품은 운문으로 고쳐 쓸 수도 있을 것이다. 그러나 운율이 있든 없든 그것은 역시 일종의 역사임에는 변함이 없을 것이다"(Aristotle 1902 : 34 ; 아리스토텔레스 · 호라티우스 · 플라톤 · 롱기누스 2002 : 62). ἱστορία는 이제 문학적 맥락에서 정치적이며 군사적 사건의 결말을 묘사하는 과제와 같은 뜻을

7 원문은 *Περὶ ποιητικῆς*, 1451a, p.36 ; 1451b, p.1 ff. 원전의 한글 번역은 대체로 아리스토텔레스 · 호라티우스 · 플라톤 · 롱기누스(2002), 『시학』, 천병희 옮김, 문예출판사, pp.62~63의 내용을 따랐다.

8 헤로도토스가 사용한 '히스토리에(ἱστορίη)'는 원래 이오니아 방언이었으며, 나중에 같은 뜻으로 더 많이 쓰인 '히스토리아(ἱστορία)'는 아티카 방언이었다(김봉철 1995).

지니게 되었다. 이 말의 의미는 로마의 패권 전쟁과 생을 함께했던 폴리비오스Polibios, 기원전 약 200~기원전 118의 작품에서 한 걸음 더 나아갔다. 그는 모두 40권의 방대한 『역사Ἱστορίαι』를 쓰면서 무엇보다 먼저 제2차 포에니전쟁이 발발하고 마케도니아가 패망하면서 로마 정복이 정점에 이르는 시기에 주목했다. 그가 보기에 이 시기 이전에는 "세계의 활동이 분산되어 있었다." 그러나 그 시점 이래 "역사ἱστορία는 하나의 유기적인 모습σωματοειδής으로 되었다. 이탈리아와 아프리카의 문제들이 그리스와 아시아의 문제들과 얽히게 되었으며, 모두 하나의 결론으로 나아갔다"(Polybius 1922 : 7).[9] 그가 역사의 이름으로 다루고자 했던 주제, 곧 널리 알려진 세계의 여러 지역이 로마에 복속하게 된 근거와 과정은 하나의 총체성을 지녀야 했다. 그것은 명백한 출발점, 불변의 지속성, 그리고 논쟁의 여지없는 목적지를 한데 아우르는 사건들의 맥락이었다(Polybius 1979a : 3).[10] ἱστορία는 그렇게 어느 특정한 시대를 형상하는 이름으로 쓰일 수 있었다. 오늘날 역사가 표현하는 주요 의미 영역 가운데 한 가지는 바로 거기에서 비롯한 것이다.

ἱστορία가 이처럼 단일한 연관 관계로 이어 볼만한 행위와 사건들, 그리고 그 경과와 추세를 의미하더라도 그것은 어디까지나 '문학적' 형식과 범주 안에서 구성되는 것이었다. 연구와 성과라는 원래 의미를 벗어나 순수하게 일어난 일 자체만을 지시하는 고전고대의 용례는 찾아보기 힘들다(Engels, Günther, Meier and Koselleck 1979 : 599 ff).

9 원문은 1, 3, 4.
10 원문은 3, 1, 4~5.

"우리는 진정한 역사에서 생성하는 경험을 실제 생활에서 가장 훌륭한 지침으로 삼아야 한다"(Polybius 1922 : 99).[11] 폴리비오스가 이렇게 교훈의 과제를 말했을 때, 그의 '역사'는 행적과 사건들의 집적뿐만 아니라 그 기록의 유산을 함께 함축하는 용법이었다. 이 줄기에서 그는 군주제, 귀족 지배, 과두체제, 공화정을 거친 로마의 정체에 깊이 주목했다. 그리고 그의 책은 하나의 명제에 이른다. "그러한 것이 정치적 변혁의 순환ἀνακύκλωσις인데, 자연의 질서에 따르는 그 과정 안에서 정체들이 변화하고 소멸하다가 마침내 그 출발점으로 되돌아간다"(Polybius 1979b : 289).[12] 그가 보기에 로마 국가는 '자연적인' 생성과 발전, 그리고 위대한 완성을 이룩했으며, 마찬가지로 장차 점점 힘을 잃어 '자연적인' 쇠락을 겪게 될 하나의 사례이다. 모든 국가의 정체는 이러한 자연의 보편법칙에 따르는가? 폴리비오스의 대답은 분명하지 않다. 아마도 그는 단순히 역사에서 얻는 범례가 "어떠한 해악도 끼치지 않으면서"(Polybius 1922 : 99)[13] 사람들의 판단력과 지혜를 일깨우는 하나의 교과목이 된다고 생각했을 것이다. 그가 발견한 정체의 '순환'은 인간 본성의 항상성을 가정할 만한 수단이다. 정치 변화의 조건들이 '자연'처럼 늘 동일하다는 전제에서 지나간 경험은 교훈의 학교가 될 수 있었을 것이다.

키케로는 바로 그러한 폴리비오스의 명제를 모범삼아 인간의 삶에 불멸의 교훈을 주는 역사를 말할 수 있었다. "역사란 참으로 시

11 원문은 1, 35, 9.
12 원문은 6, 9, 10.
13 원문은 1, 35, 10.

대의 증인이요, 진리의 등불이며, 기억의 생명이자, 삶의 스승이고, 과거를 이어 주는 전달자이다"(Cicero 1942 : 225).[14] 앞으로 철학과 인간학 저작에 회자하게 될 이 경구는 지나간 경험을 되살리는 연설가, 곧 완벽한 정치가만이 교훈의 역사에 영원성을 가져다줄 것이라는 이상을 담고 있다. 키케로가 여기에서 로마공화정의 위기에 대처하는 연설가의 과제를 말했을 때, 역사란 교훈을 전달해 주는 사례들의 집합소로 등장했다. 그는 만년에 쓴 책에 이러한 말을 남겼다. "역사는 본보기들로 가득하다."[15] 그 뒤로 '역사란 삶의 스승'이라는 말은 기독교세계에도 영향을 끼쳤으며, 세속사의 사건들 또한 신성한 교육의 본보기로 이용될 수 있었다. 이를테면 중세 초기 세비야의 주교였던 이시도르Isidore de Seville, 560?~636는 사라져 가는 고전고대의 옛 지식들을 모아 『어원백과사전*Etymologiarum sive originum*』을 펴내면서 키케로의 글을 자주 인용했다(Koselleck 1979a : 41). 여기에 역사historia가 하나의 항목으로 들어 있는데, 그것은 키케로가 말한 범례의 교훈과 다를 바 없다.

> 세상 사람들의 여러 역사historiae gentium는 유용한 작품을 읽고자 하는 사람들에게 아무런 방해물이 되지 않는다. 수많은 현자가 삶의 교훈이 되도록 역사 속에 인간의 과거 행적들을 담아 전했기 때문이다. 이들은 역사를 통해 계절과 연도별로 최종 판단을 이끌어 내고 집정관과 왕이 교체되는 과정에서 꼭 필요한 여러 사항을 탐구한다(Isidore de Seville 1911 : XLIII).[16]

14 원문은 2, 9, 36.

15 Cicero, *De divinatione*, I, 50(Koselleck 1979a : 41 재인용).

16 원전의 한글 번역은 대체로 Isidore of Seville Saint(2006), *The Etymologies of Isidore of*

역사가 이처럼 다분히 세속적이며 정치적인 '삶의 교훈'을 가져다주는 현자들의 지혜를 상징하게 되었을 때, 그 시대 기독교 맹신자들은 이교도의 사건들을 신성한 교회사 편찬의 범례로 받아들이는 일에 기꺼이 함께할 수 없었다. 그럼에도 이시도르는 헤로도토스로부터 전해 오는 '탐구'의 과제를 불멸의 구원이라는 성사의 경험과 조화시킬 수 있었다. 그 그리스어 표현에서 비롯한 역사가 사악하기 그지없는 이교도의 사례들을 담고 있더라도 마침내 최고도의 진리를 전하는 지식의 등급에 이른다는 정당화 덕택이었다. "역사historia는 실제로 발생했던 행적들rei gestae의 서술이다." 이 말은 역사란 서술자가 스스로 목격하고 겪은 사건을 기록하는 당대사라는 동시대 인식 범주를 넘어선다. 역사서술에 얽히는 진리 요구가 직접 체험할 수 없이 먼 과거 시간들의 문제로 넓혀질 때, 목격자 진술은 구두 전승이나 앞선 사람들의 기록물로 대체되기 마련이다. 이시도르가 표현하는 역사 가운데 지나간 행적의 지식은 이미 그것을 인식했던 사람에게 기댄 것이다. 전승 자료가 진정성의 요구와 얽힌다는 점에서, 그 인식 대상은 스스로 하나의 역사 개념이 된다(Engels, Günther, Meier and Koselleck 1979 : 610 ff). "역사는 진실로 이미 일어났던 사실이다historiae sunt res verae quae factae sunt"(Isidore de Seville 1911 : XLI~XLIV). 역사는 그렇게 과거 행적들을 논증할 수 있는 증빙 자료argumentum나 그것들을 확실하게 인지할 만한 지식뿐만 아니라 총체적인 사건들 자체를 아우르는 집합 개념으로 등장했다. 이 바탕에서 바로

Seville, Stephen A. Barney, W. J. Lewis, J. A. Beach and Oliver Berghof eds. and trans., Cambridge, UK : Cambridge University Press, p.67의 내용을 따랐다.

크시대 『전체 학문의 백과사전*Scientiarum omnium Encyclopaediae*』은 키케로의 토포스를 현재뿐만 아니라 미래를 밝히는 스승으로 바꿀 수 있었다.

> 역사 지식은 역사에서 얻는 훌륭한 실제 경험으로 이루어진다. ……역사는 우주 만물의 무대이며, 시대의 거울이고, 사례들의 금고이자, 지혜의 눈이요, 거짓과 나약함과 어리석음의 거울이며, 지혜의 원리이고, 수호자와 전령사의 덕행이요, 죄악과 비행의 증인이자, 진리의 예언자이며, 현명함의 중심지이다.[17]

이 백과사전을 서술한 독일 칼뱅주의 신학자 알스테드Johann Heinrich Alsted, 1588~1638는 옛적 아리스토텔레스의 수사학 명제를 다시금 이렇게 되새겼다. "상상하여 창작하면 역사서술historiam에 죄를 짓는 것이다. 그렇지 않으면 시작poesin에 죄를 짓는 것이다"(Koselleck 1979a : 278 재인용). 앞에서 보았듯 아리스토텔레스는 개연성과 보편성을 추구하는 시학에 비해 수많은 사건을 시간의 흐름에 따라 배열할 따름인 역사를 경시했다. 알스테드의 이 짧은 요약문에서 르네상스와 종교개혁을 거치는 동안 창조하는 문학의 우월성에 맞설 수 있었던 역사의 진리 요구를 읽을 수 있다. 역사서술가는 거짓으로 이어지는 허구의 창작에 비해 실제로 일어난 사건res gesta을 탐구하고 모사한다는 주장이 시대적 정당성을 얻은 셈이다. 그 진리의 약속은 이

17 Alsted, Johann Heinrich(1649), *Scientiarum omnium Encyclopaediae*, Bd. IV, Buch 32, exhibens Historicam(Lugduni), pp.25 ff[Koselleck 1979a : 43(주 17) 재인용].

즈음 자주 거울의 은유와 함께했다. 거기에 비치는 대상이 늘 올바르고 순수하다는 점에서, 역사서술은 교훈의 위상을 굳건히 지킬 수 있었을 것이다. 동시대 네덜란드 신학자 포시우스Gerardus Joannes Vossius, 1577~1649는 아무것도 꾸미지 않는 탐구보고서의 과제를 이렇게 표현했다. "역사는 명백하게 인간 삶의 거울speculum vitae humanae이다"(Vossius 1653 : 27). 사건들의 실상을 아무런 왜곡 없이 드러내기를 바란 이 소박한 인식론은 "벌거벗은 진리"의 은유와 상통한다(Blumenberg 1998 : 61 ff). 역사의 진리는 스스로 드러난다는 표현 방식은 역사주의 시대까지 이어질 정도로 오랜 영향을 끼친 믿음이었다. 1824년 청년 랑케Lepold von Ranke, 1795~1886는 르네상스시대 이탈리아 역사가 프란체스코 귀차르디니Francesco Guicciardini, 1483~1540가 잘못된 서사를 일삼는다고 비판하면서 이렇게 말했다. "우리는 나름대로 또 다른 역사 개념을 지닌다. 모든 장식을 걷어 낸 벌거숭이 진리 ; 개별 존재의 근원적 연구……"(Ranke 1824b : 28).

역사가 이처럼 동시대나 후세대 사람들의 귀감이 된다는 스승의 자리는 2천 년 동안이나 변함없이 지속되었다. 키케로에게서 유래한 범례의 토포스는 실제로 일어나는 사건들이 잠재적으로 늘 유사하다는 전제에서 그렇게 오래도록 이어질 수 있었다. 인간의 본성이 항상성을 지닌다고 믿을 수 있을 만큼 사회 변화는 너무나 느리고 장기적이었다. 따라서 지나간 사례들의 유용성은 언제든지 보존될 수 있었다. 역사의 교훈을 자주 이용한 계몽주의자들 또한 그 스승의 위상을 완전히 무너뜨리지는 않았다. 그렇지만 범례의 사유방식은 계몽의 시대와 더불어 빛을 잃기 시작했다. 과거와 미래의 시간을 재편성하려는 운동 가운데에서 그러한 경향성이 나타났다

(Koselleck 1979a : 38~66). 계몽의 시간의식을 집약한 헤겔Georg W. F. Hegel, 1770~1831의 『정신현상학』 서문에서 이러한 설명을 읽을 수 있다. "우리의 시간이 탄생의 시간이며 하나의 새 시대로 넘어가는 과도기라는 점을 별로 어렵지 않게 내다볼 수 있다. 정신은 지금까지 존재와 생각을 기대던 세계에서 완전히 벗어나 그것을 과거 속에 깊숙이 가라앉히려고 하면서 스스로 모습을 바꾸기 위해 애쓰고 있다"(Hegel 1952 : 15). 이러한 새로움의 자기의식은 새로운 언어와 함께 시작할 수 있었다. '역사 자체'라는 표현이 고유한 시간의 질을 얻게 되자, 따라서 범례의 증언 가치도 미미해졌다. 그렇게 '자텔차이트'가 열렸다.

2. 새로운 시간

> 세계역사는 자유의식 가운데에서 전개되는 진보다. 그 진보를 우리는 그러한 필연성 가운데에서 인식해야만 한다. ……정신이 자아를 찾고 개념을 지니도록 힘을 불어넣는 그 과정이 곧 역사이다(Hegel 1955 : 63, 72).

'역사 속 이성'을 확신한 헤겔의 이 표현처럼 역사와 진보는 한 짝을 이루고는 앞으로 열린 시간의 지평에서 운동 개념으로 상승했다. 볼테르Voltaire, 1694~1778가 1765년에 펴낸 책 이름*La philosophie de l'histoire*에서 유래한 계몽의 사유체계, 곧 '역사철학'은 그렇게 '새로운 시간'을 과거에서 분리하면서 '근대'를 열 수 있었다. 이러한 이상주의 성찰의 미래의식과 더불어 오랜 범례의 토포스가 완전히 힘을 상실하기 전에 역사 용법의 선험적인 전환이 준비되고 있었다. 역사가 차츰 일회적 사건이나 행위 연관 자체를 포괄하게 되었을 때, 그 말은 범례의 보고서처럼 항상적 교훈의 지위에 머물 수 없었다. 이러한 현상은 언어적으로 사실과 서술을 구별하여 표현하던 독일어권의 사례에서 두드러졌다. 라틴어 historia에서 유래한 Historie가 지식 · 이야기 · 학문 등의 주관적 영역에 쓰였다면, 보다 토착어에 가까운 Geschichte는 주로 사건이나 행위의 결과를 지칭했다. 이를테면 1542년에 나온 어느 시가집에서 흥미로운 구절을 읽을 수 있다. "언제 그러한 역사geschichte가 일어났던가 / 어떻게 역사들historien 속에서 그것을 찾을 수 있을까"(Waldis 1883 : 33). 그러다가 18세기 후반기에 이르러 Geschichte가 두 가지 의미 영역을 수렴하게 되면서, 그러한 역할 분담의 경계도 흐려졌다. 그때부터 하나의 공통 개념이 가능한 경험의 조건과 가능한 인식의 조건을 포괄할 수 있었다. 그 변화의 추이를 역사철학의 사유체계에 담은 헤겔은 이렇게 설명한다.

> 우리가 사용하는 역사Geschichte라는 말은 객관적인 측면과 주관적인 측면을 통일하면서 인간의 행적res gestas 자체와 발생한 사실의 서술historiam rerum gestarum, 다시 말하여 사건, 행위, 우연한 일 자체와 원래 그것들과는 구별되는 역사 이야기Geschichtserzählung를 아울러 의미한다. 이렇게 두 가지 의미가 하나로 통일되었으니, 우리는 그것을 외형상의 우연으로만 여기지 말고 보다 높은 성질로 보아야 할 것이다. 역사 이야기가 실제로 역사적 행위와 사건과 더불어 같은 시간에 나타난다고 생각해야 올바르다. 이 두 가지가 내적으로 일치하는 하나의 기반 위에서 출현하기 때문이다(Hegel 1955 : 164).

이처럼 순수하게 언어표현의 수준에서 일어나던 수렴현상과 함께 '역사 자체'를 표현하는 대표단수의 용법이 시작했다. '근대' 이전의 경험세계에서 스스로 움직이고 결정하는 역사의 의미는 없었으며, 여러 역사가 복수로 존재하는 가운데 도덕과 윤리의 범례에 기여했다. 말하자면 역사의 표현이 대체로 복수형이었다. 이를테면 18세기 중엽까지만 해도 다음과 같은 표현이 흔했다.

> 역사들이란 미덕과 악덕의 거울인데, 사람들은 거기에서 낯선 경험을 두루 배울 수 있다.
>
> Die geschichte sind ein spiegel der tugend und laster, darinnen man durch fremde erfahrung lernen kann(Jablonski 1748 : 386).

이 글귀에서 geschichte의 글꼴은 단수이지만 뒤에 붙은 동사를 복수형 sind로 씀으로써 여러 '역사들'의 총합이라는 의미를 전달하고 있다. 베를린 왕립아카데미의 역사학자 야콥 베겔린Jakob Wegelin, 1721~1791의 글에서 이와 다른 표현을 찾을 수 있다. "우리가 그것을 보편적으로 관찰한다면, 역사 자체Geschichte selbst가 우리에게 이지적이고 도덕적이며 사회적인 모든 본질의 관계들을 가장 훌륭하게 이해하는 지침을 준다." 이때 역사는 어떠한 무엇의 대상이 아니라 독자적인 대표단수로 쓰인 말이었다. 그리고 그의 글은 이렇게 이어진다. "여기로부터 도덕적인 세계 또는 사색적이며 실질적인 모든 본질의 개념이 생성되었다. 이러한 보편 개념allgemeine(r) Begriff은 역사 일반Geschichte überhaupt의 표현과 다름 아니다"(Wegelin 1783 : 24). 이처럼 1780년대 이후 많은 글이 역사 개념의 보편성을 말하는 '역사 자체'

이외에도 '순수한 역사Geschichte schlechthin'나 '본래의 역사Geschichte an und für sich' 등의 표현을 사용하면서 스스로 주체인 이 새로운 용법과 옛 복수형의 단어를 분리했다. 그러면서 역사는 점점 더 추상화되고 복잡한 현실과 경험들을 하나의 말로 수렴하는 보편 개념이 되었다(Koselleck 1979a : 264 ff).

이러한 보편화와 추상화 과정은 역사 밖에서 역사를 주재하고 심판하는 존재를 단념하는 경향과 일치했다. 보편의 역사를 경험하거나 성찰할 목적으로 자연이나 신을 불러낼 필요성이 없어졌기 때문이다. 다시 말하여 새롭게 경험한 역사는 의식된 세계사 개념과 일치했다. 18세기 후반기의 백과사전에서 흔히 찾을 수 있는 '역사의 논리die Logik der Geschichte'가 이러한 현상의 지표이다. 계몽의 사유 덕택에 역사는 그것을 둘러싼 수사학과 도덕철학에서 떨어져 나오고, 그러면서 그 위에 군림하던 신학과 법학으로부터 벗어났다. 유명한 시인 실러Johann Christoph Friedrich von Schiller, 1759~1805는 "세계역사란 세계의 재판정"이라고 읊으면서 도덕적 역사를 스스로 심판하는 역사로 바꾸어 놓았다. 그는 그렇게 피안에서 보상받을 수 있는 정의를 단념하면서 역사의 시간화로 나아갔다. 다음의 시구처럼 역사란 '여기와 지금'에서 벗어날 수 없는 성격을 획득했다는 의미이다. "당신은 현자에게 물을 수 있으리 / 우리가 한순간에 얻은 것 / 되돌릴 영원은 없느냐고"(Schiller 1835 : 8).

이처럼 역사를 시간의 재판관으로 보는 견해는 지나간 경험을 철학적으로 성찰한 결과이다. 역사 일반이라는 새로운 개념이 역사철학과 동반했다는 의미이다. 그 뒤로 역사철학은 서로 밀접하게 얽히는 두 가지 사유 양식을 낳았다. 그 하나는 초월적인 이상주의체계 속에서 역사를 성찰하는 방식이었다. 이를테면 셸링Friedrich Wilhelm Joseph von Schelling, 1775~1854은 역사철학의 '첫 번째' 과제를 제기하면서, "하나의 역사를 전반적으로 생각할 수 있는 방법은 누구든 오직 자신의 의식을 통하여 모든 사실을 어떠한 것이라고 이해하는 거기에 있다"라고 스스로 답했다. 그런 다음 역사 일반은 하나의 과정으로 이해되었으며, 그것은 곧 역사 속에 깃들어 있는 절대정신 또는 이성을 성찰하는 사유 방식을 낳았다. 셸링은 그렇게 헤겔보다 한 걸음 앞서서 스스로 진보하는 역사를 사유했다. "역사 전체는 절대존재가 계속 진행하면서 서서히 모습을 드러내는 과정이다." 그는 또한 "역사의 개념" 속에 "끝없는 발전성의 개념"이 들어 있다고 보면서, 그러한 역사 가운데 "보편적 권리의 이해력을 키우는 인간의 진보가" 가속한다고 주장했다(Schelling 1800 : 417~441). 그를 이어서 헤겔은 역사와 철학을 하나로 수렴하는 역사철학의 '개념'을 세울 수 있었다. "철학이 짊어진 단 하나의 사상이란 단순히 이성의 사상인데, 말하자면 이 이성이 세계를 지배하며 세계의 역사가 이성적으로 진행되어 왔다는 의미이다. 이러한 확신과 통찰은 역사를 그 자체로 고찰하는 하나의 전제 조건이다"(Hegel 1955 : 28).

이처럼 역사철학이 신의 은총을 거부하면서 시대적 사명을 다하는 동안 역사는 하나의 운동 개념으로 발전했다. 같은 시점에 '진보'라는 대표단수가 나타나 '이전'과 '이후', 그리고 '~보다 이른' 또는 '~보다 늦은'이라는 시간화의 범주로 일상의 영역과 정치의 장을 분류했다. 그것은 '더 나은 것' 내지는 '완전함'으로 향한 기대 개념이면서 시간의 척도로 이편과 저편을 가르는 행위 개념이기도 했다. 그러면서 그 말은 모든 인간을 고유한 역사의 주체로 불러 주는 하나의 보편 개념이었다. 역사와 진보는 같은 의미의 개념이었으며, 역사의 철학은 곧 진보의 철학이었다(Koselleck and Meier 1979). 진보와 함께 새로운 경험을 지시한 역사는 미래를 향해 끊임없이 자신을 넘어서는 역사적 시간을 담고 있었다. 동시대 사람들의 의식 속에서 그러한 경험의 문턱을 넘어설 수 있었던 계기는 무엇보다도 프랑스혁명에서 비롯했다. 그 과정을 지켜본 사람들은 확신에 찬 목소리로 '앞으로 나아가는 역사'를 말할 수 있었다. 변화와 진보의 기대를 표현하던 말들은 물론 역사적 시간의 확장과 운동 가운데에 그 통일성의 근거를 세우려는 이상주의 사고에서 나온 것이었다. 그렇기에 전체 세계역사의 진행 과정이 사변적인 성격을 지녔지만, 늘 고유한 시간의 진단을 고려하는 전제에서 그러한 성찰이 가능했다. 그런 다음에야 역사 개념은 혁명의 경험을 가공할 수 있었다. 그 의미론현상을 몇 가지 특징으로 요약할 수 있다(Engels, Günther, Meier and Koselleck 1979 : 673 ff).

① 진보의 개념뿐만 아니라 나중에 역사주의학파도 기댈 수 있었던 일회성의 원리가 그 첫 번째 범주이다. 이상주의철학의 의식체계 속에서 개별 역사는 오직 한 번뿐이기 때문에 완벽해지는 역사의 통일성으로 상승했다. 프랑스혁명의 경험을 의식 속에 섭취하려고 한 이 구상은 계몽주의자들의 실용적 인과 분석을 상대적 위상으로 밀어내었다. 이상주의철학과 역사주의의 경계를 넘나든 훔볼트Karl Wilhelm von Humboldt, 1767~1835는 인문주의 이상을 계몽사상에서 떼어 내면서 19세기의 역사학을 지배한 이해Verstehen 이론을 전개했다. 그는 지식이 허락하는 범위 안에서 "과거와 미래에 걸친 전체 세계사를 어느 정도까지는 수학적으로" 계산할 수 있으며 그 방법

이 "명백하게 참되다"는 점을 인정했다. 모든 사건을 전체의 일부로 보아야 하는 역사가는 그 이름에 걸맞게 '내적 필연성에 얽힌' 현실을 인식하기 위해 '우연적 요소'를 버려야 한다는 주장이었다. 하지만 인과론의 기대는 우연성의 계기를 역사적 일회성에 넘기는 선에서 멈추어야만 했다(Humboldt 1904 : 360~362). 그는 그러한 방법이 자칫 역사상의 사건들을 하나의 도식 속에 몰아넣는다고 보았다. 그가 생각한 역사의 고유성이란 '한 번도 경험하지 못한 새로운 것'이며, 내면적으로 작용하는 창조적인 '개체성Individualität'이었다. 따라서 그것은 '기계적으로' 설명할 수 있는 현상이 아니었다. 그것은 곧 형이상학적 실체가 구체적이며 역사적인 표현으로 드러난 이념Ideen이었다. 훔볼트는 그 성격을 이렇게 설명했다. "모든 역사란 이념의 실현이며, 그 이념 가운데 또한 힘과 목적이 놓여 있다." 그러한 이념을 파악하기 위해서는 단순한 의식적 지각을 넘어서는 방법이 필요했다. 그가 이상으로 삼은 역사가란 이념을 추구한다는 점에서 시인과 다를 바 없었다(Humboldt 1905 : 35~56). 그 줄기에서 그는 시인과 역사가의 과제를 하나로 보았는데, 그것은 곧 역사적 개체들의 의미를 파악하는 '직관'이었다. 역사가는 그러한 방법에 따를 때 비로소 내적으로 작용하는 창조적 힘에 주목할 수 있다는 것이 그의 주장이었다(Iggers 1997 : 62~85 ; Tessitore 1998 : 9~32).

② 한번 발생한 역사적 상황들이란 그 어느 것과도 비교할 수 없는 고유성을 지닌다는 점에서, 역사는 창조하고 생산하는 내적 힘으로 이해되었다. 그러는 가운데 '역사는 삶의 스승'이라는 토포스가 빛을 잃게 되었으며, 미래로 향한 역사적 예견이 그 자리를 대신했다. 계몽의 사도로서 프랑스혁명의 과정과 함께했던 시에예스

Emmanuel Joseph Sieyès, 1748~1836는 1789년 유명한 저술 『제3신분이란 무엇인가*Qu'est-ce que le tiers état?*』에서 범례의 교훈을 의심하는 생각을 이렇게 표현했다. "지금 일어나고 있는 일을 이미 일어난 일에 비추어 판단하는 것은 잘 아는 사실을 모르는 사실에 비추어 판단하는 것과 같다."[18] 몇 년 지난 뒤 칸트Immanuel Kant, 1724~1804는 숨겨진 자연의 계획을 이성적인 인간의식의 계획으로 바꾸는 역사철학의 목적을 드러내면서, "그렇다면 선천적 역사는 어떻게 가능한가?"라고 스스로 물었다. "예언자가 미리 예고한 사건들을 스스로 만들고 실행한다면"이라고 그가 자신의 물음에 답했을 때(Kant 1798 : 132), 그 의미론은 몰락을 예언하면서 가속을 초래하는 예언가들과 현실 정치가들에게 던진 반어법이었다. 그렇지만 칸트는 실천이성의 명령에 따라 진보하게 될 미래를 기대하면서 역사의 생산 가능성 모델을 설정했다. "우리는 철학 역시 천년기설을 가질 수 있다는 것을 알고 있다"(칸트 2009 : 39).

③ 이렇게 역사적 시간이 역동적인 질을 획득한 이래 역사 개념 가운데에서 차지하는 과거의 위치가치가 변화했다. 고전학자 크로이처Georg Friedrich Creuzer, 1771~1858가 그리스예술사 저술에서 역사란 "매번 진보하는 인류의 새 세대가 새롭게 관조하고 새롭게 설명해야 하는 대상"이라고 했듯이(Creuzer 1803 : 233), 항구적 일회성으로 시간화된 역사는 더 이상 본보기 교훈의 대상이 될 수 없었다. '이성의 간계'에 따라 인간은 과거에서 직접 배울 수 없으며 따라서 어쩔 수

18 Sieyès, Emmanuel Joseph(1924), *Was ist der dritte Stand?*, Essen : Reimar Hobbing, p.13.

없이 간접적으로 행운을 찾아야 한다는 것이 프랑스혁명 이후 역사철학의 결론이었다. 헤겔은 그러한 내용을 역사철학 강의에서 이렇게 설명했다.

> 민족과 정부들은 단 한 번도 역사로부터 어떤 것을 배우지 못했으며 그것에서 얻었음 직한 교훈에 따라 행동하지도 않았다는 점을 경험과 역사가 말해 준다. ……역사를 형성한다는 것은 역사에서 얻어 낸 성찰과 어느 정도 다르다. 하나의 사례가 다른 것과 반드시 같을 수는 없다. 어떤 한 가지 일에서 최상의 것이 다른 예에도 그대로 적용될 수 있을 것 같은 개체적 평등은 어디에도 존재하지 않는다. 모든 민족은 저마다 고유한 위치를 차지하고 있으며, 무엇이 올바른지를 파악하는 개념을 얻기 위해 우리는 무엇보다도 먼저 역사에 기대지는 않는다(Hegel 1955 : 19).

헤겔의 이러한 진단은 역사가 새로운 학술체계로 거듭날 수 있는 이론적 지점을 열어 주었다. 역사는 과거를 다루는 학문으로서 다만 그 자체를 위하여 더 큰 추진력을 갖게 되었다는 뜻이다. 이렇듯 역사철학은 과거와 미래를 새롭게 편성하면서 근대의 경험공간을 열 수 있었다. 바로 그 속에서 역사주의는 일회성과 개체성이라는 자양분을 섭취할 수 있었다.

3. 진리와 관점

"모든 시대는 신과 직접적으로 접해 있다." 랑케는 이 간결한 말로써 계몽의 철학과 역사주의를 잇는 '발전'의 사유를 표현했다. 매 시대의 가치는 "그 시대의 실존 자체 속에, 그 시대의 고유한 자신 속에 있다"는 생각이었다. 이로부터 '개체의 삶'을 바라보는 관찰자의 과제가 드러난다. 역사가는 무엇보다도 먼저 개개 인간이 특정한 시기에 생각하고 살아간 과정들을 주목해야 한다. 이때 그는 모든 시기가 항상적인 주요 이념 외에 때마다 나타나는 '특별한 경향성'과 '고유한 이상'을 지닌다는 사실을 발견한다. 그런 다음에 개별 시기가 차례로 등장한 '내적 필연성을 관찰하기 위해' 그들 사이의 차이점 또한 밝혀져야 한다. 그러므로 역사가는 '하나의 일정한 진보'를 지나칠 수 없다. 그렇지만 역사 과정 속의 진보는 '하나의 직선'으로 나아가는 것이 아니라 '자신의 고유한 방식으로 진로를 개척해 나아가는 하나의 강'과 같은 흐름을 지닌다. "신 앞에서 인류의 모든 세대는 동등한 권리를 갖고 있으며, 역사가 역시 사실들을 그렇게 바라보아야만 한다"(랑케 2011 : 35~36).

랑케는 그렇게 계몽사상으로부터 개체성의 원리를 이어받는 한편, 총체성의 개념과 더불어 보편적 무한성을 추구하는 역사철학을 비판하면서 이른바 '과학적' 역사학을 내세울 수 있었다. 그가 주장하는 '전문' 역사가는 모든 존재 속에서 '신의 숨결'을 발견하는데, 그들 각각이 지니고 있는 '개개의' 속성이 삶의 원리가 된다. 따라서 역사가의 주된 관심은 보편적 개념에 있다기보다는 개체성의 실체에 있게 된다. 그렇게 진보의 철학에 마주선 랑케의 사유 방식은 그가 스스로 대변하고자 한 왕정복고의 '시대정신'이기도 했다. 그의 말대로라면 시민혁명의 위험은 프랑스 군대의 무력보다도 '피상적인 보편타당성의 원리'가 확산되는 데 있었다. 그러므로 역사철학에 맞서서 '역사과학'을 세우는 일은 추상적 원리를 정치에 그대로 적용하거나 프랑스혁명의 이념을 역사의 '이론'과 한가지로 보는 견해를 반박하는 것이었다. 역사의 과정을 운동법칙의 논리로만 파악하면 '특수한' 개별자가 그 '독립적인 삶'을 희생하게 되고, 마침내 모든 인간이 어쩔 수 없이 '그림자와 도식'에 갇히고 말 것이라는 염려 가운데 진보의 철학처럼 역사적 모범을 어떤 고유한 사정에 직접 적용할 수는 없다는 생각이 담겨 있었다(Iggers 1997 : 86~119 ; Berding 1971 : 7~24). 그는 1824년 한 역사가의 이름을 널리 알린 『로마 민족과 게르만 민족의 역사들*Geschichten der romanischen und germanischen Völker : Von 1494 bis 1535*』의 서문에서 이렇게 밝혔다.

> 사람들은 과거를 심판하고 다가올 세월에 쓸모 있도록 당대의 사람들을 가르치는 임무를 역사서술에 부여했다. 지금 내어놓는 이 책은 그렇게 고귀한 직분을 떠맡지 않는다. 그것은 다만 일어났던 일들이 실제로 어떠했는지wie es eigentlich gewesen 보여 줄 따름이다(Ranke 1824a : V~VI).

이 문구와 더불어 많은 사람은 불편부당성이라는 역사가의 미덕을 연상할 수 있었을 것이다. 이어서 랑케는 현대 역사학의 정당성을 미리 보장한 방법론 과제를 이렇게 정리했다. "순수한 사료의 비판적 연구, 비당파적 견해, 객관적 서술, 이 모든 방법이 함께 얽힌다. 목표는 완전한 진실을 생생하게 드러내는 데 있다"(Ranke 1872a : 114). 그리고 그는 거듭해서 "애착이나 혐오"에 흔들리지 말고 지나간 실상을 "가능한 한 객관적으로" 관찰하라는(Rank 1874 : IX) 명제를 내세웠다. 오늘의 관점은 늘 유동적이기 때문에 엄정한 객관성과 양립할 수 없다는 주장이었다. 이렇듯 랑케는 시간과 삶에 부닥치는 역사가의 관점을 거부하면서 '벌거벗은 진리'라는 오랜 토포스를 되새겼다. 이러한 진술들 덕택에 '당파에 초연한' 역사가 랑케의 신화가 생겨날 수 있었다. 그것은 또한 현대 역사학이 물려받은 유산이 되기도 했다. 그러나 그는 오히려 시대 상황에 민감했으며 보수주의라는 한 당파의 이념에 집착한 경향성의 인물이었다. 더군다나 그는 역사서술의 '객관성'을 체계적인 이론으로 설명한 적도 없었다. 그가 평생을 바쳐 찾아다닌 매 시대의 '주도 이념leitende Ideen'이란 개념에 걸맞게 정렬될 수 없으며 다만 기술될 수 있을 따름이었다. 그가 보기에 개념이란 추상적 사유에 다름 아니었다. 역사적 실상은 개체의 특성 속으로 몰입하는 직관을 통해 이해될 수 있는 것이었다. 랑케 이후 그렇게 객관적 역사서술을 지탱할 수 있다는 이해의 방법이 하나의 오랜 전통이 되었다. 다시 말하자면 그것은 이해를 매개로 역사적 세계 전체를 설명할 수 있도록 실행하는 사료 비판의 방법이었다. 역사적 인간들이 지난날의 객관화에 참여했듯이 오늘날의 개인도 그러한 본질의 역사를 객관화할 수 있다는 것이다. 이 모든 과정이 항상 소통 가능하면서 합리적인 기준에 따르기 때문에 역사가의 임의적 주장이나 유동적인 관점은 철저히 배제될 수 있다는 낙관주의에 랑케의 중심 명제가 서 있었다(Jaeger and Rüsen 1992 : 41 ff).

랑케는 만년에 이르러서도 여전히 "현재"라는 시점에서 눈을 돌려 "자유로이 객관적 과학"으로 나아가는 기대를 숨기지 않았다(Rank 1872b : 142). 그가 끝까지 원했던 바는 '당파에 초연하게' 진리를 찾는 역사가의 삶이었다. 이러한 목표 안에는 역사적 사실들을 굴절 없이 드러낼 수 있다는 소박한 실재론이 들어 있다. '무당파의 거울'이라는 은유가 말해 주듯, 사건을 정확하게 모사하는 방법은 예부터 시각적 증인에 기대는 것이었다. 19세기 역사주의시대에 이르러 정통의 맥을 이룬 사료 비판은 시각적으로 확인할 수 있는 증빙으로 되돌아가는 길을 찾던 방법에서 나왔다. 실제로 일어난 사건을 객관적으로 해명하기 위해 역사가가 스스로 인식 대상에서 벗어나야 한다는 요구는 오늘날에도 어느 정도 정당하다. 거짓 없는 진술은 예나 지금이나 모든 역사가가 스스로 보장하는 방법론적 약속이기 때문이다. 그렇지만 오늘날 역사적 의미론은 그러한 방법이 너무 단편적이라는 점에 주목한다. "보는 행위, 시각적 증인, 거울의 은유, 굴절되지 않은 진리를 두고서 바로 서 있는 지점이 그 은유들과 그 속에 숨어 있는 경험을 함부로 다루지 않으면서도 인식을 올바로 세우는 역할을 떠맡는다는 사실이 언어의 역설처럼 보인다. 역사가가 모든 증인을 조사하여 최선의 증인을 찾아내고 다른 증인들을 그 뒤에 세워야 한다면, 어째서 역사가의 고유한 소견은 그의 서술에 아무런 영향을 끼칠 수 없는가?"(Koselleck 1979a : 183 ff)

역사가가 분명한 관점을 갖거나 심지어 당파에 얽힐 때에만 진리를 찾을 수 있다는 주장은 '자텔차이트'와 함께 시작했다. 이미 18세기 중엽에 역사 이론가 클라데니우스Johann Martin Chladenius, 1710~1759는 '벌거벗은 진리'를 대신해 시각적 증인의 신빙성이라는 새로운 인식 과제를 제공했다. "역사는 매한가지지만 그것을 두고 떠올리는 생각은 각기 다르고 여러 모습을 띤다."[19] 이러한 주장과 더불어 새로운 역사인식의 공간을 연 그의 이론은 역사주의에 전혀 물들지 않은 채 '통찰력의 보고寶庫'로 남아 있었다(Koselleck 2003 : 311). 그는 하나의 역사 자체를 일회성 속에서 모순 없이 사고할 수 있더라도 역사서술은 역사가의 관점에 따라 굴절된다는 이론을 세웠는데, 거기에서 오늘날 역사적 의미론의 지평을 열어 줄 두 가지 명제가 나올 수 있었다. 모든 직관적 판단과 경험은 상대성을 지니며, 따라서 서로 상반되는 서술이 각각 진실을 주장할 수 있다는 것이 그 첫 번째이다. 그는 역사가들이 저마다 실상을 다르게 "인식하는" 이유를 밝힐 수 있는 하나의 근거를 찾는다고 했는데, 같은 사물에 두는 '관

19 Chladenius, Johann Martin(1969), *Einleitung zur richtigen Auslegung vernünftiger Reden und Schrifen : Mit einer Einleitung von Lutz Geldsetzer*, Düsseldorf : Stern-Verlag Janssen, p.195(Engels, Günther, Meier and Koselleck 1979 : 696 재인용).

점Sehe-Punckt'이 곧 그것이다. "하나의 사물을 서로 다른 관점에서 보는 개인들은 역시 서로 다른 생각을 떠올릴 수밖에 없다는 점이 그 관점의 개념에서 나오는 결론"이라는 주장이었다(이상신 1989 : 22~44).

클라데니우스는 이어서 관점에 근거한 판단과 당파성이 같지 않다는 확신에 이르렀다. 1742년 그는 이미 남들보다 앞서 이렇게 생각했다. "당파에 기울지 않는 서술이란 아무런 관점도 없이 하나의 사실을 이야기하는 것을 의미할 수는 없다. 왜냐하면 우선 그것이 가능하지 않기 때문이다." 클라데니우스가 생각하는 관점은 서술자의 교양, 종교, 민족성 등의 조건에서 비롯한다. 관점에서 벗어난다는 것은 지식, 영혼, 양심을 버리는 행위와 같다. 그러므로 역사가의 관점은 역사인식의 조건이다. 역사가가 일부러 자료나 증언을 날조하거나 왜곡하려 들지 않는 한 그의 관점이 반드시 당파적 서술로 이어지지 않는다는 설명이었다. 그는 이렇게 결론 내렸다. "그리고 당파적으로 이야기한다는 것 역시 하나의 사실과 역사를 자신의 관점에 따라 이야기한다는 것을 의미할 수는 없다. 왜냐하면 그렇지 않더라도 모든 서술이 당파적으로 될 것이기 때문이다."[20]

클라데니우스의 관점주의가 현대 개념사 인식론과 맞닿아 있다고 볼만하다. 그의 생각이 ① 증인의 서 있는 지점을 역사가 자신이 서 있는 지점으로 확장했으며, ② 성찰의 중점을 진리 자체에서 진리의 조건으로 옮김으로써 가설적 역사를 미리 내다보고, ③ 역사적 현재인식의 조건을 다루면서 역사가의 관점이 시간의 차원으로

20 Chladenius, Johann Martin(1969), *Einleitung zur richtigen Auslegung vernünftiger Reden und Schrifen : Mit einer Einleitung von Lutz Geldsetzer*, Düsseldorf : Stern-Verlag Janssen, pp.151 ff, pp.188 ff(Engels, Günther, Meier and Koselleck 1979 : 696~697 재인용).

넓어지도록 길을 준비했다는 점에서 그러하다(Koselleck 2003 : 298~316). 이러한 설명은 클라데니우스가 현대의 개념사 방법론을 모두 선취했다는 사실을 의미하지는 않는다. 그는 여전히 시각적 증거에 더 많이 기댔다. 그리고 다분히 공간에 관계했던 그의 인식세계는 시간의 차원에서 정태적이었다. 역사적 관점이 시간적 질을 얻기에는 아직 때가 일렀던 탓이다(이상신 1989 : 42 ff). 그렇지만 현재인식에 기댄 관찰 방식 덕택에 공간적인 관점 이론이 시간의 지평으로 점차 나아갈 수 있었다는 점이 중요해 보인다. 실제로 클라데니우스 이후에 '보는 점Sehepunkt', '서 있는 곳Standort', '서 있는 지점Standpunkt'과 같은 표현들이 빠르게 퍼져 나갔다. 처음에 시각과 장소에 관련되었던 이 말들은 곧 소견이나 전망의 개념으로 바뀌었다. "역사서술의 공간적 상대성에 이제 시간적 상대성이 첨가되었다"는 뜻이다(Koselleck 1979a : 190).

19세기 후반 카를 마르크스Karl Marx, 1818~1883와 쌍벽을 이루며 독일 사회과학을 대표한 로렌츠 폰 슈타인Lorenz von Stein, 1815~1890은 예지적 인식론으로 자텔차이트의 끝자락을 장식한 사례에 속한다. 그는 진보의 철학과 역사주의의 틈바구니에서 야누스의 얼굴을 유지할 수 있었던 몇몇 인물 가운데 한 사람이다. 그는 보수주의에 기울었지만 진보의 지평에서도 운동하는 개념들을 해명할 수 있는 역사학자이자 사회이론가였다. 그리고 그는 명백히 직선적 목적론을 거부했지만, 당대 정치 지형을 바탕으로 다가올 사회의 개연성을 서슴없이 예측하는 모험을 감행했다. 그 줄기에서 그는 가속하는 시간의 지평에서 역사를 다시 구성하는 인식의 과제를 이렇게 말할 수 있었다.

역사서술이 더 이상 역사를 따라잡지 못하는 듯 보인다. 그럼에도 더욱 자세히 살펴보면 정반대의 양상이 드러난다. 다양하게 나타나는 저 모든 영상이 단번에 생겨났듯이, 이것들은 다시 한눈에 들어온다. 지난 시대에는 역사 지식이 올바른 판단을 내렸다면 지금 시대에는 관점이 그 일을 맡는다(Stein 1843 : 68).

슈타인은 이처럼 의식적으로 받아들인 관점만이 전체 운동을 파악할 수 있다는 전제에서 정파들의 이해관계 · 희망 · 기획을 역사적 잠재 요소로 인정했으며, 이 내용들을 즐겨 적절한 개념으로 감쌌다. 이를테면 '복지 왕정soziales Königtum', '사회적 민주주의sociale Demokratie', '사회국가socialer Staat'와 같은 용어들이 시간적 경험과 기대를 담은 개념의 사례이다(박근갑 2009 : 23 ff). 그는 궁극 목표의 유토피아를 배제하면서도 "현존하는 관계들이 실제 그러했던 바와 다른 그 무엇, 그리고 훨씬 더 나아가는 어떠한 것을" 드러내는 역사적 현실을 내다보았다(Stein 1852 : 35). "정치적 · 사회적 개념들이란 역사의 요소와 추진력을 파악하기 위한 것들"이라고 설명할 수 있다면(Koselleck 1979a : 301), 슈타인의 관점주의가 오늘날 개념사의 인식 방법과 그다지 먼 거리에 있어 보이지 않는다. "사회적 민주주의라는 해법 언어 가운데 이미 민주주의가 새로운 모습으로 탈바꿈하리라는 암시가 들어 있다"(Stein 1959 : 207). 그렇게 그는 미래 지향의 기대 개념과 더불어 유토피아적 외피를 걷어 낸 정치적 개연성의 지평에서 사회 갈등의 해결을 이론적으로 선취할 수 있었다.

Part 2

전통의 사史와 감鑑

1. 사문史文과 사기史記

서양의 역사 개념이 한국 근대 지식사회에 뿌리내리기 시작했을 때, 그 토양에는 옛 중국 고전에서 비롯한 오랜 의미 전승의 유산이 남아 있었다. 한국 최고最古의 사서 『삼국사기』는 그러한 전통의 시작점이다. 김부식金富軾, 1075~1151은 이 사서 편찬을 마친 뒤 고려 인종에게 글을 바치면서 이렇게 설명했다. “옛날 열국列國 또한 각각 사관史官을 두고 그 시대의 사실을 기록하였습니다. 그러므로 맹자는 말하기를 ‘진晉나라의 『승乘』, 초楚나라의 『도올檮杌』, 노魯나라의 『춘추春秋』가 모두 한가지다’라고 하였습니다.” 그리고 그는 왕의 말을 빌려 옛 삼국의 사적을 담은 그 책의 의미를 이렇게 전한다. “지금의 학사대부들은 오경五經과 제자諸子의 책과 진秦 · 한漢시대 역대의 사史에는 혹 널리 통하여 상세히 말하는 사람이 있으나, 우리나라의 사실에 이르러서는 망연하여 그 처음과 끝을 알지 못하니 심히 통탄할 만하다. ……이런 까닭에 군후의 선악이나 신하의 충사忠邪, 나라의 안위며 인민의 치란治亂을 모두 잘 드러내어 후세에 권계를 드리울 수 없으니, 마땅히 삼장三長의 인재를 얻어 일가지사一家之史를 완성하고 만세에 끼치어 해와 별과 같이 훤히 밝히고 싶다."[21] 이렇듯 한국의 역사서술은 중국 고전에서 물려받은 '사관', '역대의 사', '권계', '춘추'와 함께 출발했다. 이 말들에 담긴 전승의 범례가 오랜 시간 전통적인 한국 역사서술의 정통성을 지탱했다고 보면, 그 의미론을 추적하는 과제는 마땅히 중국의 고전으로 거슬러 올라가야 할 것이다.

먼저 『상서尙書』의 사례를 보자. 그 가운데 「금등金縢」 편에서 다음과 같은 기록을 읽을 수 있다.

> 사史에게 축문을 지어 빌게 하였다. "당신들의 원손 아무개가 모질고 급한 병에 들었습니다. 만약 당신들 세 왕께서 하늘에 계시면서 마땅히 그 자손을 보호해야 하신다면 저 단旦으로써 아무개의 몸을 대신하게 하소서."[22]

이 유명한 글이 전하는 이야기는 이렇다. 은殷을 멸하고 주周를 세

21 金富軾, 「進三國史表」, 『東文選』 卷之44 : "古之列國 亦各置史官以記事 故孟子曰 晋之乘 楚之檮杌魯之春秋一也…… 今之學士大夫 其於五經諸子之書 秦漢歷代之史 或有淹通而詳說之者 至於吾邦之事 却茫然不知其始末 甚可嘆也…… 是以君后之善惡 臣子之忠邪 邦業之安危 人民之理亂 皆不得發露 以垂勸戒 宜得三長之才 克成一家之史 貽之萬世 炳若日星."

22 「周書 金縢」, 『尙書』 : "史乃冊祝曰 惟爾元孫某 遘厲虐疾 若爾三王 是有丕子之責于天 以旦代某之身."

운 무왕武王이 큰 병에 들어 위독하자 그의 동생 주공周公 단이 왕을 대신해 죽게 해달라고 선대 왕들에게 축문을 지어 빌었다. 그러고는 조상을 향해 거북점을 치게 한 뒤 길조의 대답을 듣고 그 책문을 '금등'에 봉했다. 이튿날 무왕은 완쾌했다. 사마천司馬遷, 기원전 145?~기원전 86이 『사기』의 「노주공세가魯周公世家」에 다시 실은 이 이야기는 '이상적인' 왕국 건설의 에피소드를 전하면서 상고시대 '사'의 의미도 아울러 지시한다. 이 기록대로라면 '사'란 나라의 제사와 의례 등을 담당하던 하나의 관직이다. 『시경』의 「용풍鄘風」은 군주의 주요 행사를 은유하는 다음 구절을 싣고 있다. "정성定星이 남녘 하늘 가운데 빛나는데 초구楚丘에 궁실을 짓네. 해로써 방위를 재어 초구에 궁실을 짓네. ……저쪽 큰 언덕에 올라 초구를 바라보네. 초구 땅과 당읍堂邑과 큰 산 높은 언덕을 살피고 내려와 뽕나무밭을 둘러보며 거북점 치니 길하다 했는데 끝내 정말 좋구려"(김학주 2010 : 200). 이로부터 나라를 세울 때 치는 거북점, 사냥 명령, 제사에 바치는 글 등 군주의 '덕음德音'을 유추할 수 있는데(이케다 2003 : 653~654), 바로 이러한 국가 대사에 사의 일이 관련되었을 것이다. 상고시대의 사가 주로 큰 행사를 앞두고 점복占卜을 통해 길흉을 점치는 임무를 맡고 있었다는 점에서, 사관과 음양가의 기원이 겹친다고 볼 수 있을 것이다(戴君仁 1985 : 101~125).

현대에 이르러 발굴된 갑골의 복사卜辭 · 금문金文 · 간독簡牘 · 백서帛書 등 수많은 출토 자료가 사의 글자 형상을 전해 주고 있는데, 이로부터 그 말의 원래 의미가 드러난다. 그 모양을 풀이하는 설명은 대체로 다음과 같이 정리될 수 있다. ① 활쏘기 경기에서 점수를 계산하기 위해 사용된 표찰標札 용기를 손에 쥔 모양, ② 부서簿書를 잡고 있는 모양, ③ 간책簡冊을 담은 그릇을 쥐고 있는 모양, ④ 산가지를 잡고 역수曆數를 헤아리는 모양, ⑤ 제사에 사용하는 축책祝冊을 쥐고 있는 모양, ⑥ 대나무통에 든 죽찰竹札을 쥔 모양 등(이케다 2003 : 655~657 ; 內藤虎次郎 1961 : 5). 이러한 전승 문헌의 해석을 통해 제사와 복서卜筮로부터 성력星曆과 책명策命을 이어 기사記事로 나아간다고 보는 사관의 재구성이 가능했을 것이다(李宗侗 1985 : 126~154). 은나라시대에 주로 갑골과 서죽筮竹의 점복, 그리고 그 해석과 기억에 치중하던 사관의 일이 주나라시대에 이르러 차츰 문서와 기록을 담당하는 직무로 발전해 간 사실이 중요해 보인다(윗슨 1995 : 102~103). 『사기』의 저자 사마천은[23] 공식적인 역사 편찬을 담당하기 이전에 이미 연대기의 기록자로 등장한 사의 이야기를 이렇게 전한다.

> 유왕幽王, 여왕厲王 이후 주나라 왕실이 미약해져 배신陪臣이 정권을 장악하였고, 사史가 시時를 기록해 놓지 않았으며, 군주가 고삭告朔을 거행하지 않았던 까닭에, 주인疇人의 후예가 뿔뿔이 흩어졌다. 그 가운데 어떤 이는 화하華夏의 여러 지방에 흩어져 있었으나, 더러는 이적夷狄의 땅에 있었다. 그러므로 천상을 관측하여 길흉을 내다보는 일이 폐지되어 더 이상 이어지지 않았다.[24]

23 사마천은 스스로 이 책을 '태사공서(太史公書)'라고 불렀다(司馬遷, 「太史公自序」, 『史記』 卷130 : "凡百三十篇 五十二萬六千五百字 爲太史公書"). 후한 말기에 『한기(漢紀)』를 편찬한 순열(荀悅, 148~209)이 처음으로 '태사공서'를 『사기』라고 명명한 것으로 보인다(「孝武皇帝紀 五」, 『漢紀』 卷14 : "司馬子長旣遭李陵之禍 喟然而歎 幽而發憤 遂著史記 始自黃帝以及秦漢 爲太史公記" ; 「孝平皇帝紀」, 『漢紀』 卷30 : "彪子固 字孟堅 明帝時爲郎 據太史公司馬遷史記 自高祖至於孝武大功臣 紹其後事 迄於孝平王莽之際 著帝紀表志傳 爲漢書凡百篇"). 그렇지만 '사기'는 이미 사마천의 '태사공서' 가운데 몇 차례 등장하는 말인데, 그것은 주로 옛 '사'가 남긴 기록이라는 의미로 쓰였다.

24 司馬遷, 「曆書」, 『史記』 卷26 : "幽厲之後 周室微 陪臣執政 史不記時 君不告朔 故疇人子

여기에서 주인疇人은 천문과 역산曆算의 직을 세습하는 전문가를 이른다. 그리고 이 직책과 관련된 것으로 보이는 고삭이 주목을 끈다. 주나라 제후들은 매년 겨울 중앙의 왕실로부터 새해의 역曆을 받고 조묘祖廟에 보관하며 매월 제사 지내면서 그 법을 그대로 따랐는데, 그 의식이 곧 고삭이다. 주의 동천 이래 그 어떤 제후도 그러한 역법을 더 이상 받아들이지 않았다. 사마천이 애석하게 여긴 이 사실로부터 '시'를 기록하는 '사'의 직책이 드러난다. 제후들에게 내려가는 역에는 세수歲首의 법칙과 더불어 일월별로 지켜야만 하는 국가의 대사가 명시되어 있었다. 그리고 노나라 『춘추』의 사례에서 유추할 수 있듯이, 개별 제후의 주요 사건도 거기에 세세히 기록되었을 것이다. 이러한 기사의 일이 바로 사의 직책이었다. 사마천은 그 사실을 부친 사마담司馬談의 말을 빌려 이렇게 밝혔다.

> 오제와 삼대의 기록은 아주 오래되었다. 은나라 이전 제후들의 기록 또한 구하지 못해 보첩으로 만들 수 없었고, 주나라 이래에 와서야 다소 저술이 가능해졌다. 공자는 사문史文을 근거로 삼아 『춘추』를 편찬했는데, 여기에는 노나라 왕들의 즉위 원년이 바르고 시와 일월이 정확하게 적혀 있어 상세하다.[25]

주나라 고삭의 사례에서 보듯이 '사'가 일시를 기록했다면 그 직책은 천문과 역법을 맡았던 주인, 곧 천관天官과 다를 바 없었을 것

弟分散 或在諸夏 或在夷狄 是以其禨祥廢而不統."

25 司馬遷, 「三代世表」, 『史記』 卷13 : "五帝三代之記尙矣 自殷以前諸侯不可得而譜 周以來乃頗可著 孔子因史文次春秋 紀元年 正時日月 蓋其詳哉."

이다. 다시 『사기』가 전하는 기사를 보자. "태사공太史公은 천관을 맡았으나 치민에 종사하지는 않았다."[26] 여기에서 말하는 태사공은 잘 알려진 대로 사마천의 부친이다. 그의 직책이 곧 태사령太史令이었다. 그는 아들에게 유언하면서 스스로 그 직분을 이렇게 설명했다. "나의 선대는 주나라 왕실의 태사였다. 우리는 상세上世에 일찍이 공명을 높이 세운 이래 우하虞夏에 이르렀으며, 대대로 천관의 일을 맡았다. 그런데 후세 중간에 쇠미해져 나의 대에서 단절되는 것일까? 네가 또다시 태사가 된다면 우리 선조를 잇게 될 것이다. 지금 천자께서 천세의 대통을 이어받아 태산에서 천신 제사를 거행하셨으나 내가 거기에 수행할 수 없었으니, 이는 운명이로다! 운명이로다!"[27] 여기에서 말하는 천자는 한나라 무제武帝, 기원전 156~기원전 87이다. 이 이야기는 그 당시에도 사의 직책이 천문과 점후占候뿐만 아니라 나라의 의식과 제사를 관장했다는 사실을 전한다.

사마천의 선조들이 대대로 이었다는 태사는 『주례周禮』가 춘관春官의 대종백大宗伯 밑에 배치한 대사大史, 소사小史, 풍상 씨馮相氏, 보장 씨保章氏, 내사內史, 외사外史, 어사御史 가운데 어느 하나의 계승 직책이었을 것이다. '방국에 고삭을 반포'하거나 '간책簡册에 왕명을' 쓰고, '조상에 바칠 희생과 서직黍稷의 위치를 바로'잡으며, '성신일월의 회합과 변동을 기재하고, 천하의 화복과 변천을 관찰'하는 일이 그러한 직책의 소관이었다. 이처럼 주로 고삭과 제사, 천문과 점복을

26 司馬遷, 「太史公自序」, 『史記』 卷130 : "太史公旣掌天官 不治民."

27 司馬遷, 「太史公自序」, 『史記』 卷130 : "余先周室之太史也 自上世嘗顯功名於虞夏 典天官事 後世中衰 絶於予乎 汝復爲太史 則續吾祖矣 今天子接千歲之統 封泰山 而余不得從行 是命也夫 命也夫."

관장하던 그 직책이 춘추시대에도 그대로 이어진 것으로 보인다(內藤虎次郎 1961 : 11~30 ; 이케다 2003 : 660~661 ; 이성규 2002 : 219~223 ; 李宗侗 1985 : 132~134). 『춘추』의 기사를 풀어 쓴 『좌전左傳』에서 그러한 사례를 숱하게 찾을 수 있다. 노나라 소공昭公 17년 여름에 일식을 당하여 커다란 소동이 일어났을 즈음, 사의 직무를 적은 다음의 기사가 하나의 사례이다.

> 여름 유월 초하루에 일식이 있었다. 축사祝史가 제물로써 제사 지내기를 청원했다. ……대사大史가 아뢰었다. "이달에 이르러 해가 춘분을 지나 아직 하지에 이르지 않았습니다. 삼진三辰에 재앙이 들면 백관은 소복하고 군주도 불거不擧한 채 침실을 옮기며, ……사史는 제문을 지어 기도해야 합니다."[28]

사마천은 오랜 친구 임안任安에게 보낸 서신에서, 선대로부터 물려받은 자신의 직책이 "거의 점쟁이나 무당에 가까웠으며, 본디 주상께서 희롱의 대상으로 여기시며 광대나 배우의 부류로 기르셨고, 세속의 사람들이 경멸하는 바"였다고 쓴 적이 있다.[29] 여기에는 아마도 그가 한때 겪은 형극의 삶이 반영되어 있을 것이다. 그렇지만 후대의 사서는 그 직분의 성격을 그대로 증언한다. 『한서漢書』와 『후한서後漢書』의 관직 설명을 보면, 한나라시대 태사령은 "국가 제사와

28 「昭公十七年」, 『左傳』 : "夏六月甲戌朔 日有食之 祝史請所用幣…… 大史曰 在此月也 日過分而未至 三辰有災 於是乎百官降物 君不擧辟移時…… 史用辭."

29 「司馬遷傳」, 『漢書』 卷62 : "僕之先人 非有剖符丹書之功 文史星歷近乎卜祝之間 固主上所戲弄倡優畜之流 俗之所輕也."

의례를 관장하는 태상太常의 속관屬官으로 천시天時·성력을 관장하며 신년新年의 역曆을 주상하고 국가의 제사·상례·혼례 시의 길일과 금기禁忌의 시절을 판단하여 보고하며 재이災異와 서상瑞祥을 기록하는 6백 석의 관官"이었다(이성규 2002 : 210). 사마천은 처음부터 사서 편찬과 아무런 관련이 없는 이 직책에 대단한 자부심을 지녔던 것으로 보인다. 다시 한 번 사마담의 유언을 보자.

내가 죽은 뒤에 너는 반드시 태사가 되어라. 태사가 되면, 내가 하고 싶었던 논저를 잊지 말아다오. ……유왕·여왕 이래로 왕도가 사라지고 예악이 쇠하자, 공자께서 옛 전적典籍을 간추리고 무너진 예악을 다시 일으켜 『시경』과 『서경』을 논하고 『춘추』를 지으시니, 학자들이 이를 오늘날까지도 준칙으로 삼고 있다. 획린獲麟 이래 지금까지 4백여 년 동안 제후들이 서로 겸병하자, 사기는 내팽개쳐져 끊어지고 말았구나. 이제 한나라가 일어나 해내海內는 하나로 합쳤고, 명주·현군·충신·의사가 많이 있는데, 내가 태사를 맡았음에도 그것을 논하여 싣지 못해 천하의 사문史文을 폐기하고 말았구나. 이 일을 내가 심히 두려워하고 있으니, 너는 이를 명념해다오.[30]

사마천은 이 뜻대로 부친의 직을 계승하면서 "흩어진 천하의 구문舊聞들을 망라하여 왕들의 행적이 흥기한 시말을 탐구하고 그 성

30 司馬遷, 「太史公自序」, 『史記』 卷130 : "余死 汝必爲太史 爲太史 無忘吾所欲論著矣…… 幽厲之後 王道缺 禮樂衰 孔子脩舊起廢 論詩書 作春秋 則學者至今則之 自獲麟以來四百有餘歲 而諸侯相兼 史記放絶 今漢興 海內一統 明主賢君忠臣死義之士 余爲太史而弗論載 廢天下之史文 余甚懼焉 汝其念哉."

쇠를 관찰한 다음 그 행사를 논고하여 삼대를 간략히 추적하고 진나라와 한나라의 사실을 기록"하여 '일가지언一家之言'을 이룬다고 밝혔다.[31] 그 과업은 곧 '획린' 이후 끊어진 '사기'를 재생하는 일이었다. 잘 알려진 바와 같이 『춘추』는 노나라 애공哀公 14년기원전 481 봄에 "서쪽으로 사냥 나가 기린을 잡았다西狩獲麟"는 기록과 더불어 끝난다. 앞에서 보았듯 이 규범의 책은 '사'가 남긴 기록을 시간 순서로 재구성한 것이다. 이렇게 거듭 표현되는 '사기'나 '사문'은[32] 원래 천관이 사건과 때에 따라 적어야만 했던 단순한 글을 의미한다고 보아야 옳을 것이다. 사마천이 부친으로부터 물려받은 유지는 그러한 기록을 넘어 『춘추』를 잇는 어떠한 '논저'를 완성하라는 뜻이었다. 이처럼 유별난 소명의식은 어디에서 비롯했을까? 우선 사마천은 부친의 말을 빌려 이렇게 설명한다. "주공 사후 5백 년 만에 공자가 나타났다. 공자 사후 오늘에 이르기까지 5백 년이 되었다. 이제 밝은 세상을 이어서 『역』을 바르게 전하고 『춘추』를 계승하며, 『시』·『서』·『예』·『악』의 근본을 밝힐 사람이 나올 때에 이르렀다."[33] 5백 년 주기로 커다란 시변이 나타난다는 이야기는 원래 맹자의 주장에서 비롯한 것이다. 그는 요·순·우로부터 은나라 탕왕, 주나라 문왕을 거쳐 공자에 이르는 계통을 그러한 방식으로 설

31 司馬遷, 「太史公自序」, 『史記』 卷130 : "罔羅天下放失舊聞 王迹所興 原始察終 見盛觀衰 論考之行事 略推三代 錄秦漢."

32 사마천은 공자의 일대기를 쓰면서 "……공자가 마침내 사기를 근거로 『춘추』를 지었다"고 설명했다(「孔子世家」, 『史記』 卷47 : "乃因史記作春秋"). 이렇듯 '사문'과 '사기'는 다 같이 '사'가 남긴 기록이나 문서를 뜻하는 말이었다고 짐작할 수 있다.

33 司馬遷, 「太史公自序」, 『史記』 卷130 : "自周公卒五百歲而有孔子 孔子卒後至於今五百歲 有能紹明世 正易傳 繼春秋 本詩書禮樂之際."

명했다.[34] 사마천은 부친의 유지를 빌려 이러한 성군의 질서를 주공의 예악으로부터 공자의 『춘추』를 거쳐 새로운 사서로 이어지는 '논저'의 계보로 바꾸었다. 그러면서 그는 『춘추』를 처음으로 해석한 『맹자』의 의미를 『사기』의 기본 이념으로 전유한 것으로 보인다.

① 맹자가 말했다. 왕자의 자취가 사라지자 시가 나타나지 않았다. 시가 없어진 뒤 『춘추』가 나왔다. 진나라 『승』, 초나라 『도올』, 노나라 『춘추』가 모두 같은 것이다. 『춘추』의 사건은 제나라 환공 · 진나라 문공 때 일어난 일이며, 그 문文은 사史가 남긴 것이다. 공자께서 말씀하셨다. "그 의義는 내가 절취한 것이다."[35]

② 세상이 기울고 도가 어두워지자 사악한 말과 난폭한 행위가 다시 생겨났다. 신하가 군주를 죽이고 자식이 아비를 죽이는 일이 일어났다. 공자는 이를 두려워하여 『춘추』를 지어셨다. 『춘추』는 천자의 일이다. 그러므로 공자는 말씀하셨다. "나를 알게 해주는 것도 오직 『춘추』일 것이며, 나에게 죄를 주는 것도 오직 『춘추』일 것이다." ……공자가 『춘추』를 완성하시자, 난신적자들이 두려워하였다.[36]

34 「盡心 下」, 『孟子』: "孟子曰 由堯舜至於湯 五百有餘歲…… 由湯至於文王 五百有餘歲…… 由文王至於孔子 五百有餘歲."
35 「離婁 下」, 『孟子』: "孟子曰 王者之迹熄而詩亡 詩亡然後春秋作 晉之乘 楚之檮杌 魯之春秋 一也 其事則齊桓 晉文 其文則史 孔子曰 其義則丘竊取之矣."
36 「滕文公 下」, 『孟子』: "世衰道微 邪說暴行有作 臣弑其君者有之 子弑其父者有之 孔子懼作春秋 春秋天子之事也 是故孔子曰 知我者其惟春秋乎 罪我者其惟春秋乎…… 孔子成春秋而亂臣賊子懼."

①의 글을 보면 『사기』에 거듭 나오는 '사문'이 『맹자』에서 비롯했다고 짐작할 수 있을 것이다. 그것은 노나라 사가 남긴 기록물이다. 말하자면 그것은 『춘추』의 기본 자료이다. 이로부터 춘추시대 주요 사실들의 발자취가 드러난다는 설명에 깊이 주목할 수 있을 것이다. 이는 곧 『맹자』의 전국시대에 이르면 사의 의미 영역이 크게 넓어졌다는 증언이다. 그렇듯 이 텍스트가 해석한 『춘추』 속의 사는 전통의 천관으로부터 차츰 제후들의 패권 다툼과 정치적 사건도 기록해야만 했던 사가史家로 변모하고 있었다. "군주가 거동하면 사가 반드시 기록했다. 기록에 남겼는데도 법도에 맞지 않으면, 후사가 무엇을 보겠는가."[37] 『좌전』이 이렇게 설명했듯 춘추시대의 사는 제후의 행적을 세세히 남겼을 것이다. 사마천은 이러한 의미 전승에 기대어 '왕들의 행적이 흥기한 시말을 탐구하고 그 성쇠를 관찰한 다음 그 행사를 논고'한 사기를 완성할 수 있었다. 이처럼 사문이 사실을 있는 그대로 적은 기록이라면, 그 '의'를 자기 마음대로 다루었다는 공자의 표현은 어떻게 해석될 수 있을까? ②에서 보듯 맹자는 공자가 직면했던 난세를 빌미로 그 불가피성을 인정했다. 『춘추』와 같은 국가 대사의 기록은 원래 군주의 관장 아래에서 이루어져야 하지만, 위기의 시대 상황이 성인을 불러내었다는 설명이다. 그러면서 맹자는 무미건조한 노나라 연대기를 만세불변하게 될 통치의 경전으로 격상했다. 이로써 위정자의 시비를 가리는 '포폄褒貶'의 규범이 '사'의 의미와 함께하는 전통이 시작했다.

사마천은 동시대 최고의 사상가 가운데 한 사람인 동중서董仲舒, 기

37 『左傳』 莊公 23年 : "君擧必書 書而不法 後嗣何觀."

원전 170?~기원전 120?의 말을 빌려 『맹자』의 편에 섰다. "대저 『춘추』는 위로는 삼왕의 도를 밝히고 아래로는 인간사의 기강을 가리며, 혐의를 분별하고 시비를 판명하여 자칫 망설이고 말 일을 결정해 주는데, ……이러한 일이 왕도 가운데 가장 중요한 것이다."[38] 그리고 그는 『사기』의 「공자세가孔子世家」에서 직접 자신의 견해를 밝히는데, 그 내용은 이렇게 정리될 수 있다. 공자는 자신의 도가 후세에 전해지지 않으리라는 염려 가운데 『춘추』를 지었는데, 사의 기록에 근거한 그 책의 문사文辭는 간략하지만 그 뜻은 넓다. 이를테면 오나라와 초나라의 군주가 왕을 자칭하였지만, 『춘추』는 그들을 본래대로 '자子'라고 낮추어 불렀다. 그리고 진나라 문공이 '천토踐土의 회맹會盟'에 제후들을 모으면서 주나라 양왕襄王도 함께 불러 패권을 과시했던 사실을 두고, 공자는 일부러 이를 기휘하여 "천왕이 하양에 순수하러 갔다"고 기록했다.[39] 이처럼 제후들을 상대로 '폄손貶損의 뜻'을 밝힌 것은 당세의 법을 바로 세워 후세 군주들에게 교훈을 남기기 위함이었다. 공자는 지난날 소송 안건을 처리할 때에 문사를 두고서 혼자 판단을 내린 적이 없었는데, "『춘추』를 지을 즈음에는 기록할 것은 기록하고 깎을 것은 깎아서 자하子夏 같은 제자들이 한마디 말도 거들 수 없었다."[40]

이 이야기에 등장하는 '천토의 회맹'은 하나의 일화 이상의 의미를 지닌다. 그것은 이른바 춘추필법을 상징한다. 사마천이 다른 두

38 司馬遷, 「太史公自序」, 『史記』 卷130 : "夫春秋 上明三王之道 下辨人事之紀 別嫌疑 明是非 定猶豫…… 王道之大者也."

39 『春秋』 僖公 28年 : "天王狩于河陽."

40 司馬遷, 「公子世家」, 『史記』 卷47 : "至於爲春秋 筆則筆 削則削 子夏之徒不能贊一辭."

곳에서[41] 거듭 기록한 그 사건은 기원전 632년 제후들의 패권 다툼에서 일어난 일이다. 그때 진나라 문공이 패자로 올라선 뒤 약소국 온溫 땅으로 제후들을 불러 모아 맹약의 회합을 열었다. 천자의 지위에 있어야 할 주나라 양왕 또한 그 부름에 응할 수밖에 없었다는 사실이 강상의 논란을 불렀다. 명목상 제후들은 모두 양왕에게 조현朝見의 예를 다했겠지만, 이로써 그의 무력함이 온 천하에 드러났던 것이다. 『춘추』는 이 부끄러운 사실을 숨기면서 일부러 한마디로 "천자가 황하 북쪽으로 순수하러 갔다"고 기록했을 따름이다. 나중에 『좌전』은 이러한 말을 덧붙였다. "공자가 말했다. '신하 된 사람이 군주를 부른 일을 가르침으로 삼을 수는 없다.'"[42] 동중서도 이 일을 언급하면서, 『춘추』가 어떤 사건을 기록할 때 '사태의 실상'을 회피하거나 어떤 사람의 이름을 아예 '다른 것으로 바꾸어 버리기도' 한다고 설명했다(동중서 2006 : 15).

또 다른 하나의 사례는 기원전 607년 진나라 영공靈公 때 일어난 사건의 서술에서 드러난다. 난폭하고 사치한 그 제후가 은밀히 권신 조돈趙盾을 죽이려고 했다. 조돈이 도망가 숨은 사이에 그의 동생 조천趙穿이 도원에서 영공을 살해했다. 미처 국경을 넘지 못한 조돈이 소식을 듣고는 곧바로 조정으로 돌아왔다. 이 사실을 두고 태사 동호董狐가 "조돈이 그의 군주를 시해했다"고 기록한 뒤 조정에 게시했다. 조돈이 태사에게 항변하자, 그가 이렇게 대답했다. "그대는 정경으로 국경을 넘지 않은 채 돌아와서는 역적을 토벌하지 않았다.

41 司馬遷, 「周本紀」, 『史記』 卷4 ; 司馬遷, 「晉世家」, 『史記』 卷39.
42 『左傳』 僖公 28年 : "仲尼曰 以臣召君 不可以訓."

몸소 하지 않았다면 누가 시해했겠는가." 『춘추』는 노나라 선공宣公 2년 "가을 구월 을축일 진나라 조돈이 그 군주 이고夷皐를 시해했다"고 썼다.[43] 『좌전』은 다음과 같은 기록을 더했다. "공자가 말했다. '동호는 옛날의 훌륭한 사관이다. 서법書法대로 기록하여 숨김이 없었다.'"[44]

이렇게 보면 『춘추』는 사실을 있는 그대로 전하는 기록이기보다는 도덕을 앞세운 이념의 책이었다. 그런 점에서 그것은 제왕의 통치교본으로 읽힐 수 있었을 것이다. "천하에 도가 있으면 예악과 정벌이 천자로부터 비롯하지만, 천하에 도가 없으면 예악과 정벌이 제후로부터 나온다."[45] 『논어』에서 읽는 이 간결한 말처럼 공자는 정명을 구실삼아 포폄의 서법을 굳게 지켰다. 그렇게 춘추대의는 때마다 왕조들의 정통성을 받쳐 줄 전승 이데올로기로 거듭날 수 있었다. 사마천도 간결한 『춘추』의 기사 가운데 '넓은 뜻'이 들어 있다고 표현하면서 마치 그 이념과 함께하는 듯한 인상을 남겼다. 그의 『사기』는 '미언대의微言大義'의 서법에 충실했을까? 전한前漢 말기의 문장가 양웅揚雄, 기원전 53~18은 "꾸밈이 많다"고 표현한 『좌전』에 비하여 『사기』를 '실록'이라고 지칭했다.[46] 이 말대로라면 사마천이 이해하는 공자의 미덕은 다른 곳에 있었을 것이다. "공자는 사문史文

43 『春秋』 宣公 2年 : "秋九月乙丑 晉趙盾 弑其君夷皐."
44 『左傳』 宣公 2年 : " 孔子曰 董狐 古之良史也 書法不隱."
『사기』의 「진세가(晉世家)」도 자세히 전하는 이 이야기는 『좌전』의 기사를 그대로 따른 것으로 보인다.
45 「季氏」, 『論語』 卷16 : "天下有道 則禮樂征伐自天子出 天下無道 則禮樂征伐自諸侯出."
46 揚雄, 「重黎」, 『法言』 卷7 : "或問…… 左氏 曰品藻 太史遷 曰實錄."

을 근거삼아 『춘추』를 편찬했는데, 여기에는 노나라 왕들의 즉위 원년이 바르고 시와 일월이 정확하게 적혀 있어 상세하다. 그렇지만 『상서』는 간략하게 기록되었으며 연월도 없었다. 어떤 부분에서 혹 약간의 연월이 있었겠지만, 대부분 빠져 있어 기록할 수가 없었다. 그런 까닭에 의심스러운 것은 의심스러운 채로 전했다. 이렇게 그는 신중했다."[47] 이와 같은 설명은 공자가 『논어』「위령공」편에서, 옛날의 '사'는 확실하지 않은 사안을 기록하지 않고 비워 두는데, 지금 야박한 세상에서 그러한 미덕을 볼 수 없다고 한 말[48]과 서로 통한다. 사마천은 그렇게 엄격함과 사실성에 충실한 '사'의 책무를 잇는다는 취지에서 『춘추』의 계승을 염원했던 것으로 보인다. 이를테면 기원전 548년 "여름 오월 을해일에 제나라 최저崔杼가 그 군주 광光을 시해했다"고 쓰면서 죽음도 불사했다고 전하는 사의 강직함이 기록의 모범이었을 것이다. 『좌전』에 따르면 이해에 제나라 대신 최저가 장공莊公을 암살하고 그의 이복동생 경공景公을 새 군주로 세웠다. 사가 정확하게 기록해야만 할 일이 벌어진 것이다.

태사는 이렇게 썼다. "최저가 그의 군주를 시해했다." 그러자 최저가 그를 죽였다. 태사의 아우 두 사람이 이어서 그렇게 쓰다가 모두 죽임을 당했다. 태사의 또 다른 아우가 다시금 그렇게 기록하자, 마침내 최저는 포기하고 말았다. 지방에 있던 남사 씨南史氏가 태사의 형제들이 다 죽었다는 소식을

47 司馬遷,「三代世表」,『史記』卷13 : "孔子因史文次春秋 紀元年 正時日月 蓋其詳哉 至於序尙書則略 無年月 或頗有 然多闕 不可錄 故疑則傳疑 蓋其愼也."

48「衛靈公」,『論語』卷15 : "子曰 吾猶及史之闕文也…… 今亡矣夫."

듣고 죽간을 지니고 갔다가 이미 그대로 기록되었다는 사실을 듣고는 이내 돌아갔다.[49]

이처럼 사의 직분을 맡은 사람들이 국가 대사를 적어 남긴다는 일은 공식적으로 일록을 보존해야만 하는 과업이었다. 이때 그 기록은 신 또는 조상에게 올리는 보고의 의미도 있었다. 그들이 천운天運의 변화 주기를 통달하기 위해 천체 기록에서 하늘의 이변을 생략할 수 없었듯이, 통치의 장에서 발생하는 사건들 또한 누락하거나 은폐할 수 없다는 의식이 자연스럽게 생성했을 것이다. 이로부터 정확한 사실을 엄격하게 기록한다는 사가의 의무와 자부심이 전래했다고 이해할 수 있다(이성규 2002 : 212 ff). 『사기』의 미덕은 이처럼 사실을 있는 그대로 반사해야만 하던 사문의 계승에 있었을 것이다. 『한서』는 나중에 사마천의 후손이 사통자史通子의 칭호를 받게 되었다고 전하는데,[50] 『사기』가 옛 사실에 두루 통했다는 평가를 받은 셈이다.

"『시경』에서 이르기를 '높은 산 우러러보고 큰길 따라간다'고 했다. 내 비록 거기에 이르지는 못할지라도 마음은 늘 그 경지를 바라보고 있다. 공자의 책을 읽을 때마다 나는 그의 인품을 상상해 본

49 『左傳』 襄公 25年 : "大史書曰 崔杼弑其君 崔子殺之 其第嗣書 而死者二人 其第又書 乃舍之 南史氏聞大史盡死 執簡以往 聞旣書矣 乃還."
이 이야기는 『사기』 권32 「제태공세가」에 다시 자세히 실렸는데, 이는 『좌전』의 기사에 근거한 것으로 보인다.

50 그 「사마천전(司馬遷傳)」에 따르면, 사마천이 숨겨 보관하던 『사기』는 그의 사후 차츰 세상에 알려지기 시작했다. 선제(宣帝) 때에 그의 외손 양운(楊惲)이 그 책을 조술(祖述)하여 널리 퍼지게 했으며, 왕망(王莽) 대에 이르러 사마천의 후손이 사통자의 칭호를 받았다.

다. ……그는 포의로 살았지만 십여 세대를 지나도록 학자들이 그를 존숭하고 있다. ……그는 참으로 지극한 성인이시다."[51] 「공자세가」에 나오는 이 표현처럼 사마천은 진심으로 공자를 위대한 사표로 삼았을 것이다. 그의 논저 또한 포폄의 필법에 충실했을까? 그가 남긴 글은 이 질문에 직접 답하지 않는다. 당나라 경룡景龍 4년710에 『사통史通』을 낸 유지기劉知幾, 661~721가 대신 흥미로운 설명을 전한다. 중국 최초의 사론으로 회자하는 이 책에 사관의 직분을 밝힌 대목이 들어 있는데, 이로부터 간략한 사마천의 품평을 엿볼 수 있다. 유지기의 설명에 따르면 사의 직분을 맡은 사람이 힘써야 할 일에는 세 가지가 있다. 앞에서 본 진나라 동호나 제나라 남사의 사례처럼 강압이나 방해를 피하지 않으면서 선한 사람을 추켜세우고 악한 사람을 폄하하는 것이 그 최상이다. 그다음으로 사마천처럼 기록을 착실히 편찬한 역사서를 만들어 불후의 빛나는 업적을 전하는 과제를 들 수 있다. 이 밖에 탁월한 재능과 넓은 학식을 갖추어 당대에 중망을 받는 일이 그 밑이다(유지기 2012 : 565).[52] 사마천의 『사기』가 포폄의 대의에는 미치지 못할지라도 차례차례 기록을 정확히 새겨 전한 공으로 세상에 길이 남을 저술이 되었다는 비평으로 읽을 수 있을 것이다. 유지기의 설명은 후한 초기에 『한서』를 편찬한 반고班固, 32~92가 「사마천전」에 남긴 다음의 글과 결을 같이한다.

51 「公子世家」, 『史記』 卷47 : "詩有之 高山仰止 景行行止 雖不能至 然心鄉往之 余讀孔氏書 想見其爲人…… 孔子布衣 傳十餘世 學者宗之…… 可謂至聖矣."

52 유지기는 이 유명한 책을 시작하는 「서(序)」에서 '사통'이라는 이름이 『한서』의 「사마천전」에 실린 '사통자'로부터 비롯했다고 밝혔다(유지기 2012 : 56).

> 사마천은 널리 섭렵하면서 경經과 전傳을 꿰뚫고 고금을 치달려 수천 년 사이를 오르내렸으니 부지런했다고 이를 만하다. 그러나 그가 시비를 가릴 때는 성인의 판단과 자못 어긋나서 대도를 논할 적에 황로黃老를 앞세우고 육경六經을 뒤로 돌렸으니…… 이것이 그의 결점이다. 그렇지만 유향과 양웅 이래 수많은 책이 거의 모두 그가 양사良史의 재주를 지녔다고 칭송하면서, 그가 사리를 잘 서술했다고 인정했다. 그는 총명했지만 화려하지 않고, 질박했지만 속되지 않았다. 그의 글은 곧고 그 사실은 엄격했으며, 아름다운 말을 허락하지 않으며 악을 숨기지도 않았다. 그러므로 그것을 실록이라 부른다.[53]

반고는 이 글을 시작하면서, 옛글과 비문 이래 사관이 있었는데 그들이 남긴 서책이 방대하다고 적었다.[54] 그러므로 그가 훌륭한 '사'의 재질을 갖춘 사마천을 칭송했을 때, 그 직분의 의미는 더 이상 복서와 역산을 맡았던 옛 관직에만 머물지 않았다. 유지기의 『사통』에서 보면 사마천 사후에 한나라 선제宣帝가 태사공을 태사령으로 바꾸고, 그 직책으로 하여금 문서의 일만 맡게 했다고 한다(유지기 2012 : 602). 전한시대의 어느 시점에 전문적인 사가의 직분이 등장하기 시작했다고 짐작할 만하다. 후한 초기에 난대령사蘭臺令史에 오른 반고가 황제의 명을 받아 전대의 사서 편찬을 전담했다는 사실은

53 「司馬遷傳」, 『漢書』 卷63 : "亦其涉獵者廣博 貫穿經傳 馳騁古今上下數千載間 斯以勤矣 又其是非頗繆於聖人 論大道則先黃老而後六經…… 此其所蔽也 然自劉向揚雄博極群書 皆稱遷有良史之材 服其善序事理 辨而不華質而不俚 其文直其事核 不許美不隱惡 故謂之實錄."

54 「司馬遷傳」, 『漢書』 卷63 : "自古書契之作而有史官 其載籍博矣."

잘 알려졌다. 여기에서 말하는 난대는 이미 전한시대에 '도적圖籍과 장서를 관장'하는 기관으로 설치된 것이었다. 나중에 나타나는 저작著作 또는 저작랑著作郎 등도 문서 기록과 저술을 맡았던 관직의 이름이다(신승하 2000 : 69~78 ; 유절 2000 : 76~119). 반고는 자신의 직분이 『춘추』에서 시작하는 여러 사서의 과제를 이었다고 보면서[55] 그 기록자들을 '사관'으로 통칭했을 것이다. 그가 '훌륭한 사'의 반열에 오른 사마천의 공적을 '실록'으로 불렀을 때, 그것은 사실에 근거하여 믿을 만한 기록이라는 뜻이었다. 이처럼 그는 나중 당나라 태종 때부터 시작하게 될 당대當代 실록의 과제를 미리 내다보는 듯 그 이름을 선취했다(오항녕 2010). 반고의 「사마천전」은 그렇듯 소박하나마 새로운 '사'의 의미지평을 열었다. 그것은 곧 공공 기록물과 사서 편찬을 전담하는 관직이면서 정확하고 엄격한 서술의 상징이었다.

55 반고가 「사마천전」에서 거론한 사서는 『춘추』를 비롯하여 『국어』, 『세본(世本)』, 『전국책(戰國策)』, 『초한춘추(楚漢春秋)』, 『좌전』, 『사기』 등이다.

2. 국사國史

유지기가 반고를 이어서 말한 '사'의 과제는 이렇게 보다 포괄적이다. "대개 훌륭한 사를 일컬을 때 서사敍事를 으뜸가는 조건으로 친다. 공과와 선악을 기록할 때 문장이 아름다우면서도 화려하지 않고 사실을 소박하게 보여 주면서도 거칠지 않아, 사람들이 그 좋은 취지를 맛보고 그 덕이 넘치는 소리를 가슴에 품을 수 있어야 한다. 세 번 거듭하여 읽으면 피로를 잊고 백 번을 읽어도 지겹지 않을 정도가 되어야 하니, 그 작자 자신이 성인聖人이 되지 않는다면 누가 이런 수준에 이를 수 있겠는가. ……성인의 뒤를 이어 사마천이 『사기』를, 반고가 『한서』를 편찬했는데, 이것은 성인의 저술에 버금가는 수준이다. 그러므로 세간의 학자들이 모두 오경을 먼저 거론하고 다음으로 삼사三史를 말했으니, 경經과 사史라는 항목이 여기에서 나뉘기 시작했다"(유지기 2012 : 372).[56] 여기에서 말하는 삼사란 당나라시대의 어법대로 『사기』와 『한서』에 더하여 『후한서』를 함께 지칭했을 것이다. 그렇다면 사는 사관이 남긴 기록물이자 저술을 의미하게 된다. 그것은 사실을 있는 그대로 서술해야만 하는 과제를 지닌다는 점에서 경서 다음으로 중요한 학문 분야에 속한다. 반고와 유지기 사이에 여러 백 년의 경험 지층이 두텁게 쌓인 만큼이나 '사'의 의미론 또한 커다란 변천을 겪었을 것이다. 유지기는 중국 최초의 역사 이론가답게 다음처럼 사의 의미연관을 더욱 복잡하게 구성했다.

> 무릇 훌륭한 국사國史란 서사가 정교해야 하는데, 서사가 정교하다는 것은 간략하면서도 핵심을 담아내는 것을 중시하는 것이니, 간략하다는 한마디가 담고 있는 의미가 크다고 하겠다. 옛날부터 작자들의 출발점을 쭉 살펴보면, 우선 『서경』이 최초로 나왔는데 가급적 기록되는 사실을 줄이는 데 힘썼고, 『춘추』에 이르러서는 체재가 변하여 문장을 간략히 하는 데 서술의 주안점을 두었다. 이는 아마 소박한 태고시대와 사회가 경박해진 후대의 기풍이 같지 않았기 때문에 전후에 다른 양상이 나타난 것인 듯싶다. 그러므로 문장이 간략하면서도 사실은 풍부한 것, 이것이 정말 훌륭한 술작述作이다(유지기 2012 : 379).

이처럼 사의 의미는 사관을 거쳐 경서에 버금가는 서사의 저술에

56 앞으로 이 책의 내용을 인용할 때 함께 실린 원전을 참고하여 개념사 서술에 알맞도록 때때로 번역문을 수정한다.

이르렀으며, 다시금 '국'이라는 말과 합성하면서 더욱 복잡한 언어적 긴장 관계를 드러내게 되었다. 어떠한 시간경험들이 그 변천 과정에 작용했을까? 『한서』를 편찬한 반고의 이력 가운데에서 하나의 단서를 찾을 수 있다. 이 유명한 사서 또한 사마천 부자의 사례처럼 처음에는 가업으로 시작한 것이었다. 그의 부친 반표班彪, 3~54는 사적史籍 연구로 평생을 보냈으며 사마천의 작업을 이어서 전한시대의 사서를 편찬하기 위해 자료와 견문을 널리 모아 『후전後傳』 65편을 남긴 인물로 알려져 있다. 반고는 부친이 남긴 이 '전사前史'가 상세하지 못하다고 생각하여 '연구와 사색에 몰두하면서' 가업을 완성하고자 했다. 그런데 "어떤 사람이 현종顯宗에게 글을 바쳐 반고가 제멋대로 국사를 개작한다고 고발했다. 황제는 군郡에 명령하여 그를 경조京兆의 옥에 가두고 집에 있던 기록을 모두 빼앗으라고 했다."[57] 그의 동생 반초班超가 황제에게 상서하여 반고의 저술 의도를 해명한 덕택에 이를 기특하게 여긴 황제가 그를 교서부校書部로 불러 난대령사의 직에 임명했다. 20여 년이 지난 뒤 후세에 길이 남을 『한서』는 그렇게 빛을 볼 수 있게 되었다.

이 기사에서 사건의 빌미를 이루는 '국사'는 무엇을 지칭하는가? 유지기는 이 유명한 이야기를 『사통』에 다시 실으면서, "반고가 마음대로 사기를 고치고 있다"는 이유로 고변을 당했다고 썼다. 그리고 "그가 아버지의 저작을 계속했던 것으로, 구서舊書를 감히 고치려고 한 것이 아니다"라는 동생의 해명 덕택에 전문 사관의 직에 오

57 「班彪傳」, 『後漢書』 卷70 : "父彪卒歸鄕里 固以彪所續前史未詳 乃潛精研思 欲就其業 旣而有人上書顯宗 告固私改作國史者 有詔下郡 收固繫京兆獄 盡取其家書."

를 수 있었다고 풀어썼다(유지기 2012 : 633~634). 나중에 다시 보겠지만, 유지기는 사마천의 『사기』를 국사의 한 표본으로 보았다. 따라서 반고가 개작하려고 했다는 대상이 바로 사마천의 사서라고 짐작할 수도 있겠다. 그러나 앞에서 보았듯 사마천 스스로 '태사공서太史公書'라고 불렀던 그 책은 후한 말기에야 비로소 『사기』의 이름을 얻었다. 그러므로 후한 초기에 활동한 반고가 그 책을 개작했다는 이유로 고초를 당할 리 없었을 것이다. 유지기는 '육가六家'의 사서 유파를 설명할 때, 전한시대 사관들이 사마천의 저술을 계승한 사서를 모두 '사기'로 지칭했다는 설명을 더했다(유지기 2012 : 78).[58] 그러므로 문제의 사기는 사관의 기록 일반을 의미했다고 짐작할 수 있으며, 반표가 수집한 전한시대의 '구서'가 곧 '국사'라는 설명이 가능할 것이다. 이때 '사'가 곧 사관이 남긴 기록과 저술을 의미한다면, 그 말이 '국'과 합성하여 구성하는 의미연관이 해명의 과제로 남는다.

국은 중국 고전에서 통치와 영역의 단위이면서 도덕질서의 범주 안에 들어 있다. "사람들이 항상 천하天下·국國·가家를 말하는데, 천하의 근본은 국에 있고, 국의 근본은 가에 있으며, 가의 근본은 신身에 있다."[59] 전국시대의 정치 이념을 간결하게 표현한 맹자의 이 설명으로부터 전통적인 국의 의미를 가늠할 수 있다. 이상적인 주나라 통치질서 안에서 천하는 천자의 도덕정치가 미치는 범위이다. 그 이념적·제도적 배치 가운데 큰 봉지封地는 방邦의 영역이며, 그 다음이 국의 통치 단위를 이룬다. 그리고 더 낮은 수준의 가는 대부

58 "自是漢世史官所續 皆以史記異名."

59 「離婁 上」, 『孟子』 : "人有桓言 皆曰天下國家 天下之本在國 國之本在家 家之本在身."

大夫의 식읍食邑을 지칭하는 말이었다. 위기의 시대에 그렇게 맹자가 되살리려고 한 천도의 질서는 이미 되돌아 갈 수 없는 이념의 세계였다. 주나라 천자의 통치가 쇠락하고 제후들이 각축하는 가운데, 그러한 질서의 배치는 더 이상 유지될 수 없었기 때문이다. 천하는 패권의 대상이 되었으며, 대부의 지위가 상승하면서 국과 가 사이의 구분도 희미해졌다. 그리고 진나라와 한나라의 통일을 거치면서 '천하'와 '국가'는 모두 천도의 범주를 지칭하면서 같은 뜻의 말이 되었다. 이러한 경향성 가운데 전한 초기에 통치 이념으로 정착한 유학이 국가의 의미 영역을 새롭게 구성했다. 가부장 지배 관계의 효가 황제 중심의 충으로 이어진다는 원리가 그 핵심이었다. 국은 곧 황제의 가족이면서 중앙의 지배 기구와 같은 말이었다. 이렇게 국과 가가 강상윤리의 중추로 합성하면서 '국가' 또는 '가국'이라는 표현이 같은 의미의 조합으로 형성되었다. 대일통大一統 왕국의 정당성으로 작용한 이러한 용어법은 청나라 말기까지 지속했다(진관타오 · 류칭펑 2010 : 226~232 ; 이케다 2003 : 295~306).

이처럼 새로운 통치체계와 맞물려 전통의 이데올로기질서가 되살아나는 가운데 문제의 국사 또한 시대적 의미를 생성한 것으로 보인다. 후한의 왕실은 전한의 가계를 계승했다는 명분으로 지배의 정당성을 굳혔다. 말하자면 전한과 후한은 서로 나뉠 수 없는 하나의 국이었다. 이러한 점에서 전한의 사적은 곧바로 후한 왕가와 더불어 그 도덕적 권위로 이어져야만 했다. 그 전대의 '사기'가 이제 '국사'의 이름으로 거듭날 때, 새로운 한漢의 지배질서 역시 대일통의 명분 위에 자리할 수 있었을 것이다. 반고의 부친이 남겼다는 전사가 전대의 사기를 말하듯이, 국사 또한 한마디로 국가의 사기를 지칭했을 것이다. 국사는 곧 왕실과 국가의 공식 기록물이면서 정통의 사서를 일컫는 이름이 될 수 있었다.

국사가 그렇게 황제 가계와 통치질서의 정당성을 지시하게 된 이후 사의 용례는 보다 넓은 의미 영역으로 나아갔다. 이를테면 진수陳壽, 233~297가 편찬한 『삼국지 오서三國志 吳書』의 기록을 보면 그 나라 귀명후歸命侯가 좌국사와 우국사의 관직을 설치했다는 사실을 알 수 있다.[60] 이 변방의 나라에서 그러한 사관의 이름을 둘 정도로 왕조의 정통성이 절실했을 것이다. 그 뒤 북제北齊와 북주北周를 거쳐 수나라와 당나라에 이르기까지 감수국사監修國史가 있었는데, 대신이 겸직한 이 직책은 국가의 사서 편찬을 총괄하는 과제를 지니고 있었다(유지기 2012 : 610). 국가의 공식적인 사기를 뜻하던 '사'가 이렇듯 그 편수를 맡은 사관을 지칭하기도 했다. 그런가 하면 사는 하나의 독립 학문분과를 지시하는 이름이었다. 『진서晉書』 「석륵재기石勒載記」를 보면, 스스로 조왕趙王이라고 참칭한 석륵이 경학제주 · 율학제주와 더불어 사학제주史學祭酒를 임명했다는 사실을 알 수 있다.[61] 이때 중국에서 처음으로 '사학'이라는 말이 등장했다. 그 뒤 유儒 · 현玄 · 문文 · 사史의 사학四學이 남북조시대 국가의 주요 교과목이 되었다. 이로써 '사'는 오래도록 '경'에 예속되었던 굴레를 벗어나 유학과 대등한 위상에 오를 수 있었다(高國抗 1998 : 229~230). 드디어 『수서隨書』 「경적지經籍志」는 여러 문헌 가운데 사의 범주를 따로 설정하면서 사서의 중요성을 드러내었다. 여기에 양梁나라 무제武帝 때 삼황三皇으로

60 「周瑜傳」, 『三國志 吳書』 卷9.
61 「後趙 石勒載記」, 『晉書』 卷105.

부터 동시대에 이르는 『통사通史』 480권이 완성되었다는 기록이 들어 있다. 이와 더불어 정사正史와 고사古史 등으로 사적의 종류를 세분하여 지칭한 용어들을 찾을 수 있다.[62] 이러한 호명 방식에 따라 전통적 사의 의미 영역은 거의 완성된 형태를 갖추게 되었다. 그것은 곧 사관이자 그 기록을 뜻하면서 사서와 사적을 모두 아우르는 용법에 이르렀다. 이 줄기에서 유지기는 획기적인 사론을 열면서 국사를 하나의 중심 개념으로 배치할 수 있었다. 몇몇 사례를 보자.

① 사마천이 『사기』를 저술할 때에 이르러, 처음으로 천자를 본기本紀로 삼고 그 핵심 의미를 고찰하면서 『춘추』를 본보기로 삼았다. 이때부터 국사를 편찬할 때는 『사기』의 방식을 따랐다. 그러나 시대가 변함에 따라 편찬의 체제와 방식이 달라져 그 기록된 사실을 추어올리거나 싫어하는 말은 드물고 비판하는 일도 없어졌기 때문에, 사마천이 "고사를 정리했다뿐이지, 어찌 『춘추』에 비하겠는가?"라고 말했던 것이다(유지기 2012 : 71).

② 대체로 동일한 사실을 기록해도 다른 견해가 생기는 이유는 아마 말하는 사람마다 이거다 저거다 차이가 있기 마련이고, 그러다 보니 쓰는 사람들 역시 어떤 것이 옳고 그른지 정하지 못했기 때문일 것이다. 더군다나 옛날과 지금은 시간적으로도 멀리 떨어져 있고 보고 듣는 것도 천양지차이므로, 이야기하는 사람이 앞에 있던 일을 뒤에 생긴 일이라고 하거나 있었던 일을 없었다고 기억한다면, 경수涇水와 위수渭水를 구별하지 못하는 것처럼 혼란을 일으켜 결국 판단할 수 없게 된다. 그럼에도 후세 사람들은 이

62 「經籍志」, 『隋書』 卷33.

에 천착하여 남들과 다른 의견을 내는 것을 좋아했기 때문에 국사를 근거로 하지 않고 따로 민간에 전해지는 이야기들을 찾아다녔다(유지기 2012 : 279~280).

③ 위魏 · 진晉 이후로 왕조가 자주 바뀌면서 그 국사라는 것도 반고의 『한서』보다 줄어들지 않았으니, 이는 후대로 갈수록 더욱 번다해져서 그 잘못이 더욱 심해졌다고 하겠다(유지기 2012 : 535).

④ 국사의 임무는 사건과 말을 기록하는 것이지만, 전부 보고 들을 수 없기 때문에 반드시 빠뜨린 사실이 있기 마련이다. 그래서…… 색다른 것을 좋아하는 사람들은 그렇게 사라진 것을 보완하기도 했는데, 이런 것을 일사逸事라고 한다(유지기 2012 : 548~549).

①에서 유지기는 『사기』가 국사의 모범이라고 말한다. 그것이 천자 중심의 '본기'를 앞세우면서 '춘추대의'에 충실했다는 설명이다. 이때 국사는 곧 정사와 같은 뜻을 지닌다고 이해할 만하다. 실제로 그는 '고금정사古今正史'를 서술하면서 『춘추』 바로 다음에 『사기』를 배치했다(유지기 2012 : 622~679). 그러한 정사가 변함없이 포폄의 원리를 따라야 한다는 점에서, 국사의 의미는 명분과 정통의 이념체계에 얽힐 수밖에 없다. ②의 설명에서 보듯이 국사는 국가의 공식적인 기록과 사서를 뜻한다. 그것은 지방의 문서, 와전된 소문, 항간에 떠도는 이야기 등 속설에 기울지 않고 거짓 없이 사실을 전하는 사적이다. 이 때문에 그것은 '천년토록 이름을 날릴 수 있는擅名千載' 기록이다(유지기 2012 : 269). ③이 말하는 국사는 보다 좁은 의미로 왕조

마다 그 연혁을 기록하여 남기는 사적이다. 그리고 ④에서 보는 국사는 국가가 임명한 모든 사관의 직분을 통틀어 일컫는 말이다. 이렇듯 사의 의미 영역은 통치체계의 도덕질서뿐만 아니라 사관 기록의 사실성과 공공성에 이르렀다. 이로써 이 말은 유지기가 사관으로서 기여했던 『당사唐史』처럼 국가의 정사를 지칭하는 용례에 쓰이게 되었다. 이러한 의미론은 상고의 사와 현대의 역사 개념 사이에 위치한다고 볼 수 있을 것이다. 변하는 시대의 사관에 걸맞게 그는 '성신일월의 회합과 변동을 기재하고, 천하의 화복과 변천을 관찰'했던 옛 '사'의 직분을 이렇게 비판했다.

> 구주만국九州萬國의 흥망성쇠가 늘 변하는 것과 달리, 해와 달과 모든 별은 하늘의 변하지 않는 위치에 걸려 있다. 그래서 뽕나무밭이 바다로 바뀔 수는 있어도 경성이 운행하는 방향은 바뀌지 않는다. 예나 지금이나 하늘은 하늘이니, 국사에 하늘의 일을 기록하고자 한다면 어느 시대인들 안 되겠는가? 다만 『사기』는 포괄하여 미치는 시대가 유구했던 까닭에 서書라는 편제 아래 「천관서天官書」를 두었던 것이다. 독자들이 그 잘못된 점을 깨닫지 못하고 대충 논의하여 어떤 것이 올바른 것인지 보지 못했다. ……내가 생각하기에 국사에 기록되는 내용은 당시의 사실이어야 한다. ……천지가 혼돈에서 나뉘고 하늘이 푸른빛으로 빛나게 되었다는 이야기나, 해와 달이 운행하는 궤도 및 황도黃道나 자미원紫薇垣의 별자리 같은 경우는 사람의 일과는 관계가 없는데도 번번이 이런 일을 책서策書에 실었다. 그런 까닭에 내가 국사에 기록하자면 어느 시대에 넣은들 안 되겠느냐고 말했던 것이다(유지기 2012 : 147~151).

유지기는 위 · 진 · 남북조와 수 · 당시대를 거치면서 새로운 면모로 발전한 국가의 편수編修와 사관史館제도에 힘입어 비판적인 사학을 시작한 인물이다(高國抗 1998 : 308~359). 후대의 량치차오梁啓超, 1873~1929는 그가 "거침없이 회의懷疑하고 부지런히 본말을 따져 물으면서" 엄격한 '비평'을 굳게 지켰다고 보았다(梁啓超 2008e : 24). 그러한 그가 때에 따라 반복하는 천체의 운행과 거기에 매인 천명의 이념을 무겁게 여겼을 리 없었을 것이다. 새로운 시대의 사가가 그렇게 원했던 대로 태곳적 사의 기억은 완전히 사라질 수 있었을까? 국사의 모범을 저술하면서 천관과 사관 사이의 직분을 매개한 사마천의 이야기로 되돌아가 보자.

3. 하늘과 거울

"나의 선대는 주나라 왕실의 태사였다." 사마천의 부친은 이러한 기억을 아들에게 물려주면서 '획린' 이래 끊어진 '사기'의 계승을 유언했다. 이 뜻을 이은 사마천은 더 멀리 나아가 아득한 신화의 세계에서 그 기억을 찾고자 했다. 앞에서 본 「태사공자서太史公自序」는 이렇게 시작한다. "옛적 전욱顓頊은 남정南正 중重에게 하늘을, 그리고 북정北正 여黎에게는 땅을 맡도록 명하였다. 당요唐堯, 우순虞舜의 시대에도 중과 여의 후손들이 계속하여 그 일을 맡아 하나라와 은나라시대에 이르렀다. 그래서 중 씨와 여 씨는 대대로 이어서 하늘과 땅을 맡았다. 주나라시대에 정백程伯의 직을 받았던 휴보休甫 또한 그들의 후손이었다. 주 선왕宣王 때에 이르러 그 후손들은 맡아 오던 직분을 잃고 사마 씨가 되었다. 사마 씨는 대대로 주나라 사史를 담당했다."[63] 그리고 사마천은 이 글을 마감하면서 '육경六經의 이전異傳'을 다 모으고 '백가의 잡어'를 정제하여 황제로부터 한나라 무제에 이르는 내력을 서술하여 '태사공서'를 '후세 성인군자'에게 남긴다고 썼다. 그 위대한 사서의 저자는 왜 술력述歷의 명분을 믿기 어려운 옛 천관의 계보에서 이끌어 내었을까? 그는 오랜 친구에게 보내는 편지에서 일찍부터 품었던 사가의 포부를 이렇게 밝혔다. "나는 세상에 흩어진 구문舊聞을 모두 모아 일어난 일들을 살펴보고 그 성패 흥망의 이치를 헤아려 모두 130편을 썼습니다. 나는 하늘과 인간의 관계를 연구하고 고금의 변화에 통하여 일가지언을 이루고자 하였습니다."[64] 하늘과 인간의 관계를 질문하는 관심사는 상고시대 이래 사의 직분만큼이나 오랜 전통을 지닌 것이었다. 하늘은 때때로 주술적이거나 인격적인 신의 자격으로 인간세계를 간섭했다. 그런가 하면 그것은 자연적인 이법理法이나 운명적인 필연성의 이름과 더불어 인성의 바깥에 존재했다. 사마천의 하늘은 어떠한 의미연관으로 작용했을까? 먼저 그가 장편의 서사 가운데 처음으로 체계적인 「천관서」를 배치했다는 점에 주목해 보자.

사마천의 설명대로면 백성의 삶이 시작한 이래 해와 달과 별의 운행을 관찰하지 않은 군주는 없었다. 하늘의 상象을 우러러보면

63 司馬遷, 「太史公自序」, 『史記』 卷130 : "昔在顓頊 命南正重以司天 北正黎以司地 唐虞之際 紹重黎之後 使復典之 至于夏商 故重黎氏世序天地 其在周 程伯休甫其後也 當周宣王時 失其守而爲司馬氏 司馬氏世典周史."
여기에서 말하는 '주나라 사'는 앞에서 보았듯이 '대대로 천관을 맡았다(掌天官)'고 하면서 일컬은 그 직책과 다르지 않았을 것이다.

64 「司馬遷傳」, 『漢書』 卷63 : "網羅天下放失舊聞 考之行事 稽其成敗興壞之理 凡百三十篇 亦欲以究天人之際 通古今之變 成一家之言."

땅에서 일어날 일들의 본보기를 알 수 있기 때문이다. 하늘에 해와 달이 있듯이 땅에는 음과 양이 있다. 하늘에는 다섯 개의 큰 별이 있으며, 땅은 오행五行으로 움직인다. 하늘에 여러 별자리가 있고, 땅은 여러 나라와 구역으로 나뉜다. 해와 달과 별은 음양의 정精이다. 그리고 그 기氣의 근본은 땅에 있다. 그러므로 성인은 이를 아울러 다스렸던 것이다. 오제와 삼왕은 이러한 이치를 잘 살펴 관 쓰고 띠 매는 사람들을 안으로 품고 이적夷狄을 바깥으로 삼아 중국을 12주로 나누었다. 그러나 주나라의 국운이 기울면서 천관의 직책도 허물어졌으며, 따라서 천변天變을 관측하는 정통성이 사라지고 말았다. 그 까닭에 공자는 육경을 논하면서도 하늘의 도道와 명命을 전할 수 없었다.[65] 사마천은 바로 이러한 점을 애석하게 여기면서 천문 현상의 내력을 서술했다. 『사기』에 담긴 「천관서」는 옛 사가 남긴 기록을 통해 천상天象의 변화에 따르는 하늘의 의미를 이렇게 구성한다.

> 내가 사기를 읽으면서 지나간 일을 살펴보니, 1백 년 동안에 오성五星 가운데 방향을 바꾸어 역행하지 않은 별이 없었으며, 방향을 바꾸어 역행할 때면 크게 빛나다가 색이 변했다. 그리고 해와 달이 박식薄蝕하거나 남북으로 운행하는 것에는 때가 있었다. 이러한 것들이 그 큰 이치이다. 자궁紫宮,

65 司馬遷, 「天官書」, 『史記』 卷27 : "太史公曰 自初生民以來 世主曷嘗不歷日月星辰 及至五家三代 紹而明之 內冠帶外夷狄 分中國爲十有二州 仰則觀象於天 俯則法類於地 天則有日月 地則有陰陽 天有五星 地有五行 天則有列宿 地則有州域 三光者 陰陽之精 氣本在地 而聖人統理之 幽厲以往 尙矣 所見天變 皆國殊窟穴 家占物怪 以合時應 其文圖籍禨祥不法 是以孔子論六經 紀異而說不書 至天道命 不傳 傳其人 不待告 告非其人 雖言不著."

방수房宿와 심수心宿, 권형權衡, 함지咸池, 허수虛宿와 위수危宿 등 여러 별자리와 항성은 하늘 오관五官의 위상으로서 경經이 되어 이동하지 않으며, 크고 작음에 차이가 있으면서 서로 일정하게 거리를 유지한다. 수성 · 화성 · 금성 · 목성 · 토성의 다섯 행성은 하늘의 오좌五左로서 위緯가 되어 일정한 시간에 뜨고 지며, 일정한 규칙에 따라 영축贏縮의 운행을 보인다.

해에 이변이 있으면 덕을 베풀고, 달에 이변이 있으면 형벌을 줄이며, 별에 이변이 있으면 단결하여 화합해야 한다. 무릇 하늘에 지나친 이변이 생기면 곧 점을 친다. 나라 임금이 강대하고 덕스러운 자이면 창성하고, 약소하면서 꾸미고 속이는 자라면 망한다. 덕을 베푸는 것이 가장 좋고, 정치를 가지런히 하는 것이 그다음이며, 해결책을 찾는 것이 또 그다음이고, 귀신에 비는 것이 또 그다음이며, 무시하는 것이 맨 아래다. 대개 항성의 이변은 드물게 보이지만, 삼광三光의 점은 자주 쓰인다. 햇무리와 달무리, 일식과 월식, 그리고 구름과 바람, 이것들은 하늘의 객기客氣이며, 그 발현에도 역시 대운大運이 있다. 그렇지만 이것들은 정사政事와 더불어 가라앉기도 뻗치기도 하는 것이니, 하늘과 인간을 가장 가까이 맺어 주는 부호이다. 이 다섯 가지는 하늘이 감응하여 움직이는 것이다. 천문과 역수를 아는 자가 되려면 반드시 삼신三辰과 오성에 통달해야 한다. 고금을 오르내리며 시변時變을 깊이 관찰하고, 그 알맹이와 쭉정이를 알아보아야 천관의 자격을 갖추게 된다.[66]

66 司馬遷, 「天官書」, 『史記』 卷27 : "余觀史記 考行事 百年之中 五星無出而不反逆行 反逆行 嘗盛大而變色 日月薄蝕 行南北有時 此其大度也 故紫宮 房心 權衡 咸池 虛危 列宿部星 此天之五官坐位也 爲經 不移徙 大小有差 闊狹有常 水火金木塡星 此五星者 天之五佐 爲(經)緯 見伏有時 所過行贏縮有度 日變修德 月變省刑 星變結和 凡天變 過度乃占 國君彊大 有德者昌 弱小 飾詐者亡 太上修德 其次修政 其次修救 其次修禳 正下無之 夫常星之變希見 而三光之占亟用 日月暈適 雲風 此天之客氣 其發見亦有大運 然其與政事俯仰

사마천은 이처럼 천관의 과제를 지시하는 가운데 천체가 움직이는 이치를 밝혔다. 이를테면 해와 달은 일정한 규범대로 움직인다. 빠르거나 늦게 움직이기도 하는 다섯 행성 또한 정해진 궤도를 따라 규칙적으로 움직인다. 그리고 하늘의 날줄을 이루는 항성은 말 그대로 늘 같은 자리에서 빛난다. 이러한 모습이 천체 운행의 상도常度에 해당한다. 그러나 하늘은 이변의 속성도 지니고 있다. 일식과 월식, 행성의 역행 등은 천상의 '객기'다. 그 현상은 하늘이 사람들의 일에 반응하여 일어난다. 하늘은 이렇듯 정치로부터 비롯하는 '시변'에 따라 이변현상을 드러낸다. 그러면서 그것은 스스로 크거나 작게 주기적으로 변화하는 운세를 보인다. 위정자가 따를 수밖에 없는 천운이 곧 그것이다. "천운은 30년에 한 번 작게 변하고, 1백 년마다 중간 범위의 변화를 보이며, 5백 년에 한 번 크게 변한다. 세 번 크게 변하면 하나의 기紀를 맞이하고, 세 번의 기를 거치면 다 갖추게 된다. 이것이 그 대수大數다. 나라를 다스리는 사람은 반드시 이 3과 5의 주기를 귀중하게 여겨야 한다. 위아래로 각기 1천 년이 되면, 하늘과 인간 사이의 관계가 서로 연결되어 완비된다."[67]

사마천이 묘사한 천체현상은 한나라 초반에 이르기까지 누적된 관찰에 근거한 것이었다. 그 바탕에서 그의 「천관서」는 처음으로 체계적이며 상세한 지식체계의 내용을 갖추면서 후대의 정사에 따라붙는 여러 「천문지」의 모범이 될 수 있었다(이문규 2000). 그렇지만

最近(大) [天] 人之符 此五者 天之感動 爲天數者 必通三五 終始古今 深觀時變 察其精粗 則天官備矣."

67 司馬遷, 「天官書」, 『史記』 卷27 : "夫天運 三十歲一小變 百年中變 五百載大變 三大變一紀 三紀而大備 此其大數也 爲國者必貴三五 上下各千歲 然後天人之際續備."

그것의 원리처럼 작용하는 천운과 시변의 상관성은 관찰의 공간을 넘어선다. 사마천의 '일가지언'은 전통의 사가 남긴 기록뿐만 아니라 경험지식 저편의 세계관에도 기대고 있었다. 먼저 앞에서 보았듯이 그가 음양과 오행의 원리로 하늘과 땅의 정기를 밝히려고 했다는 점에 주목할 만하다. 그러한 사유세계는 전국시대를 풍미한 추연鄒衍으로부터 빌린 것이었다. 사마천의 설명대로라면 "그 시절 추연이 홀로 오덕지전五德之傳에 밝았으며, 만물이 생성하고 소멸하는 이치를 널리 알려 제후들에게 이름을 떨쳤다."[68] 그리고 그는 이 사상가의 교설을 이렇게 간결하게 정리했다. "천지가 나뉜 이래 오덕이 차례로 옮겨 가 다스림이 각각 그 마땅함을 얻었으며, 이에 하늘의 뜻과 사람의 일이 하나로 되었다는 점을 이끌어 설명했다."[69] 이 설명처럼 추연은 오덕종시五德終始의 교설로 유명하다. 그것은 다섯 가지 만물의 기본 요소가 목 · 화 · 토 · 금 · 수라는 오행의 순서대로 상생하거나 목 · 토 · 수 · 화 · 금의 배열처럼 상극하여, 마지막에 이르러서는 다시 원점으로 되돌아간다는 순환의 원리에 근거한다. 이러한 원초적인 변화의 계기가 정사의 장에도 그대로 이어진다는 설명이 그 교설의 힘으로 작용했다. 말하자면 '수명개제受命改制'의 논리가 그 귀결이었는데, 이로부터 통치의 순번을 이어 가는 왕조마다 오행의 질서에 따르는 고유의 덕을 지니게 된다는 이념이 시대적 정당성에 맞닿을 수 있었다. "그의 말이 종잡을 수 없이 크

68 司馬遷, 「曆書」, 『史記』 卷26 : "是時獨有鄒衍 明於五德之傳 而散消息之分 以顯諸侯."
69 司馬遷, 「孟子荀卿列傳」, 『史記』 卷74 : "稱引天地剖判以來 五德轉移 治各有宜 而符應若茲."

고 도리에서 벗어났다"고 했듯,[70] 사마천은 추연의 사유 방식에 완전히 기울지는 않았다. 그렇지만 그는 다음의 설명처럼 오덕과 오행의 원리를 역법의 기본으로 받아들인 것으로 보인다. "왕의 성이 바뀌어 하늘의 명을 받을 때에는 반드시 그 시초를 신중히 다져 정삭正朔을 고치고 복색을 달리하며, 하늘의 기운을 근본적으로 추구하여 그 뜻을 받들어 따른다."[71]

사마천은 여러 왕조의 부침과 성쇠 과정을 서술할 때 상생하거나 상극하는 오행의 법칙을 곧이곧대로 적용하지는 않았다(이성규 1991 : 185~221). 그럼에도 그는 '역성'과 '수명'을 하나의 계기로 보면서 지상의 정치에서 이루어져야 할 '개제'를 '하늘의 기운'에 맞추었다. 그렇게 그는 인간의 세계에서 일어나는 모든 변화현상을 어떠한 의미망에 담고자 했을 것이다. 이 줄기에서 그는 추연 외에도 동시대 첨단의 동중서에 기대어 '하늘과 인간의 관계'에 주목하는 '고금의 변화'를 서술한 것으로 보인다. 사마천이 이해하는 동중서는 "『춘추』가 전하는 재이災異의 변화로써 음양이 착행錯行하는 이치를 유추한" 인물이었다. 그리고 그의 평가는 이렇게 이어진다. "죽는 날까지 끝내 가산을 돌보지 않으며 공부와 저서를 일로 삼았다. 그러므로 한나라가 일어나 5백 년이 지나는 동안 오직 동중서만 『춘추』에 밝았다고 이름이 났다."[72] 동중서는 그렇게 사마천의 사표가 되었

70 司馬遷, 「孟子荀卿列傳」, 『史記』 卷74 : "其語閎大不經."

71 司馬遷, 「曆書」, 『史記』 卷26 : "王者易姓受命 必愼始初 改正朔 易服色 推本天元 順承厥意."

72 司馬遷, 「儒林列傳」, 『史記』 卷121 : "以春秋災異之變推陰陽所以錯行…… 至卒 終不治産業 以修學著書爲事 故漢興至于五世之閒 唯董仲舒名爲明於春秋."

다. 그 스승은 추연과 같은 음양가의 교설을 새롭게 구성하여 천인감응天人感應의 사변을 이렇게 전했다. 하늘에 음과 양이 있듯이 사람에게도 음과 양이 있다. 하늘과 사람의 기가 흐르는 길은 서로 같다. 하늘은 사람처럼 희로애락의 성정을 표현한다. 사람에게도 또한 춘하추동의 시절이 있다. 이렇듯 하늘과 사람은 하나가 되어 서로 감응하는 기를 지닌다. 하늘이 때때로 이상한 모습을 보이면, 그것은 사람의 과실에 호응하는 현상이다. 사람이 도를 잃으면 하늘이 먼저 재해를 드러내 경고한다. 그런데도 사람의 반성이 없으면 이변이 뒤따른다. 이렇게 하늘은 위력을 보임으로써 사람에게 인애仁愛의 마음을 내보인다(동중서 2006 : 453~455, 587~588, 651~655 ; 신정근 2004 ; 조원일 2013 ; 송영배 1985). 동중서는 이처럼 하늘과 인간이 음양의 이치처럼 '동류상동同類相動'의 위상을 지닌다는 원리로부터 수명개제의 교훈을 재구성했다. 그는 우선 "서쪽으로 사냥 나가 기린을 잡았다"라는 『춘추』의 마지막 구절에서 공자가 천명을 받았다는 징표를 이끌어 내었다. 이 책은 그 신성한 사건을 빌려 새로운 왕조가 '개제'를 완수하게 될 의의를 밝히고 천자에게 '일통一統'의 권위를 넘겨주었다. 이로써 위로는 오제와 맞닿고 아래로는 삼왕을 이어서 모든 군주의 도를 관통하게 될 정통의 계보가 이루어졌다. 이제 군주는 하늘의 운행에 끝과 시작이 있다는 점을 살펴서 지난 왕조가 남긴 득실의 교훈을 얻고 명운과 길흉의 실상을 깊이 헤아려 인간의 정성이 마땅함에 이르게 될 도리를 다해야 할 것이다. 그러면 하늘의 얼굴이 펴져 좋은 징조를 보일 것이다(동중서 2006 : 295~296). 이러한 원리의 설명은 이상적인 네 가지 통치의 범주로 나아가는 길잡이다.

'삼대의 개제'를 표준으로 삼은 동중서의 범례에서 성인을 따르는 왕조들의 제도는 한 번 상殷나라 전통을 본받고 다음 한 번은 하나라 전통을 본받으며一商一夏, 한 번 질質에 치중하고 다음 한 번은 문文에 치중한다一質一文. 상과 질의 범주는 하늘의 주도적 방식을 모방하고, 하와 문의 범주는 대지의 종속적 방식을 모방한다. 이로부터 네 가지 개제의 법칙이 성립한다. 하늘의 역할을 중심에 두면서 상나라 전통을 모방하는 주천법상主天法商, 대지의 역할을 중심에 두면서 하나라 전통을 모방하는 주지법하主地法夏, 하늘의 역할을 중심에 두면서 질의 원칙을 모방하는 주천법질主天法質, 땅의 역할을 중심에 두면서 문의 원칙을 모방하는 주지법문主地法文이 그것이다. 이 '사법四法'은 옛 제왕들이 흥망과 성쇠를 거듭하는 과정 가운데 들어 있다. 따라서 그 개별 유형은 네 계절의 순환처럼 한번 끝나면 처음부터 다시 시작하는 현상을 보이고終而復始, 궁극에 다다르면 근본으로 되돌아간다窮則反本. 하늘이 성인에게 왕의 자리를 약속하면서 상서로운 조짐을 보일 때, 그 법칙은 제대로 작용하게 된다(동중서 2006 : 366~375). 이러한 '개제'의 법칙은 『논어』의 문질 대담, 곧 "질이 문을 누르면 촌스럽고, 문이 질을 누르면 겉보기에 아름다우니, 문과 질을 잘 갖추어야 군자라 할 수 있다"[73]라는 구절에 근거한 것으로 보인다. 동중서는 끊임없이 순환하는 '시변'의 상황 속에서 '문질빈빈文質彬彬'처럼 서로 상승하여 원초적으로 지속하게 될 교훈의 범례를 길어 내고자 했을 것이다. 지상의 정사에서 문이나 질이 각각 하나의 주도적 경향을 드러내면, 그 통치 유형은 반드시 어떠한 문제 상황에 빠져들 수밖에 없다. 이때 문은 질로, 그리고 질은 문으로 향

73 「雍也」, 『論語』 卷6 : "子曰 質勝文則野 文勝質則史 文質彬彬 然後君子."

해 나아가야만 하는 개제의 필연성이 발생한다. 바로 여기에 순환의 교훈이 내재한다. 삼대를 기리는 동중서의 정치적 이상은 문과 질이 음양의 이치대로 순행한다는 사변적 성찰에서 비롯했을 것이다(신정근 2004 : 268~278).

『사기』는 이러한 범례대로 대일통 이념에 충실했을까? 사마천의 대답은 분명하지 않다. 그렇지만 '하늘과 인간의 관계'를 묻고 있는 그 책 여러 곳에서 동중서의 사유 양식이 남긴 흔적을 찾을 수 있다. 이를테면 사마천이 「천관서」와 나란히 서술한 「역서曆書」는 수명의 바탕을 이루는 하늘의 역수를 설명하는데, 이 글은 순환하는 자연현상을 서술하면서 이렇게 시작한다. 옛 역법을 보면 아주 오래전부터 세수歲首가 초봄에 시작한다고 정해져 있다. 만물은 세월이 무르익으면 모두 갖추어지는데, 바로 봄에 생명이 솟아나고, 네 계절이 차례로 돌아 마침내 겨울에서 봄이 시작하는 것이다. 그때 수탉이 세 번 울고 밝음이 시작한다. 열두 달의 절기가 차례로 돌다가 십이월에 끝난다. 해와 달이 번갈아 비치다가 밝음이 찾아온다. 밝음은 어른이고, 어두움은 어린아이다. 밝음이 암컷이면, 어두움은 수컷이다. 암수가 번갈아 번성하여 바른 계통에 이르도록 순행한다. "해는 서쪽으로 돌아가니, 그 밝음이 동쪽에서 시작하기 때문이다. 달은 동쪽으로 돌아가니, 그 밝음이 서쪽에서 시작하기 때문이다. 정삭이 하늘을 따르지 않고 또한 사람 사이에 실행되지 않는다면, 모든 일이 허물어져 이루어질 수 없을 것이다."[74]

74 司馬遷, 「曆書」, 『史記』 卷26 : "日歸于西 起明於東 月歸於東 起明于西 正不率天 又不由人 則凡事易壞而難成矣."

사마천이 이처럼 『사기』 가운데 따로 역법의 서술을 남긴 이유는 단순히 세시와 천상의 변화를 밝히려는 뜻에서 비롯한 것은 아니었다. '민民이 맡은 바 업을 성실히 지켜' 근신하고 타락하지 않았던 '명덕明德'의 시절이 '황제가 성력星曆을 잘 관찰하고 오행을 건립한' 때로부터 시작했다고 보았듯이, 그의 관심사는 궁극적으로 시간의 질서를 다스리는 도리와 방법에 있었다. 그래서 「역서」 또한 이미 전설의 태곳적부터 하늘과 땅의 일을 맡은 직분이 있었다는 이야기를 되풀이하면서, 당요唐堯가 끊어졌던 중여重黎의 대를 다시 이어 천지사시를 관장하는 직책을 새로 설치했다고 기록했다. 그리고 삼대의 정삭에 이르는 순환의 질서가 이어진다. 요임금이 역법의 관직을 다시 세워 계절의 변화와 하늘의 운행을 바르게 정하자, 음양과 풍우가 제대로 조절되고 사람들도 안락한 삶을 누릴 수 있었다. 요임금은 늙어서 순임금에게 선양할 때 "하늘의 역수가 네 몸에 있다"고 하였으며, 순임금 또한 우임금에게 같은 말로써 선양했다.[75] 사마천은 역수와 천명의 승계가 같은 이치대로 이루어져야 한다는 원리를 그렇게 강조하고 싶었을 것이다. 그리고 그는 이상적인 통치의 유형이란 "한번 끝나면 처음부터 다시 시작하고, 궁극에 이르면 근본으로 되돌아간다"고 한 동중서의 말을 빌려 하늘의 현상처럼 순환하는 역수와 정치의 과정을 이렇게 풀어썼다.

① 하나라는 정월을 세수로 삼았다. 은나라는 십이월을, 그리고 주나라

75 司馬遷, 「曆書」, 『史記』 卷26 : "年耆禪舜 申戒文祖 云天之曆數在爾躬 舜亦以命禹." 『논어』에 다음과 같은 말이 실려 있어 참고할 만하다. 「堯曰」, 『論語』 卷20 : "堯曰 咨爾舜 天之曆數 在爾窮允執其中 四海困窮 天祿永終 舜亦以命禹."

는 십일월을 각각 세수로 삼았다. 삼왕의 세수는 순환하듯 궁극에 다다르면 근본으로 되돌아간다. 하늘 아래에 도가 있으면 기서紀序를 잃지 않게 되고, 도가 없으면 제후가 정삭을 따르지 않는다.[76]

② 하나라 정치는 충忠을 받들었으나, 그 폐단으로 백성이 촌스러워졌다. 그래서 은나라 사람은 경敬을 받들면서 하나라를 이었다. 그 폐단으로 백성이 귀신을 섬기는 데 빠지자, 주나라 사람은 문文을 받들면서 은나라를 이었다. 그 폐단으로 백성이 경박스러워졌으니, 이를 바로잡는 것으로는 충보다 나은 것이 없었다. 삼왕의 도는 순환하듯 끝에 이르면 처음부터 다시 시작한다.[77]

①에서 보는 세수의 문제는 이상적인 삼대가 각기 다른 정삭의 기준을 적용했다는 점에 있다. 그 이유는 어디에서 비롯했을까? 동중서는 그 '삼정三正'의 과제로부터 거창한 우주의 세 가지 기점을 이끌어 내는데, 이른바 흑 · 백 · 적의 '삼통三統'이 그것이다. 그는 북두성의 자루 모양斗柄이 십이지十二支 가운데 어느 세 방향인(寅), 축(丑), 자(子)을 가리킬 때를 기준으로 각각 다른 정삭의 기점을 정하면서 거기에 세 가지 색깔의 계통을 설정했다. 그 기준시의 색깔에 따라 각각 다르게 나타나는 통치의 범례가 궁극적으로 순환한다는 원리에 동중서 사유 양식의 특징이 들어 있다(동중서 2006 : 351~377). 사마천

76 司馬遷, 「曆書」, 『史記』 卷26 : "夏正以正月 殷正以十二月 周正以十一月 蓋三王之正若循環 窮則反本 天下有道 則不失紀序 無道 則正朔不行於諸侯."

77 司馬遷, 「高祖本紀」, 『史記』 卷8 : "夏之政忠 忠之敝 小人以野 故殷人承之以敬 敬之敝 小人以鬼 故周人承之以文 文之敝 小人以僿 故求僿莫若以忠 三王之道若循環 終而復始."

은 「천관서」에서 하늘의 한가운데를 운행하면서 사방을 통제하는 북두성을 설명하는데, 음양과 사계절이 나뉘며 오행이 차례를 잇고 역수가 법도를 지키는 일이 모두 거기에 얽혀 있다고 보았다.[78] 그렇지만 그는 동중서가 말하는 삼통의 원리에 따라 정삭의 과제를 보지 않았다. 그는 천관의 후예답게 무엇보다도 먼저 윤달을 두는 문제에 주목하면서 이렇게 설명했다. 선왕들이 정치를 맡았을 적에는 역법을 정확히 하여 세수를 정하고 연중 시간을 추산한 뒤 윤달을 두어 남는 오차를 바로잡았다. 정삭이 제대로 시작하고 시간의 차례가 바로잡히자, 민民은 미망에 빠지지 않았고 일이 어그러지지도 않았다.[79] 하나라 역법夏曆에 따르면 북두성의 자루 모양이 가리키는 방향에 따라 건인建寅의 지점에서 세수가 시작한다. 마찬가지 방식으로 은나라와 주나라의 정삭은 각각 건축建丑과 건자建子의 지점을 기준으로 삼는다. 사마천은 이러한 역산의 문제가 우선적으로 치윤법置閏法에서 비롯했다고 본 셈이다. 말하자면 지상의 '도'란 이처럼 시간의 혼란을 바로잡는 과제와 다르지 않았다. 그 역수의 기준을 새로 정하는 방법은 순환의 질서를 좇는다. 바로 여기에서 '역성'의 정당성이 열린다. 그것이 필요한 시점은 왜 반드시 개국의 기원과 일치하는가? 사마천의 역법 이야기에서 그 해답을 들을 수 없다.

②의 설명은 보다 사변적이다. 은나라와 주나라가 각각 선대 왕

78 司馬遷, 「天官書」, 『史記』 卷27 : "斗爲帝車 運于中央 臨制四鄕 分陰陽 建四時 均五行 移節度 定諸紀 皆繫於斗."

79 司馬遷, 「曆書」, 『史記』 卷26 : "先王之政時也 履端於始 擧正於中 歸邪於終 履端於始 序則不愆 擧正於中 民則不惑 歸邪於終 事則不悖."

조로부터 통치의 예禮를 가감하여 받아들였다고 기록한 『논어』의 한 구절에[80] 이 말의 근거가 들어 있다.[81] 이른바 삼정의 원리로부터 삼통의 순환을 재구성한 동중서의 생각도 거기에 스며들었을 것이다. 몇백 년 동안이나 지속한 삼대의 왕조가 각각 하나의 두드러진 가치체계를 중심으로 통치력을 이어 갔다는 근거는 어디에서 찾을 수 있을까? 이러한 질문은 사마천의 관심사가 아니었을 것이다. 삼대의 정치를 몇 마디 말로 압축한 그 글은 사마천 당대의 나라를 세운 고조 유방의 본기를 마감하는 설명이었다. 그러므로 그가 말하고 싶었던 통치의 범례는 먼 과거보다는 가까운 현재를 지향하고 있었을 것이다. 그의 말은 이렇게 이어진다. "주나라에서 진나라로 이어지는 동안 문文의 폐단이 있었다고 이를 만하다. 진나라 정치는 그것을 고치지 않고 오히려 가혹한 형법에 매달렸으니, 어찌 잘못한 일이 아니겠는가? 한나라가 일어나 그 폐단을 이었지만, 그것을 바르게 고쳐 사람들로 하여금 고달프게 하지 않았다. 이로써 한나라는 천통天統을 얻을 수 있었다."[82]

사마천은 그렇게 '천통'을 말하면서 '일가지언'의 의미를 다할 수 있는 지점까지 밀고 나가고자 했을 것이다. 그 오묘한 말과 더불어 그가 어쩔 수 없이 당대의 통치질서를 미화했다고 짐작할 수도 있

80 「爲政」, 『論語』 卷2 : "子曰 殷因於夏禮 所損益可知也 周因於殷禮 所損益可知也 其或繼周者 雖百世可知也.

81 조선 후기의 사상가 이익(李瀷)은 『성호질서(星湖疾書)』에서 『논어』 「위정」 편의 이 구절을 상세히 해설하면서, 하·은·주가 각각 충·경·문을 숭상했다고 서술한 후한시대 여러 문헌을 비판적으로 소개하고 있다(이익 1998 : 22~27).

82 司馬遷, 「高祖本紀」, 『史記』 卷8 : "周秦之閒 可謂文敝矣 秦政不改 反酷刑法 豈不繆乎 故漢興 承敝易變 使人不倦 得天統矣."

겠다. 그러나 "한나라가 천통을 얻을 수 있었다"는 표현은 시세의 변화를 보다 근원적으로 살피려는 성찰에서 나왔다고 짐작할 만하다. 그 실마리를 좇아 앞에서 말한 『논어』의 구절로 되돌아가 보자. 삼대 정치의 범례를 설명한 공자의 말은 원래 자장子張의 질문에 답한 내용이었다. 그 제자는 이렇게 묻는다. "열 왕조 뒤의 일을 미리 알 수 있습니까?" 공자는 삼대의 사례를 들면서 이렇게 대답한다. "혹시 주나라를 계승하는 자가 있다면 백 왕조 뒤의 일이라도 알 수 있을 것이다."[83] 이 말은 '하늘의 질서에 법이 있고, 하늘의 등급에 예가 있어' 천명의 뜻이 고금에 통한다고 전하는 『상서』의 가르침과 뜻을 같이하는 것으로 보인다.[84] 사마천은 바로 이러한 의미를 좇아서 끝없이 순환하는 하늘의 법도를 전하고자 했을 것이다. "사물이 번성하면 쇠락하고, 때가 다하면 바뀌기 마련이다. 한 번 질質을 숭상하고 한 번 문文을 숭상하는 것은 끝에 이르러 다시 시작하는 변화와 같다. ……탕왕과 무왕은 전대의 실패를 이어받았으나, 그것을 바꾸어 고쳐서 백성들로 하여금 고달프지 않게 하였다. 그들은 각자 삼가고 애쓰면서 정치를 펼쳤으나, 나라는 점점 쇠퇴하여 기울고 말았다."[85] 은나라와 주나라를 세운 탕왕과 무왕은 성군의 모범이었다. 그럼에도 그들의 나라는 어김없이 역성과 개제의 대상이 되었다. 사마천은 이렇게 옛 범례를 들어서 팽창과 번성의 극단으로 치닫는 듯 보인 당대뿐만 아니라 미래의 치세에도 일가지

83 「爲政」, 『論語』 卷2 : "子張問 十世可知也 子曰…… 其或繼周者 雖百世可知也."
84 「虞書 皐陶謨」, 『尙書』 : "天敍有典 勅我五典 五惇哉 天秩有禮 自我五禮 五庸哉."
85 司馬遷, 「平準書」, 『史記』 卷30 : "是以物盛則衰 時極而轉 一質一文 終始之變也…… 湯武承弊易變 使民不倦 各兢兢所以爲治 而稍陵遲衰微."

언의 교훈을 남기고자 했을 것이다.

> 지금 세상에 살면서 지난 행적을 기록하는 까닭은 이를 거울삼아 스스로 비추어 보려는 뜻에서 비롯한다. 옛날과 지금이 반드시 똑같을 수는 없을 것이다. 제왕들은 저마다 특별한 예를 좇아 남다른 정사를 펼친다. 그러므로 반드시 성공한 사례를 본보기로 통기統紀를 삼아 한 줄에 꿰는 것이 어찌 가능하겠는가. 제왕들이 존경과 영화를 누리거나 실패와 모욕을 당한 까닭을 살펴보면, 거기에 또한 당세의 득실이 숲을 이루고 있다.[86]

사마천은 여기에서 '왜 반드시 오래된 이야기'에만 귀 기울여야 하는가라고 반문한다. 삼대는 이상적인 치세의 모범이지만 지금 시간으로 되돌아올 수는 없다. 그는 진시황의 행적을 설명하면서 "후대 왕들을 모범으로 삼을 것"을 권고한다. "왜냐하면 그들이 우리에게 가깝고 풍속의 변화도 비슷하여, 의론이 설사 비루하더라도 쉽게 행할 수 있기 때문이다."[87] 그는 노자老子의 이상향을 어리석은 꿈으로 치부했듯이[88] 황금시대로 머물러 있는 과거 회귀를 불가능한 일로 여겼다. 그럼에도 그는 마치도 역법질서처럼 순환하는 치세의 범례를 거듭거듭 말하면서 끊임없이 반복하는 시간의 유형에

86 司馬遷, 「高祖功臣侯者年表」, 『史記』 卷18 : "居今之世 志古之道 所以自鏡也 未必盡同 帝王者各殊禮而異務 要以成功爲統紀 豈可緄乎 觀所以得尊寵及所以廢辱 亦當世得失之林也."

87 司馬遷, 「六國年表」, 『史記』 卷15 : "傳曰 法後王 何也 以其近己而俗變相類 議卑而易行也."

88 司馬遷, 「貨殖列傳」, 『史記』 卷129 : "老子曰 至治之極 鄰國相望 雞狗之聲相聞 民各甘其食 美其服 安其俗 樂其業 至老死 不相往來 必用此爲務 輓近世塗民耳目 則幾無行矣."

주목했다. 거기에는 왕조의 흥망이나 통치 윤리의 변화, 예법과 가치의 교대가 들어 있다. 그는 여러 인격의 군주나 영웅, 관리와 학자, 그리고 다양한 율령과 제도가 부침하는 이야기를 적절히 배치하는 가운데 때때로 다시금 살아나는 도덕적 인간상을 그렸다. 그는 그렇게 순환하는 시간 가운데 권계의 교훈이 명백하게 드러나는 일가지언을 이루고자 했을 것이다.

'하늘과 인간의 관계'를 물은 장편의 서사가 거울의 반사처럼 범례의 집합으로 되살아날 것이라는 사마천의 설명이 주목을 끈다. '지금 세상'을 지나간 경험에 비추어 본다는 그 거울은 중국 고전에서 가장 오랜 교훈의 표상이었다. 일찍이 주나라 초기에 사람들이 불렀다는 『시경』의 옛 노래에 이미 그 말이 들어 있다. "은나라가 본뜰 거울 멀리 있지 않으니 바로 하나라 임금 시대에 있구나."[89] 고대 왕조의 영고성쇠를 간명히 드러낸 이 구절은 앞으로 수많은 사서의 기틀을 이루게 될 감계 이념의 상징이 되었다. 그리고 『상서』도 주나라 초반기 사가 남긴 기록으로 보이는 다음의 말을 전한다. "우리는 하나라를 거울삼지 않을 수 없다. 우리는 또한 은나라를 거울삼지 않을 수 없다."[90] 공자는 아마도 이 말들을 이어서 이렇게 말했을 것이다. "주나라는 하나라와 은나라를 거울삼았으니 찬란하다, 그 문이여! 나는 주나라를 따르겠다."[91] 맹자도 '은나라의 거울'을 노래한 『시경』의 그 구절을 그대로 되풀이하면서 이러한 교훈을

89 「大雅 蕩之什」, 『詩經』: "殷鑒不遠 在夏后之世."
90 「周書 召誥」, 『尙書』: "我不可不監于有夏 亦不可不監于有殷."
91 「八佾」, 『論語』 卷3 : "子曰 周監於二代 郁郁乎文哉 吾從周."

남겼다. "『시경』에 이른바 '은나라가 본뜰 거울 멀리 있지 않으니 바로 하나라 임금 시대에 있구나'라고 한 말은 바로 이것을 가리킨다. 삼대가 천하를 얻은 것은 인仁으로 말미암았고, 삼대가 천하를 잃은 것은 불인不仁 때문이었다. 제후의 나라가 흥폐존망을 거듭하는 것도 마찬가지로 그러하다."[92] 춘추시대 좌구명左丘明이 지었다고 전하는 『국어』에 "사람은 늘 훌륭하거나 실패한 일을 많이 듣고서 경계하는 거울로 삼아야 한다"는 구절이 들어 있다.[93] 그리고 그의 전송傳誦에 근거한 작품으로 보이는 『좌전』에서도[94] "『춘추』의 가르침이 악을 징계하고 선을 권한다"는 기사를 읽을 수 있다.[95]

사마천은 이 책들에서 많은 이야기를 끄집어내어 『사기』의 여러 장을 구성했다. 이로써 '감계'의 교설이 하나의 계통을 이룬다고 짐작할 만하다. 그러한 이념의 전승은 시간질서가 늘 되풀이하는 가운데 도덕세계로 향하는 인간의 본성이 항상성을 지닌다는 믿음에 근거한 것이었다. 그 거울의 상징체계가 밝히는 의미지평 가운데 한 가지는 성군의 창업자와 포악한 마지막 군주가 반복해서 나타나는 치란治亂의 과정이다. 맹자는 '은나라 거울'의 교훈을 되새기는 의미에서 오래도록 잊히지 않을 경구를 후세에 남겼다. "하늘 아래

92 「離婁 上」, 『孟子』: "詩云 殷鑑不遠 在夏后之世 此之謂也 孟子曰 三代之得天下也 以仁 其失天下也 以不仁 國之所以廢興存亡者 亦然."

93 「楚語 下」, 『國語』: "人求多聞善敗 以監戒也."

94 유지기는 『좌전』의 출현 배경을 이렇게 설명했다. "『좌씨전』에는 대부들의 말이나 명령, 사신의 응답 등을 실었는데, 그 글이 고전적이고 아름다우며 그 말이 넓고도 깊다. ……이 문장들의 효과가 두터운지 어떤지, 취지가 깊은지 어떤지를 헤아려 보면, 처음 초고를 만들 때도 한 번에 나온 글이 아니고, 윤색하며 갈고 다듬을 때도 한 사람의 손에서만 이루어진 것이 아님을 알 수 있다"(유지기 2012 : 751~753).

95 「成公十四年」, 『左傳』: "春秋之稱…… 懲惡而勸善."

삶이 이미 오래되었는데, 한 번 다스려지면 한 번 어지러워진다."[96] 이러한 사유의 전통에서 『사기』의 계보를 잇는 '정사'는 '통치자의 학교'가 되었으며, 거기에 담긴 범례들은 치도의 교본으로 읽혔다. 그 유산 가운데 백미는 거울이 표제를 이루는 『자치통감』이다. 그 이름을 직접 내린 송나라 신종神宗은 '은나라 거울'의 상징을 되풀이 했다. "황폐하고 추락하며 뒤집힐 위험에 이르러서는 앞서가는 수레의 실수를 볼 수 있다. 서리를 밟고 얼음 얼 때를 알게 되듯, 포악하고 간사한 도적을 미리 경계해야 한다. 『시경』에 이르기를, '은나라가 본뜰 거울 멀리 있지 않으니 바로 하나라 임금 시대에 있구나' 라고 하였다. 이에 이 책 이름을 내려 『자치통감』이라고 한다."[97] 그 뜻을 받들어 '후세에 감계의 교훈을 남기게 될' 사서를 편찬한 사마광司馬光, 1019~1086은 "지난날 흥성하고 쇠퇴했던 일을 거울삼아 오늘날의 득실을" 헤아려 보도록 '치세'의 교본을 짓는다고 썼다.[98]

앞으로 오래도록 사마광의 이름과 함께하게 될 그 책은 이렇게 시작한다. "신이 듣건대, 천자의 직책 가운데 예보다 더 큰 것이 없고, 예 가운데 분별보다 더 큰 것이 없으며, 분별 가운데 이름보다 더 큰 것이 없다고 합니다. 예란 무엇입니까? 기강紀綱이 바로 이것입니다. 분별이란 무엇입니까? 군주와 신하가 바로 이것입니다. 이

96 「滕文公 下」, 『孟子』: "天下之生久矣 一治一亂."

97 "至於荒墜顚危 可見前車之失 亂賊姦宄 厥有履霜之漸 詩云 商鑑不遠 在夏後之世 故賜其書名曰資治通鑑 以著朕之志焉耳"[「宋神宗御製資治通鑑序」, 李宗侗 · 夏德儀 外 校註(1970), 『資治通鑑今註』, 臺北 : 臺灣商務印書館].

98 "監前世之興衰, 考當今之得失"[「進資治通鑑表」, 李宗侗 · 夏德儀 外 校註(1970), 『資治通鑑今註』, 臺北 : 臺灣商務印書館].

름이란 무엇입니까? 공, 후, 경, 대부가 바로 이것입니다. 무릇 사해는 넓고, 억조의 민은 한 사람의 통치를 따라야 합니다. 그 한 사람이 비록 절륜한 힘과 고세古世의 지혜를 지녔다 할지라도 서둘러 제 본분을 다하지 않는 자가 없는 것은 어찌 예로써 기강을 잡은 까닭에 있지 않겠습니까? 그러므로 천자는 삼공을 거느리고, 삼공은 제후를 통솔하며, 제후는 경대부를 통제하고, 경대부는 사와 서민을 다스리는 것입니다."[99] 공자가 "반드시 이름을 바로잡아야 한다"고 했듯이,[100] 사마광은 감계의 교훈을 정명의 이념과 결합했다. 그리고 그는 왕도의 범례가 『춘추』의 의리로 되돌아간다는 점을 이렇게 밝혔다. "문왕이 역易의 차례를 매길 때, 건괘乾卦와 곤괘坤卦를 첫머리에 놓았습니다. 그리고 공자는 계사繫辭로써 이렇게 말했습니다. '하늘은 높고 땅은 낮은 듯 건괘와 곤괘가 정해진다. 낮은 것과 높은 것이 펼쳐진 곳에 귀천의 자리가 들어선다.' 임금과 신하의 자리가 마치도 하늘과 땅처럼 바뀔 수 없다는 것을 그렇게 말씀하신 것입니다. 『춘추』는 제후를 억누르고 왕실을 높였으며, 왕의 자리에 오른 사람이 비록 쇠미하였더라도 제후의 위에 두었습니다. 이로써 성인은 미상불 삼가고 또 삼가면서 임금과 신하의 관계를 보이신 것입니다."[101]

99 「周紀 一」, 『資治通鑑』 卷1 : "臣聞天子之職莫大於禮 禮莫大於分 分莫大於名 何謂禮 紀綱是也 何謂分 君臣是也 何謂名 公侯卿大夫是也 夫以四海之廣 兆民之衆 受制於一人 雖有絶倫之力 高世之智 莫敢不奔走而服役者 豈非以禮爲之綱紀哉 是故天子統三公 三公率諸侯 諸侯制卿大夫 卿大夫治士庶人."

100 「子路」, 『論語』 卷13 : "子曰 必也正名乎."

101 「周紀 一」, 『資治通鑑』 卷1 : "文王序易 以乾坤爲首 孔子繫之曰 天尊地卑 乾坤定矣 卑高以陳 貴賤位矣 言君臣之位 猶天地之不可易也 春秋抑諸侯尊王室 王人雖微 序於諸侯之上 以是見聖人於君臣之際 未嘗不惓惓也."

『춘추』의 전승 이데올로기가 근원적으로 『주역』의 법칙에서 비롯한다는 설명으로 읽힌다. 사마광은 『잠허潛虛』라는 이름의 역학도설을 펴낼 정도로 『주역』에 기울어 있었으며, 거기에서 순환의 질서를 이끌어 내었다. 그 사변의 도식에 따르면 '허虛'에서 시작하는 인간의 삶은 여러 과정을 거치고 나면 다시 '허'로 회귀한다. 마치도 동중서와 사마천이 종이부시終而復始와 궁즉반본窮則反本의 과정을 말했듯이 그는 그 순환의 질서 가운데에서 변하지 않는 도를 구했으며, 그것이 쇠퇴하거나 흥성하는 현상을 드러내어 군주의 교훈으로 삼고자 했다. "도가 실현되면 치세가 이루어지고, 도가 사라지면 난세가 찾아온다." 맹자의 일치일란一治一亂을 되새기는 그 감계는 '지금' 세상을 비추어 보려는 뜻에 맞닿아 있었겠지만, 그 궁극적인 사유의 토대는 뿌리 깊은 상고주의로 회귀한다(미우라 1985 : 333~365). 한나라 고조가 창업 과정에서 시세에 영합한 인재들만 중하게 썼다는 이야기가 하나의 사례로 등장한다. "고조는 지혜롭고 사리에 밝아 육가陸賈의 말을 듣고는 훌륭하다고 했으며, 숙손통叔孫通의 의례를 보고 찬탄했다. 그렇지만 그는 삼대의 왕들과 어깨를 견줄 수 없었는데, 그 흠이 그때의 교훈을 배워 알지 못한 탓에 있었을 따름이다. 그 당시 학식 높은 선비를 얻어 보좌하도록 하면서 예로써 천하를 다스렸다면, 그 공적이 어찌 이 정도에 그쳤겠는가."[102] 이렇듯 삼대로 거슬러 오르는 통치의 범례가 다시금 춘추의리의 표상으로 거듭날

102 「漢紀三」, 『資治通鑑』 卷11 : "夫以高祖之明達 聞陸賈之言而稱善 睹叔孫通之儀而歎息 然所以不能比肩於三代之王者 病於不學而已 當是之時 得大儒而佐之 與之以禮爲天下 其功烈豈若是而止哉."

수 있었으며, '선왕의 도'를 기리는 상고尙古의 이상이 치세의 교본을 구성하는 하나의 전형으로 자리 잡을 수 있었다. 이런 뜻에서 조선 초기의 문신 최항崔恒, 1409~1474은 『자치통감』이 '사학의 근본'이 된다고 말했을 것이다.[103] 한국 최고最古의 『삼국사기』 또한 그러한 범례를 전승한 책이었을까?

103 『世祖實錄』 卷31 : "通鑑 史學之宗."

4. 국사에서 동사東史로

"우리 해동海東 삼국도 역년歷年이 오래되어 마땅히 그 사실을 방책方策에 기록하여 남겨야 할 것입니다."[104] 고려 인종 23년1145 『삼국사기』를 왕에게 올리면서 적었던 이 글은 '우리나라'의 사적을 따로 서술해야만 한다는 선언처럼 읽힌다. 여기에 화답한 고려 인종의 말은 중국의 경전과 제자백가의 서, 그리고 진 · 한시대의 사서에서 독립하는 일가지서를 시사했다. 이 바람대로 '이 땅의' 기사에 충실하여 '만세'에 끼칠 만한 '권계'의 책이 탄생할 수 있었을까? 먼저 '해동'이라는 이름이 삼국을 규정하면서 내부의 연혁을 지시하고 있다는 점에 주목할 만하다. 중국 사서에서 비롯한 이 말이 지리적

104 金富軾, 「進三國史表」, 『東文選』 卷之44 : "惟此海東三國 歷年長久 宜其事實 著在方策."

영역과 위치를 넘어 어떠한 이념 지향성을 드러내기 때문이다. 사마천의 『사기』에 다음과 같은 이야기가 들어 있다. "연燕나라 태자 단丹이 진(秦)나라에 패하여 요동으로 달아났을 때, 위만衛滿은 그 도망하는 백성을 거두어 해동에 모았으며, 진번을 합치고 변방을 방위하여 한(漢)나라의 외신外臣이 되었다."[105] 여기에서 보는 해동은 연나라 출신 위만의 웅거지를 지칭한다. 그 땅은 천자의 도가 미치지 못하는 천하의 바깥이다. 그곳이 한나라 '외신'의 통치 근거지가 되었을 때, 그 이름이 처음으로 중국 사서에 올랐다. 그 뒤 그 말은 중국 통일제국의 팽창과 정복을 상징하는 표현이 되었다. 이를테면 진수의 『삼국지』는 후한 말기 요동 지방을 평정한 공손탁公孫度, ?~204 이야기를 전하는 가운데 해동의 의미를 이렇게 확장했다. "부여는 본래 현도玄菟에 속했다. 한 말 공손탁이 해동으로 기세를 크게 떨쳐 외이外夷를 굴복시키자, 부여 왕 위구태尉仇台가 다시 요동에 속했다."[106]

한국 최고最古의 사서는 이처럼 옛 삼국을 지시하는 이름을 중국 사서로부터 받아쓰면서 '우리나라의 일'을 기록하는 서사 구조의 긴장을 예고했다. 김부식은 우선 왕의 말을 빌려 '열국'의 사서들에 버금가는 『삼국사기』의 서술을 이렇게 변명했다. "신라, 고구려, 백제가 나라를 열어 솥발처럼 서로 마주섰으나 예로써 중국과 교통할 수 있었다. 그러므로 범엽范曄의 『한서』와 송기宋祁의 『당서』에 모두 그 열전列傳이 있다. 그렇지만 그 책들은 내부의 사적을 상세히 기록

105 司馬遷, 「太史公自序」, 『史記』 卷130 : "燕丹散亂遼閒 滿收其亡民 厥聚海東 以集眞藩葆塞爲外臣."

106 「烏丸鮮卑東夷傳」, 『三國志 魏書』 卷30 : "夫餘本屬玄菟 漢末 公孫度雄張海東 威服外夷 夫餘王尉仇台更屬遼東."

하면서 외부의 일은 소략하게 다루어 자세히 싣지 않았다."[107] 『삼국사기』는 이처럼 천하의 안과 밖을 분명히 차별한 중국 사서를 비판하면서 출발했다. 그렇지만 화하 이념에서 비롯한 해동의 이름 아래 삼국이 비로소 위치할 수 있었다. 말하자면 해동이란 복속과 고유성을 함께 아우르는 표현이었다. 『삼국사기』의 편찬자들은[108] 그 말 가운데에서 서로 어긋나게 작용하는 의미연관을 애써 망각하거나 무시할 수 없었을 것이다. 그 말은 '삼국의 역년'과 함께하면서 새로운 자각의 표현으로 바뀌었다.

① 해동에 국가가 있은 지 오래되었다. 기자箕子가 주 왕실에서 봉작을 받고 위만이 한나라 초에 왕을 참칭한 때부터 연대가 요원하고 문자가 소략하여 도저히 자세히 알 수 없다. 삼국이 솥발처럼 서로 마주하게 되자, 대대로 이어 가는 치세가 더욱 길었다. 신라는 56왕 992년 동안, 고구려는 28왕 705년 동안, 백제는 31왕 678년 동안 이어졌다.[109]

② 고기古記에 이르기를 "백제와 고구려가 모두 부여에서 나왔다"고 하며, 또한 "진 · 한의 난리 때 중국 사람들이 많이 해동으로 도망하여 숨었다"고 한다. 그렇다면 삼국의 선조는 옛 성인의 후예가 아니겠는가? 어찌

107 金富軾, 「進三國史表」, 『東文選』 卷之44 : "新羅氏高句麗氏百濟氏 開基鼎峙 能以禮通於中國 故范曄漢書 宋祁唐書 皆有列傳 而詳內略外 不以具載."

108 이 책 말미에 11명의 편찬자 명단이 실려 있다. 감수국사에 이름을 올린 김부식이 '편수(編修)'를 맡은 가운데 8명의 '참고(參考)', 그리고 각각 '동관구(同管句)'와 '관구(管句)'의 직을 맡은 2명이 그를 도운 것으로 보인다.

109 「年表 上」, 『三國史記』 卷29 : "海東有國家久矣 自箕子受封於周室 衛滿僭號於漢初 年代綿邈 文字疎略 固莫得而詳馬(焉) 至於三國鼎峙 則傳世尤多 新羅五十六王九百九十二年 高句麗二十八王七百五年 百濟三十一王六百七十八年."

그렇게 오래도록 나라를 향유했겠는가? 백제 말기에 이르러서는 도리에 어긋나는 소행이 많았다. 백제는 대대로 신라와 원수로 지내면서 고구려와 늘 화친하여 신라를 침공하고, 이익을 따지고 적당한 기회를 엿보아 신라의 중요한 성과 큰 진 빼앗기를 그치지 않았으니, 이른바 "어진 사람과 친하고 이웃과 잘 지내는 것이 나라의 보배"라는 말과는 달랐다. 이에 당나라 천자가 두 번이나 조서를 내려 백제와 신라 사이의 원한을 풀도록 하였으나, 겉으로는 따르는 척하면서도 속으로는 이를 어겨 대국에 죄를 졌으니, 그 나라의 패망 또한 당연한 일이었다.[110]

①은 삼국의 이력을 한눈에 볼 수 있도록 연표를 만들면서 붙인 머리글이다. 이 설명은 "자세히 알 수 없다"는 단서를 달기는 했지만 기자의 수봉과 더불어 해동의 '역년'이 비로소 시작했다는 점을 암시한다. 김부식은 「고구려본기」를 마감하는 "논論"에서 기자 이야기를 더욱 상세하게 적었다. "현도와 낙랑은 본래 조선 땅으로 기자가 봉작을 받은 곳이다. 기자는 그 백성에게 예의, 농사, 누에치기, 옷감 짜기를 가르치고 8조의 법금法禁을 두었다. 이로써 그 백성은 서로 도둑질하지 않아 문을 닫지 않고, 부인은 정조와 신의를 지켜 음란하지 않고, 먹고 마실 때 변두籩豆를 사용하였으니, 이는 곧 어질고 현명한 사람의 교화 덕택이었다. 또한 그 백성의 천성이 유순

110 「百濟本紀 第六」, 『三國史記』 卷28 : "古史曰 百濟與高句麗同出扶餘 又云秦漢亂離之時 中國人多竄海東 則三國祖先 豈其古聖人之苗裔耶 何其享國之長也 至於百濟之季 所行多非道 又世仇新羅 與高句麗連和 以侵軼之 因利乘便 割取新羅重城巨鎮不已 非所謂親仁善隣 國之寶也 於是 唐天子再下詔 平其怨 陽從而陰違之以獲罪於大國 其亡也亦宜矣."

하여 서·남·북의 세 지방과 달랐기 때문에, 공자는 도가 행해지지 않는 시절을 슬퍼하면서 바다에 뗏목을 띄워 이곳에 살고자 했으니, 그런 까닭이 있었던 것이다."[111] 이 이야기는 여러 중국 고전에 실려 있는 기사를 간결하게 정리한 내용이다. 사마천의 『사기』는 기자가 은나라 마지막 왕 주紂의 친척이라고 전한다. 그는 충심으로 폭군에게 간언했던 인물의 상징이다. 주나라를 세운 무왕이 그를 찾아가 홍범구주洪範九疇를 들었다는 『상서』의 기록 덕택에, 그는 성인의 반열에 오를 수 있었다.[112] "그리하여 무왕은 마침내 기자를 조선에 봉하였으나, 그를 신하로 삼지는 않았다."[113] 사마천이 남긴 이 한마디 말이 『삼국사기』 편찬자들의 심금을 울렸을 것이다. 해동은 이제 침략과 복속의 이미지에서 벗어나 성인의 교화가 이루어진 땅의 이름으로 바뀌었다. 그러므로 그곳은 여전히 오랑캐들이 살고 있는 서·남·북의 바깥 땅과 구별될 수 있었다. 김부식은 이러한 의미 연관을 『논어』에서도 이끌어 내었을 것이다. 그 「공야장公冶長」 편은 공자의 말을 이렇게 전한다. "도가 행해지지 않으니 뗏목을 타고 바다에 나가려는데, 나를 따라올 사람은 아마도 자로子路일 것이다."[114] 그리고 『논어』의 다른 편에서 그가 가고 싶은 곳이 있었다는 증언을 들을 수 있다. "공자께서 구이九夷의 땅에 거처하고자 했다. 누군

111 「高句麗本紀 第十」, 『三國史記』 卷22 : "玄菟樂浪本朝鮮之地 箕子所封 箕子教其民以禮義田蠶織作 設禁八條 是以其民不相盜無 門戶之閉 婦人貞信不淫 飮食以籩豆 此仁賢之化也 而又天性柔順 異於三方 故孔子悼道不行欲浮桴於海以居之 有以也夫."

112 「周書 洪範」, 『尙書』 : "惟十有三祀 王訪于箕子 王乃言曰 嗚呼箕子 惟天陰騭下民 相協厥居 我不知其彝倫攸敘."

113 司馬遷, 「宋微子世家」, 『史記』 卷38 : "於是 武王乃封箕子於朝鮮 而不臣也."

114 「公冶長」, 『論語』 卷5 : "子曰 道不行 乘桴浮于海 從我者其由與."

가가 '누추한 그곳에서 어떻게 하시렵니까?'라고 묻자, 공자께서 이렇게 대답했다. '군자가 그곳에 거처하는데 어찌 누추하겠는가.'"[115]

이렇듯 아름답기 그지없어 보이는 이야기들은 해동의 땅에서 일어난 일들을 치장하거나 평가하는 장치를 구성한다. 백제 왕들의 기사를 마감하는 ②의 논평에 그러한 서사 양식이 분명히 드러나 있다. 678년 동안 31왕을 낸 백제 또한 '성인의 후예'를 선조로 두었던 땅이다. 이 나라가 옛적 중국 사람들이 건너와서 살았던 해동에서 비롯했기 때문이다. 그러므로 교화의 도를 따라야만 했던 이 나라는 늘 이웃 신라와 버성기다가 결정적으로 '대국에 죄를' 범하면서 패망하고 말았다. 이처럼 '대국', 곧 성인의 나라를 따르지 않은 까닭에 망하기로는 고구려도 마찬가지였다. "고구려는 진나라와 한나라 이후 중국의 동북 모퉁이에 끼어 있었다. 그 북쪽 이웃은 모두 천자의 관리인데, 난세에는 영웅이 우뚝 일어나 이름과 자리를 함부로 훔쳤다. 그러므로 고구려는 두려움이 많은 땅에 자리 잡았다고 할 만하지만, 겸손의 뜻을 지니지 못하고 중국의 봉토를 침범하여 원수를 삼았으며 그 군현에 들어가 거처를 마련했다. 이런 까닭에 전쟁이 잇달아 일어나고 화를 맺어 조금도 편안한 세월이 없었던 것이다. 고구려는 동쪽으로 천도하고 수나라와 당나라의 통일을 겪고서도 오히려 천자의 명을 물리쳐 순종하지 않으면서 그 사신을 토굴에 가두었다. 고구려는 이처럼 완고하고 두려워하지 않아서 여러 번 죄를 묻는 군사를 불러들였다. 때로 기이한 계책을 세워 대군을 물리친 적이 있었으나, 마침내 왕이 항복하고 나라가 망한 뒤에야 그

115 「子罕」, 『論語』 卷9 : "子欲居九夷 或曰 陋如之何 子曰 君子居之 何陋之有."

치게 되었다."[116] 이렇게 '대국'의 명을 거역하여 멸망할 수밖에 없었던 백제와 고구려의 사례는 풍교의 나라 신라를 북돋우는 교훈이 된다. "신라는 지극한 정성으로 중국을 섬겨 산 넘고 바다 건너 조빙하는 사신이 서로 이어져 끊어지지 않았다. 이 나라는 항상 자제들을 보내 중국의 조정에 나아가 숙위宿衛하고 국학國學에 들어가 배우고 익히도록 했다. 이로써 성현의 풍습과 교화를 입어 거친 습속은 바뀌고 예의의 나라가 되었다. 또한 당나라 군사의 신령스런 위엄에 기대어 백제와 고구려를 평정하고 그 땅을 차지하여 군현으로 삼았으니, 융성했다고 이를 만한 것이다."[117]

『삼국사기』에서 읽는 해동은 이처럼 기자에서 시작하는 교화의 상징이다. 그러므로 그 이름은 도덕정치가 이어지는 강역을 지시한다. 동쪽으로 건너온 '성인'이 그곳에서 펼쳐 보인 '예의'와 '법금'은 어떠한 풍속을 전승했을까? 그리고 혼란의 시대에 상고의 치도를 재구성한 공맹의 교설은 기자가 터 닦은 그 땅에 어떠한 예악禮樂을 더했을까? 『삼국사기』는 유교의 경전과 역대 사서, 그리고 제자백가의 서적이 신라 신문왕神文王 2년682에 문을 연 국학의 교재로 쓰이거나[118] 원성왕元聖王 4년788에 처음 시작한 독서삼품과讀書三品科의[119] 출

116 「高句麗本紀 第十」, 『三國史記』 卷22 : "高句麗自秦漢之後 介在中國東北隅 其北隣皆天子有司 亂世則英雄特起 僭竊名位者也 可謂居多懼之地 而無謙巽之意 侵其封埸以讎之 入其郡縣以居之 是故兵連禍結 略無寧歲 及其東遷 値隋唐之一統 而猶拒詔命以不順 囚王人於土室 其頑然不畏如此 故屢致問罪之師 雖或有時設奇以陷大軍 而終於王降國滅而後止."

117 「新羅本紀 第十二」, 『三國史記』 卷12 : "以至誠事中國 梯航朝聘之使 相續不絶 常遣子弟 造朝而宿衛 入學而講 習于以襲聖賢之風化革鴻荒之俗 爲禮義之邦 又憑王師之威靈 平百濟高句麗 取其地郡縣之 可謂盛矣."

118 「雜志 第七」, 『三國史記』 卷38.

119 「新羅本紀 第十」, 『三國史記』 卷10.

사 근거로 읽혔던 사실을 밝힌다. 그러면서 이 책은 삼국의 인재가 여전히 직접 중국의 제도를 통해 성현의 교화를 입을 수밖에 없었던 사정도 빠뜨리지 않는다. 선덕왕이 당나라 태종에게 신라의 '자제'를 중국 '국학'에 보내 유학을 배울 수 있도록 청원했다는 기사는 여러 이야기 가운데 하나이다.[120] 강수强首나 설총薛聰처럼 나라 안에서 경전을 공부하여 유학자로 대성하게 된다는 드문 사례도 눈에 띈다.[121] 그러나 고구려 사람들이 '서적을 좋아하여' 스스로 '경당局堂'이라는 이름의 학교를 지어 '천역에 종사하는' 자제들에 이르기까지 경전과 사서를 가르쳤다고 전하는 중국 사서의 기록은[122] 삼국의 연혁에 오르지 않았다. 이 책이 삼국 가운데 가정 먼저 유학 교재를 받아들인 것으로 보이는 고구려의 사정을(정구복 2008 : 142 ff) 애써 망각했다는 인상을 지우기 힘들다. '성인'의 풍교나 예악의 전수는 이렇듯 피상적인 그림에 머물렀다. 교화의 땅을 치장하던 온갖 수사는 오직 통일신라의 정당성을 겨누고 만 것으로 보인다. 이러는 가운데 중국 정사의 계통에서 면면히 이어진 통치의 범례가 '해동 삼국'의 서사에 알맞도록 되살아났다.

삼대가 정삭을 고치고 후대가 연호를 칭하는 것은 모두 크게 통일을 이

120 「新羅本紀 第五」, 『三國史記』 卷5 : "九年夏五月 王遣子弟於唐 請入國學 是時太宗大徵天下名儒爲學官 數幸國子監 使之講論 學生能明一大經已上 皆得補官 增築學舍千二百間 增學生滿三千二百六十員 於是四方學者 雲集京師 於是高句麗百濟高昌吐蕃 亦遣子弟入學."

121 「列傳 第六」, 『三國史記』 卷46.

122 「列傳 第一百四十九上」, 『舊唐書』 卷199上 : "俗愛書籍 至於衡門廝養之家 各於街衢造大屋 謂之局堂 子弟未婚之前 晝夜於此讀書習射 其書有五經及史記漢書 范曄後漢書 三國志 孫盛晉春秋 玉篇字統字林 又有文選 尤愛重之."

루어 백성들이 보고 듣는 것을 새롭게 하려는 뜻이다. 이러한 까닭에 때를 타고 나란히 일어나 둘이 마주 서서 천하를 다투거나 간웅이 틈을 타고 일어나 신기神器를 노리는 형편이 아니라면, 변두리 작은 나라가 어찌 천자의 나라에 속한 신하로서 굳이 사사롭게 연호를 지을 수 있겠는가. 신라는 한결같은 마음으로 중국을 섬겨 사신의 배와 공물 광주리가 길에서 서로 마주칠 정도로 잇달았다. 그럼에도 법흥왕이 스스로 연호를 칭했으니, 의심스러울 따름이다. 그 뒤에도 예전의 허물을 계속하다가 몇 년 지나 태종의 꾸지람을 듣고도 머뭇거리다가 비로소 당나라 연호를 봉행했다.[123]

이 이야기는 신라 법흥왕 23년536에 시작한다. 이 무렵 '건원建元'이라는 연호가 '처음으로' 등장했다.[124] 그리고 1백여 년 뒤 진덕왕 2년648에 신라 사신이 당나라에 들어가 조공했을 때, 태종이 이렇게 물었다. "신라는 신하로서 대국의 조정을 섬기면서 어찌 따로 연호를 칭하는가?" 천자가 정삭을 반포하지 않았던 까닭에 선대 법흥왕 이래 사사로이 기년紀年을 사용할 수밖에 없었다고 신라 사신이 변명하자, 태종이 그럴 법하게 여겼다.[125] 김부식은 당나라 조정이 크게 문제 삼지 않은 이 일을 논평하면서 삼대의 교훈을 되새겼다. 앞에서 보았듯이 중국 고전에서 읽는 정삭의 범례는 상고의 역법에서

123 「新羅本紀 第五」, 『三國史記』 卷5 : "三代更正朔 後代稱年號 皆所以大一統 新百姓之視聽者也 是故苟非乘時並起 兩立而爭天下 與夫姦雄 乘間而作 覬覦神器 則偏方小國 臣屬天子之邦者 固不可以私名年 若新羅以一意事中國 使航貢篚 相望於道 而法興自稱年號 惑矣 厥後承愆襲繆 多歷年所聞太宗之誚讓 猶且因循 至是然後 奉行唐號."

124 「新羅本紀 第四」, 『三國史記』 卷4, 法興王 23年 : "二十三年 始稱年號 云建元元年."

125 「新羅本紀 第五」, 『三國史記』 卷5, 眞德王 2年 : "冬 使邯帙許朝唐 太宗勅御史問 新羅臣事大朝 何以別稱年號 帙許言 曾是天朝未頒正朔 是故先祖法興王以來 私有紀年 若大朝有命 小國又何敢焉 太宗然之."

비롯한 수명개제의 이념을 앞세우면서 순환의 교훈을 지시하는 말이었다. 그 복잡한 의미연관은 『삼국사기』의 서술에서 거의 드러나지 않는다. 다만 '문질빈빈'이나 '종이부시'의 원리로 표상되던 삼대의 법도가 천자의 대국과 변방 신하 사이의 관계를 규정하는 용례에 한정되었을 따름이다. 이러한 서사 양식은 동시대 첨단의 『자치통감』이 고려 중반기 사대교린의 이념세계와 만나는 지점에서 비롯했다고 짐작할 만하다.[126] 그 책 서두에 나오는 정명 이념은 해동의 문화적 위상과 얽히면서 대중국 관계에 기대는 계통의 정당성에 기여했을 것이다. 이렇게 구성된 사대의 예법은 조선시대 사서로 이어져 통치 이념의 전승으로 작용했다. 이를테면 조선 전반기 관찬 사서를 대표하는 『동국통감』은 신라 법흥왕의 연호 이야기를 다시 기록하면서 이러한 논평을 전한다. "연호를 세워 기원紀元을 시작하는 것은 천자의 일입니다. 제후가 천자의 일을 참람하게 하는 것은 대통을 높이는 바가 아닙니다. 법흥왕이 조종의 옛 제도를 바꾸어 처음으로 연호를 일컬었으니, 예를 어기고 분수를 범하여 참람함이 이보다 더 심할 수 없습니다."[127] 그리고 고구려 동천왕이 위나라 침략군과 다투다가 수도 환도성丸都城을 빼앗긴 일 또한 사대의 예법을 어긴 사례의 교훈이었다. "전傳에 이르기를, '작은 나라가 큰

126 『삼국사기』는 『춘추』, 『상서』, 『예기』 등 유교 경전과 중국의 여러 사서를 인용하고 있다. 이 가운데 『자치통감』은 『통감』 내지 『자리통감(資理通鑑)』의 이름으로 등장한다. 이때 '치(治)'가 '리(理)'로 바뀐 이유는 당나라 고종 이치(李治)를 기휘(忌諱)한 것으로 보인다. 이 『자치통감』은 송나라 철종 7년(1092)에 판각된 것으로 알려져 있다. 그로부터 약 50년 뒤에 완성된 『삼국사기』의 편찬자들은 아마도 뒤늦게 그 책을 보았을 것으로 짐작된다(권중달 2010 : 637~693 ; 정구복 1999 : 227~284).

127 『東國通鑑』 卷5, 新羅 法興王 23年 : "臣等按 建號紀元 天子之事 諸侯而僭天子之事 非所以尊大統也 法興王變祖宗古制 始稱年號 越禮犯分 僭莫甚焉."

나라를 섬기는 것은 하늘을 두려워하는 것이다. 하늘을 두려워하는 자가 그 나라를 보전한다'고 하였습니다. 고구려는 중국과 가장 가까운 나라인데, 왕이 덕과 힘을 헤아리지 아니하고 자주 침벌하였습니다. 그 나라가 보국의 도를 잃음이 심하였습니다."[128]

『삼국사기』는 이렇듯 사대의 규범에 따라 치도의 계통을 밝히는 일가지서의 모범이었다. 그 부동의 명제 아래 중국 고전의 범례에 비추어 보는 여러 포폄의 이야기가 삼국의 역년을 이었다. 고구려 고국천왕이 초야에 숨어 살던 을파소乙巴素를 등용하여 '인민을 편안하게 하는' 정치를 펼친 일이 성군과 현신을 기리는 하나의 사례이다. "옛적 밝은 임금은 어진 사람을 맞이하여 쓰는 데에는 거리낌 없었고, 쓰면 의심하지 않았다. 은나라 고종의 전설이나 촉나라 유비가 공명을 찾아가고 진나라 부견符堅이 왕맹王猛을 부른 일이 모두 그와 같다. 그런 뒤에야 어진 사람이 자리에 앉고 능력 있는 사람이 직책을 맡아, 정교가 갖추어져 밝게 되며 국가가 안정될 수 있는 것이다."[129] 그리고 강성하던 이 나라가 드디어 망하게 되었을 때, 그 교훈은 옛 전적의 교설에 이미 들어 있었다. "좌구명은 이렇게 말했다. '나라는 복으로 일어나고 화로 망한다. 나라가 일어나려면 백성 대하기를 상처 입은 사람 보듯 하니, 이것이 그 복이다. 나라가 망하려면 백성을 흙이나 풀처럼 여기니, 이것이 그 재앙이다.' 이 말에 의미가 실려 있다. 그렇다면 나라를 차지한 사람이 포악한 관리

128 『東國通鑑』 卷3, 高句麗 東川王 20年 : "臣等按 傳曰 以小事大者 畏天者也 畏天者保其國 麗之爲國 於中國最近 王不度德量力 屢擧 侵伐 其失保國之道甚矣."

129 「高句麗本紀 第四」, 『三國史記』 卷16 : "論曰 古先哲王之於賢者也 立之無方 用之不惑 若殷高宗之傳說 蜀先主之孔明 秦符堅之王猛 然後賢在位 能在職 政敎修明 而國家可保."

가 구박하고 강성한 일족이 함부로 거두어들이도록 내버려 두어 인심을 잃는다면, 비록 잘 다스려 어지럽지 않게 하고 보존하여 망하지 않게 하려 해도, 이 어찌 센 술을 마시고 취하기를 싫어하는 것과 다르겠는가?"[130] 이렇게 권계의 사적을 예시하는 여러 이야기 가운데 신라 왕실이 포폄의 사서를 펴냈다는 기사가 두드러진다. 진흥왕 6년545에 있었던 일이다.

가을 칠월에 이찬伊飡 이사부異斯夫가 아뢰었다. "국사國史란 임금과 신하의 선악을 기록하여 만대에 이르도록 포폄을 보이는 것입니다. 수찬修撰하지 않으면 후대가 무엇을 볼 수 있겠습니까?" 왕이 마음 깊이 그렇다고 여겨 대아찬大阿飡 거칠부居柒夫 등에게 문사를 널리 모아 수찬하게 하였다.[131]

『삼국사기』는 이와 더불어 고구려와 백제 또한 편수 사업을 펼쳤다고 전한다. 그 기록에 따르면 고구려 국초에 이미 1백 권의 '유기留記'가 있었는데, 영양왕 11년600에 태학박사 이문진李文眞이 왕명으로 이를 줄여 '신집新集' 5권을 펴냈다. 그리고 개국 이래 문자 기록이 없던 백제에서도 처음으로 근초고왕시대재위 346~375에 박사 고흥高興이 '서기書記'를 지었다. 『삼국사기』는 이러한 사실을 적으면서도

130 「高句麗本紀 第十」, 『三國史記』 卷22, 寶藏王 27年 : "左氏曰 國之興也以福 其亡也以禍 國之興也 視民如傷 是其福也 其亡也 以民爲土芥 是其禍也 有味哉斯言也 夫然則凡有國家者 縱暴吏之驅迫 强宗之聚斂 以失人心 雖欲理而不亂 存而不亡 又何異强酒而惡醉者乎."

131 「新羅本紀 第四」, 『三國史記』 卷4, 眞興王 6年 : "六年 秋七月 伊飡異斯夫奏曰 國史者 記君臣之善惡 示褒貶於萬代 不有修撰 後代何觀 王深然之 命大阿飡居柒夫等 廣集文士 俾之修撰."

이 이름의 기록물들에서 어떠한 사적을 찾았다는 근거를 남기지 않았다. 그것들은 모두 망실되어 그 모습이나 내용을 전하지 않는다. 그러므로 그 이름들이 정확하게 어떠한 대상을 지칭한다고 단정할 만한 증거를 찾을 길 없다. 이들 가운데 신라의 '국사'가 유별나게 유가의 교설로 보이는 편사의 이념을 앞세우고 있다. 신라의 유학 수용은 삼국 가운데 가장 뒤처졌다. 진흥왕시대에 유가가 있었다는 기록도 전하지 않는다. 포폄의 교훈을 말하는 이 표현은 '후대의 윤색'이었을까?(정구복 2008 : 162) 『삼국사기』는 이 일을 논평하지 않은 채 그러한 의미의 이름을 전하고 있을 따름이다. 그로부터 48년이 지난 고려 명종 23년1193에 '국사'의 이름이 다시 나타났다. 이규보李奎報, 1168~1241가 지은 「동명왕 편東明王篇」 서장에서 그 의미를 되새길 수 있을 것이다.

> 동명왕의 신이神異한 일을 전하는 이야기가 세간에 많이 퍼져 있다. …… 내가 일찍이 이를 듣고는 웃으며 "선사先師 공자께서 괴력난신을 말씀하지 아니하였는데, 이는 실로 황당하고 기괴한 일이어서 우리가 말할 바가 아니다"라고 한 적이 있었다. ……지난 계축년 사월에 '구 삼국사舊三國史'를 얻어서 '동명왕본기'를 보니, 그 신이한 사적이 세간에 전하는 것을 넘고 있었다. 그렇지만 역시 처음에는 그것을 믿지 못하였으니, 귀환鬼幻스럽다고 생각했기 때문이다. 세 차례 거듭 탐독하고 미독하며 점차 그 근원을 찾아가니, 이는 환幻이 아니고 성聖이며, 귀鬼가 아니고 신神이었다. 하물며 국사는 직필의 글이니 어찌 그것을 망령되이 전하리오. 김 공 부식이 국사를 다시 편찬할 때 그 일을 매우 간략하게 다루었다. 공의 생각으로는 국사란 세상을 바로잡는 글이어서, 크게 이상한 일은 후세에 보일 만하지 않았을

것이다. 그래서 그 일을 간략하게 적은 것이 아니겠는가.[132]

이 글은 먼저 한국 최고最古의 사서 이전에 '구 삼국사'가 존재했다는 사실을 전한다. 그리고 『삼국사기』의 전거라고 짐작할 만한 이 책이 국사의 범주에 속한다는 말이 뒤따른다. 그 이름은 '직필의 글'이어야만 한다는 의미와 함께한다. 김부식의 『삼국사기』는 그 국사를 고쳐 지은 것인데, 이것 또한 마찬가지로 국사이다. 김부식은 거기에 '세상을 바로잡는 책'이라는 의미를 더했다. 그 뜻은 선악의 사적을 기록하여 후대에 범례를 전해야만 하는 포폄의 교훈과 서로 통한다. 이규보는 이처럼 신라 진흥왕 6년의 국사 이야기를 김부식의 표현으로 여기고 있다. 그렇다면 국사는 왜 '직필의 글'이어야 하는가? 지금 전하지 않는 '구 삼국사'는 이 질문에 답할 수 있었을까? 앞에서 보았듯이 직필과 포폄은 함께 '춘추서법'을 상징하는 말이다. 사마천의 『사기』는 『춘추』를 본보기로 삼았다는 점에서 국사의 모범이 될 수 있었다. 『삼국사기』나 '구 삼국사'는 그러한 범례를 따르는 국사로 호명될 수 있었을 것이다. 고려 충렬왕 13년1287에 『제왕운기』를 펴낸 이승휴李承休, 1224~1300는 '춘추대의'를 따르는 뜻을 좀 더 직설적으로 표현한다. "예부터 제왕들이 서로 잇고 주고 받으며 흥하고 망하던 사실들은, 세상을 다스리는 군자들이 몰라서

132 李奎報, 「古律詩 東明王篇」, 『東國李相國集』 卷3 : "世多說東明王神異之事…… 僕嘗聞之 笑曰 先師仲尼 不語怪力亂神 此實荒唐奇詭之事…… 越癸丑四月 得舊三國史 見東明王本紀 其神異之迹 踰世之所說者 然亦初不能信之 意以爲鬼幻 及三復耽味 漸涉其源 非幻也 乃聖也 非鬼也 乃神也 況國史直筆之書 豈妄傳之哉 金公富軾重撰國史 頗略其事 意者公以爲國史矯世之書 不可以大異之事爲示於後世 而略之耶."

는 안 되는 일이다. 그러나 고금의 전적들은 많고 많으며 앞뒤가 서로 엉클어져 복잡하다. 그러나 참으로 요긴한 것을 추려 능히 시로 읊조릴 수만 있다면 보기에 편리하지 않겠는가. 이런 까닭에 옛 책에 의거하고 삼가 여러 자사子史에서 뽑아 밝힌 것이다. 만약 지금까지 드러나지 아니한 방책 같은 것들이 진실로 환하게 이목에 익혀지도록 풍영諷詠으로 세상에 퍼지게 된다면, 그 선한 일은 법이 되겠고 악한 일은 경계가 될 것이니, 문득 그 일에 따라서는 『춘추』와 같은 역할도 할 수 있을 것이다." 그리고 자신의 서술이 "삼가 국사에 근거한다"고 적으면서 앞선 전거들이 모두 직필과 포폄에 충실했다는 점을 밝혔다(이승휴 1993 : 17).

국사의 이름은 고려 사가들 사이에서 명확하게 규정되지는 않았지만 중국의 사례처럼 통치체계의 명분을 밝히는 공식적인 기록과 사서를 의미한 것으로 보인다. 『고려사』 「백관지百官誌」에 실린 감수국사監修國史, 수국사修國史, 동수국사同修國史 등의 관직 이름도 그 맥락을 따랐을 것이다. 당나라 제도를 본받은 이 직책들은 '시정時政 기록을' 담당한 사관史館(춘추관)의 상위 구성원이었다.[133] 대체로 2품 이상의 재상들이 맡았던 그 직분의 감독 아래 국사 수찬이 이루어졌다고 짐작할 만하다(정구복 1999 : 89 ff). 이러한 용례와 함께 국사의 범주는 보다 넓은 영역에 걸치게 되었다. 『고려사』 「열전」에 다음과 같은 이야기가 실려 있다. "김수자는 자字가 계보谿甫로…… 인종 때 직사관直史官이었다. 이자겸의 난으로 궁궐이 불타자, 그는 대궐 안에서 숙직하다가 국사國史를 짊어지고 산호정山呼亭 북쪽으로 가 땅을

133 「志 卷第三十 百官一」, 『高麗史』 卷76.

파고 감추어 불에 타지 않게 할 수 있었다."[134] 여기에서 말하는 직사관은 춘추관의 하위 관리로서 기사를 직접 기록하는 직책이었다. 김수자의 공적은 나중에 "옛날 당나라 위술韋述이 사관으로 있으면서 안녹산의 난 때 국사를 안고 가서 남산에 숨겨 두었던" 일에 비추어 추증의 포상을 받았다.[135] 유지기의 『사통』에서 보면, 당나라 사관에서는 정밀한 심사를 거친 사직史職이 아니라면 "편찬하고 있는 사적이나 아직 통용되지 않는 국사를 마음대로 보고 들을 수" 없었다고 한다(유지기 2012 : 611). 김수자의 이야기에 나오는 국사는 이러한 당나라 사례처럼 편찬 과정에 있는 기록물과 실록을 모두 지칭했을 것이다.

국사는 조선의 건국과 함께 곧바로 나온 관찬 사서의 표제에도 올랐다. 태조 원년에 왕명으로 시작하여 2년 2개월에 걸쳐 37권의 모습을 갖추게 된 『고려국사』가 곧 그것이다. 새 왕조는 역성과 개국의 정당성을 갖추기 위해 서둘러서 전조前朝의 사적을 정리했을 것이다. "고려에는 시조 때부터 역대로 모두 실록이 있었지만, 그 글이 병화를 거친 뒤 나온 탓에 유실된 것이 많습니다. 공민왕 때에 이르러 시중侍中으로 치사致仕한 이제현李齊賢이 『사략史略』을 지었지만 숙왕肅王에서 그치었고, 흥안군興安君 이인복李仁復과 한산군韓山君 이색李穡이 『금경록金鏡錄』을 지으면서 정왕靖王에 머물렀으니, 모두 지나치

134 「列傳 卷第十一 金守雌」, 『高麗史』 卷98 : "金守雌 字谿甫…… 仁宗朝直史館 李資謙之亂 宮闕連燒 守雌直禁中 負國史 至山呼亭北 掘地藏之 得不焚."

135 「列傳 卷第十一 金守雌」, 『高麗史』 卷98 : "昔唐韋述爲史官 祿山之亂 抱國史 藏南山 身陷賊中 汙僞官 賊平 流渝州死 廣德初 以功補過 贈右散騎常侍 述終汙僞官 至於流死 猶論其功 今守雌一無所累 例補外官而死 未蒙顯賞 深可惜也 乞依古例 追贈官爵 乃贈吏部侍郎翰林侍讀學士知制誥."

게 소략합니다. 그 외에는 글로 이루어진 것이 없습니다."[136] 새로운 국사의 필요성을 이렇게 변명한 그 서문에서 미완의 과제로 남았다는 이제현의 작품에 주목할 만하다. 『고려사』에 다시 실린 그 이야기를 보면, "일찍이 국사가 갖추어지지 않았음을 걱정하던" 이제현이 왕명을 받아 몇몇 문관과 함께 기전체의 사서를 수찬하기 시작했다고 한다.[137] 그가 지었다는 『사략』이 곧 국사라면, 한 왕조의 사적이라는 그 의미가 고려에서 조선으로 이어진 셈이다. 그리고 그는 잘 알려졌듯 고려 후반기 성리학 수용의 한가운데 있었던 인물이다. 그가 쓴 책문에 이런 구절이 들어 있다. "제왕의 계통은 네 계절이 차례로 바뀌는 것과 같아 문란할 수 없으며, 또한 천명과 인심은 원래대로 돌아가기 때문에 속일 수 없다."[138] 『자치통감』에서 내려받은 것으로 보이는 이 명분의 뜻은 미완의 서사 구조에 제대로 반영될 수 없었더라도 하나의 전승 이데올로기로 작용할 수 있었을 것이다. 『고려국사』의 서문은 조선시대 사서를 관통하게 될 감계 이념을 이렇게 시작했다. "이 책은 없어지고 잘못되거나 너무 소략한 기록 가운데에서 나온 탓으로 그 임금과 신하의 현부賢否, 정교政敎의 득실, 예악의 연혁, 그리고 풍속의 잘잘못을 능히 구비하여 모

136 鄭摠, 「高麗國史序」, 『東文選』 卷之92 : "高麗氏 自始祖以來 歷代皆有實錄 然其書出於兵火之餘 多所遺失 至恭愍王朝 侍中致仕李齊賢 撰史略 止於肅王 興安君李仁復韓山君李穡 撰金鏡錄 止於靖王 而皆失於疎略 其他則未有成書也."

137 「列傳 卷第二十三 李齊賢」, 『高麗史』 卷110 : "撰國史於其第 史官及三館皆會焉 王嘗命齊賢 議定昭穆之次 語在禮志…… 齊賢嘗病 國史不備 與白文寶李達忠 作紀年傳志 齊賢起太祖至肅宗 文寶達忠撰睿宗以下 文寶僅草睿仁二朝 達忠未就藁 南遷時皆散逸 唯齊賢太祖紀年在."

138 「雜著 策題 李齊賢」, 『東文選』 卷之108 : "帝王之統 若四時之相代 有不可紊 天命人心之所歸 又不可誣也

두 기록하지는 못하였습니다. 그러나 『시경』에 이르기를 '은나라가 본뜰 거울 멀리 있지 않으니 바로 하나라 임금 시대에 있구나'라고 했으니, 대개 그 귀와 눈으로 듣고 본 듯합니다. 여러 정사를 살피시는 여가에 들여다보시면, 선한 것은 따르고 악한 것은 버리게 될 실마리를 잡아 백성을 올바로 다스리는 도에 조금이나마 도움이 될까 합니다."[139]

『고려국사』의 서문에 답한 왕의 교서 또한 감계의 말로 시작한다. "전대의 흥하고 쇠한 자취는 반드시 뒷사람을 기다려 글을 이루고, 후왕이 얻을 권계의 단서는 경전과 사서에 실려 있어 거울삼을 수 있다."[140] 정인지 등은 나중에 다시금 『고려사』를 올리면서 조선의 건국과 함께 『자치통감』이 치도의 교본으로 자리 잡았다고 썼다. "우리 태조 강헌대왕께서…… 생각하시기를, 고려의 사직은 비록 이미 빈터가 되었으나 그 사책史策을 어지럽게 버려 둘 수 없다고 하시며 사관에게 붓을 잡도록 명하여 『자치통감』의 편년체를 본받게 하셨습니다."[141] 그러나 『자치통감』은 이미 고려 후반기에 왕실의 서목이었다. 충렬왕 13년1287에 그 강론이 있었다는 기록이 전한다. 그리고 공민왕은 19년1370에 명나라 태조가 내려보낸 그 책을 하사품으로 받았으며, 우왕 또한 그것을 읽었다고 한다(권중달 2010 : 697~707). 새 왕조는 시대적 요청에 따라 그 제왕의 교과서를 보다 귀

139 鄭摠, 「高麗國史序」, 『東文選』 卷之92 : "而是書也出於遺失疎略之中 其君臣之賢否 政敎之得失 禮樂之沿革 風俗之美惡 雖未能備載而悉書之 然詩曰 殷鑑不遠在夏后之世 蓋以其耳目之所逮也 若機政之暇 賜以覽觀 則於善惡取捨之端 爲政治民之道 庶幾有補矣."

140 『太祖實錄』 卷7 : "前世興衰之迹 必待後人而成書 後王勸戒之端 具載經史而可鑑."

141 南秀文, 「進高麗史箋」, 『東文選』 卷之44 : "我太祖康獻大王…… 顧麗社雖已丘墟 其史策不可蕪沒 命史氏而秉筆 倣通鑑之編年."

중하게 여겼을 것이다. 정통과 명분의 지도 이념이 절실한 시절이었다. 세종 16년1434에 시작하여 그다음 해에 빛을 보게 된 『자치통감훈의資治通鑑訓義』는 그렇게 탄생했다. 실록의 기록은 그 이야기를 이렇게 전한다. "때는 갑인년 칠월이었다. 사마온 공의 『자치통감』은 사학의 연원이지만, 제가諸家의 훈고와 주석이 자세하거나 간략하면서 한결같지 않아 편찬하고 고증하기에 어려움이 있었다. 그래서 집현전에 문신들을 불러 모아 제가의 주석을 모으고, 아울러 서書와 전傳을 널리 열람하여 참조하며 교정하고 『통감』 본문에 붙였다. 그 이름을 일컬어 『훈의』라고 하였다. 매번 초본을 완성하여 올릴 적마다 모두 보시고 재결하셨다. 기간이 되어 일이 거의 끝나 가자, 주상께서 친히 경회루에 나가시어 연회를 베풀고 그들을 위로하셨다. 이때에 해는 중천에 떠 있고, 훈풍은 남쪽에서 불어왔다."[142] 이제 조선의 사서가 『자치통감』의 범례를 뒤따라 정명의 이념을 펼칠 차례가 되었다. 성종 16년1485에 완성된 『동국통감』이 그러한 시대정신의 반영이었다.

> 다스려지면 흥하고 어지러워지면 망하니, 흥망은 지나간 일로 거울삼을 수 있습니다. 아름다운 것을 헛되게 하지 않고 악한 것을 숨기지 않아서, 선악을 마땅히 장래에 보여 주어야 할 것입니다. ……『동국통감』의 완성이 마침 오늘에 이르렀는데, 신 등이 모두 천박한 자질로 외람되이 찬술하라

142 『世宗實錄』 卷68 : "歲甲寅七月 以司馬公資治通鑑 史學之淵源 而諸家訓註 詳略不同 難於編考 乃於是殿 召會文臣 取諸家之註 兼廣閱書傳 參而校之 附於通鑑本文 名曰訓義 每成藁以進 悉皆賜覽裁決 至期事將就緖 上親御慶會樓 賜宴以慰之 于時晝日方中 薰風自南."

는 윤음을 받들었으나 재주는 이미 삼장에 모자라오니 어찌 한마디인들 도움이 있겠습니까? 위로 융성하신 부탁에 보답하려 생각하므로 스스로 미미한 노고를 다하여 널리 여러 책에서 채택하여 거질을 만들었습니다. 범례는 모두 『자치통감』을 모방하고 대의는 실로 『춘추』를 본받았으며, 역대의 선후를 따라 시월時月을 이어서 차례를 정했습니다. 그 세대를 논하고 그 사적을 상고하면서 비록 약간 산윤刪潤의 노력을 더하였으나, 악을 폄하고 선을 칭찬하였음이 아마도 필삭筆削의 뜻에는 적합하지 못할 듯합니다. 가끔 참람한 논설을 첨부하여 옛적 시비를 거의 드러내어 밝혔습니다. 상하 1천 4백 년 동안 앞날의 실패는 뒷날의 감계가 되게 하였습니다. 모아서 편성한 50～60권은 의리를 바르게 하고 사연을 엄정하게 하려고 하였습니다. 감히 고명을 더럽히게 되어 송구한 마음이 쌓이게 되오나, 좌우에 두시어 이따금 정무를 마치시고 독서하는 시각에 보시어 하나라와 은나라를 본보기로 삼듯 영원히 천추의 거울이 되게 하소서.[143]

이렇게 복제된 '거울'의 상징은 중국의 범례에 명시된 정명과 의리의 이념을 최고의 가치체계로 받아들인다는 의미를 지시한다. 그 배경에는 성리학의 세계관에 충실한 조선이 곧 작은 중화라는 짐과 꿈이 함께 자리한다. 이로부터 군신의 명분에 따르는 사대의 예법

143 徐居正, 「進東國通鑑箋」, 『四佳文集補遺二 雜著類』: "與治興 與亂亡 興亡可鑑於旣往 不虛美 不隱惡 善惡當示於將來…… 通鑑之成 適當今日 臣等俱以譾薄之孱質 叨奉撰述之綸音 才旣乏於三長 辭何有於一贊 思欲上答於隆委 祗自俯竭其微勞 博採羣書 裒爲巨帙 凡例皆倣於資治 大義實法乎春秋 因歷代之後先 繫時月而序次 論其世考其事 雖略加刪潤之勤 惡則貶善則褒 恐未合筆削之旨 間竊附僭踰之論說 庶發明往昔之是非 上下千四百年 前者覆而後者戒 彙稡五六十卷 義欲正而辭欲嚴 敢塵高明 深增戰懼 置諸左置諸右 時賜乙夜之觀 監有夏監有殷 永作千秋之鏡."

이 스테레오타입으로 반복하는 감계의 사적을 불러낸다. 앞에서 보았듯 중국의 위나라와 다투었던 고구려 미천왕 이야기는 그 좋은 본보기다. 『동국통감』은 『삼국사기』에 실린 그 기사를 다시 실으면서 논평의 말을 덧붙인다. "예부터 임금이 노여움을 사는 충성이나 귀에 거슬리는 말을 받아들이지 않으면서 거리낌 없이 방자한 짓을 행하고는 자신을 망치고 나라를 잃지 않은 자가 없었으니, 후세에 임금 된 자가 어찌 이로써 반성하여 거울로 삼지 않을 수 있겠습니까?"[144] 신라 경덕왕이 재위 15년756 촉蜀에 머물던 당나라 현종에게 사신을 보낸 뒤 그로부터 '아름다운' 시 한 편을 받았다는 이야기는 또 다른 교훈의 상징으로 등장한다. 그 시에 다음과 같은 구절이 들어 있다. "푸른 물은 아득히 멀리 있으나 오랜 세월 중국을 부지런히 섬겼구나. 멀고도 멀리 땅이 끝닿은 그곳, 푸르고 푸르게 이어진 바다 구석에 있지만, 명분과 의리의 나라로 일컬어지니, 어찌 산과 물이 다르다고 하겠는가."[145] 『동국통감』은 여기에 감격의 글을 더하였다. "중국에서 동방을 시서예의詩書禮義의 나라라고 이르는 것이 대개 연유가 있습니다."[146]

이러한 명분의 자부심은 무엇보다도 '동방'에 '중국의 풍교風敎를 양성釀成'하고 '인현仁賢의 교화'를 끼친 기자의 정치에서 비롯한다.[147]

144 「三國紀」, 『東國通鑑』 卷3, 新羅 助賁王 17年 : "自古人君 不納批鱗之忠逆耳之言 肆行無忌 靡有不喪身亡國者 後之爲人君者 寧不於此而省鑑乎."

145 「新羅本紀 第九」, 『三國史記』 卷9, 景德王 15年 : "緬懷阻靑陸, 歲月勤黃圖. 漫漫窮地際, 蒼蒼連海隅. 興言名義國, 豈謂山河殊."

146 「三國紀」, 『東國通鑑』 卷10, 新羅 景德王 丙申年 : "中國之謂 東方詩書禮義之邦者 盖有由矣."

147 「外紀」, 『東國通鑑』, 箕子朝鮮.

이 줄기에서 기자를 이어 1천여 년 동안 지속하던 마한이 백제에게 망하고 만 '슬픈' 이야기와 함께, 그 나라의 연혁을 제대로 기록하지 않은 『삼국사기』와 『동국사략』이 논란의 대상에 오른다. "우리 기자가 지나는 곳에는 감화되고, 지니고 있는 신명神明의 오묘함을 우리 동방에 베푼 것은 천만 년을 지나도 하루 같사온데, 전적에 실려 전한 데가 없어서 문헌에 징거할 수 없는 것이 애석합니다. 지금 마한이 멸망함에 있어 김부식과 권근이 모두 기군箕君의 시종始終을 말하지 않은 것은 무엇 때문입니까?"[148]

『동국통감』은 이와 더불어 단군이 '동방 최초의 군장君長'이었다는 이야기를 첫 머리에 실었다. 이 신인神人은 당요 무진년戊辰年(기원전 2333)에 조선을 열었으며, 기자가 동방으로 오기 전에 아사달에 들어가 산신이 되었다고 한다. 이어서 그 시조가 1천48년의 수명을 누린 뒤 신으로 되돌아갔다는 『고기』의 기록을 의심스럽게 여기는 논평이 뒤따랐다.[149] 그 밖에 아무런 의미를 이끌어 내지 않은 이 단순한 기록은 건국 초반기에 비등할 수밖에 없었던 자주의식을 소박하게나마 반영했을 것이다. 이로부터 발생하는 서사 구조의 긴장 관계는 '동국'과 '통감'을 하나의 이름 아래 묶은 그 제목만큼이나 근원적이었다. 이러한 점에서 이 책은 뒤이어 '동사'의 표제어와 함께 나타나게 될 수많은 사찬 사서의 표본이었다고 말할 수 있을 것이다.

148 「三國紀」, 『東國通鑑』 卷1, 己巳年(신라 남해왕 6년, 고구려 유리왕 28년, 백제 시조 27년) : "吾箕子過化 存神之妙惠我東邦者 歷千萬祀而如一日也 惜其載籍無傳文獻不徵也 今馬韓之滅 金富軾權近皆不言箕君終始 何耶."

149 「外紀」,『東國通鑑』, 檀君朝鮮.

이들 가운데 조선 후반기 사서를 대표한다고 이를 만한 『동사강목東史綱目』에 주목할 만하다. 남인계 문인 안정복安鼎福, 1721~1791이 정조 2년1778에 완성한 이 책은 우선 "의례義例가 어그러짐이 많다"는 점을 근거로 들며 『동국통감』을 비판했다는 점에서 흥미를 끈다. 그가 생각하는 의례의 '정법'은 이렇게 정리될 수 있다. 사가란 "대의를 밝히고 체례體例를 세워서 일관하지 않으면, 저술한 본지를 밝히고 권계勸戒하는 의도를 붙일 수 없다." 그러므로 주희朱熹가 『자치통감』을 필삭하여 "경중과 상벌予奪이 환하게 눈에 들어오도록" 만든 『자치통감강목』을 법칙으로 삼아야 한다. 이 책이 "모두 일에 따라 바로 써서 권면하고 징계하는 뜻을 분명히 보였기" 때문이다. 바로 여기에 통계統系를 밝히고 찬역簒逆을 엄중하게 기록하며, 시비를 바로잡고 충절을 장려하며, 제도와 문물을 상세히 기록해야만 하는 '사가의 대법'이 근거한다. 안정복은 그렇게 보다 관념적인 정통론에 따라 '동국'의 사적을 새롭게 서술하고자 했다. "통계는 사가가 책 첫머리의 제일의第一義로 삼는 것인데, 『동국통감』은 단군과 기자의 사적을 별도로 외기外紀로 삼았으니, 그 의의가 옳지 못하므로 이제 정통을 기자로 시작하고, 단군을 기자가 동방으로 온 사적 다음에 붙이되, 『통감강목』 편수篇首의 삼진三晉의 예를 본떴다." 이와 같은 정법에 따라 단군에서 시작하여 기자, 마한, 신라 통일문무왕 9년 이후을 거치고 고려 통일태조 19년 이후로 이어지는 정통의 계보가 구성된다. 삼국시대는 무통無統에 해당하며, 그 밖의 나라들은 참국僭國 · 도적 · 소국 등일 따름이다(안정복 1977 : 47 ff).

주자의 강목법을 앞세우는 정통의 의례와 함께 새로운 동국의 의미론이 생성할 수 있었을까? 안정복의 단군 인식은 기본적으로 존주尊周와 사대의 이념에서 비롯한 것이었다(김문식 2012 : 629~659). 그는 단군조선이 요나라와 같은 시기에 세워졌다고 보았지만, 이 '동방'의 첫 나라가 순임금과 같은 성인의 '덕교'에 접했던 것으로 이해했다. "대저, 동방은 목木의 기운이 성하여 인仁이 많다. 그러므로 『한서』와 『후한서』에 다 '동이는 천성이 유순하다' 하였는데, 그 말이 우리의 성질과 서로 맞으니 더욱 믿을 만하다. 또 요순 때에 유주 · 영주가 그 치내治內에 있었으며, 단군이 요와 같은 때에 나라를 세워 압록鴨綠 안팎을 차지하였으므로 성인의 교화가 미치는 데에서 멀리 떨어져 있지 않았으니, 이 때문에 그들의 관변冠弁 · 조두俎豆에는 중국의 풍속이 있었으며, 기자가 동으로 와서 또 인현仁賢의 교화를 베풀었으니, 공자가 바다를 건너서 동이에 살고 싶어 한 것이 아마도 이 때문이었을 것이다"(안정복 1977 : 162~163). 이렇게 '동사' 첫 자리에 단군의 조선을 세운 정통 서법 또한 여전히 동방의 고유성과 사대의리 사이의 딜레마에서 벗어나지 못한 것으로 보인다. 그렇다면 그와 깊이 교감했던 성호 이익의 '삼한정통론'은 어떠한 의미연관 속에서 동국을 인식했을까? "마한이란 동국의 정통이다." 『동사강목』의 서술에 앞선 이 주장은 물론 기자를 앞세운 계통질서에서 비롯했다. 그러면서도 그는 정통성 이념을 주체적으로 성찰하여 한국 고대세계를 다시 구성하는 모범을 전했다. 그는 우선 국조 단군의 통치시대를 중화와 같은 반열에 올림으로써 전통적인 중화주의를 극복하고자 했다.

그의 주장대로라면 한국의 고대문화가 중국의 정통세계에 비해 정신적인 면에서나 시간상으로도 결코 뒤지지 않았다. 당시에는 모험일 수밖에 없었던 이 대담한 지적 실험과 더불어 그는 지나친 사대주의에서 탈피할 수 있는 전망을 제시할 수 있었다(한영우 1998 : 185~227). 그렇지만 그는 여전히 '기자가 남긴 교화'의 짐에서 벗어날 수 없었다.

> 우리나라와 중국이 크고 작음에서는 비록 구별이 있으나, 운명이 공교롭게도 이처럼 서로 부합함은 무슨 까닭인가. 동방의 강토를 일컬어 예의와 인현의 땅이라 한 지가 오래이며, 이를 말하는 자는 반드시 소중화라 하였다. 이는 여러 나라가 더불어 겨루지 못할 바이니, 길하고 흉하며 융성하고 쇠퇴함이 서로 비슷하게 함께 돌아가는 것은 또한 혹시 거기에 이치가 있는가 한다. ……기자가 평양에 정전井田을 구획하였는데, 성인聖人이 아니라면 그만한 역량이 나올 수 없다. 지금의 경주는 곧 진한의 옛터인데, 방정方正하던 토지 구획의 자취가 아직까지 완전히 없어지지 않고 있다. 이것이 어찌 멀고 궁벽한 오랑캐의 풍속으로 갖출 수 있는 일이겠는가. 나는 그러므로, "이는 반드시 기자가 남긴 교화의 하나이다"라 말한다(이익 1993 : 37~39).

이처럼 뿌리 깊은 소중화의 명분에 매여 사대와 자주 사이의 딜레마를 헤치지 못했던 동국의 의미론은 정약용丁若鏞, 1762~1836의 시대에 이르러 커다란 변화의 조짐을 보인다. 그는 사행에 나서는 친구 한치응韓致應, 1760~1824을 환송하는 글에서 스스로 이렇게 묻는다. 이른바 중국이란 왜 가운데가 되며, 이른바 동국이란 왜 동쪽이 되는가? 동국 사람으로서 중국에 유람하는 자가 있으면, 왜 누구나 그를 자랑스럽게 여기고 부러워하는가? 그가 생각하기에 엄격한 명분론으로 말하는 중심이란 존재하지 않는다.

> 무릇 동서남북의 가운데라면 어디든 중국 아닌 곳이 없는데, 이른바 동국이 어찌 있을 수 있겠는가. 무릇 어디든 중국 아닌 곳이 없는데, 이른바 중국이 어찌 있을 수 있겠는가. 이른바 중국이란 무엇을 두고 칭하는 것인가. 요 · 순 · 우 · 탕의 치세가 있기 때문에 중국이라 부르는 것이며, 공자 · 안자 · 자사자 · 맹자의 학문이 있기에 중국이라 부르는 것이다. 오늘날에도 중국이라 부를 만한 까닭이 어디에 있는가. 성인의 정치와 성인의 학문을 이미 동국이 얻어 옮겨 왔는데, 어찌하여 다시 먼 곳에서 구할 것인가.[150]

정약용은 여전히 성인의 정교를 실현하는 동국의 자부심에 굳건했다. 삼대의 정치를 이상으로 보았던 그의 상고주의 또한 같은 세계관의 선상에 있었을 것이다. 그가 다가오는 시간을 새로운 의미 지평으로 구성했다는 증거를 찾아보기 힘들다. 그의 언설들은 여전히 성리학의 경험공간에 사로잡혀 있었을 것이다. 그렇지만 그는 전통적인 동국의 사서를 얽매었던 화하 이념을 의심하는 가운데 새로운 문화의 시간을 내다보고자 했다. "효도와 형제애는 원래 천성에 뿌리내리고 있으며 성현들의 책에 자세히 밝혀져 있으니, 진실로 넓혀서 확충하고 잘 실천하여 밝힌다면 예의와 풍속을 이루게 될 것이다. 이는 참으로 외부의 것에 기댈 필요도 없으며, 또한 후세 사람들의 도움을 받을 것도 없다. 그러나 이용후생에 필요한 물

150 丁若鏞, 「送韓校理致應使燕序」, 『與猶堂全書』 第一集 詩文集 第十三卷 文集 : "夫旣得東西南北之中 則無所往而非中國 烏覩所謂東國哉 夫旣無所往而非中國 烏覩所謂中國哉 卽所謂中國者 何以稱焉 有堯舜禹湯之治之謂中國 有孔顔思孟之學之謂中國 今所以謂中國者 何存焉 若聖人之治聖人之學 東國旣得而移之矣 復何必求諸遠哉."

건이나 온갖 공인들의 기예를 두고 말한다면, 중국에 가서 새로 나온 제도를 배우지 않으면, 어리석고 고루한 것을 깨뜨리지 못하여 이익과 혜택을 일으킬 수 없을 것이다."[151] 19세기 후반기 일본과 조선의 시대정신으로 떠올랐던 문명론을 미리 보는 듯하다. 유길준이 이른바 개화의 시대에 '세계역사'를 말하면서 열리기 시작한 자텔차이트는 그렇게 오래전에 이미 예비 단계를 거치고 있었다.

151 丁若鏞, 「技藝論三」, 『與猶堂全書』 第一集 詩文集 第十一卷 文集 : "夫孝弟根於天性明於聖賢之書 苟擴而充之修而明之 斯禮義成俗 此固無待乎外 亦無藉乎後出者 若夫利用厚生之所須 百工技藝之能 不往求其後出之制 則未有能破蒙陋而興利澤者也."

Part 3

수용과 소통

1. 역사의 발견

중국과 한국의 전통 사서는 앞에서 보았듯 진리와 교훈의 범례로서 '사'와 '감'의 의미를 전승했다. 그러는 가운데 오늘날 보편적 용법으로 굳어진 역사는 단 한 차례도 역대 정사의 표제에 등장하지 않았다. 『춘추』와 『사기』, 그리고 『한서』나 『자치통감』처럼 인구에 회자한 주요 사적의 내용에서도 그 흔적을 찾아보기 힘들다. 한국 개화파 지식인들이 새로운 학문의 이름으로 받아들였던 역사의 용법은 어디에서 유래했을까? 박영효와 유길준에게 큰 영향을 끼친 후쿠자와 유키치의 저술에서 중요한 단서를 찾을 수 있다. "서양 여러 나라 문명의 형세를 보건대 개혁의 첫걸음은 반드시 귀족을 무너뜨리는 데에 있다. 영국이나 프랑스와 같은 나라의 역사를 보면 그러한 사실이 밝혀진다"(福澤諭吉 2004b : 63). 메이지 개혁시대를 함께한 후쿠자와가 그렇게 역사의 이름을 쓰면서 본받아야 할 서구문명 사례를 거리낌 없이 기술할 수 있었던 일은 크나큰 행운이었다. 그가 숱한 계몽의 저술로 문명을 날리기 이전에 이미 그 말이 일본 지식사회에서 history의 번역어로 굳건히 자리 잡고 있었기 때문이다. 바쿠후幕府 말기 외국어의 주류가 네덜란드어에서 영어로 넘어갈 무렵에 나온 일본 최초의 영어사전이 그 증빙 자료 가운데 하나이다. 바쿠후 직할의 양학 연구와 교육기관이었던 요쇼시라베쇼洋書調所의 교수 호리 다쓰노스케堀達之助, 1823~1894가 1862년에 펴낸 『영화대역수진사서英和對譯袖珍辭書』가 곧 그것인데, 거기에서 history를 歷史 · 記錄으로 번역한 사례를 찾을 수 있다(石塚正英 · 柴田隆行 2004 : 291 ; 佐藤喜代治 1982 : 43).[152] 이 사전에서 읽을 수 있는 그 한자 번역어는 중국 사서에서 매우 이례적으로 쓰였던 말이다. 양梁의 소자현蕭子顯, 487~537이 찬술한 『남제서南齊書』의 '어복후자향전魚復候子響傳' 가운데에서 그 말 한 마디를 찾을 수 있다. 중국 사서에서 드물게 나타나는 그 표현은 어떠한 의미를 전하는가?

문제의 주인공 자향은 중국 남조의 제나라 두 번째 왕 무제武帝의 넷째 아들로 태어나 태조 고제高帝의 차남 예장왕豫章王의 양자로 들어갔다. 그는 어려서부터 무예를 좋아하고 방자했으며 '용기와 힘이 뛰어난 인물'이었는데, 20대 초반에 지방의 자사를 맡았을 때 군사상 저지른 죄과로 사약을 받고 죽었다. 나중에 임금이 화림원에서 거닐 때 원숭이가 노는 것을 오래도록 보다가 자향이 죽은 것을 가

152 이 사전에서는 또한 historic · historically를 歷史ノ如クで, historiographer를 歷史ヲ書ク人으로, 그리고 historiography를 歷史ヲ書ク事로 각각 번역하고 있다(佐藤正幸 2004 : 9).

련히 여겨 흐느끼며 눈물을 흘렸다. 이에 예장왕이 양자의 용서를 비는 표를 올렸는데, 바로 여기에서 역사의 용례를 찾을 수 있다.

> 활을 활집에 넣고 창을 거꾸로 세운 것은 죽을죄에 해당하지만, 이치로 마음을 살펴보면 또한 잘못에 빠졌다가 바른 데로 돌아올 줄 안 것입니다. 피로 물든 해골이 거두어지지 않아 고혼이 용서받지 못하니, 지난 일을 생각하면 마음과 눈에 슬픔이 어립니다. 옛적 민영이 질병을 앓을 때 신음 소리가 분원을 뒤흔들자, 사형이 조정의 부름을 받아 무덤 곁을 끌어안았습니다. 모두 두 신하가 밝은 때에 피로써 맺고 두 군주가 태평성세에 상의한 것으로, 누대에 걸쳐 그것을 끌어 쓰는 것을 아름답게 여기고 역사에서 그르다고 하지 않았습니다. 엎드려 살피건대 한번 군주의 연민을 베풀어 소씨에게 조서를 내려 먼 교외에서 안돈하고 자투리 산록에 무덤구덩이를 돌아오게 하며 위천葦轎의 모습을 조금 갖추고 봉수封樹의 예를 간소하게 행하게 하신다면, 어찌 저 곤궁한 이들이 은덕을 입어 실로 천하 사람들이 인仁으로 돌아오지 않겠습니까?[153]

이 기록이 전하는 사건의 이야기는 수없이 많은 에피소드 가운데 하나일 따름이지만, 여기에서 말하는 역사는 앞으로 하나의 계통을 이루게 될 의미전승의 첫 마디로 기억될 만하다. 이 글 속의 문맥으로

153 「列傳 第二十一 武十七王」, 『南齊書』 卷40 : “但韔矢倒戈 歸罪司戮 卽理原心 亦旣迷而知返. 釁骨不收 辜魂莫赦 撫事惟往 載傷心目. 昔閔榮伏痍 愴動墳園 思荊就辟 側懷丘墓. 皆兩臣釁結於明時 二主議加於盛世 積代用之爲美 歷史不以云非. 伏願一下天矜 爰詔蛸氏 使得安兆末郊 旋窆余麓 微列葦轎之容 薄申封樹之禮. 豈伊窮骸被德 實且天下歸仁.”

보건대 역사는 곧 아름다운 교훈을 전하는 역대歷代의 사서로 읽을 수 있을 것이다. 『남제서』 다음에 나온 『양서梁書』의 「서금전徐擒傳」에 양의 무제가 "오경대의와 역대사歷代史 및 백학잡설"을 물었다는 기사가 나오는데, 여기에서 말하는 '역대사'는 앞의 역사와 같은 뜻으로, 좁혀서 본다면 '역대의 정사'를 지시한다고 여겨도 좋을 것이다(小林昇 1983 : 178). 이러한 뜻의 역사는 명대明代의 원황袁黃이 1606년 편찬했다고 전하는 『역사강감보歷史綱鑑補』의 제목에 등장했다. 중국의 사서 가운데 처음으로 '역사'를 표제에 붙인 이 책은 사마광 이래 통감 관련 역대 사서를 편집한 것으로 전한다. 이 평범한 책은 일본에 건너와 그 이름을 오늘날까지 남기고 있다. 간분寬文 3년1663 우카이 노부유키鵜飼信之, 1615~1664가 이 책의 내용에 훈점訓點을 찍어 번각했는데, 그때부터 그것은 동시대뿐만 아니라 메이지 초반에도 일본 지식계에서 널리 읽혔다고 한다(小林昇 1983 : 179). 이후로 역사는 history의 번역어로 변신하기까지 교훈의 범례를 지칭하는 정통 사서들의 표상이었다(佐藤正幸 2004 : 4 ; 鈴木貞美 2007).

사토 마사유키佐藤正幸의 연구에 따르면, 일본에서 역사라는 말을 처음으로 사용한 인물은 하야시 가호林鵞峰, 1618~1680이다. 그는 에도 전기 유학을 대표했던 하야시 라잔林羅山, 1583~1657의 셋째 아들인데, 그가 만지万治 3년1660 동생에게 보낸 편지에서 유명한 『사통』을 쓴 유지기를 비판하는 가운데 이런 말을 남겼다. "고금을 깊이 생각하고 역사의 가부可否를 논한다. 증거가 명백히 있지만 굳이 결점을 찾으려고 한다." 이 설명은 유지기가 그의 책에서 역대의 사서를 들어 비판한 대목을 두고 가호가 자신의 견해를 서술한 부분에서 나온다. 여기에서 말하는 역사는 '중국 역대의 사서'를 의미했을 것이다. 원황의 『역사강감보』를 읽은 가호는 이 책이 번각되기 3년 전에 그러한 용어를 사용한 것으로 보인다. 이 편지를 읽은 그 동생은 같은 해에 보낸 답신에서, "여러 시대에 기록된 사서들歷世之史을 두고 말하면 높이 거닐기로는 사마천, 그다음이 반고이며, 범엽은 일찌감치 이에 미치지 못했다"라고 썼다. 여기에서 그가 역사라는 말을 직접 사용하고 있지는 않지만, '여러 시대에 기록된 사서'라는 말은 그의 가형이 썼던 역사와 같은 뜻으로, '중국 역대의 사서들'을 표현하고 있다는 점에 의심의 여지가 없어 보인다(佐藤正幸 2004 : 4 ff). 그리고 고바야시 노보루小林昇의 연구는 또 다른 사례를 전한다. 하야시 가호는 바쿠후의 명을 받아 『본조통감本朝通鑑』을 편찬하면서(鈴木貞美 2007 : 368 ; 小澤榮一 1974 : 206 ff) 이 일에 얽힌 사연들을 『국사관일록國史館日錄』으로 남겼는데, 여기에 '역사통감지류歷史通鑑之類'를 햇볕에 말렸다는 기록이 들어 있다(小林昇 1983 : 180). 여기에서 말하는 역사 또한 틀림없이 여러 대에 걸친 정통 사서들을 지칭할 것이다.

일본의 사가들이 이렇게 처음으로 역사를 호명했을 즈음, 때마침 중국에서 건너온 정주학程朱學이 번성하고 있었다. 그 중심에 도쿠가와관학의 전통을 연 '하야시 가문'이 굳건하게 버티고 있었다. 이러한 사실에서 역사를 불러낸 계기가 드러난다. 그 이름은 중국의 정통성 이념을 복제하여 에도 무가정치의 명분론을 조성하는 장치로 기능했던 것이다. 가문의 기틀을 세운 라잔이 송의 성리학을 일본 토양에 이식하려고 애썼던 만큼 그의 시대적 사명은 바로 무력으로 일어난 에도 바쿠후의 정통성에 이데올로기 거점을 마련하는 것이었다. 반복하는 치란흥폐治亂興廢와 대대로 이어진 지배자들의 치적에서 권선징악의 교훈을 이끌어 내는 과제는 초반기 도쿠가와 바쿠후의 수사修史를 전담한 하야시 가문의 최대 안목으로 전수되었다(小澤榮一 1974 : 124 ff). 라잔의 아들 가호는 감계 이념에 충실한 독사讀史의 원리를 이렇게 전했다.

『시경』에서 이르기를 은나라가 본뜰 거울 멀리 있지 않고 바로 하나라 임금들의 치세에 있다고 한다. 이로써 보건대 주나라는 은나라를, 한漢나라는 진秦나라를, 그리고 당나라는 수나라를 거울삼을 수 있다. 어찌 황제나 왕 또는 제후들뿐이리오. 사람들은 마땅히 옛일을 거울삼아야 한다. 무엇 때문에 반드시 중국뿐이겠는가. 우리나라 또한 당연히 그러해야 할 것이다.[154]

1670년 드디어 『본조통감』이 273권 310책으로 완성되었다. 이 방대한 사서는 무엇보다도 에도 초반기 무가정치의 여망에 따른 것이었다. 이 책은 그러면서 '관학의 종가' 하야시 가문이 애써 중국의 고전적 세계관을 일본의 연대기에 덧씌운 작품이기도 했다. 사마광의 『자치통감』을 본뜬 그 제목이 그러한 사연을 압축하고 있다. 하야시 라잔은 일찍이 이 중국 고전 사서를 관통하는 정신을 이렇게 간결히 정리했다. "고금의 치란과 군신의 득실이 명백하여 해와 별과도 같다. 이르건대 은나라 본뜰 거울 멀리 있지 않으리."[155] 말하자면 역사서술을 주도하는 감계와 정통성 이념이 가문의 전승이었다. 이 줄기에서 역사가 호명되었다면, 그것은 『자치통감』에 버

154 林鵞峰, 「本朝人鑑圖說」, 『鵞峰文集』 卷83(小澤榮一 1974 : 235 재인용).
155 林羅山, 「資治通鑑跋」, 『羅山先生文集』 卷54(小澤榮一 1974 : 166 재인용).

금가는 '정사'와 다르지 않았을 것이다. 그러므로 거기에 이단의 사서가 들어설 여지는 전혀 없어 보인다. 치세의 교본과 번역되어야 할 서양 역사책 사이의 거리가 너무 멀지 않은가. 먼 훗날 계몽의 시대에 역사의 이름이 서구문명의 본보기를 상징하게 되려면 그 엄청난 간격의 어느 지점에서 '거울'의 빛이 차츰 어두워지고 있었을 것이다. 전통의 역사가 누려 온 교훈의 지위에 어떠한 균열이 발생했을까? 이러한 질문은 감계 이념을 되풀이하는 사유 양식 가운데에서 서서히 발생하는 자기분해 과정을 더듬어 가는 과제이다. 주자학에서 출발했지만 "주자학에 마주선 안티테제의 대성자"(丸山眞男 2011 : 39) 오규 소라이荻生徂徠, 1666~1728로부터 새로운 역사의 의미를 기대할 수 있을까?

에도 중반기에 고분지가쿠古文辭學 운동을 일으킨 오규 소라이 또한 일본 전통사회에서 드물게 역사를 말한 인물에 속한다. 그의 성숙기 작품에 해당하는 『태평책太平策』에서 이런 구절을 읽을 수 있다. "인재 만들기에 학문을 능가하는 것은 없다. 학문이란 문자를 아는 것을 입문으로 하여 역사 배우기를 작용으로 삼을 만하다. ……역대 사적事跡을 보면 치국의 도, 군사의 일, 평생의 행실, 충신의사의 자취가 모두 그 안에 들어 있다. 도리를 듣는 것보다도 그 사적을 보면 감동하는 마음이 각별하게 일어난다"(荻生徂徠 1973b : 448~486, 인용문 485). 여기에서 역사란 필요할 때마다 온갖 처방을 끄집어내어 쓸 수 있는 '자기 집 약상자'와 같은 존재이다(佐藤正幸 2004 : 5). 거기에는 통치에 필요한 모든 지식뿐만 아니라 인간의 도리를 일깨우는 도덕규범이 들어 있다. 이렇듯 그 말은 하야시 가문의 수사 원리에서 크게 벗어나지 않은 것으로 보인다. 그러나 다음에서 '역사'를 읽으면, 미묘한 의미의 변용을 감지할 수 있을 것이다.

> 지금 세상에 태어나 수천 재載 옛일을 오늘날 눈으로 보는 것같이 하면 긴 세월을 보게 되는 것이다. 그래서 견문이 넓어져 사실에 다다르는 것을 학문이라고 하기에, 학문은 역사에서 궁극에 이른다(荻生徂徠 1965 : 153).

여기에서 역사는 아직 지나간 시간의 궤적 자체를 지시하지는 않지만, 적어도 전통 이념세계에서 비켜나는 길을 보이고 있다. 말하자면 옛말과 일을 학문의 시작점으로 삼는 가운데 실제로 일어난 "고금의 사적事跡"을 무게 있게 여기는 사유 양식의 변화가 나타난다. 이로부터 역사는 사실을 추구하는 '넓은' 학문이 되어 공허한 도리나 경학의 대안으로 등장한다. 이 바탕에서 주자학은 그저 '쓸모없는' 학문의 자리로 내려앉는다. "인품이 훌륭한 사람도 학문을 하게 되면 그 됨됨이가 나쁘게 되는 일이 많은데, 그것은 모두 주자류朱子流 이학理學의 폐해를 입었기 때문이다. 『통감강목』을 보게 되면, 예부터 지금까지 마음에 드는 인물이 한 사람도 없는 듯 보인다. 이런 견해로써 오늘날 사람들을 보게 되면 그 인품이 나쁘게 되는 것이다. 위에서 말한 『통감강목』의 논의는 마치 도장을 눌러 찍는 것과도 같으며, 격식도 정해져 있고 도리 또한 일정해서 판에 박은 듯이 짜여 있다. 하늘과 땅도 살아 있는 존재이다. 사람도 살아 있는 존재인데, 그를 먹줄 따위에 얽어매는 것은 참으로 쓸모없는 학문이 되어 기껏 사람의 요령을 키워 줄 따름이다"(荻生徂徠 1965 : 144~160).

이렇듯 주자 이래 유학자들이 금과옥조로 여겨 온 『통감강목』의 위상은 여지없이 추락했다. 이와 더불어 경서를 으뜸으로 삼으면서 사서를 배속시키는 전통의 관습은 무너지고 말았다. 그러고는 이제 비로소 오랜 세월 사서의 가치체계로 굳건하던 권선징악의 규범은 허물어지고 '도 자체의 궁극성' 또한 부정의 대상으로 바뀌기 시작했다(丸山眞男 2011 : 100). "이미 사물이 있으니, 반드시 그것을 기록에 비추어 보고 그 다름을 본다. 그 다름을 서로 비추어 보고 난 뒤에 그 시대를 논할 수 있게 된다. 그렇게 하지 않고서 백세百世를 고정된 저울에 걸어 차례차례 비방하는 것 또한 쉬운 일일 따름이다.[156] 이는 자기 자신을 곧게 여기면서 세태를 묻지 않는 것이다. 그렇다면 사서는 무엇을 위해 있는 것인가. 지금 세상을 알고자 하는 사람은 반드시 옛일에 정통해야 하며, 옛일에 정통하고자 하는 사람은 반드시 사서에 정통해야 한다. 사서는 오로지 기록으로 만들어진다. 그런 뒤에야 육경은 더욱더 밝아지는 것이다"(荻生徂徠 1973c : 257). 드디어 역사는 모든 학문의 '궁극'에 이르게 되었다. 그것이야말로 '사실'에 근거하지 않은 모든 주관적 요소의 안티테제이기 때문이었다(荻生徂徠 1965 : 155). 그러면서 경학과 사학의 주종 관계는 완전히 뒤바뀌게 되었다.

앞으로는 의당 역사를 살펴보아야 하는데, 그것은 다만 시대를 아는 일이 중요하기 때문이다. 문장, 정치, 경학, 이 모두는 시대의 바뀜에 따라 그 흐름을 따라가지 않으면 앞으로 이해하기 어렵게 될 것이다. 시대가 바뀌

156 여기에서 말하는 '백세'는 『맹자』 「진심(盡心) 하」에 나오는 다음의 표현에서 빌려 쓴 것으로 보인다. "맹자가 말했다. 성인은 백세의 스승이다. ……백세의 위에서 분발하거든 백세의 아래에서도 [풍도(風度)를] 들은 자가 흥기하지 않을 수 없다(孟子曰 聖人百世之師也…… 奮乎百世之上 百世之下聞者 莫不興起也)." 이렇게 보면 '세(世)'는 '시대'를 뜻하는 말이 될 것이다.

면, 언어와 제도도 바뀐다. 역사를 온당하게 공부하기 위해서는 바로 이 점이 중요한 것이다.[157]

여기에서 역사는 시대의 변화를 읽어 내는 학문을 지칭한다. 그것은 세태에 따라 변천하는 언어와 제도를 기록한 성과이기 때문에 그러한 현상을 따라가야 하는 문장과 정치, 그리고 또한 경학마저 능가하는 것이다. 이러한 표현은 오규 소라이가 학문의 원리를 전하는 글에서, "시대는 말을 싣고 변해 가며, 말은 도를 싣고 변해 간다"(荻生徂徠 1973c : 256)고 밝히는 가운데, 옛글과 말古文辭의 참된 의미를 따진 대목과 서로 겹친다. 이때 그의 이상적 가치체계는 아득히 먼 성인과 선왕의 도에 닿아 있었다. 이 바탕에서 그는, "지금 글로써 옛글을 보고 지금 말로써 옛말을 보기 때문에 그 마음 씀이 비록 은근하더라도 끝내 옛 도에 이를 수 없다"는 설명과 더불어(荻生徂徠 1973a : 209~255, 인용문 250), 송나라 유학자들을 비판하면서 새로운 유학의 위상을 가늠했던 것이다. 그러므로 오규 소라이의 사유체계로부터 섣부르게 근대의식의 싹을 구할 수는 없을 것이다. 그렇지만 그가 말하는 역사는 시대의 변화를 '싣는' 학문으로 거듭남으로써 경서에 매이는 옛 지위를 벗어나게 되었다. 그 말이 곧바로 시간의 궤적 자체를 지시하지는 않았더라도 그 가운데 시간의식이 비집고 들어갈 여지가 생기기 시작했다고 볼 수 있을 것이다.

무엇이 이러한 사유 양식의 변화를 불러왔을까? 마루야마 마사

157 荻生徂徠(1892), 『日本文庫 3 : 詩文國字牘』, 東京 : 博文館, pp.9~10(丸山眞男 2011 : 101 재인용).

오丸山眞男의 면밀한 연구에 따르면, 도쿠가와 봉건사회가 1백 년을 경과하는 동안 어느 사이엔가 주자학의 '낙관적' 사유 방식은 '보편성'을 잃어버렸으며, 그 상실감을 이겨 내지 못한 사상계가 한순간에 마치도 "쇳가루가 자석에 이끌리듯 소라이학徂徠學에 끌려들어갔다"(丸山眞男 2011 : 68). 그 배경은 겐로쿠元祿시대1688~1704에서 교호享保시대1716~1736에 걸친 사회적 변동이었다. 겐로쿠는 바쿠후의 교학진흥책에 따라 창조적 문화가 융성하고 학문과 예술이 전통에 반항하면서 자주성을 향유하던 시대이다. 그러나 화려하던 그 문치주의 그늘에는 '봉건적 권력을 위협하는 일체의 계기들이' 도사리고 있었다. 그렇지만 그것들이 아직 도쿠가와 봉건사회를 '근본적으로' 무너뜨릴 만한 힘을 드러내지는 못했다. 이처럼 중첩된 상황에 소라이학의 역사성이 위치했다. 그것은 곧 붕괴될 위험에 직면한 유학을 '정치화하여' 근본적으로 재건하려는 시대적 사명이었다. 이러한 전통적 사유체계의 자기분해 과정 가운데에서 '근대'로 향해 가는 시간의 질을 찾아낼 수 있을까? 마루야마 마사오의 주장대로라면 소라이학의 태내에서 근대의식의 싹이 서서히 자라고 있었다. 오규 소라이가 말하는 역사가 거울로 표상된 옛 교훈의 지위를 벗어났다는 점이 하나의 반증이다. 그러나 에도 중반기의 고분지가쿠가 아득히 먼 고전세계에 이상향의 둥지를 틀고 있었다는 사실에 주목하면, 그러한 설명을 곧이곧대로 받아들이기 쉽지 않아 보인다. 그렇더라도 오규 소라이가 불러일으킨 사유 양식의 변화를 애써 무시할 수는 없을 것이다. 마루야마 마사오가 거기에서 발견한 '문화가치의 자율성'이야말로 소라이학의 특성 가운데 핵심으로 여길 만하다(丸山眞男 2011 : 314). 그 덕택에 거울의 교훈은 사서들을 통해 얻을 수 있는 '넓은' 지식들의 한 가지에 지나지 않게 되었으며, 역사에 늘 따라붙던 도덕의 색채는 점점 엷어지게 되었다. 이로써 서양의 사서들도 그 테두리 안으로 들어갈 수 있도록 역사 용법의 범주가 넓어지기 시작했다. '서양 사정'에 목마르던 학자들이 나중에 유럽과 미국의 지식체계를 흡수하면서 낯선 학문들을 흥미의 주요 대상으로 삼게 되자, 사서를 덕행의 과목으로 여기던 사유 방식은 여지없이 무너지기 시작했다(小林昇 1983 : 208). 앞에서 보았듯 후쿠자와 유키치가 『서양사정』에서 "무릇 각국의 정치 풍속을 살펴보기 위해서는 그 역사를 읽는 것보다 나은 것이 없다"고 했을 때(福澤諭吉 2004a : 10), 그것의 의미는 한 세기 반을 훌쩍 뛰어넘어 오규 소라이가 말한 '시대'의 학문과 맞닿을 수 있었던 것이다.

2. 문명의 길

후쿠자와 유키치가 미국과 유럽을 두루 여행한 뒤 1870년에 완성한 『서양사정』과 더불어 일본식 계몽주의가 제대로 시작했다고 이를 만하다. 이 책의 내용을 꾸미고 있는 새로운 말들과 정보들이 그때까지 나온 그 어느 저술보다도 생생하며 체계적으로 미래 시대와 사회의 기대를 드러내고 있기 때문이다. 후쿠자와 유키치는 그 가운데에서도 다음과 같이 간결한 말로써 나중 저술에서 완성하게 될 '문명론'을 예비했다. "역사를 살펴보건대, 인생은 망매莽昧에서 시작하지만 차츰 문명개화로 향해 나아간다." 여기에 등장하는 두 가지 중심 개념, 즉 '역사'와 '문명개화'는 각각 history와 civilization을 옮긴 말로서, '유신'에 즈음한 일본의 현실을 서구의 사회제도와 정치 원리에 비추어 보면서 개혁의 관심을 이끌어 내는 용법이다.[158] 중국의 옛 문헌에서 비롯한 그 번역어는 일본에서도 이미 메이지시대 이전에 쓰이던 말들이다. 거기에 짝하는 유럽의 원어는 '근대'의 시간경험에 밀착한 운동 개념이었다. 이로부터 후쿠자와의 글쓰기에 담긴 중첩 과제를 짐작할 만하다. 우선 유럽의 시대적 언어를 일본식 계몽의 수사법으로 바꾸는 실험이다. 이와 더불어 옛 이념체계에 맞닿아 있는 전통의 언어를 지금 '시세'에 맞도록 옮겨 전달하는 일이다. 이러한 점은 출발언어와 도착언어가 각각 지시하는 의미 영역의 혼성 상태를 시사한다.

먼저 역사의 사례를 보자. 후쿠자와는 이 history의 번역어를 앞에서 본 영어사전에서 가져왔을 것이다. 그것은 계몽에 필요한 새 학술의 이름이었다. 일본 '개국'의 시점에 이미 하나의 번역어로 자리 잡고 있던 그 용법 덕택에 그러한 표현이 나올 수 있었다. 그가 『서양사정』에 이어 펴낸 또 다른 계몽서 『학문의 권장』은 다음과 같은 설명을 담고 있다. "우리가 오로지 힘써 공부해야 할 것은 인간의 보통 일용에 필요한 실학實學이다. 예를 들어 본다면, ……지리학은 일본 국내는 물론이려니와 세계 여러 나라의 풍토 길을 알려준다. 궁리학窮理學이란 천지만물의 성질을 보고 그 움직임을 이해하는 학문이다. 역사란 연대기를 상세하게 적은 것으로 여러 나라

158 이 인용문이 들어 있는 『서양사정』의 "외편(外編)"(1867)은 영국인 체임버스 형제가 1852년에 펴낸 경제학 교재[Chambers, William and Robert Chambers eds.(1852), *Political Economy, for Use in School, and for Private Instruction*, Edinburgh]의 전반부를 번역한 내용이다. 이 가운데 civilization이 하나의 장으로 들어 있으며(pp.6~8), 그 첫 문장은 이렇게 시작한다. "It is shewn by history that nations advance from a barbarous to a civilised state"(p.6). 후쿠자와 유키치는 여기에 나오는 history를 歷史로, 그리고 a civilised state를 文明開化로 옮겼으며, 이 장의 표제 civilization을 世の文明開化라고 번역했다(福澤諭吉 2004b : 94).

고금의 상태를 세세하게 파고들어 간 기록물이다. 경제학이란 한 사람이나 집안의 살림살이로부터 천하의 살림살이를 설명한 것이다" (福澤諭吉 2011 : 7~8). 여기에서 보듯 역사는 지리학과 자연과학 또는 경제학과 더불어 한 개인과 가정 그리고 나아가서는 국가의 '독립'에 반드시 필요한 실용 지식이다. 그것은 어떻게 쓰이는가? 다음의 설명처럼 그것은 앞서 나간 문명을 일깨우는 첨병의 과제를 맡는다.

> 서양문명의 역사를 한번 읽어 보자. 개벽의 시간부터 기원 1천6백 년에 이르는 대목은 제쳐 두고 그 뒤 2백 년간을 뛰어넘어 보자. 앞질러서 1800년대 대목을 열어 그 역사를 보면 누구든 그 장족의 진보에 놀라지 않을 수 없을 것이다. 도저히 같은 나라의 역사 기록이라고 믿기지 않을 것이다. 아무튼 그 진보를 이루게 된 까닭은 본래 어디에 있는가. 그것은 모두 옛사람들의 유물이며 앞서 나간 사람들의 선물인 것이다(福澤諭吉 2011 : 101).

이렇듯 역사가 '인간 교제'의 발전 정도를 파악하는 시금석으로 쓰인다면, '문명개화'는 이와 어우러져 어떠한 의미론을 이루게 되는가? 앞에서 보았듯 이 말은 civilization의 번역어로 정착했다. 후쿠자와 유키치는 원래 중국 고전에서 유래한 '문명'에 '개화'를 더하여 이 신조어를 만들었을 것이다. 『역경』에 다음과 같은 말이 들어 있다. "문채의 밝음文明으로써 굳건하고 치우침 없이 올바름으로 만사에 응하는 것이 군자의 도리다."[159] 이러한 덕치의 원리는 일본에 '훌륭함'과 '멋있음'의 의미를 전한 것으로 보인다. 그 말은 그런 뜻

159 「同人」, 『易經』 : "文明以健 中正而應 君子正也."

에서 무로마치室町 시기 고쓰치미카도천황後土御門天皇, 1442~1500 대의 연호로 쓰이기도 했을 것이다(니시카와 2007 : 189). 후쿠자와는 문덕과 지혜가 밝게 빛난다는 이 고전적 용어에 에도시대 이래 '열리다'는 뜻으로 쓰인 일상어, '히라케루開ける'를 합성하여 문명개화라는 번역어를 창안한 것으로 보인다. 문명, 그리고 때로는 개화와 구별 없이 쓰인 이 말은(박양신 2008b : 38) 낯선 civilization과 짝하면서 온 인류의 목적과 방향을 지시하는 시간 개념으로 거듭나게 되었다.

후쿠자와가 영어 책에서 읽은 그 원어의 출발점은 시민을 뜻하는 라틴어 키비스civis이다. 여기에서 형용사 키빌리스civilis가 파생하는데, 이 말은 '정치적인 · 시민다운 · 예의 바른' 등의 의미를 지니는 그리스어 πολιτικός의 번역어이기도 하다. 18세기 중엽에 하나의 시대적 조어로 등장한 civilisation프랑스어 또는 civilization영어이 야만성과 조야성에 반대하는 어떤 활동, 어떤 사건의 경과, 어떤 상태의 의미를 지니는 가치 개념으로 발전하게 된 배경에는 그 어원이 지니는 정치공동체적 요소와 밀접한 관련을 지닌다고 볼 수 있다.[160] 이 줄기에서 문명은 그 세기의 자의식을 표현하는 보편 개념으로 성장했다.[161] 그리고 19세기 초반에 이르면 그 말은 '진보'와

160 civis에 어원을 둔 civilis 또는 civilitas(공동체의 나아갈 길)로부터 '교화하다'는 뜻의 프랑스어 동사 civiliser가 16세기 후반에 나타나며, 18세기 중엽 그 명사형 조어 civilisation이 생겨났다. 영어에서는 17세기에 to civilise라는 동사 표현과 함께 '문명화된 상태'라는 의미의 civility가 나타났다. 19세기 중엽 이래 넓게 쓰인 civilization은 이러한 17세기 영어 표현에서 유래했거나 프랑스어 civilisation의 번역어로 나타난 것으로 보인다(Fisch 1992 : 688~689, 716~720).

161 영어권에서 처음으로 civilization을 말한 애덤 퍼거슨은 1767년 시민사회의 역사를 기술하면서 이렇게 말했다. "오직 개인만이 유아로부터 성년으로 나아가는 것이 아니라 인류 자체가 야만에서 문명으로 나아간다"(Ferguson 1767 : 2).

밀접하게 얽히면서 운동 개념의 중심에 설 수 있었다.[162] 후쿠자와 유키치가 이러한 언어사적 유래를 속속들이 알고 있었다고 속단할 수는 없겠지만, 문명이란 인류가 야만의 상태에서 벗어나 점차 더 나은 생존 환경으로 나아가는 진보의 과정이라는 점을 잘 이해하고 있었던 것으로 보인다.[163] 그는 일찍이 『서양사정』을 기술하면서 진보의 의미를 이렇게 풀이했다. "역사를 살펴보건대 정치의 연혁은 때때로 고장이 없을 수 없겠지만 연대의 흐름에 따라 차츰 선으로 향해 나아간다"(福澤諭吉 2004a : 138). 이때 그에게 진보란 곧 유럽의 범례를 좇아야 하는 계몽의 다른 이름이었다(마루야마 2013 : 96 ff). 이러한 사유 방식의 연장선에서 그가 획기적인 『문명론의 개략文明論の概略』을 펴냈을 때, 문명은 야만과 그다음의 반개半開와 구별되는 '단계'로서 인류가 거쳐 가야만 하는 진보의 '연령'을 의미했다.[164] 이 줄기에

162 후쿠자와의 문명론에 큰 영향을 끼친 19세기 프랑스 역사가 프랑수아 기조(François Guizot)는 유명한 그의 유럽문명사 저술에서, "진보 곧 발전이라는 이념은…… 문명이라는 말 가운데 내포된 근본적인 사고방식"이라고 설명한다(Guizot 1838 : 13).

163 진보 또한 중국 고전에서 읽을 수 있는 말이다. 이를테면 주희는 격물치지란 "배우는 자가 입신하여 진보할 수 있는 요령"이라고 설명할 때 그 표현을 썼다(양일모 2014 : 67 재인용). 후쿠자와는 이러한 고전적 용례보다는 과거와 미래가 서로 다른 역사적인 시간 차원이라는 성찰을 이끈 근대적 progress의 의미내용을 상당 부분 수용하고 있다(Koselleck and Meier 1979 : 351~423).

164 후쿠자와 유키치는 이 책에서 '문명개화'와 '문명'이라는 두 용어를 번갈아 쓰면서 그 뜻을 구별하지 않고 있다. 그러면서 그는, "『고사기(古事記)』와 오경(五經)을 암송하여 충의와 수신의 도를 배우고서도 호구의 방법을 모르는 사람이 있다면 그를 문명의 인간이라고 할 수 있겠는가? 오관(五官)의 정욕을 버리고 가난과 고생을 감내하지만 인간세계가 어떠한 존재인지 알지 못하는 사람이 있다면 그를 개화의 인간이라고 할 수 있겠는가?"라고 설명하듯이(福澤諭吉 2004a : 159), 따로 '개화'를 언급하고 있다. 이 '개화'는 곧 이어 나온 다구치 우키치(田口卯吉, 1855~1905)의 『일본개화소사(日本開化小史)』에서 보듯, 영어 enlightenment 또는 독일어 Aufklärung에 해당하는 말이라고 한다(마루야마 2013 : 69). 후쿠자와는 이 말들의 뜻을 명확하게 구분하지 않은 채 그때그때 따로 또는 합성하여 쓴 것으로 보인다.

서 후쿠자와는 '오늘날' 일본의 상태를 '반개'로 호칭했다. 의식주가 번듯한 그 나라는 왜 문명사회에 이르지 못했는가? 그 '내실'에 부족함이 많았기 때문이다. 이를테면 "문학은 융성하지만 실학에 힘쓰는 사람이 적고, 인간 교제에 있어서 의심하고 질투하는 마음이 깊지만 사물의 이치를 따질 때 의문을 일으켜 미심한 점을 밝혀내는 용기가 없다"는 것이었다(福澤諭吉 2004b : 23). 후쿠자와가 보기에 오직 미국과 유럽의 몇몇 나라가 '최상의' 문명에 도달했을 따름이다. 그리고 '지금' 유럽은 인간의 지혜로서 겨우 이룩한 문명의 정점에 이르고 있다. 그러므로 야만의 상태에 있든 반개의 단계에 다다랐든 한 나라의 문명진보를 꾀하는 자는 어쩔 수 없이 유럽문명을 '목적으로 삼아 논의의 본위를' 정해야 한다. 바로 이러한 기준은 역사지식을 통해 파악될 따름이다. "학자들이 세계의 역사책史類을 읽고 아시아와 유럽 두 대륙을 비교하되…… 특히 그 두 정취를 대비하여 서로 현격하게 차이나는 지점을 찾아본다면 반드시 일종의 무형 존재가 있음을 밝힐 수 있을 것이다." 그것이 무엇이라고 확실하게 지적하기는 매우 어렵지만, 아시아와 유럽의 두 토양에서 그 발자취가 드러났다는 점을 보더라도 분명히 헛된 것은 아니다. 그것은 한 나라 '인민의 기풍'이라 부를 수도 있고, 시대에 맞추면 '시세'로, 사람에 맞추면 '인심'으로, 그리고 나라에 맞추면 '국속'이나 '국론'이라고 부를 수 있는 것이다. 말하자면 이 두 대륙의 차이점을 분명히 하는 것은 곧 '문명의 정신'이라고 말할 수 있다(福澤諭吉 2004b : 28).

이렇듯 후쿠자와는 '지금'의 수준에 다다른 유럽문명을 일본사회가 뒤따라야만 하는 모범 사례로 인정했다. 그렇지만 그 문명은 어떤 절대적인 성격을 지니지 못한다. 그것은 본래 상대적인 '말'이며, 그 목표 지점에 어떠한 한계가 있는 것도 아니다. 요컨대 문명이란 야만의 상태에서 벗어나 점차 앞으로 나아가는 어떠한 것을 말한다. 그러므로 유럽문명 또한 계속 나아가는 어느 단계에 있을 따름이다. 그렇다면 어떠한 현상을 문명의 이름으로 부를 수 있는가? 우선 후쿠자와의 대답은 비관적이다. "그것을 형용하기는 매우 어렵다." 그리고 그는 여러 사례를 비유한 끝에 겨우 다음의 설명에 이른다. "문명이란 사람의 몸을 안락하게 만들면서 마음을 고상하게 해주는 것을 일컫는다. 곧 옷과 먹을거리를 풍요롭게 하면서 인품을 높여 주는 것을 말한다. ……사람의 몸과 마음 양면 모두 마땅한 바에 이르지 못하면 감히 문명의 이름을 붙일 수 없다. 그리고 또한 사람의 안락에는 한계가 없으며, 그 마음의 품위에도 역시 마지막으로 다다를 곳이 없다. 안락이라든가 고상이라는 것이 바로 그 진보하는 시간의 상태를 가리키는 무엇이라면, 문명이란 사람의 안락과 품위로 향해 가는 진보를 일컫는 말이다. 또한 사람의 안락과 품위를 베풀어 주는 것은 사람의 지덕인 까닭에 문명이란 결국 인간 지덕의 진보라고 말할 수 있을 것이다"(福澤諭吉 2004b : 61~62).

문명의 '본지'가 이러하다면, 그 진보가 서양에서 먼저 이루어진 까닭은 무엇일까? 후쿠자와 유키치는 계몽의 사도답게 사물을 의심해 본 뒤 내리는 '판단력'에 주목했다. 그는 먼저 『학문의 권장』 제15편에서[165] 이 주제를 이렇게 시작한다. "믿음의 세계에 허위와

165 그 제목은 '사물을 의심하고 취사선택을 판단하는 일'이라고 되어 있는데, 후쿠자와는 이 제 15편을 쓸 때 영국 역사학자 버클(Henry Thomas Buckle, 1821~1862)의 『영국문명사(*History of Civilization in England*)』를 대폭 참조했다고 알려져 있다(마루야마 2013 : 251 ; 小澤榮一 1968 : 17).

거짓이 많고, 의심의 세계에 진리가 많다." 그가 보기에 서양 사람들이 오늘날 수준의 문명을 이루게 된 까닭은 바로 그러한 의문에서 비롯한 것이다. 이처럼 '의심하는 마음'이 문명진보의 근원이 된다는 주장은 동시대 일본 지식사회에 아마도 큰 충격으로 전해졌을 것이다. 후쿠자와는 여기에서 한 걸음 더 나아가 다양한 권력과 시스템이 뒤섞여 공존하고 끊임없이 투쟁하는 과정 가운데에서 유럽 역사의 특성을 찾고자 했다. 프랑수아 기조François Guizot, 1787~1874의 『유럽문명사*Histoire générale de la civilisation en Europe, depuis la chute de l'Empire Romain jusqu'a la Révolution Française*』에[166] 기댄 그의 설명대로라면, '인간 교제'에서 여러 주장이 서로 팽팽히 맞서 화합하지 못한다는 사실에 다른 문명들과 구별되는 서양문명의 특성이 내포되어 있다. 이를테면 어느 한쪽이 이기는 일도 없고 지는 일도 없다. 그렇게 이기고 지는 일이 오래도록 결정되지 않아 양쪽이 서로 맞서 버티면, 서로 불만스럽더라도 공존하는 길이 열리게 된다. 결국 어느 한편이 완전히 이기는 기세를 얻지 못해 상대의 주장이나 행위를 인정하게 되는데, 바로 여기에서 '자유주의'로 향한 기대지평이 열린다(福澤諭吉 2004b : 214 ff).

이러한 '서양문명의 유래'는 일본문명의 현상을 지나간 경험 지층에 깊이 잠재한 어떠한 속성에 투영해 보고자 하는 실험에서 배치된 것이다. 후쿠자와가 보기에 일본의 역사 전통에서 유래한 '사물의 편중'이 '권력의 편중'으로 이어졌다. 남녀 관계에서 시작해 가

166 후쿠자와는 헨리(Caleb S. Henry)가 기조의 프랑스어 원본을 영어로 번역한 책(1870, *General History of Civilization in Europe : From the Fall of the Roman Empire to the French Revolution*, New York : D. Appleton and Co.)을 읽었다고 한다(마루야마 2013 : 515).

족, 사제, 주종, 신참과 고참 등 모든 사회관계뿐만 아니라 종교 단체, 도시와 촌락, 군대, 그리고 정치 집단에 이르기까지 그 폐단이 미치지 않는 곳이 없다. "그러한 분위기를 비유해서 말하자면, 일본 나라 안에 수천 개의 저울을 걸면 그것들이 크든 작든 상관없이 모두 한쪽으로 치우쳐서 균형을 잃게 되는 것과 같다"(福澤諭吉 2004b : 234). 이로부터 다스리는 자와 다스림 받는 자의 구별이 생겨 위와 아래, 주인과 손님, 관과 민을 나누는 엄중한 차별에 변함이 없었다. 이러한 경계의 이편과 저편은 일본문명의 역사에 뿌리 깊은 '두 원소'라고 부를 만한 것이다(福澤諭吉 2004b : 238). 그래서 정부는 바뀌지만 나라의 형세에 변함이 없었던 것이다. 이 대목에서 옛 일본의 '역사'는 송두리째 비판의 대상으로 바뀐다.

아라이 하쿠세키新井白石의 설명에 따르면 천하의 대세가 아홉 번 바뀌어 무가의 시대가 되고, 무가의 시대가 다섯 번 바뀌어 도쿠가와의 시대에 이르렀다고 한다. ……이러한 주장은 다만 일본에서 정권을 잡은 사람이 새로 바뀌는 모양을 두고서 몇 번이라고 말한 것에 다름 아니다. 지금까지 일본에서 행해진 모든 역사는 오직 왕실의 계보를 세세히 따지거나 임금, 신하, 관리의 득실을 논하지 않으면 전쟁의 승패 이야기를 기록해서 야담가의 군담 비슷하게 된 것이 대부분이었다. 드물게 정부와 관계없는 것이라 하더라도 불자佛者의 허무맹랑한 주장이라서 역시 읽어 볼만한 것은 아니었다. 대체로 말하자면 일본 나라의 역사는 없고 일본 정부의 역사가 있을 따름이다. 이는 학자들의 부주의 때문인데 나라의 큰 결점이라고 할 만하다. 아라이 선생의 『독사여론讀史余論』 같은 것도 그러한 종류의 역사인데, 그 책 가운데 천하의 대세가 아홉 번 바뀌었다는 말이 있지만 사실 천하의 대세는 변하지 않았다(福澤諭吉 2004b : 242 ff).

이렇게 일본 역사의 두드러진 현상으로 묘사된 '권력 편중' 현상은 유럽 사례와 다시금 날카롭게 대비된다. 유럽 역사를 보면, 종교개혁이 일어나고 상공업이 발달하며 새로운 중간계급이 흥성하자 "각 나라에서 국세의 변화에 따라 정부 역시 그 취지를 바꾸지 않을 수 없었는데, 유독 우리 일본은 그러지 않았다"는 것이다(福澤諭吉 2004b : 244). 이 줄기에서 앞에서 보았던 명제, 곧 "일본 나라의 역사는 없고 일본 정부의 역사가 있을 따름이다"라는 설명을 다시 읽으면 미세하나마 새로운 역사의 의미를 감지할 수 있다. 여기에서 비판의 대상이 되는 '역사'는 우선 전통적인 사서와 다를 바 없다. 그렇지만 그 비판 가운데에는 '학자들의 부주의 때문에' 기록될 수 없었던 '일본 나라의 역사'가 따로 있다는 시사점이 들어 있다. 후쿠자와 유키치는 그렇게 역사라는 말 가운데 기록과 사실의 의미를 모두 담으려고 했을 것이다. 그런데 『학문의 권장』 제4편에는 "일본에는 오직 정부만 있을 뿐 아직 국민은 없다"는 설명이 들어 있다(福澤諭吉 2011 : 42). 이러한 표현들을 아울러서 보면 옛 역사를 겨눈 비판이 새로운 기대지평을 암시한다고 짐작할 만하다. 후쿠자와가 '세간의 논의를 접어 두고' 새롭게 정의하려고 했던 '국체國體'야말로 옛 사서들에서 누락되었지만 앞으로 나아가야 할 문명의 길이 될 것이다. "국체란 무엇을 가리키는가? ……서양 말로 '나쇼나리티'라고[167] 부르는 것이 바로 이것이다. ……이 국체의 정情이 생기

167 국민성을 뜻하는 nationality를 이른 말이다.

는 까닭을 따져 보면 인종이 같기 때문일 수도, 종교가 같기 때문일 수도 있을 것이며, 또한 언어나 지리에서 비롯할 수도 있다. 그 정취는 한 모습이 아니지만 가장 유력한 원인을 이른다면 한 종족의 인민이 함께 세태의 연혁을 이어 오고 회고의 정을 같이 나누는 사례가 곧 그것이다"(福澤諭吉 2004b : 38 ff). 그리고 이어서 "이 시점에 당면하여 일본인의 의무는 이 국체를 보전하는 한 가지뿐이다"라고 했을 때(福澤諭吉 2004b : 47), 그 주체는 국민이나 인민이 될 수밖에 없었다.

후쿠자와가 그렇게 옛 역사를 비판하면서 새로운 국체의 기대를 표현했을 때, 그것은 유교의 상고주의뿐만 아니라 모든 국학자와 신도가神道家 계열의 복고적 세계관에 정면으로 맞선 의미론이었다. 그의 주장대로 국체를 보존하려면 무엇보다 먼저 '문명의 정신'을 섭취하고 '궁리의 길'에 들어서야만 한다. 그 길은 오직 '낡은 관습의 혹닉惑溺', '음양오행의 혹닉', 그리고 '고풍속박의 혹닉'을 떨쳐버릴 때 열리기 시작한다(福澤諭吉 2004b : 48). 그 바탕에서 '변통과 진보의 원리'를 아는 새 학문이 '국민의 지력'을 키우게 될 것이다. 후쿠자와는 그 이치를 이렇게 풀었다. "인간의 학문은 매일 새롭고 매달 나아간다. 어제의 이득은 오늘의 손실이며, 작년에 옳았던 것이 오늘 틀리게 된다. 학문은 또한 모든 것에 의심을 품고 매사에 의문을 제기하여 규명하고 음미하며 발견하고 개혁한다. 아들과 동생은 아버지와 형보다 훌륭하고, 후배는 선배를 뛰어넘는다. 연년세세 삶은 거듭하면서 차츰 성대하게 발전한다. 1백 년이 지난 옛일을 돌이켜보면 조잡하고 무식해서 가소롭게 여길 만한 것이 많은데, 그러니 문명이 진보하고 학문이 발전했다고 말할 수 있게 된다"(福澤諭吉 2004b : 259 ff).

이러한 진보의 원리는 현재를 기점으로 이전과 이후를 가르는 시간의식에서 비롯한다. 후쿠자와 유키치는 문명론의 기준을 논하는 자리에서 이렇게 힘주어 말했다. "지금의 시간에 당면하여 앞으로 나아갈 것인가, 뒤로 물러설 것인가, 나아가 문명을 따를 것인가, 물러나 야만으로 되돌아갈 것인가라는 진퇴의 두 글자만이 있을 따름이다"(福澤諭吉 2004b : 20). 후쿠자와는 그렇게 문명의 길로 나아가는 시작점에서 자기존재를 의식하게 되었으며, '지금' 서 있는 그 지점에서 낡은 원리들을 뿌리치고 미래의 국민국가를 기대했다. 이러한 변화의 전망에서 '계획의 지평'이 열렸다면, 그의 '역사' 또한 지나간 경험세계를 넘어서는 시간 개념으로 향해 갔을까? 후쿠자와가 말하는 역사는 가장 넓은 의미의 장으로 나아가더라도 기록 저편의 사실을 어렴풋이 지시할 따름이다. 그러므로 그 표현에서 스스로 움직이는 시간의 고유성은 드러나지 않는다. 말하자면 후쿠자와의 사유 방식은 유럽 계몽철학의 보편성 인식세계와는 달리 '역사 일반'의 성찰에 이를 수 없었다. 그는 문명론을 마감하는 대목에서 이렇게 말했다. "지금의 일본 사람들을 문명으로 나아가게 하는 것은 오직 나라의 독립을 보전하기 위함뿐이다. 그러므로 나라의 독립은 목적이며, 국민의 문명은 이 목적을 달성하기 위한 수단이다"(福澤諭吉 2004b : 330). 이렇듯 그가 굳건히 서고자 했던 지점은 바로 '지금의 일본'이었다. 따라서 다음에서 보듯 보편의 문명세계로 향하는 그의 발걸음은 머뭇거릴 수밖에 없었다. "이 지금이라는 글자この今の字는 특별한 의미로 쓰이고 있으므로 학자들이 무심하게 간과하지 말기를 바란다. 이 책 제3장에서는 문명이란 매우 크고 넓은 것이어서 인간만사 모두 이것을 목적으로 삼지 않는 것이 없

다고 하면서 인류가 당연히 도달해야 하는 문명의 본지를 목적으로 하여 논의를 전개한 바 있다. 그렇지만 여기에서는 우리가 서 있는 곳을 바로 지금의 일본에 한정하고 그 논의 역시 자연스레 범위를 좁혀서, 다만 자국의 독립을 획득하는 것을 목적으로 삼으면서 아울러 문명의 이름을 붙이는 바이다. 그러므로 지금의 우리 문명이라고 말하는 것은 문명의 본지가 아니다. 우선 일의 첫 발걸음으로서 자국의 독립을 도모하고 그 이상의 것은 두 번째 발걸음으로 남겨두어 다른 날에 이루어지도록 하자는 취지이다"(福澤諭吉 2004b : 334).

후쿠자와의 기대지평에서 문명사회의 원리는 천부인권에서 출발한다. "하늘은 사람 위에 사람을 만들지 않으며, 사람 아래에 사람을 만들지 않는다고 한다." 『학문의 권장』을 이끄는 이 말은 '만인'이 따라야만 하는 하나의 보편 규범으로 배치된 것이었다. 이 바탕에서 "한 몸이 독립하여–身獨立 한 나라의 독립–國獨立"을 이룩할 수 있다는 명제가 설 수 있었다(福澤諭吉 2011 : 6, 27). 이 두 가지 계몽의 과제를 하나의 선상으로 엮어 주는 끈이 곧 문명인데, 이러한 인식 체계는 역사라는 '실학'에서 나온 것이다. 후쿠자와 유키치는 문명론을 마감하면서 스스로 이렇게 묻는다. 문명의 길은 "영원고상永遠高尙의 극極"으로 향해 나아가야 하는가? 그렇게 되려면 그의 역사는 일용의 학문에서 벗어나 '시간을 통해' 이루어지는 진보의 철학으로 상승해야 할 것이다. 그러나 그의 대답은 "오늘날 세계의 상태"에 매어 있었다. "우선 일본이라는 나라와 일본의 인민이 살아남고 나서야 그 문명의 일을 말할 수 있는 것이다. 나라도 없고 사람도 없다면 그런 것을 일본의 문명이라고 말할 수 없다"(福澤諭吉 2004b : 331). 후쿠자와가 그렇게 '지금' 당면한 위기에 답하면서 국가주의로 선회했을 때, 보편적인 문명의 길은 그의 시야에서 사라지고 말았다. 그가 서둘러 서구식 국가체제에 편승하기 위해 찾은 '탈아입구脫亞入歐'의 길은 결국 제국주의의 물결이었다(고야스 2007 : 271). 1885년에 나온 「탈아론」은 그렇게 굴절된 문명론의 전형이었다. "우리 일본의 국토가 아시아 동쪽에 위치하고 있더라도 그 국민의 정신은 이미 아시아의 고루에서 벗어나 서양의 문명으로 옮겨 갔다. 그런데 이때 불행히도 가까운 이웃에 나라가 있으니, 하나는 지나支那라 하고 하나는 조선이라 한다. ……이 두 나라 사람들은 일신이나 일국에 관련하여 개진改進의 길을 알지 못하며…… 그 고풍구습에 연연하는 정情은 아득히 먼 옛날과 다르지 않다. ……그러므로 오늘의 일을 꾀하기 위해 우리나라가 이웃 나라의 개명을 기다려 함께 아시아를 일으키려고 머뭇거릴 시간이 없으며, 오히려 그 대오에서 벗어나 서양의 문명국과 진퇴를 같이하고, 지나와 조선을 대하는 방법도 이웃 나라라는 이유로 특별히 보아줄 것도 없이 바로 서양 사람들이 이들을 대하는 풍에 따라 처분해야 할 따름이다. 나쁜 친구와 친하게 지내는 자는 함께 악명을 피하기 어렵다. 우리가 마음으로부터 아시아 동방의 나쁜 친구를 사절하는 것도 이 때문이다"(福澤諭吉 1960c : 238~240).

후쿠자와의 '역사'는 그렇듯 일본의 토양에 뿌리내리기 시작한 문명의 배양소로 작용할 수 있었지만, 스스로 움직이는 시간의 차원으로 나아가 '완전한' 진보와 결합할 수는 없었다. 말하자면 그의 역사는 보편의 메타언어로 상승하지 못한 채 지나간 경험 지층에 머물고 말았다. 그의 시대인식이 그러한 글쓰기 방식을 이끌었을 것이다. 『문명론의 개략』에 흥미로운 설명이 들어 있다. "문명이란

영어로 시비리제이션シヴヰリゼイション이라고 한다. 곧 라틴어 시비타스シヴヰタス에서 유래한 것으로 국國이라는 뜻이다. 따라서 문명이란 인간 교제가 점차 개선되어 좋은 방향으로 나아가는 상태를 형용하는 말인데, 야만무법의 독립에 반反하여 일국一國의 체재體裁를 이룬다는 뜻이다"(福澤諭吉 2004b : 58). 이 글귀는 프랑수아 기조의 『유럽문명사』를 영어로 옮긴 헨리Caleb S. Henry가 문명의 성격을 논하는 원서의 설명에 하나의 교주로 붙인 내용을 일본의 토양에 알맞도록 발췌하여 다시금 가공한 것이다. 여기에서 이 번역자는 여러 사회적 환경이 얽혀 문명으로 향하는 '개선'이 이루어진다고 하면서, 라틴어 키비타스civitas에서 유래한 state가 '사회의 정치적 조직으로서' 가장 중요한 자리에 위치한다고 밝혔다(Guizot 1870 : 18). 프랑스어 원문에서 읽는 문명의 의미는 이러한 번역자의 해설과 사뭇 다르다. 기조는 유럽문명화 과정의 역사에서 두 가지 중요한 '발전'의 요소를 발견한다. 그것은 첫째로 "시민 생활의 완성"이다. 그것은 "보다 정확하게 말하자면 사회의 발전, 곧 인간관계의 발전"이다. 이와 더불어 "개인 생활과 내적 생활의 발전, 곧 인간 자신과 그의 능력 · 감정 · 생각의 발전"이 문명의 '진보progrès'를 표상한다(Guizot 1838 : 13~15).

후쿠자와가 문명이란 "인간 지덕의 진보"라고 했을 때(福澤諭吉 2004b : 62), 그 말은 기조의 의미연관에 이어져 있다고 봄 직하다. 그렇지만 그의 시선은 아직 사적civil 영역의 '개인'과 '시민'에 다가갈 수 없었다. 아마도 그는 이보다 사회의 발전을 주로 '정치적 조직'으로 이해하는 번역자의 해설에 더 많이 기울었으며, 이 줄기에서 state를 일본 전통의 국國으로 옮겼을 것이다. 그의 사유 양식 밑바탕에 국가주의 요소가 뿌리 깊게 깃들어 있었다고 짐작할 만하다. 그는 이미

일찍부터 부국강병의 '대국'을 모범으로 일본의 미래를 내다본 인물이다. 이러한 생각은 한 청년 계몽주의자를 일깨웠던 천부인권의 원리와 긴장 관계에 설 수밖에 없었다. 『문명론의 개략』에서 절정에 다다른 국민 형성의 기대는(마루야마 2013 : 154 ff) 패권주의 열망 속에서 사그라질 운명을 타고난 것이었다. 그러므로 1881년 9월에 나온 『시사소언時事小言』은(福澤諭吉 1960a : 95~231) 우연한 작품이 아니었다. 후쿠자와사상의 역사적 성격을 밝힌 히로타 마사키ひろた まさき, 1934~의 표현처럼 서양식 국회 개설을 청원하는 민권운동의 여파로 정국이 요동하던 바로 그때, '일본 계몽주의'는 '결정적인 조락'을 맞이했다. 이 글에서 후쿠자와는 대외적 위기를 빌미로 천부인권론과 민권정치에 종언을 고했다. 이어서 그는 아시아 동쪽에 영국과 같은 제국주의 국가가 등장하기를 바라면서 강력한 군비를 갖추는 일본의 내안외경内安外競을 강조했다(ひろた まさき 1976 : 200 ff). 그리고 드디어 역사와 문명을 진보와 더불어 하나의 지평에 배치하는 후쿠자와 방식의 글쓰기도 여기에서 끝났다. 그가 온 필력을 다해 민권을 외치는 국민운동에 맞섰을 때, 미래의 시간을 선취하는 '인민의 지력'은 더 이상 그의 인식체계 안에 머물 수 없었을 것이다. 이처럼 국가주의에 기울고 만 문명론은 근대형성기 한국 지식사회에 어떠한 영향사적 파장을 남겼을까?

3. 세계의 역사

1881년 6월 10일에 나온 일본의 어느 신문기사는 한국 개화파 지식인들이 이식된 계몽의 논리와 접속하는 계기를 이렇게 전한다.

요전에 도일한 조선인 유길준25, 유정수26 이들 두 명은 대단히 분발하여 그저께 미타三田의 게이오의숙慶應義塾에 입숙했다. 이들은 그들 나라의 사족이며, 관직이 없는 소년이지만, 자기 나라에서 문재가 있다고 소문이 높았다. 일본인을 접한 지, 부산을 출발해서 오늘까지 겨우 30여 일 남짓한 기간밖에 되지 않지만, 그간에 어느 정도 일본어를 배워서 시후와 인사의 대체를 말할 수 있다고 한다. 그들은 우선 일본어를 학습하고 번역서를 얻어 읽은 후에 서양 서적을 강구할 생각으로 수학修學에 열심을 다하는 모양이다. 지금까지 일본에 일본 부인이 낳은 외국인 아이는 많이 입숙했지만,

순수한 외국인이 입숙한 것은 이 두 명이 효시이다.[168]

이렇듯 한국 최초의 유학생들은[169] 서구의 신식 학문을 배우기 위해 먼저 일본어를 배운 뒤 '번역서를 얻어' 읽어야만 했다. 이들은 그 덕택에 낯선 서양의 용어들을 직접 번역하는 수고로움에서 놓여났겠지만, 일본의 토양에서 굴절된 사유 양식을 그대로 받아들여야 하는 짐을 질 수밖에 없었을 것이다. 이 신문기사 자료가 후쿠자와 유키치의 수중에서 나왔다고 짐작할 수 있듯(황호덕 2005 : 314), 그의 문명론과 한국 개화당의 미래 기획 사이에 걸쳐 있는 숙명적 관계를 엿볼 만하다. 후쿠자와의 사저에 기숙할 정도로 긴밀한 유대를 맺었던 유길준의 저술에서 '번역된' 서양이 한국 지식사회와 접목하는 방식을 읽을 수 있을 것이다.

유길준이 1882년 7월의 임오군란 뒤 일본에 수신사로 온 박영효를 따라 그해 말에 급히 귀국했으니, 그의 일본 유학 시절은 너무 갑작스럽게 끝난 셈이다. 그렇지만 그는, 후쿠자와가 그의 "학구열과 진취적 능력은 참으로 놀랍다"고 인정했듯(유동준 2005 : 59), 그 짧은 동안에 일본어 번역을 통해 상당한 양의 신지식을 습득한 것으로 보인다. 1883년의 기록으로 남아 있는 숱한 미정고에서 청년 유길준이 낯선 영역으로 들어가 미래를 향해 구상했던 사유의 궤적을 읽을 수 있다.

168 『郵便報知新聞』 1881. 6. 10(황호덕 2005 : 314 재인용).

169 유길준과 함께 게이오의숙에 유학했던 유정수는 그의 매부인데, 주로 경제학을 공부한 이 인물은 나중에 한성부윤과 탁지부협판의 지위에 올랐다. 이들과 같은 시점에 유학했던 윤치호는 나카무라 마사나오(中村正直)가 세운 도진샤(同人社)에서 수학했다(유동준 2005 : 43 ff).

그 가운데 「세계대세론」은(유길준 1971d : 4~121 ; 허수 2013 : 104~110) 마치 브레히트Bertolt Brecht, 1898~1956가 극예술에서 실험했던 기법처럼 놀라움과 호기심으로 지나간 경험과 앞날의 기대를 번갈아 바라보는 '낯설게 만들기 효과'를 더할 나위 없이 선명하게 드러낸 작품이다. 우선 그 글쓰기 형식이 새로운 실험에 속한다. 이 글은 시종 한문과 한글 단어의 혼용으로 이어지는데, 그 방식이 명백한 언어 이론에 근거하고 있다. 그의 글쓰기에서 문자란 이념이나 진리의 담지자라기보다는 "언어의 부호"일 따름이다. 이로부터 언문일치를 지향하는 그의 언어 이해는 새로운 사유의 실험을 예고한다(황호덕 2005 : 334 ff). 그것은 무엇보다도 다음의 설명처럼 '본국문'과 한문의 위치를 효율의 보편성에 비추어 볼 때 가능했다.

> 假令 漢文은 一字로 一語一物을 表ᄒᆞᄂᆞᆫ 者요 本國文은 一字로 一音을 表ᄒᆞ고 連音ᄒᆞ야 一語一物을 表ᄒᆞᄂᆞᆫ 者이니 漢文은 甚히 靈妙허나 字數가 衆多ᄒᆞᆫ 故로 他國人이 學成ᄒᆞ기 甚難且久ᄒᆞ고 本國文은 字數가 些少ᄒᆞᆫ 故로 他國人이라도 學得ᄒᆞ기 甚便且易ᄒᆞ니 夫文字ᄂᆞᆫ 言語의 符號라. 言語가 世代을 經過ᄒᆞ며 年月이 久遠ᄒᆞᆯ수록 增加ᄒᆞᆫᄂᆞᆫ 者이니 文字도 亦然ᄒᆞᆷ이 明白ᄒᆞᆫ 證據라. 그러ᄒᆞᆫ 故로 一語一物을 一字로 表ᄒᆞᄂᆞᆫ 文字ᄂᆞᆫ 越等ᄒᆞᆫ 才智 아니면 悟解ᄒᆞ기 甚難ᄒᆞ니 無論 何等語物ᄒᆞ고 數字連音ᄒᆞ야 隨意記表ᄒᆞᆷ이 最爲便利ᄒᆞᆫ 者이라(유길준 1971d : 15~16).

전통적인 한문의 위치를 이렇게 상대화하면서 언문일치를 지향하는 그의 언어 이해가 자기 방식의 개화 담론을 예비하고 있다는 점에서 흥미롭다. 그리고 모두 14개 항목으로 구성된 이 글의 내용들은 한국 지식의 역사에서 신기원을 이룬다고 평가할 만하다.[170] 세계 각 지역과 국가의 인종, 문화, 정치, 역사, 지리 등을 개괄적으로 나열하면서 설명하고 있는 이 글이 '지금'의 문명사회로 이어지는 경험의 지층과 미래의 시간으로 향하는 '계획의 지평'을 함께 지니고 있기 때문이다. 이 글의 제목에 '세계'가 돌출했다는 점에도 주목할 만하다. 세계는 원래 산스크리트어 lokadhātu에서 유래했다. 그것은 『능엄경』에서 보듯이 과거 · 현재 · 미래를 일컫는 세世와 동 · 서 · 남 · 북 · 동남 · 서남 · 동북 · 서북 · 상 · 하를 가리키는 계界를 망라하면서 시간의 흐름과 공간의 넓이로 중생의 생존과 윤회를 표현한다. 이 한자 말은 중국의 유학 고전에서 시세, 중인衆人 또는 국면의 의미로 사용되었다고 한다. 일본 에도시대 중반기에는 '세계'라는 말이 가부키歌舞伎 작품의 배경이 되는 특정 시대나 장소, 인물의 성격 또는 사건의 유형을 가리켰다. 게이초慶長시대1596~1615 이래 세계지도가 많이 제작되었는데, 여기에서 세계는 거의 만국萬國이나 지구의 뜻으로 사용되었다. 이러한 배경에서 외국어 문헌을 번역할 때 유럽어 world, monde 또는 Welt를 주로 '세계'라는 말로 번역했다는 사실이 중요해 보인다. 1814년에 나온 『암액리아

170 이 글은 인종수이(人種殊異), 종교수이(宗敎殊異), 언어수이(言語殊異), 정치수이(政治殊異), 의식거처수이(衣食居處殊異), 개화수이(開化殊異), 세계역사일반(世界歷史一班), 세계대세일반(世界大勢一班), 자유대략(自由大略), 지구총설(地球總說), 경위도사(經緯度事), 주야리(晝夜理), 오대사(五帶事), 사시사(四時事)로 구성되었다. 이 가운데 '인종수이'에서 '세계역사일반'에 이르는 7개 항목은 우치다 마사오(內田正雄)가 영어와 네덜란드어 지리서를 초역하여 펴낸 『여지지략(輿地誌略)』 권1~4(1870, 文部省) 중에서 권1에 실린 「총론」의 내용(총 72쪽)을 초역하면서 중요한 대목에 자신의 생각을 덧붙인 것이다. 나머지 항목들은 후쿠자와를 포함한 '양학자들'의 저술과 번역서를 참조하여 구성한 것으로 보인다(박한민 2013).

어림대성譜厄利亞語林大成』에서는 '우주 또는 세계'가 world에 짝하고 있으며, 1862년의 『영화대역수진사서』는 그 외래 단어를 '세계 · 지구 · 사람 · 전 세계'로 표현하고 있다(石塚正英 · 柴田隆行 2004 : 182~183 ; 진관타오 · 류칭펑 2010 : 257).

이러한 용례들에서 보듯이 세계는 지리적 중심이나 이데올로기 범주를 한정하지 않는 포괄 개념이다. 이 점에서 세계는 전통적인 '천하'의 경계를 넘어선다. 유학 고전에서 천하란 천자가 통치하는 영역이면서 도덕정치가 실행되는 범위이다(진관타오 · 류칭펑 2010 : 226 ff). "천하에 도가 있으면 예악과 정벌이 천자로부터 나온다." 『논어』에서 읽는 이 구절은[171] 주나라 이래의 화하중심주의를 압축하고 있다. 이론상 모든 지역과 민족은 유교윤리를 실현하거나 받아들이면 이 도덕공동체에 편입할 수 있다. 이 관념에서 언어와 인종의 구별은 본질적인 의미를 지니지 못한다. 말하자면 화하 중심의 이념은 중국과 그 바깥의 여러 나라를 모두 유교 도덕질서로 다스려지는 보편적 정치 단위로 삼는다. 그러나 유교윤리는 하나의 국소 지역에 한정되므로, 그 보편성 이념에는 이미 감출 수 없는 허위의식이 들어 있다. 그리고 천하의 이념에는 국가주권의 지위가 들어설 여지가 없다. 오직 천자가 도덕공동체의 최고 영수로서 주권을 행사할 수 있기 때문이다. 이러한 도덕질서 이념은 19세기 후반에 널리 쓰이기 시작한 '만국'의 의미에도 큰 영향을 끼친 것으로 보인다. 이를테면 1864년 중국에서 번역서로 나온 『만국공법萬國公法』의 서문에 다음의 설명이 들어 있다. "근래 천하의 큰 국면을 보았는데, 중

171 「季氏」, 『論語』 卷16 : "孔子曰 天下有道 則禮樂征伐 自天子出."

화는 가장 좋은 곳으로 사해에서 회동하고 만국이 와서 알현하니, 다른 국가가 미칠 수 없도다!"(진관타오 · 류칭펑 2010 : 230 재인용) 원래 주대周代의 봉건제후를 지칭하던 만국이 나중에 중국 바깥의 민족국가질서를 받아들였더라도, 화하 중심의 전통적 천하관은 본질적으로 변하지 않았던 것이다. world에 짝하는 세계가 변화하는 국제질서와 시간 개념을 지시했을 때, 불변의 도덕공동체를 상정하는 화하중심주의는 해체의 길로 들어설 수밖에 없었다.

유길준이 말하는 '세계대세'는 그러한 경향성의 표현이다. 그의 글은 천하와 만국의 의미를 넘어 새로운 사유의 실험으로 나아간다. 「세계대세론」은 후쿠자와가 초급용 계몽서로 출간한 『장중만국일람掌中萬國一覽』이나 『세계국진世界國盡』(福澤諭吉 1960b : 454~484 ; 福澤諭吉 1959 : 580~668)뿐만 아니라 『서양사정』 등을 부분적으로 발췌하거나 크게 참고한 것으로 보인다. 유길준은 거기에서 후쿠자와 방식의 문명론을 어떻게 수용했을까? 「세계대세론」의 첫 부분은 '인종수이人種殊異', '종교수이宗敎殊異', '언어수이言語殊異', '정치수이政治殊異', '의식거처수이衣食居處殊異', '개화수이開化殊異' 등 모두 6개 항목으로 구성되어 있다.[172] 이 가운데 문명의 과정과 진보를 설명하면서 새로운 용어들을 배치하고 있는 '개화수이' 항목이 먼저 주목을 끈다(유길준 1971d : 7~36). 유길준은 여기에서 개화의 등급을 야만, 미개, 반개,

172 유길준은 「세계대세론」의 항목들을 나열하면서 그것들을 따로 갈래짓지는 않았다. 그렇지만 이 글은 그 내용에 따라 세 부분으로 뚜렷이 나뉠 수 있다. '세계역사일반', '세계대세일반', '자유대략'의 세 항목으로 이루어진 그 두 번째 부분은 세계의 역사와 외교 및 정치의 발전을 개괄하고 있다. 그 셋째 부분은 '지구총설', '경위도사', '주야리', '오대사', '사시사'를 포함하여 대체로 지구의 자연현상을 설명하고 있다(허수 2013 : 104~106).

문명의 넷으로 나누어 설명한다. 오스트레일리아와 남아메리카의 토착인종 등이 속한 '야만'은 인륜을 알지 못하고 지각이 가장 낮으며 인간의 기본 욕구 이외의 일을 행할 수 없는 사람들의 영역이다. '미개'는 문자와 법률을 지니고 있더라도 '잔인한 풍속과 강포한 습성' 탓에 이웃의 재산을 강탈하거나 노예를 매매하는 사람들의 단계로 아시아 내륙, 아라비아, 시베리아, 아프리카 등지가 여기에 속한다. 이와 달리 '반개'는 산업과 무역이 발달하고 국가와 정부가 갖추어진 지역의 사람들이 예의를 중히 여기는 사회를 일컫는다. 아시아 동부, 페르시아, 유럽의 터키 등이 여기에 속한다. 이곳 사람들은 다만 고유 습속과 구법을 굳게 지켜 '개화의 진보'를 바라지 않으며 '자존하는 마음'이 너무 넘쳐 완고한 배타의 울타리에 갇혀 있다. 이러한 반개 지위를 벗어나 한 걸음 나아가면 '문명'에 이르는데, 산업뿐만 아니라 문학과 기술이 크게 발달한 이 단계의 사람들은 구법과 문벌을 존숭하지 않으면서 현명과 학술을 귀중히 여긴다. 따라서 이 사회에서는 대개 허식하는 습속이 적은 가운데 염치의 풍속은 널리 펴졌으며, 법령은 명백하고, 정치는 다수의 의견으로 이루어진다. 유럽의 여러 나라와 아메리카합중국이 여기에 이르렀다.

이처럼 문명의 과정을 몇 단계로 나누면서 그 지향점을 설명하는 방식은 메이지 초기 계몽의 글쓰기에서 두드러지게 나타난 현상으로 보인다(박양신 2008b : 57 ff). 후쿠자와 또한 1869년에 펴낸 한 소책자에서 인간 삶의 '경황景況'을 네 가지 유형으로 나누고 있는데, '혼돈' · '야만' · '미개', 그리고 '개화문명'이 곧 그것이다(福澤諭吉 1960b : 463~464). 이 개별 유형의 명칭이 개화수이의 그것과 약간 다르지만,

각 등급의 지역을 나누면서 그 특성을 서술한 내용은 거의 비슷하다. 유길준은 이 내용을 상당 부분 모사하면서 나름의 견해를 첨가한 것으로 보인다. 이렇듯 한국 개화파 지식인들은 별 어려움 없이 일본의 선각자들이 미리 닦아 놓은 문명론의 길을 그대로 따라갈 수 있었다고 단정할 만하다. 그렇지만 '문재가 있다고 소문이 높았던' 조선의 사족 출신이 어찌 자기 나라의 처지를 먼저 생각하지 않았겠는가. 유길준은 '개화수이'에서 "大概 半開훈 人民의 固有習俗은 一總舊法을 膠守후고 開化에 進步후기을 希望치 아니후고 自尊후논 心이 太多하며 自恃후논 癖이 太過후야 其生覺에 써후되 自己의 國이 世界中 第一이요 他國은 皆夷狄이라 名"한다고 밝힌다(유길준 1971d : 31 ff). 이는 곧 조선이 포함된 듯한 반개의 속성을 설명한 것인데, 바로 여기에 동시대 자국의 정신현상을 반영한 유길준의 독창적인 생각이 스며들어 있다. 유길준은 더 나아가 후쿠자와 유키치가 일본의 정체성을 서구의 모범에 맞추어 설명하려 했던 문명론의 원리를 의심하기 시작한다.

大體 開化논 流水의 本源과 갓튼 者라 流홀슈록 漸大후고 墜石의 速力과 갓튼 者라 降홀슈록 倍增하후니 然則 階級을 設후야 言훈 者논 隨意區畫후논데 過치 아니홈이니 要후건딕 文明과 半開며 半開와 未開며 또 未開와 野蠻이라 후논 者가 其間에 決斷코 境域이 有홈이 아니요. 又 今日에 歐洲諸國과 밋 亞墨利加 合衆國 等을 文明開化라 후나 此等이 決斷코 開化의 極이 아니라 唯現時 開化의 進進不已홀 써름이니 眞開化논 如何훈 者인지 未知후노니 古人이 今日의 文明을 前知치 못홈과 갓치 今人이 또한 決斷코 後日의 開化을 前知치 못후논 者이니 設或 前人이 今日을 知者가

잇다 ᄒᆞ야도 吾未斯信이요 今人이 後日을 知者가 잇다ᄒᆞ야도 吾未斯信이라(유길준 1971d : 34~36).

'참된' 개화는 왜 어느 '미지'의 영역에 있는가? 후쿠자와 방식의 문명론을 되짚어 보면 그 의미론이 보다 분명하게 드러날 것이다. 그는 일찍이 1869년에 펴낸 『장중만국일람』에서 "오늘날 유럽에서 대국이라고 칭해지는" 영국 · 프랑스 · 오스트리아 · 프러시아 · 러시아 등 다섯 나라가 "서로 위력을 펼치는 가운데 문文을 닦고 무武를 강구하며, 밖으로는 무역을 일로 삼고 안으로는 농공에 힘써 전 세계 문명개화의 중심이라고 말할 만하다"라고 설명한다. 그리고 그는 무릇 '천하'의 학자들이 '부국강병의 일'을 논할 때에는 먼저 이 다섯 나라의 정황을 자세히 알아야 한다고 주장하면서, '국가 부강의 형세'로 보건대 영국과 더불어 '난형난제'라 이를 만한 아메리카합중국의 비약적인 발전상에도 주목하도록 당부한다(福澤諭吉 1960b : 473). 이렇듯 후쿠자와는 일찍부터 안팎으로 강력한 힘을 지닌 나라들이 '중심'에 서는 문명론에 집착하고 있었던 것이다. 서구 강대국의 모범에서 '문명의 본지'를 찾는 후쿠자와 사유 방식이 결국 '한 나라의' 패권주의로 귀결했다면, 문제의 「탈아론」에서 선명히 드러나는 제국주의 요소는 상당히 이른 시점부터 그의 미래 기획 가운데 자리하고 있었던 셈이다.

문명개화의 중심에 서구 강대국이 서 있다는 말과 그 '참된' 존재가 무엇인지 알 수 없다는 말 사이에 서로 건널 수 없는 골이 깊어 보인다. 유길준의 문명개화란 "그 자체로 지리적 귀속을 갖는 말은" 아니다(황호덕 2005 : 340). 짧은 글 가운데 그의 설명은 사례들을 넘어서서 본질로 나아간다. 유럽 나라들과 아메리카합중국이 개화하여 문명의 단계에 이르렀다고 할 수 있겠지만, 이 말은 어디까지 그 지역과 '오직 지금'의 어느 개화 지점이 일치한다는 의미에 그친다. '결단코' 문명과 반개 또는 미개와 야만의 '경역'을 가르는 선이 존재하지 않는다. 그러한 구분선은 '말'을 이끌어 내기 위한 임시방편일 따름이다. 결론적으로 '참된' 문명개화란 경험세계에 존재할 수 없다. 그 궁극 지점이 미지의 영역에 있기 때문이다. 그러므로 '지금' 유럽 국가들과 아메리카합중국은 아직 거기에 이르지 못했다. 따라서 개별 지역이나 국가가 한결같이 따라야만 하는 문명의 모범은 '믿을 수 없는' 존재이다. 이렇듯 역사성을 초월한 유길준의 '참된' 문명개화는 막스 베버의 이상형을 연상시킨다. 이 이론가가 구상한 '사유의 상像'은 경험적으로 그 어떤 현실 가운데에서도 존재하지 않는 '유토피아'이다. 이로부터 실제의 추론 과정에서 개별 사례들과 그 이상적 '상' 사이의 거리를 측정하는 사유의 실험이 가능할 수 있다(Weber 1982 : 146~214). 유길준의 사유체계가 이러한 수준에 이르렀다고 보기는 힘들 것이다. 그렇지만 그의 생각처럼 문명의 궁극 지점이 미지의 세계에 위치할 때, 모든 지역의 문화는 공평한 지위를 얻게 된다. 그러므로 개개의 인종, 종교, 언어, 정치, 의식주는 모두 특이한 개별성殊異을 지닌 현상이다. 거기에는 원론적으로 어떠한 우열의 도식이 끼어들 수 없다. 다만 '지금' 시점에 다다른 현실적 문명의 단계와 그 이상적 '상' 사이의 거리가 논의의 대상으로 남는다. 이 줄기에서 유길준은 그의 스승을 본받아 문명론 또는 개화론을 말하기보다는 일부러 개화수이를 내세웠을 것이다. 그것은 적어도 이론의 차원에서 일본을 넘어 서구와 견주어도 상대적 위치에 서는 기대지평의 시작점이었다.

유길준은 '참된' 문명개화의 상을 어떻게 그리고자 했을까? '개화수이'는 다음과 같은 말로 끝난다. "他國이 文明에 進就흔 所以然者을 推察ᄒᆞ야 我國 開化進步을 計較ᄒᆞᄂᆞᆫ 者ᄂᆞᆫ 眞可謂 憂國賢士며 愛君忠臣이니 我東方同胞兄弟 幾千萬諸公에게 願ᄒᆞ노라"(유길준 1971d : 35 ff). 이렇듯 다른 나라가 이미 이룩한 문명은 '우리나라'가 그대로 모방해야 하는 전형이 아니다. 그것은 다만 개화의 궁극 목표를 두고 거리를 잴 때 비교하고 참고할 대상일 따름이다. 이 글과 같은 시기에 쓴 것으로 보이는 「경쟁론競爭論」에서, "自國의 事物을 執取ᄒᆞ야 彼國事物에 比較ᄒᆞ되 彼의 事物에 果然 我의 事物보단 優흔 者 잇거든 取ᄒᆞ야 我短을 補ᄒᆞ고 我의 事物이 果然 彼의 事物보단 長ᄒᆞ거든 永久保存ᄒᆞ야 其長을 益長ᄒᆞ게 ᄒᆞ야써 一國의 文明을 進"하자는 설명을 읽을 수 있다(유길준 1971a : 60). 그리고 그는 나중에 펴낸 『서유견문』에서 다시금 '개화 등급'을 논하는 가운데 이러한 설명을 덧붙였다. "開化ᄒᆞᄂᆞᆫ 事가…… 他人의 長技를 取ᄒᆞᄂᆞᆫ 意向도 自己의 善美흔 者를 補ᄒᆞ기 爲흠인 故로 他人의 才操를 取ᄒᆞ야도 實狀잇게 用ᄒᆞᄂᆞᆫ 時ᄂᆞᆫ 則自己의 才操라"(유길준 1969 : 381). 이렇듯 그가 그리는 문명의 길에서 이상적인 개화의 기대와 내부 전통에 잠재한 고유성이 서로 상대적인 위치에 서는 가운데 하나의 긴장 관계를 이루고 있다. 그렇다면 '우리나라 개화'는 어디로 향해 나아갈 것인가? 진보란 더 나은 것 내지는 완전함으로 향한 미래의 기대를 드러내는 말이다. 그러나 앞으로 다가올 시간은 미지의 영역이다. 문명개화가 거기로 향할 때, 그것은 추상적 이름으로 존재할 수밖에 없다. 그것은 곧 다양한 사례와 복잡한 현실들을 하나의 말로 수렴하는 보편 개념이다.

그것이 개개 특이한 현상들과 일치할 수 없다는 점에서 그 기대지평은 긴장의 연속이다. 실천의 장에서 보자면, 그러한 기대는 사람들이 온 힘을 다하여 기획할 때 생성한다. 그것은 앞으로 나아가는 역사적 시간의 부수현상이다. 그러므로 그것은 역사세계의 발견과 함께한다(Koselleck 1979a : 349~375).

'개화수이' 항목에서 '참된' 진보의 명제에 걸맞은 설명을 더 이상 찾을 수 없다. 그렇지만 유길준은 여러 지역에 산재한 문화현상들을 섭렵하는 가운데 어렴풋하게나마 미래의 시간 속에 숨어 있는 문명개화의 궁극 지점을 인식하기 시작한 것으로 보인다. 「세계대세론」의 '정치수이' 항목에서 다음의 설명을 읽을 수 있다. "泰西史冊을 考覽ᄒᆞ건ᄃᆡ 少人政治을 改ᄒᆞ야 多人政治를 設ᄒᆞᆫ 者가 多ᄒᆞ니 由此比觀ᄒᆞ면 多人政治가 少人政治보단 善美ᄒᆞᆷ을 可知ᄒᆞᆯ 者이라" (유길준 1971d : 20). 여기에서 말하는 '소인정치'는 군주나 귀족이 다수의 참정권을 제한하는 정치를 말하며, '다인정치'란 "公明正大ᄒᆞᆫ 憲法"에 기초하여 "國民으로 ᄒᆞ야곰 一同國政에 參與ᄒᆞ게" 하는 군민동치 또는 공화정치를 의미한다. 서양 역사책에서 찾았다는 '국민', '공화정치', '헌법' 등의 용어들은 그 자체로서 보편적 문명개화의 의미를 다 채울 수는 없더라도 이미 정치적 행동공간에서 개별 기대들을 하나로 묶는 목적 개념으로 등장한 것이다. 유길준은 여기에서 더 나아가 진보하는 '세계역사'를 말할 수 있었다.

「세계대세론」의 두 번째 부분에 '세계역사일반'의 항목이 들어 있다. 유길준은 여기에서 개개 지역이나 나라의 연혁과 특이성을 나열하는 한편, 그 현상들을 포괄하는 보편존재를 언급한다. 그것이 곧 세계역사이다. 이 말은 앞에서 본 '세계'와 어울려 어떠한 의미론을 드러내는가? 우선 그 용례를 살펴보자.

① 希臘國은 本來 亞細亞 部 人民의 遷徙홈으로붓터 文明開化가 漸次 其國에 波及ᄒᆞ니 太祖紀元前 二千二三百年에 이믜 小國을 開ᄒᆞ고 後 數百年을 經過홈에 人口가 漸殖ᄒᆞ니 其間 許多ᄒᆞᆫ 治亂沿革이 잇고 稍稍 隆盛에 至ᄒᆞ니 歷山王世에 及ᄒᆞ야 隣國을 滅ᄒᆞ고 波斯을 倂呑ᄒᆞ야 其 版圖ᄂᆞᆫ 印度 以西로붓터 亞弗利加洲에 跨ᄒᆞ얏더니 歷山王이 沒한 後에 邦土가 分裂ᄒᆞ야 國勢가 不振ᄒᆞ고 其終은 畢竟 羅馬 版圖에 盡入ᄒᆞ니 此年代ᄂᆞᆫ 支那의 戰國時代라. 四周地方이 아즉 開치 못하고 其 北部ᄂᆞᆫ 野蠻人民이라 恒常 邊境을 侵鹵ᄒᆞ며 또 地中海 近傍과 밋 亞弗利加 北部에 開化가 次第 波及ᄒᆞ야 許多 沿革이 이스니 世界歷史에 不可不 關涉ᄒᆞ나, 그러ᄒᆞ나 歐羅巴洲 內部로붓터 西部에 이르히 漠然히 一物도 可記홀者가 無ᄒᆞ니라(유길준 1971d : 42~44).

② 耶蘇教가 新舊兩宗이 分ᄒᆞᆫ 後 不出 五十年ᄒᆞ야 歐洲列國이 合從ᄒᆞ야 耶蘇 灵地을 自己所領을 삼고ᄌᆞᄒᆞ고 回教門徒을 仇敵으로 視ᄒᆞ야 土耳其을 合力共討ᄒᆞ니 此所謂 十字軍이라. 太祖 紀元前 二百九十一年으로붓터 伊後 百七十四年間에 이르도록 專然히 此에 從祀ᄒᆞ니 其戰鬪의 所由起處을 보건ᄃᆡ 耶蘇教祖 基督의 誕生ᄒᆞᆫ 地 猶太國 主麗沙歛쥬레사렘 地가 土耳其의 領地가 되얏ᄂᆞᆫ 故로 耶蘇教徒가 其地을 恢復ᄒᆞ고ᄌᆞ홈이라. 由是로 人心이 教法과 밋 僧侶을 尊崇ᄒᆞ야 羅馬法王의 威權이 盛大ᄒᆞ니라. 此年代로붓터 航海通商ᄒᆞᄂᆞᆫ 道가 漸開ᄒᆞ야 歐羅巴洲 世界歷史에 關係홈이 更爲特大ᄒᆞ니……(유길준 1971d : 53~54).

첫 번째 인용문은 고대그리스가 "세계역사에 불가불 관섭"한 사정을 설명하는 부분이다. 그 "經過홈"의 시간을 '태조 기원' 전후 몇몇 년으로 기술한 대목이 흥미롭다. 유길준은 이 글을 시작하면서 '아국' 기원을 사용하여 세계역사의 연대를 기술하는 방식을 이렇게 밝혔다.

> 聖朝太祖大王이 受命龍興ᄒᆞ사 써 乾坤을 整頓ᄒᆞ시며 써 人民을 安定ᄒᆞ게 ᄒᆞ시고 漢陽에 定鼎ᄒᆞ샤 億萬年 無疆ᄒᆞᆫ 基業을 建ᄒᆞ시니 距今 四百九十二年 壬申七月十六日이라. 是故로 草芥微臣이 敢히 此世로써 我國紀元을 삼고 年代를 紀하노니 其以前 年代ᄂᆞᆫ 太祖紀元前幾年이라 書하고 其以後 年代ᄂᆞᆫ 卽 今 太祖紀元 四百九十二年이라(유길준 1971d : 37~38).

그러면서 그는 조선의 개국 연대와 더불어 중국이나 일본, 그리고 서양의 기원을 각각 제시한다. 이 방식은 다양한 문명현상을 각각 상대적 위치에 배열하려는 예비 작업이다. 따라서 그가 생각하는 세계역사의 그 어느 지점이나 시점에도 지리적으로 한정되면서 이념적으로 구획되는 중심의 자리는 존재하지 않는다. 그러므로 바빌론이나 아프리카 북부의 역사든 로마제국의 역사든 원나라 정벌의 역사든 기독교와 회교의 역사든, 거기에 어떠한 우열의 지위는 없다. 유럽문명의 모태 그리스마저 영욕의 과정을 겪다가 겨우 어쩔 수 없이 세계역사에 끼어들지 않았던가. 두 번째 인용문에서 보듯 그리스 바깥의 유럽 지역 또한 십자군전쟁을 거친 후 통상의 길이 점점 열리게 되자, 비로소 거기에 다시금 대단한 모습으로 등장했다는 것이다.

유길준은 그렇게 각각 특이한 여러 지역이나 나라가 세계역사에 얽히는 과정을 골고루 기술하면서도 '개화의 대변혁'이라 이를 만한 사실들에 깊이 주목한다. 그러한 사례는 주로 유럽과 아메리카 합중국의 역사에서 볼 수 있다. 이를테면 기독교 내부에서 '신구 양교'의 전쟁이 끝나면서 동시에 "文學技術이 漸開ᄒᆞ고 또 人民의 知覺이 進步ᄒᆞ기을 隨ᄒᆞ야 創發新明ᄒᆞᆫ 事物이 夥多ᄒᆞ니 實狀 人民과 邦國의 形勢에 關係가 不少"하게 되며, "空理을 固守ᄒᆞ지 아니ᄒᆞ고 實理을 討尋ᄒᆞ며 智을 擴充ᄒᆞᄂᆞᆫ 勢力이" 나타났다. 그리고 인심이 점차 거구취신去舊就新의 방향으로 나아가고 인정정체人情政體가 크게 바뀌어 "君民이 分權ᄒᆞ고 國設憲法"에 이르렀던 영국혁명과 미국의 독립전쟁이 발발했다. 아울러 나폴레옹의 부침 이후부터 "各國 形勢가 稍定ᄒᆞ야 封建制度을 全廢ᄒᆞ고 今日姿容을 成ᄒᆞ니 文學技術의 進步가 倍倍益明ᄒᆞ야 蒸氣車 蒸氣船 電信機 印刷器械 等 發明이 不遑枚擧"의 지경에 이르니, 마침내 유럽 여러 나라가 "開化先鞭을 執着"하게 되었다. '세계역사일반'은 그렇게 몇몇 사실을 열거한 뒤 다음의 귀결에 이른다. "以上은 世界歷史의 文明進步 如何을 報道ᄒᆞ고ᄌᆞ ᄒᆞ야 書出ᄒᆞᄂᆞᆫ데 過치 아니ᄒᆞ니 其詳細ᄂᆞᆫ 他日 各國史 編纂ᄒᆞᆯ ᄯᅢ에 悉記不遺할지라"(유길준 1971d : 57 ff).

이렇게 주마간산처럼 스쳐 보는 서술에서 세세하고 정확한 사실들을 기대하기는 힘들다. 그렇지만 이 글이 배치하는 용어들로부터 특이한 개개 사실과 함께 보편적 역사 과정을 이해하려는 사유의 실험을 감지할 수 있을 것이다. 여기에 중심 개념으로 등장하는 세계역사는 그 자체로 하나의 의미론혁명이라 여길 만하다. 그것이 지향하는 차원을 보다 선명하게 드러내기 위해 그 표현을 후쿠자와의 용례에 견주어 보자. 후쿠자와가 말하는 역사는 우선 계몽의 교재들이면서 실용 학문의 이름이다. 거기에 박래품 사서들이 끼어들면서 옛 정통성 의미는 완전히 소멸했다. 그러는 가운데 그 표현이 기록 저편의 경험세계를 희미하게나마 드러내기도 했지만, 그것이 스스로 움직이는 시간의 차원으로 나아갈 수는 없었다. 유길준의 세계역사는 그러한 의미내용을 전수하면서 넘어선다. 그것은 우선 '각국사'처럼 상세히 적어야만 하는 기록이다. 그러면서 그것은 미구에 도래하게 될 문명개화의 메신저 역할을 맡는다. 그것은 문명을 향해 진보한다는 점에서 시간성과 운동성의 차원으로 나아간다. 그것은 말하자면 기록이면서 동시에 사실 자체이다. 이러한 인식은 전통적인 왕조 기원과 연대 계산을 뛰어넘어 운동계수와 가속계수를 끌어들여 역사적 시간을 성찰할 때 가능하다. 유길준은 1880년대 후반에 기술한 것으로 보이는 「국권國權」에서, "같은 종족의 인민은 일정한 산천을 차지하여 제 것으로 지키며 역사와 습속을 같이한다"고 밝히면서, '역사'란 "그 성쇠변혁盛衰變革을 이르는 말"이라고 풀이했다(유길준 1971b : 25). 이로써 역사는 진보와 퇴보, 가속과 지연의 시간 규정을 통해서만 파악할 수 있는 운동 개념이 되었다. 이러한 의미의 역사가 첨단의 세계와 어울려서 또 다른 '세계역사'를 불러내었을 때, 이 새로운 의미의 용어는 개별 지역이나 국가의 경험과 이야기를 보편적 연쇄 관계 속으로 수렴하는 메타언어로 상승한다. 그것은 '역사 일반' 내지는 '역사 자체'의 표현과 다를 바 없다. 이러한 차원의 보편 개념은 옛 경험들에서 벗어나는 미래 시간의 궁극 지점을 상정하면서 개별 사건이나 연혁에게 '서사시적 통일성'을 부여할 때 생성한다. 유길준은 이렇게 여러 토막의 경험과 시간을 끌어안은 인식세계의 바탕에서 문명개화의 이상형을 말할 수 있었다. 『서유견문』 가운데 다음과 같은 백미의 구절이 들어 있다.

> 大槪 開化라 ᄒᆞᄂᆞᆫ 者ᄂᆞᆫ 人間의 千事萬物이 至善極美ᄒᆞᆫ 境域에 抵홈을 謂홈이니 然ᄒᆞᆫ 故로 開化ᄒᆞᄂᆞᆫ 境域은 限定ᄒᆞ기 不能ᄒᆞᆫ 者라. 人民 才力의 分數로 其等級의 高低가 有ᄒᆞ나 然ᄒᆞ나 人民의 習尙과 邦國의 規模ᄅᆞᆯ 隨ᄒᆞ야 其差異홈도 亦生ᄒᆞᄂᆞ니 此ᄂᆞᆫ 開化ᄒᆞᄂᆞᆫ 軌程의 不一ᄒᆞᆫ 緣由어니와 人의 爲不爲에 在ᄒᆞᆯ ᄯᆞ름이라. ……天下古今의 何國을 顧考ᄒᆞ든지 開化의 極臻ᄒᆞᆫ 境에 至ᄒᆞᆫ 者ᄂᆞᆫ 無ᄒᆞ나 然ᄒᆞ나 大綱 其層級을 區別ᄒᆞ건ᄃᆡ 三等에 不過ᄒᆞ니 日 開化ᄒᆞᄂᆞᆫ 者며 日 半開化ᄒᆞᆫ 者며 日 未開化ᄒᆞᆫ 者라(유길준 1969 : 375 ff).

앞에서 본 '개화수이'의 설명처럼, 보편의 차원으로 말할 만한 '지선극미'의 개화는 시간적으로 미지의 영역에 있다. 이러한 표현 방식은 곧 미래의 지평으로 향하는 개화의 기대에 정당성을 부여하는 수단이다.

그의 설명은 이렇게 이어진다. "사람의 일이 무궁한 까닭에 시대를 따라 종잡을 수 없는 변화가" 나타나며, 또한 "인간의 지식이란 경력을 더할수록 신기하고 절묘한 것이 쏟아져 나오는" 까닭에 "시대가 내려올수록 사람의 개화 방법은 앞으로 나아간다"(유길준 1969 : 383). 동시대 문헌에서 이보다 더 분명하게 진보의 당위성을 드러낸 표현을 찾기 힘들 것이다. 유길준은 그렇듯 한국 지식의 역사에서 처음으로 기대의 지평으로 향하는 시간의 계기를 말할 수 있었다. 보편의 세계인식과 더불어 '새로운 시간'이 열리기 시작했다고 이를 만할 것이다. 그 이상형에 걸맞게 수많은 전망 개념이 앞으로 향해 거침없이 나아갔을까?

Part 4

국가주의 그늘

1. 계몽의 시간?

'반개'의 나라 조선은 어떻게 '세계역사의 문명진보'와 함께할 수 있을까? 일찍이 일본과 미국에서 유학하는 동안 '서양 서적'과 직접 만날 수 있었던 청년 유길준의 글쓰기 과제를 그렇게 간략히 요약할 수 있을 것이다. 그의 미래 기획은 드디어 스스로 참여했던 갑오경장1894~1896의 실험 무대에 오를 수 있었다. 전대미문의 개혁 과제들이 한꺼번에 쏟아져 나온 이때, 시대의 변화를 이끌게 될 수많은 새 용어가 함께 분출했다. 1895년 9월 30일 학부대신 서광범의 이름으로 나온 「학부고시」가 그 사례들 가운데 하나이다. 여기에 앞으로 나아갈 길을 신호하는 희망의 메시지가 들어 있다. "教育은 開化의 本이라 愛國의 心과 富强의 術이 皆學文으로붓터 生ᄒᆞᄂᆞ니 惟國의 文明은 學校의 盛衰에 係ᄒᆞᆫ지라…… 其科程은 五倫行實로붓터

小學과 本國歷史와 地誌와 國文과 算術과 其他 外國歷史와 地誌等 時宜에 適用ᄒᆞᆫ 書册을 一切敎授ᄒᆞ야 虛文을 祛ᄒᆞ고 實用을 尙ᄒᆞ야 敎育을 務盡케 ᄒᆞ노니……"(송병기 · 박용옥 · 박한설 1991 : 587). 경성 네 곳에 소학교를 건립한다는 취지의 이 글에서 전통적인 교과 내용, 곧 오륜과 소학을 빼고 보면 마치 후쿠자와 유키치의 『학문의 권장』 가운데 한 구절을 읽는 듯하다. 일본을 통해 들어온 두 계몽의 개념, 곧 교육과[173] 애국심[174]이 새로운 학문의 방법과 목표를 지시하는 표상으로 작용한다는 점 또한 눈에 띄는 대목이다. 이대로라면 조선은 문명국의 반열에 이르게 되며, '본국역사'와 '외국역사'를 비롯한 여러 실용 학문이 그 길을 예비하게 될 것이다. 개화의 언어는 그렇게 계몽의 정책 과제로 거듭날 수 있었다.

다른 사례도 주목을 끈다. 이보다 몇 달 앞서 같은 해 3월에 박영효의 이름으로 「내무아문훈시」가 나왔는데, 여기에 "인민을 몬져 本國史와 本國文을 敎ᄒᆞᆯ 事"라는 항목이 들어 있다.[175] 이 말은 그가 망명지 일본에서 구상했던 「건백서」의 주요 내용을 구체적인 정책 과제로 다시 불러온 것이다. 그 상소문에서 박영효는 '먼저 국사,

173 『맹자』 「진심 상」에서 찾을 수 있는 이 말(得天下英才而教育之 三樂也)은 일본에서 1878년 이래 education의 번역어로 쓰이기 시작했다. 후쿠자와 유키치의 동지로서 학술단체 메이로쿠샤(明六社)에 함께했던 미쓰쿠리 린쇼(箕作麟祥)가 그 용법의 선구자인데, 인민의 공리성과 자발성을 키우는 지식과 재예가 의미의 중심이었다(쓰지모토 · 오키타 · 모리가와 · 오토 2012 : 356 ff).

174 이 말은 메이지 초반기에 patriotism의 번역어로 등장했다. 처음에 '애국의 성(誠)', '보국심', '애국론', '애국의 정'과 같은 번역어가 난무하다가 차츰 '애국심'으로 통일된 것으로 보인다(이즈하라 2008). 원래 아버지의 혈통이나 가문을 뜻하던 그리스어에 뿌리를 둔 이 말은 프랑스혁명을 전후해 성숙한 시민의 자기결정권을 정당화하는 의미로 쓰이면서 계몽주의 언어들을 선도했다(Koselleck 2006 : 218 ff).

175 『高宗實錄』 卷33.

국어, 국문을 인민에게 가르치는' 교육제도의 개혁을 건의했다(朴泳孝 1973 : 63~64). 그리고 그는 '무비武備를 바로잡고 백성과 나라를 보호하는' 방책을 논하는 대목에서 특별히 '국사'의 과제에 무게를 더했다. "인민에게 국사를 가르쳐 본국이 승리의 영광을 얻고 패배의 치욕에 이른 사실을 알게 하여 마음 깊이 새기도록 하는 것보다 급한 일이 없습니다"(朴泳孝 1973 : 60).[176] 앞에서 보았듯 박영효는 이 글에서 역사와 더불어 정치, 재정, 법률 등의 책을 '번역하여' 가르치는 신식학교 설립을 건의했다. 그렇다면 같은 문서에 등장하는 국사라는 말은 어디에서 유래했으며, 그 교과목은 역사의 내용과 어떻게 다른가? 중국 고전의 사례에서 보듯 왕조의 정통성과 감계 이념이 짙게 배어 있는 그 용법이 「건백서」에 흘러들어 가 계몽의 교재를 뜻하는 역사와 더불어 같은 의미지평에 배치되었을까?

박영효의 글에서 역사와 국사를 달리 지칭한 까닭이나 배경을 찾을 수 없다. 그의 이름과 함께하는 1895년 「내무아문훈시」가 다시금 '인민'을 가르치는 '본국사'의 과제를 지시하면서 명칭의 혼란만 더한 셈이 되었다. 그럼에도 그러한 표현 방식은 흔히 하나의 고유한 시대적 경향성을 드러내는 근거로 작용한다. 이를테면 몇몇 역사 연구는 그 가운데에서 "교육을 통한 민족주의의식의 고취 노력"이나 "한국 근대 민족교육이 전개될 수 있는 기반"을 확신한다(유영익 1990 : 217 ; 김흥수 1996 : 301). 이러한 설명을 뒷받침하는 듯 「내무아문훈시」는 '독립'과 '인민'을 앞세우며 시작한다. "我國의 固有ᄒᆞᆫ 獨立基礎를 立ᄒᆞ며 百度革新ᄒᆞᆫ 銳氣가 人民과 更始ᄒᆞ야 文明域에 進코저 ᄒᆞ

176 "莫先於敎人民以國史 使之知本國得勝之榮 致敗之辱 而銘之肝肺."

야 本大臣鹵愚不才를 不顧ᄒᆞ고 百弊를 芟除ᄒᆞ야 士民의 安寧幸福을 期ᄒᆞ야 玆에 條列訓示ᄒᆞ니 其各遵守勿違홈을 望ᄒᆞ노라."[177] 이렇듯 새 정부의 교육입국 기획은 문명의 기대지평으로 열려 있었다. 그렇더라도 곧이어 등장하는 교육개혁 법규들이 수많은 일본식 국가주의 언어들로 구성된다는 사실 또한 해명의 과제로 남는다. 일본 법령의 표제를 그대로 따랐던 1895년 10월 3일구력 8월 15일의 「소학교교칙대강小學校敎則大綱」이 두드러진 사례이다. 여기에 "尊王愛國ᄒᆞᄂᆞᆫ 士氣를" 기른다거나 "國體의 大要"를 가르친다는 교육의 '요지'가 들어 있다(송병기 · 박용옥 · 박한설 1991 : 545~550).[178] 이처럼 일본식 언어 용례를 그대로 답습하면서 한국의 개혁 과제를 구성하는 방식이 박영효의 문서들에 생생히 드러나 있었다는 점에 다시금 주목해 보자. 이무렵 그가 직접 교육개혁을 이끄는 자리에 있지는 않았지만, 그의 수사법이 일본식 국체 이념의 언어들을 불러오는 시발점이 되었다고 짐작할 수 있을 것이다.

메이지 초반기 이래 국가주의 조류와 함께하는 국사 내지 본국사의 용례는 하나하나 모두 말할 수 없을 정도로 풍성하다. 나중에 자세히 설명하게 될 사연의 길잡이로서 우선 몇몇 주요 사례만 스쳐보자. 먼저 메이지시대의 서막과 더불어 신정부에 '국사 편수'를 건의하는 관학기관의 청원서가 두드러진다. 거기에 화답하여, "모름

177 『高宗實錄』 33권, 고종 32년 3월 10일.

178 여기에서 말하는 '尊王愛國ᄒᆞᄂᆞᆫ 士氣' 가운데 '士氣'는 1891년 공포된 일본 「소학교교칙대강」(國立國會圖書館 近代デジタルライブラリー)에서 읽는 '志氣'(尊王愛國ノ志氣ヲ養ハンコトヲ努メ……)를 잘못 옮긴 것으로 보인다. 1895년 한국의 「소학교교칙대강」과 비슷한 시기에 제정된 「한성사범학교규칙」에는 일본의 사례처럼 '尊王愛國의 志氣'로 표현되어 있다[김경미 2009 : 151(각주 118)].

지기 속히 군신 명분의 도리를 바르게 하고 화이華夷 내외의 분별을 밝힘으로써 천하의 강상綱常을 부식扶植하라"고 한 천황의 지시로부터 국사 편찬이 국책 사업으로 정착하게 되었다(永原慶二 2005 : 10 ff, 인용문 11). 그리고 메이지 초반기 이래 국사의 표제를 붙인 '소학교' 교과서가 우후죽순처럼 등장했다는 사실에도 깊이 주목할 만하다. 명시적으로 문명론을 거부하면서 '황도'를 으뜸으로 삼은 교육정책이 그 배경이다. '만세일계'의 천황 통치를 정당화하는 완고한 국체 이념이 메이지시대를 관통하는 정신적 '기축'이었다는 점은 이미 잘 알려진 사실이다(마루야마 2012 : 83 ff). 1890년의 「교육칙어」가 그 표상이다. '충량한 신민'의 무한 책임을 강조한 그 선언은 옛 신국 신앙에 기운 국학과 더불어 완고한 유교의 강상윤리와 군국주의로 향하는 지배정치의 논리를 '국체의 정화'라는 하나의 교설로 혼합했다(박근갑 2014 : 353~361). 이때 형성된 국가주의 언어는 갑오경장의 교육 법규들에서 생생한 수사법으로 작용했다.

옛 왕조의 끝자락을 장식한 개혁의 파고가 짧고 격렬했던 만큼이나 새 시대를 신호한 언어들 또한 혼돈의 단계를 거칠 수밖에 없었을 것이다. 거기에 뚜렷한 흔적을 남긴 국체 이념은 어떠한 영향사적 파장을 남겼을까? 일찍이 '세계역사'를 불러내면서 보편의 의미 지평을 예비한 유길준마저 국체 이념의 '마력'에 이끌렸다는 사실이 흥미롭다. 1908년의 일이다. 갑오경장의 주역 가운데 한 사람으로 참여했다가 12년 동안 일본 망명의 고초를 겪었던 그는 이즈음 교육 사업과 계몽운동에 헌신하고 있었다. 그 과정에서 그가 스스로 '국민교육'의 방법과 목표를 묻게 되었을 때, 메이지 교육체제의 이데올로기현상이 떠오른 것으로 보인다. "小學은 國民의 根本教育

이라." 『황성신문』에 실린 「소학교육小學校育에 대한 의견」은 그렇게 시작한다. "國體에 協하는 일"이 그 과제 가운데 하나이다. 이 일은 '국가의 기초'를 굳게 다지고 '사회의 질서'를 유지하는 데 있으며, "假令 君主國에는 忠君ᄒᆞ는 主義를 先ᄒᆞ고 共和思想을 鼓吹ᄒᆞ는 類의 教科書를 許"할 수 없다. 결론적으로, "小學의 教育은 國民子弟의…… 氣節을 培勵ᄒᆞ야 國家의 其國家되는 體統을 立ᄒᆞ며 民族의 其民族되는 血系를 承ᄒᆞ야 此國의 可愛흠을 知케ᄒᆞ며…… 此國을 爲ᄒᆞ야 生케흘지며 此國을 爲ᄒᆞ야 死케흘진즉 此國의 語와 此國의 文을 主用치안코 可할가……"(유길준 1971e : 257~260).

이 글에서 읽는 국체는 후쿠자와 유키치가 말한 '국민성'에서 벗어나 「교육칙어」의 정신에 더 기울었다고 짐작할 만하다. 그렇더라도 그 표현 방식이 일본식 국가주의에 완전히 포섭되었다고 단정하기는 힘들어 보인다. 그 의미연관 가운데 주권의식은 드러나지 않지만, '대한국'의 '정신을 양성'하는 '국어'와 '국문'이 박래품 용어 사이에서 유기적으로 작용하기 때문이다. 그러나 그가 국가에 생사를 바치는 '국민 자제의 기절'을 기대했을 때, 그 용법은 이미 국체 이념의 배양토에서 생성했을 것이다. 이와 더불어 보편의 문명진보는 기대지평에서 완전히 사라지고 만 것일까? 그의 성숙기 저술에서 타자와 주체 사이에서 유동하는 인식관심이 자주 드러나는 가운데 '고유한' 전통 요소가 중심에 자리하는 경향성을 찾을 수 있다. 1895년 교육개혁의 와중에 그는 스승 후쿠자와에게 이러한 생각을 전한다. "생각해 보건대 조선인이 한서를 읽은 이래 완고함이 버릇되었으며, 애국심을 몰라서 무슨 일을 하더라도 제각각 다르게 마음먹고 오직 작은 이익만 꾀한 지 오래되었습니다. 그러므로 먼저 교육법을 시행하는 데 힘써서 조선 국문을 사용하여 가르치고 익히는 데 편하도록 하고자 합니다"(유길준 1971f : 278).[179] 여기에서 '한서'를 읽은 조선인과 '국문'을 배우게 될 조선인이 길항 관계에 선다. 그리고 일본을 통해 이식된 두 계몽의 개념, 곧 교육과 애국심이 조선 국문의 방법과 목표를 지시하는 표상으로 작용한다. 이로부터 유길준의 중첩된 사유 양식이 드러난다. 우선 계몽의 길은 외부세계로 열려 있다. 그럼에도 그 토대는 이미 내부의 전통 가운데에 구성적으로 잠재하고 있다. 이처럼 새로운 기대와 옛 경험을 하나의 선상에 모으는 관찰 방식이 유길준의 글쓰기를 이끌고 있는 것으로 보인다. 그 가운데에서 외래 개념으로 만나는 낯선 세계와 '조선'에 내재하는 고유성이 복합적인 작용으로 조우한다. 이때 국체의 용법은 일본의 사례처럼 국가주의적 경향성을 불러오는 한편으로 외부세계에 맞서는 주체의 정당성을 상징한다. 이렇게 그의 인식관심이 타자와 주체 사이에서 유동하는 가운데, 문명진보로 향하던 그의 역사 개념은 어느 시점에 방향을 선회한다. "읽을지어다, 우리 大韓文典을 읽을지어다, 우리 大韓同胞여. 우리 民族이 檀君의 靈秀한 後裔로 固有한 언어가 有하며, 特有한 문자가 有하야 그 사상과 의지를 聲音으로 발표하고 기록으로 傳示하매, 言文一致의 정신이 사천여의 星霜을 貫하고 歷史의 眞面을 保하고 習慣의 實情을 證하도다"(유길준 1971c : 105). 이 글은 그가 1909년에 펴낸 『대한문전大韓文典』의 「자서自序」에 실려 있다. 여기에서 읽는 역사의 범주는 앞에서 본 보

179 "且念朝鮮人 自讀漢書以來 頑固成習 不知愛國心爲何等事 各自爲心 只謨小利者久矣 故務先行敎育法 而用朝鮮國文 以便訓習."

편의 차원에서 벗어나 '우리 민족'에 한정되면서도 전통과 근대의 경계를 넘어 신화의 영역으로 나아간다. 망국의 그림자가 문명개화의 기대를 완전히 뒤덮었던 시점에 이 글이 나왔다는 사실에 주목하자. 바로 이러한 위기 상황에서 역사의 이름은 밖으로 향한 기대보다는 내부의 고유성을 불러내는 하나의 수사법이었다.

혼돈의 시대를 드러내는 이 몇몇 이야기는 한국 근대성의 의미론 연구가 추적할 만한 과제들 가운데 소소한 조각들일 따름이다. 서둘러서 보건대 새 시대를 신호했던 주요 개념들의 의미내용이 안정되게 조율되지 않았다는 점을 알 수 있다. 문제는 여러 일본식 용법이 아무런 여과 장치를 거치지 않은 채 개화당의 정책 과제를 이끌었다는 점에 있을 것이다. 아무튼 그 덕택에 미래를 내다보는 언어들이 역사의 무대에 등장할 수 있었다. 이로부터 곧바로 근대성의 시간경험을 유추할 수 있을까? 갑오경장의 기록들에서 보듯 역사라는 말은 교육개혁을 통해 비로소 '인민'과 접속할 수 있는 기회를 맞이할 수 있었다. 말하자면 개념의 '민주화'가 내정개혁의 물결에 편승했던 것이다. 그러한 교육입법의 언어적 구성이 일본의 범례를 뒤따랐다는 점에서, 역사 용법이 '국민교육'에 얽혀 드는 과정을 먼저 외부 사례에서 추적해야만 하는 부담을 피할 길 없을 것이다.

2. 메이지 국체 교육

다시금 일본 계몽의 시대를 이끌었던 후쿠자와 유키치의 글쓰기에서 시작해 보자. 그가 일본어로 번역하여 '인민'의 교재로 삼고자 했던 역사, 지리, 자연과학, 경제학 등의 외래 교과목은 한 개인과 가정뿐만 아니라 국가의 '독립'에도 반드시 필요한 실용 지식이다. 이 새로운 학문들은 사실에 바탕을 둔다는 점에서 어려운 고문을 읽고 와카和歌를 즐기거나 시를 지으면서 마음에 희열을 주지만 "세상살이에 아무런 도움도 주지 못하는 문학"과 구별된다. 그것은 또한 예부터 세간에 유명하면서도 실생활과 너무나 동떨어진 유학자들이나 국학자들, 그리고 한학자들의 교설과도 어긋난다. 그렇다면 '지금' 세상을 살아가기 위해서는 무엇이 필요한가? "서양의 번역서를 조사하고", 대부분의 일은 "가나를 써서" 표현하며, 나이 어려도 학문에 재주가 있으면 "외래어를 배우도록 하여" 사실의 도리를 일깨우는 방법이 곧 그것이다. 이러한 점을 분명히 알 수 있을 때 "자신도 독립하며, 집안도 독립하고, 천하의 국가도 독립할 수 있다"(福澤諭吉 2011 : 7~8).

이처럼 우선 서양으로부터 배워야만 하는 '실학'은 일본의 전통을 지탱해 온 옛 학문들과 첨예하게 마주설 수밖에 없었을 것이다. 후쿠자와는 만년에 기록한 자서전에서 그러한 사정을 자각하고 있었던 청년 시절을 이렇게 기억했다. "나는 어떻게든 양학이 성행하도록 해서 반드시 일본을 서양 같은 문명부강국으로 만들겠다는 야심을 품고 있었다"(후쿠자와 2006 : 239). 이 회상은 빈 공간에 흩어지지 않았다. 그는 스스로 학교게이오의숙를 세우거나 여러 권의 대중 교재를 출간하면서[180] '서양문명의 안내자'를 자임했다. 그것은 곧 국민 교육이라는 '천하의 급무'(福澤諭吉 2004a : 180)에 따르는 일이었다. 이처럼 그가 세간에 마치 서양문물의 '특별 에이전트와 같은 역할을' 맡은 것처럼 보일 정도로 '한학을 적대시'하면서 '양학'에 기울었던 근거는 '서양의 밑에' 놓일 수밖에 없었던 일본 '국민의 교육 수준'에 있었다. "동양의 유교주의와 서양의 문명주의를 비교해 보니, 동양에는 유형의 것으로는 수리학數理學, 무형의 것으로는 독립심, 이 두 가지가 없었다"(후쿠자와 2006 : 239 ff). 이렇게 유럽 계몽의 원리를 그대로 이어받는 글쓰기 방식이 후쿠자와로부터 시작한 것은 아니다. 이미 1733년 유명한 의사 스기타 겐파쿠杉田玄白, 1733~1817가 네덜란

180 『훈몽궁리도해(訓蒙窮理圖解)』, 『장중만국일람(掌中萬國一覽)』, 『세계국진(世界國盡)』, 『계몽수습의 글(啓蒙手習之文)』 등이 그 사례이다.

드어 해부학 교재를 일본식 한자어로 옮겨 『해체신서解體新書』로 출간한 이래(이종찬 2014 : 212 ff), '양학'은 하나의 경향성이자 시대적 요청이었다. 후쿠자와는 다만 역사의 이름으로 그 어느 저술보다도 생생하며 체계적으로 선진문명 사례를 미래의 기대 가운데 배치하는 일에서 두드러졌을 따름이다. 그는 1871년 초보용 교과서로 펴낸 『계몽수습의 글啓蒙手習之文』에서 누구나 배워야 하는 독본 · 지리서 · 수학 · 궁리학 · 역사 · 경제학 · 수신학 등 7가지 기초 교과를 열거하고 있는데, 이 모두가 '양학 과목'으로 묶여 있다는 점이 흥미롭다. 그 가운데 역사는 다음과 같은 내용의 교과목이었다.

> 역사란 화한和漢에만 한정되지 않으며, 세계 가운데 어느 나라든 역사 없는 곳은 없다. 역대가 있으면 역사도 있기 마련이다. 널리 만국의 역사를 읽고 치란흥폐의 사적을 밝혀 이 나라와 저 나라를 서로 비교하지 않으면, 한쪽으로 치우치는 폐단이 생기고, 일에 당하여 흔히 잘못 처치하게 된다. ……바람 소리나 학 울음風聲鶴唳을 듣고 도망치는 비웃음을 얻는 일이 있다. 이 같은 것은 귀 없음만 못하다. 그러므로 만국의 역사를 읽지 않는 자는 벙어리에도 미치지 못한다(福澤諭吉 1991 : 20~22).

1871년 폐번치현廢藩置縣 이후 들어선 중앙정부의 문부성이 근대식 교육행정을 통괄하게 되었을 때, 서구의 학제를 범례로 삼는 일이 그 첫 번째 과업이었다. 이 기구에서 새로운 개혁 과제를 구상하고 입안한 실무자 대부분이 서구 선진문물에 밝은 인물들이었다(가타기리 · 기무라 · 기무라 · 하시모토 외 2011 : 107 ff). 그 바탕에서 1872년 9월 새로운 교육제도를 선언한 「피앙출서被仰出書」가 나올 수 있었는데,

그것은 바로 메이지 국민국가의 기저에 서구식 제도의 초석을 놓으려는 양학자들의 개혁 모형이었다(이규수 2013 ; 이권희 2013). 후쿠자와 방식의 계몽사상이 그 첫머리를 장식하고 있다는 점 또한 흥미롭다. "사람들이 스스로 입신하고 치산하며 창업하여 그 삶을 완수하는 방법은 다름 아니라 스스로 수양하고 지혜를 깨치며 재능과 기예를 키우는 것에 있다. 그런데 수양하고 지혜를 깨치며 재능과 기예를 키우려면 반드시 배워야 한다. 이 점이 바로 학교를 세우는 까닭이다."[181] 후쿠자와 유키치는 이보다 앞서 출간한 『학문의 권장』에서 불기자유不羈自由와 사민동등四民同等의 천리天理에 따르는 교육의 기본 정신을 이렇게 설명하고 있다. 사람은 누구나 천부의 본분을 지니는데, 거기에 알맞은 재주와 덕행을 기르는 일이야말로 인간의 도리이다. 개개인의 재주와 덕행은 오직 사물의 이치를 깨칠 때 갖추어진다. 그리고 사람들이 그러한 이치를 이해하려면 먼저 글자를 배워야 한다. 이것이 곧 누구나 서둘러 학문에 힘써야만 하는 이유이다(福澤諭吉 2011 : 11 ff). 메이지 정부의 첫 번째 학제 규정은 이러한 배움의 원리에 충실히 따르고 있다. 즉 학문은 무엇보다도 입신의 재본財本이다. 인간이라면 누구든 자신의 재능을 키워 삶을 다스리고 사업을 크게 일으킬 수 있다. 그러므로 누군가 배우지 않아도 된다고 말한다면, 그것은 큰 잘못이다. 옛날에도 학교는 있었지만, 학문이 사인士人 이상 사람들의 일일 따름이라는 잘못된 방향으로 흘렀다. 따라서 농공상의 사람들과 부녀자는 배움의 길에서 벗어나

181 「學制につき被仰出書」(1991), 山住正己 校注, 『日本近代思想大系 6 : 教育の體系』, 東京 : 岩波書店, pp.31~32.

있었다. 그리고 또한 신분이 높아 드물게 배운 사람들도 학문이란 국가를 위한 것이라고 주장하면서 입신의 기초를 애써 무시하고 있었다. 그러므로 옛 학문은 사장기송詞章記誦의 말단에 치우치고 공리허담空理虛談의 길에 빠져서, 아무리 그 논리가 고상하더라도 삶을 이룩하는 일에는 미치지 못했던 것이다. 이러한 폐단은 문명이 보급되지 않아 개개인의 재능과 기예가 펼쳐질 수 없었던 탓에서 비롯한다. 이제 비로소 문부성의 「학제」가 마련되었으니 화족과 사족은 물론이려니와 졸족卒族과 농공상, 그리고 부녀자를 아우르는 '일반 인민'은 모두 학문의 길에 들어서야 할 것이다.

「학제」의 서문으로 나온 이 선언의 취지는 후쿠자와의 말을 빌려 한마디로 '국민개학國民皆學의 권유'라고 이를 만하다(山住正己 1991 : 462).[182] 그 내용을 요약해서 보자면, 학문이란 자연의 이치로서 국가 목적에 순응하기보다는 일신독립과 치산산업의 실용성에 따르며, 누구에게나 공평하게 기회를 나누는 공리성에 근거한다. 여기에 작용하는 사유 방식은 바쿠후 말기와 메이지 초반기에 걸쳐 일본 지식사회가 밖에서 이식해 온 계몽의 원리에 기댄 것이다. 그것은 하나의 이념 경향성을 넘어 실천의 장에서 어떠한 성과로 나타났을까? 우선 「피앙출서」에 뒤따라 213장으로 이루어진 「학제」를 보면, ① 전체 교육체계가 소학 · 중등 · 대학의 세 단위체계로 구성되고, ② 국민개학의 이념은 특히 소학교와 사범학교를 중심으로 실현되며, ③ 중앙의 정부기관이 교육 전반을 통제한다는 정책 과제가 두드러진

182 후쿠자와는 『학문의 권유』에서 '인민개학문(人民皆學問)'이라는 표현을 쓰고 있다(福澤諭吉 2011 : 13).

다. 이로부터 '국민'교육을 떠맡게 될 새 교재들이 등장하리라는 점을 쉽게 짐작할 수 있겠다. 이 가운데 초보용 역사 교과서들이 주목의 대상이다. 앞에서 보았듯 '역사' 개념이 시간의 계기를 표상하는 계몽의 언어들 가운데 중심의 자리에 위치한다는 이상형 가설에 따라 1872년 이후 일본 지식사회에 나타나는 그 의미론을 추적해 볼 수 있을 것이다.

일본 전통사회에서 무사 자제들의 훈육을 위해 동원된 교재들은 중국이나 한국의 사례와 거의 비슷하다. 그 이름만으로도 너무나 유명한 『춘추좌전』, 『사기』, 『자치통감』 등이 중국 중심의 세계관을 주입하는 정통 이념의 교재들이었다. 바쿠후 말기에 이르면 중국 사서들 외에 '국학'이 필수 교과목으로 등장하면서 일본 역사서 또한 높게 평가되기 시작했다. 이러한 경향성이 메이지 초반기 교육 이념을 장식한 것으로 보인다. 1872년의 「학제」를 이은 「소학교칙」은 초보 역사 수업에 쓰일 네 가지 교과서를 예시하는데, 이 책들은 생도들이 자습하거나 각각 순번에 따라 강독하게 될 '사학윤강'의 교재였다. 그 가운데 절반은 일본 역사서로, 간분 3년에 간행된 『왕대일람王代一覽』과 분세이文政 9년1826에 나온 『국사략國史略』이 그것들이다. 이 한문체 통사들은 일본'국'의 성립 시점을 중국 상고시대와 비슷하게 끌어올리려는 의도로 신대神代에서 시작하는 '천황의 역대사'를 기본으로 편성되었다는 특징을 지닌다(海後宗臣 1969 : 16 ff). 이로부터 '국사' 만들기가 메이지 정신사의 한 주류로 자리 잡기 시작했다고 볼만하다. 이러한 일본 통사와 더불어 두 종류의 '만국사' 번역서가 문부성 추천 소학 교재에 포함되었다. 그 첫째로 니시무라 시게키西村茂樹가 1869년에 번역하여 펴낸 『만국사략萬國史略』

을 들 수 있다. 원래 스코틀랜드 출신 알렉산더 프레이저 타이틀러Alexander Fraser Tytler가 1866년에 저술한 역사 교재*Elements of General History, Ancient and Modern*, Edinburgh가 그 원본이다. 그리고 2년 뒤에 나온 『오주기사五洲紀事』도 교재 서목에 올랐는데, 이 책은 여러 서양 역사서를 참고하여 편집한 내용이다(小澤榮一 1968 : 51 ff).

이러한 종류의 책들은 그 성격상 임시 교과서에 그칠 따름이었다. 따라서 메이지 정부 당국은 국민개학의 체제에 걸맞은 교재를 신속하게 제공해야만 하는 과제를 안게 되었다. 새로운 학제에 따라 1872년 도쿄에 신설된 사범학교와 협력하여 문부성이 펴낸 『사략史略』1872, 『만국사략』1874, 『일본약사』1875 등이 새 역사 교과서에 해당한다(海後宗臣 1969 : 24 ff). 『사략』은 소학교 아동들이 초보 단계에서 암송하게 될 기초 교재였다. 그다음으로 여러 서양 역사서를 모아 새로 편집한 '만국'의 역사와 『고사기』 및 『일본서기』를 기초로 진무천황神武天皇에서 시작하는 일본 통사가 상급 과정의 교재로 선정되었다. 이 가운데 『사략』은 5년 사이에 13만 부 이상 보급되면서 널리 읽혔다고 한다(山住正己 1991 : 485). 모두 네 부분으로 나뉜 이 책의 내용과 구성을 보면, 메이지 초반기 전통과 계몽의 사유 방식이 교차하는 일본 지식사회의 한 단면을 볼 수 있다. 그 제1권 『황국』은(文部省 1872a) 신대에서 시작하여 역대 천황의 계보를 간략히 서술하고 있다. 이 부분이 최초의 관찬 일본사 교재라는 중요성을 지닌다. 그런데 그 의미가 무엇보다도 간간이 삽입된 그림들을 통해 드러난다는 점에 주목할 만하다. 이를테면 맨 처음 삽화로 구성된 '천손강림天孫降臨'이 등장하는데, 책의 편집자는 상상의 그림을 통해 원하는 사안을 마음대로 가공할 수 있었다. 천황들과 그 선조,

그리고 그들 주변의 충신의사들을 삽화로 제시하는 방식은 옛 역사 교습을 이어받아 메이지유신의 정당성을 신화의 시대까지 거슬러 올라가 내화하려는 이념 경향성에 맞닿아 있었다(海後宗臣 1969 : 27 ff). 다음으로 제2권은 삼황오제시대에서 시작하여 청나라에 이르기까지 지나의 역사를 기록하고 있다(文部省 1872b). 역대 중국의 왕조와 제왕을 몇몇 삽화와 더불어 간략히 묘사한 이 서술에서 일본사와 중국사의 위상을 동렬에 배치하려는 의도를 읽을 수 있다. 제3~4권은 다시 '서양 상'과 '서양 하'로 나뉘는데, 전체 교재의 3분의 2에 해당하는 서술이다(文部省 1872c ; 文部省 1872d). 그 「서언」의 첫머리에서 지리 지식이 역사 학습에 필요하다는 설명을 읽을 수 있다. 이는 곧 후쿠자와의 영향력을 짐작할 만한 대목이다. 그는 1869년 서구의 지리서와 역사서를 토대로 『세계국진』을 펴냈는데, 이 책은 세계 여러 나라의 지리와 함께 역사 또한 배울 수 있도록 구성한 것이다. 그 가운데 북아메리카주를 설명하는 장에서는 '시비곡직을 분별하여 선에 따르는 본심'으로 배워서 얻게 되는 '재능', '하늘의 도리'에 근거하는 '나의 자유', '불기독립의 힘' 등의 말로써 자유민권의 세상이 소개되어 있다(福澤諭吉 1959 : 579~668). 『사략』의 '서양' 역사서술은 상당 부분 이러한 기조를 따른 것으로 보인다. 이를테면 '대두령大頭領' 제도와 '합중공치合衆共治의 정체'를 이룩한 아메리카합중국이 불기자유의 정신으로 독립을 쟁취하고 노예해방을 이룩했다는 서술은(文部省 1872b : 26 ff) 바로 "아동들이 세계의 형세를 이해하고, 그 지식의 단서를 열어서 천하 행복의 기틀을 세우게" 하려는(福澤諭吉 1959 : 581) 후쿠자와의 교과서 정신과 서로 통하고 있었다.

간추려 보자면 문부성의 역사 교과서는 메이지 초반기의 정신적

혼성 상태를 표상하는 하나의 사례이다. '개국'의 소용돌이 가운데 (마루야마 2012 : 59 ff) 낯선 문명으로 열린 미래의 지평과 내부의 고유성으로 향하는 옛 경험 지층이 서로 어긋나는 극성에서 그 특징이 드러난 것으로 보인다. 이를테면 관학 교재의 서양사 서술은 세계문명사의 보편적 발전 과정에 일본의 위치를 비추어 보면서 계몽의 지식을 습득하도록 편성되었다. 이러한 교과과정의 비중이 상대적으로 높았다는 점에서 근대적 국민교육으로 향하는 문명개화파의 열기를 짐작할 수 있다. 그러나 일본사 교재는 바로 그러한 외래 사조의 '무질서'에 맞서 신화의 세계에까지 거슬러 오르는 자국의 전통적 내면성을 하나의 통사로 그린 것이었다. 그것은 곧 '만세일계' 천황의 정통성을 매개로 메이지시대를 관통하게 될 국가주의체제를 불러오는 하나의 예비 과정이었다.

이처럼 서로 엇갈리는 시간의 계기가 하나의 교과서 안에서 겹치는 현상은 역사 과목의 명칭에서도 드러난다. 「학제」는 그것을 '사학'이라고 지시하는데, 이 이름은 원래 옛 유학자들의 용례에서 사서의 학습을 의미했다. 19세기 초반에 이르면 서양의 문명화에 관심을 둔 사람들이 차츰 그 말보다는 '역사'를 호명하기 시작했지만, 라이 산요賴山陽 같은 전통의 사가는 여전히 사학을 고수했다. 이러한 유교풍의 경향은 메이지 초반기까지 이어졌다. 사학이 다른 뜻으로 쓰이기 시작한 시점 또한 바로 이즈음이다. 앞에서 보았듯 1869년 니시무라 시게키가 『만국사략』을 펴냈을 때, 그 말은 유럽의 지적 전통에서 사용되던 학문의 이름이었다. 이를테면 그는 역사라는 학문의 정의 부분을 번역하면서, "사학은 歆利加拿撤ハリカルナサス(지명)의 日痾尼修ジヲニシユース(고대 사학 대가의 이름)이 希斯多利ヒストリ라고 이름 붙인

것인데, 이 希斯多利란 사적을 가르치는 바의 이학理學이라고 뜻풀이된다"라고 했는데(小澤榮一 1968 : 332 재인용),[183] 이로부터 history에 짝하는 사학의 이름이 서양풍 과학이라는 의미에 어느 정도 영향을 끼치기 시작한 것으로 보인다. 그렇지만 새로운 교육제도가 처음으로 논의되는 상황에서, 그것은 하나의 개념으로 정해지기보다는 어렴풋하게 만국사 내지 서양문명사를 지칭하는 데 그칠 따름이었다. 그리고 「학제」가 거기에 복고적인 '국사'의 내용을 첨가하자, 사학에 깃들었던 서양풍 기류는 전통의 의미소와 뒤섞일 수밖에 없었다. 더욱이 각종 학교의 교칙이 새로 생성하거나 거듭 바뀌는 과정에서 종종 교과목의 이름으로 '역사'가 등장하게 되었다. 역사든 사학이든, 그 의미를 성찰할 만한 역사가들의 의식공간이 채 마련되지 않았다는 뜻이다(小澤榮一 1968 : 331 ff). 이 와중에 옛 '국사'의 의미론이 되살아나면서 역사와 사학의 자리를 위협하기 시작했다. 일본의 고전에서 국사는 중국의 사례와 마찬가지로 일본'국'의 역사 또는 그 기록을 뜻했다. 그러다가 18세기 후반에 이르면 그 의미는 미묘한 변화를 겪는다. 1771년 시부이 다카노리澁井孝德, 1720~1788가 펴낸 『국사』는 도쿠가와 이에야스 이후 7대 쇼군 가계로 이어진 에도 바쿠후 초기의 역사를 서술한 것인데, 여기에서 '국'의 주체를 이해하는 전통적인 방식에 균열이 발생하게 된다. 그리고 바쿠후 말기와 유신 시기에 이르러 자국 고래의 특수성과 우수성을 연구하는 '화학和學'이 '국학' 내지 '황국학'의 이름을 얻게 되는데, 이때 '국사'는 그

183 니시무라가 여기에서 말하는 '고대 사학 대가'는 그리스 역사가 디오니시오스 할리카르나소스(Dionysios Halikarnassos, 기원전 약60~기원후7)로 보인다.

러한 국학의 한 분과를 담당하는 위치에 서게 되었다(黑田俊雄 1984 : 3). 그러다가 1880년대 초반에 이르면, 그 이름은 민권운동의 안티테제로서 서구식 자유주의와 문명개화를 저지하는 복고를 상징하게 된다. 그러나 그 출발점은 이미 메이지체제의 시작 선상에 있었다.

새로운 메이지 정부가 출발하면서 부딪힌 과제는 유신의 정당성을 뒷받침할 만한 이념과 방법을 찾는 데 있었다. 그것이 학교와 학문의 사정을 조사하는 일에서 시작하게 되었을 때, 옛 관학의 문제가 사안의 중심에 들어설 수밖에 없었다. 1872년 문명개화의 기대지평에 발을 내디뎠던 「학제」의 앞날은 이미 이때 예정되어 있었다고 이를 만하다. 그것은 1868년 3월 15일 이와쿠라 도모미岩倉具視, 1825~1883와 같은 왕정복고의 주역들이 학사제도를 조사하게 될 '학교괘'를 지시하면서 시작했다. 거기에 속한 위원 3명 모두 국학파에 속한 인물들이었다. 그 가운데 히라타 가네타네平田鐵胤, 1799~1880는 고학의 전통을 이어 복고신도를 정립한 히라타 아쓰타네平田篤胤, 1776~1843의 양자로서 메이지시대 '아쓰타네 국학'의 중심이었다. 이러한 그가 같은 학파 동료들과 더불어 다음 달에 옛 나라시대의 대학료를 모방한 학사제를 제출했다. 그것은 제정일치의 신도를 근간으로 천황 중심의 교육체제를 세우는 방안이었다. 공자를 물리치고 황조천조대신을 학내에서 제사 지내는 일을 새 학사 규정의 첫머리로 삼은 이 기획은 유학 중심의 에도 관학을 그대로 계승하려는 학습원파의 거센 반발에 부딪힐 수밖에 없었다. 몇 달을 두고 양 진영 사이에 더욱 골이 깊어지자, 신정부는 같은 해 10월 31일 국학을 가르치는 황학소와 에도시대 학습원을 이은 한학소를 각각 교토에 세운다는 방침을 정하면서 사태를 무마했다(山住正己 1991 : 453 ff ; 이권희

2013 : 27 ff ; 류준필 2009).

바쿠후 말기와 메이지유신 사이의 혼란상을 그대로 드러낸 이 두 교육기관의 설립은 곧 도쿄 천도와 더불어 유명무실해지고 말았다. 이듬해에 두 학교는 모두 폐지되었으며, 새 수도에 들어선 신설 '대학교'가 황학과 한학을 병합하는 교과과정을 마련했기 때문이다. 그렇지만 신정부가 서로 다투는 두 학교를 세우면서 만들었던 '규칙'은 하나의 사장된 문서로만 머물지 않았다. 그것은 나중에 제 모습을 드러내게 될 천황제 교육체제를 이렇게 예비하고 있었다. ① "국체國體를 분별하고 명분을 바르게" 한다. ② 중국과 서양의 학을 함께 "황도皇道의 날개"로 삼는다. ③ "허문공론虛文空論을 금하고", 아울러 "문무일치의 교유"에 힘쓴다. ④ "황학과 한학 모두 서로 시비를 다투고 아집을 부려서는" 안 된다(山住正己 1991 : 456 재인용). 이렇듯 메이지 신정부는 '자신을 바깥'으로 열어야 하는 '운명' 가운데(마루야마 2012 : 60) 내부 전통의 세계관으로 향하는 지배의 정통성에 매달리고 있었다. 그것은 곧 한마디로 황도를 으뜸으로 삼는 교학 이념이었다. 그러므로 외래 학문의 큰 두 줄기, 곧 한학과 양학은 국학을 곁에서 거드는 위치에 설 수밖에 없었다. 그리고 학문의 실용성을 강조하는 세 번째 항목은 마치도 1872년 「학제」에 흘러들어 간 서구식 계몽의 원리를 따르는 듯 보이지만, 에도시대 고학과 유학의 전통 가운데에도 '실학'의 이념이 면면히 흐르고 있었다는 사실에 주목해야 옳을 것이다. 더구나 문무를 하나의 교학으로 삼는 신념은 바쿠후 말기 신도국학의 특징이었다. 이와 더불어 마지막으로 예시한 규정은 메이지 신정부의 모호한 교학 방침을 형식상 평범한 도덕률로 선언한 것으로 보이지만, 그 또한 오랜 황도 이념의 표상이었다. 에

도시대 국학의 전통에서 유학과 신도는 하나의 원리로 통하는 길이었다(미나모토 2004 ; 이희복 2005 ; 김후련 2012 ; 김채수 2008).

"짐이 생각하건대 우리 황조황종皇祖皇宗이 나라 세우신 일은 굉원宏遠하고 덕을 기르신 일은 심후하도다. 우리 신민이 지극한 충과 효로써 억조의 마음을 하나로 하여 대대로 그 아름다움을 이루도록 하는 것은 국체의 정화이니, 교육의 연원 또한 실로 여기에 있노라."[184] 이렇게 시작하는 1890년 「교육칙어」를 미리 보는 듯, 신정부의 첫 번째 교학 '규칙'은 천황제 국가주의의 예비 작업이었다. 그 중심에 '만세일계'의 지배체제에 외피를 두르는 국체 이데올로기가 위치한다. 메이지시대 후반기로 갈수록 점점 더 '마술적인 힘'을 휘두르게 될(마루야마 2012 : 87) 이 말은 원래 중국 고전에서 유래했다. 『한서』에 유림의 과업이란 고금에 두루 밝고 "온고지신하며 국체에 통달하는" 것이라는 기록이 들어 있는데,[185] 여기에서 국체는 국가의 전장典章이나 치법, 곧 그 형체와 조직을 뜻한다. 그리고 그것은 여러 사서에서 종종 국가나 조정의 체통과 체면을 말할 때 쓰이기도 한다. '국체를 떨어뜨리다墮國體', '국체를 해치다虧敗國體', '국체를 손상하다虧損國體'와 같은 표현이 그러한 사례이다.[186] 일본에 들어온 이 말이 이러한 고전적 의미를 넘어 자국 고유의 전통에 따르는 국가체제의 우월성이나 대외적 독자성을 지시하게 된 배경에는 에도시대 후반기 서세동점의 위기의식이 있었다. 그러한 상황의 초기

184 「敎育勅語」(1991), 山住正己 校注, 『日本近代思想大系 6 : 敎育の體系』, 東京 : 岩波書店, p.383.

185 「成帝紀」, 『漢書』 卷10 : "儒林之官 四海淵原 宜皆明於古今 溫故知新 通達國體 故謂之博士."

186 「翟方進傳」, 『漢書』 卷84 ; 「江統傳」, 『晉書』 卷56 ; 「徐溥傳」, 『明史』 卷181.

에는 이 말로써 단순히 쇄국제도 자체를 지칭하는 사례도 있었다. 그러나 곧 대외적 위기를 극복하기 위해 국가의 통일성을 강화할 필요성이 지식인 사이에 자각되면서, 외부에 맞서는 통일국가의 전형이 국체로 표현되기 시작했다. 이렇게 일본의 토양에서 새로운 의미론으로 거듭난 그 용법은 후기 미토학水戶學을 상징하는 아이자와 세이시사이會澤正志齋, 1782~1863의 『신론新論』에서 처음으로 천황제와 결합했다(吉田俊純 2003 : 65). 바로 여기에서 메이지 교육체제로 향하는 지름길을 만날 수 있을 것이다.

에도시대 고학과 신도학神道學 전통을 집대성한 『신론』은 "서양 오랑캐들이 천한 발로 온 세상을 어지럽히며 여러 나라를 유린하는"(會澤正志齋 1973 : 49~158, 인용문 50) 위기에 직면하여 막번幕藩체제를 재편하려는 하나의 정치론이자 이데올로기 교본이다. 메이지유신 이래 천황을 정점에 두는 국민 교화 이념의 원형을 담고 있는 이 책은 권두에 '국체'로 이름 붙인 글을 필두로 "국가가 마땅히 의지할 만한 것"을(會澤正志齋 1973 : 51) 논한다는 특징을 지닌다. 여기에서 말하는 국체란 무엇인가? "대개 사체四體가 구비되지 않으면 사람이 될 수 없다. 국으로서 체가 없다면 무엇으로 국이 될 것인가"(會澤正志齋 1973 : 69). 사람에게 지체가 있듯 하나의 통일체로 구성되지 않으면 국이 될 수 없다는 의미로 읽힌다. 다소 명확하지 않은 이 정의는 유례없이 우수한 신국 일본의 통일성이 이미 건국 당초에 실현되었다는 주장의 전제이다. 그것은 권력 지배에 따라 형성되는 것이 아니라 "억조심을 하나로 하여, 모두 그 위에서 친밀하여 차마 뿔뿔이 흩어질 수 없는" 상태(會澤正志齋 1973 : 52), 곧 천황에 복종하는 인민의 자발성에 근거한다. 그러한 복종의 교화는 언어를 통해 이루어지는 것이 아니라 '불언不言' 가운데 행해지며, 인민은 여기에 따르고 있다는 점을 의식하지 못한다. 왜냐하면 천황이 천조를 받들어 모신다는 '예제'를 거쳐 민심에 스며들어 가기 때문이다. "제祭로써 정政이 되며, 정으로써 교가 된다"고 했듯(會澤正志齋 1973 : 56), 제정일치와 정교일치의 체제 가운데 '신주神州' 건국의 원리를 찾고자 한 것이다.

이처럼 아이자와가 옛 종교 의례를 되살려 새롭게 구성한 위기의 교설은 아득히 먼 기기신화記紀神話에 뿌리를 두고 있다. 거기에서 중심으로 작용하는 정치 원리는 천황 가계가 정점에 서는 지배체제의 정당화이다. 그러므로 국가의 통일성으로 향하는 인민의 자발성이란 제례를 독점하는 지배 세력의 조작으로 만들어진다는 점을 가려낼 수 있을 것이다. 『신론』은 이렇게 가르친다. 서양 사람들이 '이교夷敎'로써 민심을 미혹하면 자국 지배체제는 동요할 수밖에 없다. 그 끝에 외부 세력의 침략으로 향하는 길이 쉽게 열리는 것이다. 이를 미연에 방지하기 위해서는 먼저 민의 마음을 "천위天威에 외경송복畏敬悚服시키고"(會澤正志齋 1973 : 144), 그 마음을 합쳐 국가 목적으로 향하도록 순정하게 만드는 일이 필요하다. 이렇듯 이 책의 저자는 자발성 효과를 만들어 내는 제례의 정치적 기능에 주목하고 있다. 그 통일성 아래에서 민은 위로부터 조종되는 수동적 존재일 따름이다. 이러한 이념체계에 담긴 허위의식은 신국 일본의 건설을 시조신 아마테라스 오미카미天照大神의 의지에 귀속시킬 때 가능했다. 그 신화의 권위로 유지되는 국체가 건국 이래 하나로 뭉친 중앙집권 덕택에 변할 수 없었다는 역사적 세계관이 형성된 것이다.

아이자와 세이시사이의 사유세계를 관통하는 통일성 원리는 반드시 군력 분산의 영주제도와 어긋나는 것은 아니다. 제정일치의 천황이 전국 '국토'의 신사에 폐백을 나누어 주면서 "군신백사群神百祀가 모두 통일되는 바 있다"는 것을 보여 준다면, 개개 '국토 신'에게 바치는 무사와 서민의 신앙심이 마침내 국가체계로 통합된다는 설명이다(會澤正志齋 1973 : 152 ff). 이를 통해 강림천손의 후예 곧 천황으로 향하는 경외심 또한 일어나며, 잇따라서 정무를 위임받은 쇼군과 다이묘들도 존숭의 혜택을 누리게 된다는 것이다. 이렇게 천황을 내세워 구성한 『신론』의 이념세계는 전통의 지배질서와 신분제도를 더 강력하게 통일하는 하나의 방편이었다. 그렇지만 거기에 담긴 정치적 구상이 오직 막번체제 테두리 안에서만 유효성을 지닌 것은 아니었다. 국체 이념의 시무책이 궁극적으로 기대한 목표는 자국의 통일성과 그 강화에 있었다. 그러므로 머지않아 닥친 막말의 개항 시점에 존왕양이의 거센 주장이 바쿠후 지배질서를 무너뜨리는 강력한 무기로 등장했을 때, 신성의 천황을 불러내는 세계관의 본질에 어떠한 균열이 발생한 것은 아니었다(尾藤正英 1973 : 556~582).

이처럼 옛 신화의 세계관을 되살려 통일과 독립으로 향하는 일본의 방향을 제시할 수 있었다는 점에 국체 이념의 혁신적인 성격이 들어 있다. 그것은 바쿠후 절대권력뿐만 아니라 번주藩主들의 할거체제 또한 거부하면서 '수어守禦'국가를 중심에 세우는 위기의 교설이었다. 그러한 원리는 바로 에도 지배 권력의 쇠퇴기에 양이운동을 이끈 지사들의 동력이었다. 바쿠후 해체 과정에서 다양한 세력이 교차하는 가운데 그 응집력은 점점 흩어지게 되지만, 일본 고유의 신도정치를 복고하려는 경향성은 메이지 통일국가 이후에도 변함없이 이어졌다(미나모토 2004 : 222 ff). 그 영향사적 지평은 유신과 더불어 닥쳐온 '개국의 양면성'에 맞닿아 있었다. 말하자면 새로운 일본

'국'은 자신을 국제사회에 여는 동시에 바깥으로부터 자신을 구획해야만 하는 과제에 직면했던 것이다. 국체는 바로 그러한 딜레마를 견뎌 내는 이데올로기 거점이었다. 그것은 끊임없이 위기 국면을 조작하면서 자기 증식을 되풀이하는 가운데 유동하는 정치 환경에 적응했다. 그러는 한편 그것은 고유한 신국 신앙 이래 다양한 이념과 사상 조류를 국가주의로 포용하면서 내면적 동질화 기능을 거의 제한 없이 발산했다(마루야마 2012 : 83 ff). 몇몇 사례를 보자.

1874년은 이른바 '정한론征韓論 분열'의 여파로 하야했던 수 명의 인사가 「민선의원 설립 건백서」를 정부에 제출하면서 자유민권운동을 일으킨 시점이다. 그리고 이즈음 「학제」에 뒤따라 문명개화 열풍이 대중 속으로 널리 퍼지고 있었으며, 계몽 교과서 편찬 사업 또한 크게 번성하고 있었다. 바로 그해에 시류를 거스르는 움직임이 생겨났다. 옛 다이묘와 구교公卿을 불러 모은 화족회관이 곧 그것이다.[187] 이 단체의 핵심 브레인이자 이데올로그로 활동한 오자키 사부로尾崎三良, 1842~1918는 영국식 입헌군주제를 본뜬 군민동치론을 내세웠는데, 여기에서 국체 이념은 '만고불변'의 본성을 지니면서도 '새 시대의 조류'에 적응했다. 그는 오랫동안 영국에서 법률과 역사를 수업한 첨단의 지식인답게 먼저, 만국의 '정제政制'란 '인민의 천연 권리' 문제와 얽혀 있다는 점을 밝히면서 국체 논의 자체를 마다하지 않았다. 그렇지만 함부로 낯선 체제를 선망하여 '우리 건국의 기초'를 버리게 되면 나라 안에 큰 분란이 생겨나고, "인민도 따라

187 1869년의 판적봉환(版籍奉還)에 따라 '화족'의 이름을 얻은 이 구체제 세력은 '메이지 6년 정변'을 틈타 새로운 정치 세력으로 거듭나고자 했으며, 이와쿠라 도모미의 권유로 화족회관을 세우면서 황실 번병의 역할에 나섰다.

서 그 권리를 잃게" 된다는 주장이 뒤따랐다. 그가 구상한 이상적인 정치는 군주와 신민 사이에서 화족이 권형을 유지하는 방식이었다. 이러한 제도가 동시대 자유민권의 대척점에 섰을 때, 국체 이념은 옛 제례의 치세로 되돌아갔다. "천황의 선언문에 '널리 회의를 일으키고 만기공론으로 결정한다'고 했다. 이를 태고에 비추어 말하자면, 천황의 만세일가가 천양지간에 무궁한 바와 같다. 이것이 곧 우리 국체이다. 또한 수많은 신을 불러 모아 회의한다고 했다. 이것이 곧 우리 정체이다. 이렇듯 확고한 건국의 기초가 있으니 무엇을 의심할 것인가. 이 기초를 바꾸지 않고 더욱 활발하게 넓히는 것은 국가를 안녕하게 유지하고 인민의 권리를 보호하며, 그럼으로써 더욱 부강하고 행복한 경지로 나아가도록 하는 길이다. 이를 굳이 지금 유행하는 말로 표현하자면, 군민동치에 가장 가깝다"(尾崎三良 1991 : 381~387).

이처럼 서양의 선진 제도와 구래의 신국정치를 교묘하게 뒤섞은 국체의 정당성은 동시대 정치 지형에 드리워진 위기의식의 다른 표현이었다. "근래 프랑스나 스페인처럼 건국의 기초를 변경하자, 나라가 문란하고 만민이 도탄에 허덕이는 곳이 있다"(尾崎三良 1991 : 384 ff). 이 주장처럼 일본의 민선의원 청원은 거의 닮지 않은 유럽 공화정체운동과 함께 위기의 그늘에 덮이고 말았다. 이로써 서구 지향의 사상이나 제도는 국체의 저편으로 밀려나게 되었다. 천황의 지근거리에 위치하던 궁내성이 그 어느 곳보다 적극적으로 그러한 기류에 편승했다는 사실에 깊이 주목할 만하다. 1877년 황후의 명으로 『메이지효절록明治孝節錄』이 궁내성판으로 나온 이래, 이 기관에서 천황을 역사와 도덕의 중심에 세우는 편수 사업이 대대적으로 벌어졌다(宮地正人 1991 : 550 ff). 그 연장선에서 1879년 천황의 이름으로 「교학성지教學聖旨」가 나올 수 있었다. 완고한 유학자로 황실의 시강을 맡고 있던 모토다 나가사네元田永孚, 1818~1891의 손에서 만들어진 이 문서는 천황이 교육제도에 직접 개입하는 길을 텄을 뿐만 아니라 양학에 기운 개화 추세를 정면에서 물리쳤다는 의미를 지닌다. "근래에 들어 오직 지식재예만을 숭상하고 문명개화의 말단에 빠져 품행을 망치고 풍속을 해치는 자가 적지 않다." 이렇게 1872년 「학제」의 원리를 완전히 뒤집으면서 이 선언이 '헛된 양풍'으로부터 되살리고자 한 것은 '일본의 독립 정신'으로서 '만방'에 떳떳한 '인의충효'의 도덕이었다.[188]

이로부터 메이지시대 교육체제를 상징하는 사안들이 하나하나 드러나기 시작했다. 1880년 문부성은 8월과 9월 사이에 성지를 받들어 모두 41종의 사용 금지 교과서목을 발표했는데, 이 가운데 대부분은 후쿠자와 유키치를 포함한 양학자들의 책이었다(山住正己 1991 : 490). 다음 해 6월 문부성이 천황의 '내의'를 묻고 공포한 「소학교교칙강령」은 보다 많은 변화를 몰고 왔다(海後宗臣 1969 : 54). 여기에서 천황이 특별히 담고자 한 '뜻'은 무엇보다도 역사 교육의 내용에 있었다. 우선 중등과에 이르러 가르치게 될 역사는 먼저 '건국의 체제'에서 시작하며, 그 목적이 "특히 존왕애국의 지기를 양성하는 것"이라는 기본 지침이 마련되었다. 그리고 이어서 일본사와 외국사를 나누어 병렬적으로 가르치던 이전 교재 방식은 그치게 되었다. 외국사는 모두 교과과정에서 사라졌으며, 역사는 곧 일본사 과목 하나만을

188 「教學聖旨」(1991), 山住正己 校注, 『日本近代思想大系 6 : 教育の體系』, 東京 : 岩波書店, pp.78~79.

지칭하게 되었다(黑羽彌吉 1881). 국민교육의 내용뿐 아니라 그 방향마저 지시한 이 이례적인 '내지'에 따라 천황제 이데올로기가 중심에 서는 교육체제의 틀이 구비된 것이다. 일본사에 한정된 역사는 '건국의 체제'에서 시작하여 주로 천황들의 선정 사례를 가르친다는 방침이 정해졌다. 따라서 「학제」 반포 이후 문부성 간행 교과서들은 폐기되고 민간 편집의 일본사 교재들이 늘어나는 경향이 생겨났다. 이로부터 교과서들을 국가 기준에 따라 획일적으로 통제하는 정책이 들어섰으며, 곧이어 문부성은 부府 · 현縣 당국의 '적부' 검사에 따르는 교과서 채택을 요구하게 되었다. 1886년 문부성이 모든 소학교 교과서를 국가 기준 아래 통제한 '검정제'가 그 귀결이었다. 이에 따라 국체를 분명히 하여 존왕과 애국의 의지를 양성하는 황국이념이 역사 교과서의 기본 방침으로 규정되었다(海後宗臣 1969 : 60 ff). 이를테면 1886년에 나온 『일본사요』는 이렇게 시작한다. "소학교 생도에게 국사를 가르치는 요지는 아국 건국의 체제, 명군현주의 정적政績, 장가將家의 성쇠흥망, 왕정유신, 세태 · 문물 · 인정 · 풍속 변천의 개략, 외국 교통 · 무역, 충량현철의 사적 등을 전수하여 존왕애국의 지기를 양성하는 데 있다"(古俗傳 1886 : 1). 이것이 거의 모든 역사 교과서를 장식하는 천편일률의 '요지' 가운데 한 사례이다. 이러한 추세와 더불어 학교 바깥에서도 국체 이념을 체계적으로 갖추려는 움직임이 일어났다. 국학과 미토학 계열의 학자들이 뭉쳐 1883년에 발족한 사학협회가 그 사례이다.[189] 이 단체는 처음부터 자유민

189 「史學協會創立の趣旨」(1991), 田中彰 · 宮地正人 校註, 『日本近代思想大系 13 : 歷史認識』, 東京 : 岩波書店, pp.392~395.

권운동을 적대하던 입헌제정당立憲帝政黨과 그 기관지 『메이지일보』와 깊은 유대를 맺고 출발했다. 이 정당의 대표는 바로 사학협회의 간사장이었다. 이 단체는 또한 국가 신도를 교리로 삼아 신관을 교육하던 황실 지원의 황전연구소皇典講究所와 사실상 한 몸이었다. 여기에서 다듬어진 '국체사관'의 논리, 곧 일본 건국의 특수성, 천황과 신민 사이를 변함없이 묶어 주는 군신 관계, 일본 국가의 우수성 등의 교설이야말로 메이지시대를 관통하는 하나의 정신적 표상이었다(宮地正人 1991 : 552 ff).

이처럼 모두 하나의 이데올로기체계로 모이는 여러 예비 작업 끝에 앞에서 본 1890년의 「교육칙어」가 나올 수 있었다. 이 선언은 '황조황종의 유훈에' 따라 '천양무궁의 황운을 부익해야만' 하는 '충량한 신민'의 무한책임을 국민에게 강제한다는 특징을 지닌다. 널리 알려졌듯 이 문서는 당시 법제국의 수장이던 이노우에 고와시井上毅, 1843~1895가 모토다 나가사네를 비롯한 황실 측근들의 도움으로 작성한 것이다. 이들이 나중에 천황기관설 논쟁이나 국체명징운동 등에서 나타나게 될 광신적 황도 신앙을 미리 내다볼 수는 없었을 것이다. 아무튼 일본 고유의 천황 통치를 정당화하는 모든 교설, 이를테면 옛 신국 신앙에 기운 국학이나 완고한 유교의 강상윤리, 그리고 현실적 지배정치의 논리마저 '칙어'의 이념적 골격을 이루는 '국체의 정화' 안에서 한 뭉치로 되었다는 점이 중요해 보인다. 그 융화의 기제는 문명개화의 기대지평으로 향하는 계몽적 국체론의 예봉을 꺾어서 천황제 이데올로기 속으로 흡수하는 위력이기도 했다. 국체의 정당성을 두고 이 문서의 기안자들이 후쿠자와를 심히 경계했다는 사실에 주목해 보자(스즈키 2005 : 84 ff). 『문명론의 개략』에서 읽는 후쿠자와의 결론은 명백하다. "필경 국체는 문명으로 말미암아 손해 보는 것이 아니다. 그 실상은 문명에 의지해 가치를 키우는 것이다." 왜 그런가? 우선 그가 이해하는 국체는 '나쇼나리티 nationality'와 같은 의미로, 한 정부 아래에서 "스스로 지배하고 다른 정부의 제어를 좋아하지 않으며, 화복을 함께 스스로 담당하여 독립하는 것"이다. 달리 말하자면 그것은 국민이 자기 국가의 정치를 장악하는 것이다. 그러므로 군주정치나 공화정치가 국체를 바꿀 수 없으며, 군주 혈통의 연속성 또한 국체의 보존과 관련 없다. 후쿠자와는 결론적으로, "옛 습속의 혹닉을 일소하고 서양에서 이루어진 문명의 정신을" 받아들일 때 "인민의 지력"이 발전하며, 그 바탕에서 "국체를 보전할" 수 있다고 보았다. 일신독립과 일국독립의 정신이 곧 국체를 지키는 힘이었다(福澤諭吉 2004b : 38 ff ; 마루야마 2013 : 154 ff). 이러한 계몽의 원리도 여러 다양한 정론을 천황통치의 정당성 안으로 이끌고 가 녹여내는 이데올로기현상 앞에서 무력할 수밖에 없었다. 청일전쟁의 와중에 후쿠자와 유키치는 결국 '천황폐하의 성덕'에 감격하여 이렇게 자신의 감정을 공개하고 말았다. "나는…… 그저 감격하여 눈물이 흘러내려 목이 멜 따름이다"(스즈키 2005 : 91 재인용). 그 무엇이 국체의 '마력'을 감당할 수 있었겠는가.

후쿠자와와 더불어 메이로쿠샤를 함께했던 가토 히로유키加藤弘之, 1836~1916 또한 국체 논쟁과 깊은 인연을 지닌 인물이다. 독일 유학을 경험했던 그는 젊은 시절 한때 계몽운동에 헌신했는데, 1874년에 나온 『국체신론國體新論』이 그 시대를 증언하고 있다. 그는 이 책의 「총론」에서 '야비누열의 국체'를 내세우는 국학자들의 '망언'을 혹독하게 비판하면서 천황과 인민이 모두 동등한 인간이라는 전제 아래 입법과 사법에 근거하는 '공명정대한 국체'를 주장했다(加藤弘之 1874). 청년 가토의 명성을 널리 알린 이 낯선 정치의 원리는 그다지 오래 버틸 수 없었다. 1881년 그가 스스로 자신의 '망설'을 뉘우치면서 책을 절판시켰기 때문이다. 결국 '문명화'의 국체가 '미개'의 국체에 굴복하고 만 셈이다. 이런 그가 1879년 도쿄대학의 법리문학부 종리綜理로 있을 때 동시대 역사의 의미론을 추적할 만한 발언을 남겼다. "사학류는 구미 각국 학교의 사학과는 달리 구미의 역사뿐 아니라 본방, 지나, 인도 등 동양 각국의 역사 또한 강구하지 않으면 안 된다. 따라서 그 교수가 되는 자는 화양·동서고금의 변천, 연혁, 흥망, 성쇠를 모두 자세히 알아야 함은 물론이려니와 아울러 철학에 숙달한 자가 아니면 그 임무에 적합하다고 할 수 없는데, 이를 안팎으로 찾아보아도 그 인물이 거의 없었다. 따라서 생도 중에 사학을 전공하고자 하는 자는 매우 드물었다"(小澤榮一 1968 : 333 재인용). 이 설명은 대학에서 '사학'이라는 이름의 학과를 폐지하면서 내세운 변명이다. 여기에서 역사는 동서고금의 시간 경과에 두루 미치는 개념인 듯 보이지만 아직 개별 국가의 사정에 한정되고 있다. 그러므로 이 말에서 대표단수의 의미를 기대하기 힘들다. 오히려 사학이 이보다 더 포괄적인 뜻을 지닌 것으로 보인다. 그것은 일본의 토양에서 보편 지향의 학문 개념으로 성숙할 수 있었을까? 우선 앞에서 보았듯 메이지 전반기 상황에서 사학이 단순히 만국사 내지는 서양문명사를 지칭하는 가운데, 그 의미를 성찰할 만한 역사가들의 문제의식이 생성하기 힘들었다. 그리고 차츰 국체 이념의 그림자가 지식사회 전반을 뒤덮게 되는 경향 가운데, 국사가 사학의 범위에서 엄격하게 분리되는 현상이 나타났다. 그러면서 동양사와 서양사는 각각 낯선 대상과 상이한 가치를 뒤쫓는 개별 학과목으로 특화되었다. 이는 곧 이념적으로는 세계적이면서 보편적 성격의 학문이었던 사학이 아직 미성숙 단계에 머문 채 사실상 해체될 수밖에 없었다는 사정을 말한다. 개개의 역사 연구에서 실증적 방법이라는 공통성이 있었지만, 역사의 전개를 인식하여 통찰하는 통일적인 체계가 성립할 수 없었다. 여기에 더하여 역사 과목을 일본사, 곧 국사로 한정하는 국가의 국민교육 규정이 역사 개념의 추상성과 보편성을 가로막았다.[190] 이로부터 일본사만을 전문 영역으로 삼은 국사학의 특수한 위상이 생겨날 수 있었다. 국가의 수사 사업과 밀착하는 가운데 성장한 이 독보적인 학문 분과는 천황중심주의와 국체 신앙의 흡수력에 매우 취약한 성격을 지닐 수밖에 없었다. 그것이 보편의 역사에서 멀리 벗어나 일본'국'의 고유성과 특수성으로 향하는 '심정적 공감'을 성장의 자양분으로 삼았기 때문이다(黑田俊雄 1984 : 4 ff). 메이지 국가주의는 그렇게 역사의 의미론 한가운데에 자리할 수 있었다. 한국의 사례는 이러한 현상으로부터 동떨어져 있었을까?

190 「교육칙어」에 이어서 나온 1891년의 「소학교교칙대강」에는 "일본 역사는 본방 국체의 대요를 알게 하여 국민다움의 지조 양성을 요지로 한다"는 항목(제7조)이 들어 있다.

3. 개화 교과서

1895년 2월 고종은 인민을 교육하는 국가의 과제를 이렇게 천명했다.

嗚呼라 民을 教치 아니면 國家를 鞏固케ᄒᆞ기 甚難ᄒᆞ니 宇內의 形勢를 環顧ᄒᆞ건ᄃᆡ 克富ᄒᆞ며 克强ᄒᆞ야 獨立雄視ᄒᆞᄂᆞᆫ 諸國은 皆其人民의 知識이 開明ᄒᆞ고 知識의 開明홈은 教育의 善美홈으로 以홈인 則教育이 實로 國家保存ᄒᆞᄂᆞᆫ 根本이라 是以로 朕이 郡師의 位에 在ᄒᆞ야 教育ᄒᆞᄂᆞᆫ 責을 自擔ᄒᆞ노니 教育도 ᄯᅩᄒᆞᆫ 其道가 有ᄒᆞᆫ지라 虛名과 實用의 分別을 先立홈이 可ᄒᆞ니 書를 讀ᄒᆞ고 字를 習ᄒᆞ야 古人의 糟粕만 掇拾ᄒᆞ고 時勢의 大局에 矇昧ᄒᆞᆫ 者ᄂᆞᆫ 文章이 古今을 凌駕ᄒᆞ야도 一無用ᄒᆞᆫ 書生이라 今에 朕이 教育ᄒᆞᄂᆞᆫ 綱領을 示ᄒᆞ야 虛名을 是祛ᄒᆞ고 實用을 是崇ᄒᆞ노니 日 德養은 五倫의 行實을 修ᄒᆞ

야 俗綱을 紊亂치 勿ᄒᆞ며 風敎를 扶植ᄒᆞ야ᄡᅥ 人世의 秩序를 維持ᄒᆞ고 社會의 幸福을 增進ᄒᆞ라 曰 體養은 動作에 常이 有ᄒᆞ야 勤勵홈으로 主ᄒᆞ고 惰逸을 貪치 勿ᄒᆞ며 苦難을 避치 勿ᄒᆞ야 爾筋을 固케 ᄒᆞ며 爾骨을 健케 ᄒᆞ야 康壯無病ᄒᆞᆫ 樂을 享受ᄒᆞ라 曰 智養은 物을 格ᄒᆞᄆᆡ 知를 致하고 理를 窮ᄒᆞᄆᆡ 性을 盡ᄒᆞ야 好惡 是非 長短에 自他의 區域을 不立ᄒᆞ고 詳究博通ᄒᆞ야 一己의 私를 經營치 勿ᄒᆞ며 公衆의 利益을 跂圖ᄒᆞ라 曰 此三者ᄂᆞᆫ 敎育ᄒᆞᄂᆞᆫ 綱紀니 朕이 政府를 命ᄒᆞ야 學校를 廣設ᄒᆞ고 人材를 養成홈은 爾臣民의 學識으로 國家의 中興大功을 贊成ᄒᆞ기 爲홈이라 爾臣民은 忠君愛國ᄒᆞᄂᆞᆫ 心性으로 爾德 爾體 爾智를 養ᄒᆞ라.[191]

이 조칙은 일본공사 이노우에 가오루井上馨의 영향력으로 일본에 가까웠던 개화당 세력이 '경장'의 주도권을 장악한 뒤에 나왔다. 이러한 사실에서 드디어 한국 공공 문서에 침투하기 시작한 일본식 언어 용법을 내다볼 만할 것이다. 먼저 인민이 개명하여 국가 보존의 근본을 이룬다는 교육의 기본 원리는 '일신독립'의 바탕에서 '일국독립'을 이룬다는 후쿠자와의 생각과 다를 바 없어 보인다. 그의 가르침에 따라 신식 학문을 접했던 유길준은 일찍이 『서유견문』에서 서양의 사례를 들면서 '인민의 교육'을 시대적 요청이라고 주장했다. "天下의 急務ᄂᆞᆫ 學校를 設ᄒᆞ기에 莫先ᄒᆞ니 盖人民이 其幼에 不學ᄒᆞ고 及長에 無知ᄒᆞᆫ則 輕擧妄動으로 前後를 不顧ᄒᆞ야 國家의 法紀를 觸犯ᄒᆞ고 人世의 交道를 毁傷ᄒᆞ난 者가 不鮮ᄒᆞ며…… 凡國家의 大本은 敎育ᄒᆞᄂᆞᆫ 道에 在ᄒᆞ니 現今天下에 富强ᄒᆞ기로 有名ᄒᆞᆫ 諸國

191 『高宗實錄』 卷33.

은 皆此一件事를 勉勵ᄒᆞ야 其效를 獲致홈이라"(유길준 1969 : 100, 233). 후쿠자와의 후견을 받았던 박영효 또한 앞에서 본 「건백서」에서 '개명의 도'를 깨친 일본과 그렇지 못한 '우리'의 사정을 이렇게 대조하여 설명했다. "이웃에 한 나라가 있는데, 우리와 동류의 사람들이 같은 비와 이슬의 혜택과 해와 달의 빛을 받고 있습니다. ……다만 행사行事에는 다름이 있으니, 그들은 이미 개명의 길에 나아가 문예를 닦고 무비를 갖추어 부강한 나라들과 더불어 겨룰 만하게 되었습니다. 그러나 우리는 아직도 몽매 가운데 있어 어리석고 바보스러우며 술에 취하고 미친 것 같아 세계의 사정을 헤아리지 못하여 스스로 천하의 모욕을 당하고 있습니다"(朴泳孝 1973 : 51).[192] 그리고 그는 이렇게 앞서 나간 일본을 본받아 '인민에게 재덕문예才德文藝를 가르쳐 근본을 다스리는' 국가의 책무를 강조했다. "그러므로 진실로 한 나라의 부강을 기대하고 만국과 맞서고자 한다면 군권君權을 줄여 민이 마땅히 누릴 만한 자유를 얻고서 각각 나라에 보답하는 책무를 지게 한 뒤 점차 문명으로 나아가게 해야 할 것입니다. 이렇게 하면 백성은 편안하고 나라 또한 태평하여 종사와 군위君位가 모두 함께 영구할 것입니다"(朴泳孝 1973 : 62).[193] 이렇듯 1895년의 교육개혁 조칙은 기본적으로 일본식 계몽의 원리에 근거했다고 볼만하다. 그렇지만 그것은 일찍이 후쿠자와 유키치가 교육의 이상으로 염원한

192 "且鄰有一國 以同類之人 同沾雨露之澤 被日月之光…… 而只行事有別 彼已就開明之道 修文藝 治武備 幾與富强之國 同馳 而我尙在蒙昧之中 如痴如愚 如醉如狂 不辨世界之事 而自取侮辱於天下."

193 "是以誠欲期一國之富强 而與萬國對峙 不若少減君權 使民得當分之自由 而各負報國之責 然後漸進文明也 夫如此 則民安國泰 而宗社君位 并可以永久也."

불기자유와 입신의 재본에 가까이 이를 수는 없었다. 새로운 교육 정책에 관여한 개화당 세력은 나름대로 시세의 대국에 따르는 실용 교육을 통해 '개명'세계와 '몽매'사회를 매개하고자 했을 것이다. 박영효는 「건백서」에서 실용의 명분을 이렇게 표현했다. "배움이란 동양에서는 물론이려니와 서양에서도 실용을 앞세우며 글의 화려함을 뒤로 삼습니다. 대저 실용이란 귤과 같으며 글의 화려함은 귤의 향기와 같습니다. 향기는 귤에서 생겨납니다. 어찌 귤이 그 향기에서 생겨날 수 있겠습니까. 그러므로 그 실용을 버리고 화려함을 취한다면, 격물궁리와 수신치국의 학문이 일시에 함께 무너져 부화浮華의 풍조에 이르고 말 것입니다"(朴泳孝 1973 : 63).[194]

이렇게 인민을 일깨우는 교육의 원리에 이어 국가가 제시하는 교육의 강령이 뒤따른다. 그것은 곧 덕양, 체양, 지양으로 각각 나누어 부르는 세 가지 기율이다. 그 첫 번째 강령의 내용, 곧 오륜의 행실을 닦고 풍교를 굳건히 지켜 세상질서를 유지하고 사회 행복을 증진한다는 덕목은 전통의 성리학 이념에 가까운 듯 보인다. 그러나 그 범주가 개인의 수양보다는 사회질서의 규율에 더 많이 기울었다는 점에 주목할 만하다. 공중의 이익에 힘써야 한다는 세 번째 지식교육의 강령 또한 같은 맥락에 이어져 있었을 것이다. 그리고 여기에서 두드러져 보이는 '격물'과 '궁리'의 지식은 유길준이 『서유견문』에서 서구 학교의 교과목이나 그 학문의 방법을 지칭할 때 사

194 "故臣愚謂學者 勿論東洋西洋 先其實用 而後其文華 夫實用如橘 文華如香 香因橘而生 豈有橘因香而生哉 故棄其實 而取其華 則格物窮理 修身治國之學 一時幷廢 乃致浮華之風也."

용한 표현이다(유길준 1969 : 209 ff, 329 ff). 이렇게 볼 때 '오륜'의 '덕양'은 전통적인 유교교육을 강조하기보다는 하나의 보편적 도덕규범을 지시하는 수사법으로 이해해야 옳을 것이다. '인민'교육의 정신과 원리를 처음으로 역사의 장에 드러낸 문제의 조칙은 대체로 박영효나 유길준과 같은 개화당 주도 세력이 나름대로 본받고자 한 일본식 계몽의 언어 용례를 따랐을 것이다. 그 무엇보다도 바로 덕양 · 체양 · 지양이라는 표현은, 1885년 이토 히로부미伊藤博文, 1841~1909 내각의 초대 문부대신에 올랐던 모리 아리노리森有禮, 1847~1889가 '애국'교육의 요체를 덕육 · 체육 · 지육의 세 가지로 나누어 규정한 방식과 다르지 않다. 후쿠자와와 함께 메이로쿠샤운동에 가담했던 그는 1890년의 「교육칙어」로 향해 나아가는 길목에서 특별히 덕육을 앞세우는 국가의식과 신체 훈련의 집단주의를 절대적인 천황제와 접목한 인물이다(森有禮 1991a : 132~138 ; 森有禮 1991b : 139~141 ; 김경미 2009 : 135 ff ; 쓰지모토 · 오키타 · 모리가와 · 오토 2012 : 363~368). 일찍이 유길준은 서구의 여러 교육제도를 소개한 뒤 그 '대법'을 설정하면서 '도덕의 교육'을 앞세우고 재예교육과 공업교육을 그다음 차례로 순서 지었다(유길준 1969 : 107). 일본 고유의 국가주의 형성에 골몰하면서 덕육을 최우선 과제로 설정했던 모리의 생각이 새로운 국가 건설의 호기를 맞이한 개화당 인사들의 언어 구성에 영향을 끼친 것으로 보인다.

1895년의 교육조칙은 뒤이어 나타나게 될 일본식 교육칙령들의 시작점이었다. 같은 해 9월 11일구력 7월 23일 「한성사범학교 규칙」과 「동 부속소학교 규정」을 담은 학부령 제1호가 나왔는데(송병기 · 박용옥 · 박한설 1991 : 519~527), 개별 조항들의 용어와 내용은 상당 부분 일본의 범례를 뒤따른 것이었다. "漢城師範學校는 勅令 第七十九號에

衣ᄒᆞ야 敎員에 應用할 學員을 養成홈. 但 學員으로 順良 恭儉ᄒᆞ며 信愛威重한 氣質을 備홀 事에 主意홈이 可홈.” 총칙 제1조의 전문이다. 이를 1886년에 나온 일본 「사범학교령」 제1조와 맞추어 보자. “師範學校는 敎員이 될 사람을 양성하는 곳임. 단 生徒로서 順良信愛威重의 氣質을 갖추도록 하는 일에 주목해야 함”(東京府學務課 1886 : 7). 한성사범학교의 총칙은 이렇듯 일본의 해당 내용을 거의 그대로 옮겨온 것이었다. 순량, 신애, 위중이라는 세 가지 기질은 원래 1886년 각종 학교령을 만든 모리 아리노리가 사범교육의 목표로 설정한 표현이었다(쓰지모토 · 오키타 · 모리가와 · 오토 2012 : 367 ; 이명실 2013). 「한성사범학교 규칙」은 여기에 메이지천황의 「교육칙어」에서 가져온 ‘공검’을 더하여 총칙의 내용을 구성했다. 교원 양성의 ‘요지’ 또한 일본식 국가주의 용어를 그대로 모사한 것이었다. 일본 문부성은 1892년에 ‘심상사범학교의 학과 및 그 정도’를 규정하면서 10가지 사범교육의 규범을 함께 열거했는데(文部省普通學務局 1892 : 6~8), 그 핵심 내용은 그대로 한성사범학교의 교육 요지를 구성했다. 그 가운데 「교육칙어」의 이념을 되새긴 일본 사례의 제3항은 거의 그대로 한성사범학교의 교육 요지를 이루었다. “尊王愛國의 志氣에 富홈은 敎員者의 重要ᄒᆞᆫ비라 故로 學員으로 ᄒᆞ야곰 平素에 忠孝의 大義에 明ᄒᆞ며 國民의 志操를 振起홈을 要홈”(송병기 · 박용옥 · 박한설 1991 : 522).[195] 그리고 이어서 그다음 달에 일본 해당 사례의 이름과 내용을 본받은 「소학교교

195 일본 사례의 해당 항목은 이러한 표현으로 구성되었다. “尊王愛國의 志氣에 富함은 교원이 되는 者에게 특별히 중요함. 고로 生徒로 하여금 평소 忠孝의 大義를 명확히 하여 國民다운 志操를 振起시킴을 요함.”

칙대강」이 나왔다. 여기에 수신교육을 규정하는 항목이 들어 있는데, 그 표현 방식은 일본의 「소학교교칙대강」처럼(教育評論社 1890 : 90~104) 「교육칙어」에서 내려받은 것이었다. "孝悌 友愛 禮敬 仁慈 信實 義勇 恭儉 등 實踐ᄒᆞᄂᆞᆫ 方法을 授ᄒᆞ고 別로히 尊王愛國ᄒᆞᄂᆞᆫ 士氣ᄅᆞᆯ 養ᄒᆞᆷ을 務ᄒᆞ고 또 臣民으로ᄡᅥ 國家에 對ᄒᆞᄂᆞᆫ 責務의 大要ᄅᆞᆯ 指示ᄒᆞ고 兼ᄒᆞ야 廉恥의 重ᄒᆞᆷ을 知케 ᄒᆞ고 兒童을 誘掖ᄒᆞ야 風俗과 品位의 順正에 趨ᄒᆞᆷ을 注意ᄒᆞᆷ이 可ᄒᆞᆷ"(송병기 · 박용옥 · 박한설 1991 : 545). 여기에서 보는 '尊王愛國ᄒᆞᄂᆞᆫ 士氣'는 「한성사범학교규칙」에 비추어 볼 때 '尊王愛國ᄒᆞᄂᆞᆫ 志氣'를 잘못 옮겨 온 표현일 것이다. 이 말과 함께 국가에 바치는 신민의 책무는 「교육칙어」가 강조하는 핵심 이념이었다.[196] 갑오경장의 교육입법은 그렇듯 단순히 일본의 해당 법령들을 모사하는 방식을 넘어 천황제 국가주의의 수사법에 깊이 물들어 있었다(김경미 2009 : 137~157). 소학교의 여러 교과목 가운데 역사교육을 설명하는 요지 또한 그러한 경향성과 겹친다.

本國 歷史ᄂᆞᆫ 國體에 大要ᄅᆞᆯ 알게 ᄒᆞ야 국민된 志操ᄅᆞᆯ 養ᄒᆞᆷ을 要旨로 ᄒᆞᆷ. 教科에 本國 歷史를 加ᄒᆞᄂᆞᆫ 時에ᄂᆞᆫ 鄕土에 關ᄒᆞᄂᆞᆫ 史談으로부터 始ᄒᆞ야 漸漸 建國의 體制와 賢君의 盛業과 忠良賢哲의 事跡과 開國 由來의 梗槪ᄅᆞᆯ 授ᄒᆞ야 國初로부터 現時에 至ᄒᆞ기ᄭᅡ지 事歷을 授ᄒᆞᆷ이 可ᄒᆞᆷ(송병기 · 박용옥 · 박한설 1991 : 548).

196 1890년 「교육칙어」에서 다음과 같은 표현을 읽을 수 있다. "너희 신민은…… 항상 국헌을 무겁게 여기고 국법을 준수하며, 일단 위급한 일이 생기면 의용을 다하여 공공에 봉사함으로써 천양무궁의 황운을 부익해야만 한다"[「教育勅語」(1991), 山住正己 校注, 『日本近代思想大系 6 : 教育の體系』, 東京 : 岩波書店, p.383].

일본 「소학교교칙대강」의 교과목 요지에도 거의 그대로 들어 있는 이 설명은 메이지천황의 1879년 「교학성지」 이후 문부성이 마련한 일본사 기초 교재의 서술 지침에서 크게 벗어나지 않았다. 드디어 1895년 '중추'에 '갑오경장' 정부는 '본국'의 역사에 걸맞은 교과서를 펴내기 시작했다(한영우 1996 : 40~84 ; 조동걸 2000 : 73~136 ; 도면회 2009 : 175~213). 그 첫 번째 과업으로 학부學部 편찬의 『조선역사』가 나올 수 있었다. 이 책의 표제에 붙은 '역사'는 일찍이 후쿠자와가 선진문명의 범례로 삼은 계몽의 교과서를 의미하지 않았다. 더구나 그것은 청년 유길준이 '참된' 개화의 궁극 지점으로 기대한 보편의 '세계'와도 가깝지 않았다. 오히려 그 이름은 일본역사와 짝하는 표현이었다. 앞에서도 보았듯 천황 중심의 메이지 교육체제 이래 교육법령과 교과서에서 '역사'란 흔히 특수한 일본사를 별스럽게 지칭하는 교과목 이름이었다. 『조선역사』를 이은 여러 교과서, 이를테면 『동국역사』1899 · 『역사집략』1905 · 『대동역사』1905 · 『본국역사』1908 · 『대한력ᄉᆞ』1908 · 『초등본국역사』1908 등의 명칭은 일본의 사례처럼 자국 '역사'의 고유성으로 향하는 '심정적 공감'에서 그다지 먼 거리에 있지 않았을 것이다. 이러한 의미의 역사와 함께 사략이라는 말도 교과서의 표제에서 흔히 찾을 수 있는 이름이다. 『조선역대사략』1895, 『동국역대사략』1899, 『대한역대사략』1899 등이 그 사례에 해당한다. 『동사집략』1902, 『역사집략』1905, 『초등본국약사』1909와 같은 표제는 그 아류에 속할 것이다. 이러한 명칭은 조선 태종 3년1403 권근과 몇몇 문신이 편년체 관찬 사서로 펴낸 『동국사략』을 본받았다고 짐작할 만하다(김여칠 1980). 그러나 '사략'이나 '약사'라는 말이 메이지시대 일본 교과서 이름에 흔하게 사용되었다는 사실도 주목해야 옳을 것이다. 한말 교과서 편찬자들이 여러 가지 판본으로 나온 『일본사략』, 『국사략』, 『일본약사』, 『만국사략』과 같은 책 이름을 그냥 지나칠 리 없었을 것이다.

무엇을 어떻게 가르칠 것인가? 이러한 질문이 교과서 이름보다도 중요했을 것이다. "檀君紀. 檀君은 名은 王儉이니 或云 王險이라 ᄒᆞ니라. 東方에 쳐음에 君長이 無ᄒᆞ더니 神人이 有ᄒᆞ야 太白山 檀木下에 降ᄒᆞ거놀 國人이 奉立ᄒᆞ야 爲君ᄒᆞ니 號ᄅᆞᆯ 檀君이라ᄒᆞ고 國號ᄅᆞᆯ 朝鮮이라ᄒᆞ니 初에 平壤에 都ᄒᆞ고 後에 白岳에 都ᄒᆞ니라"(學部 1895c : 5). 이렇게 시작하는 첫 번째 역사교과서는 조선 개국 기원을 사용하고 단군 이야기를 앞세우면서 국한문 혼용의 편년 서술을 지향했다는 점에서 어느 정도 자주독립의 역사의식을 반영했다고 평가할 만하다. '조선'이라는 국호가 관찬 사서의 이름을 이끄는 사례도 이채롭다. 조선역사란 일본역사와 대응하는 표현이었겠지만, '조선'이 나중에 나오게 될 '대한'을 예비하면서 '본국사'의 자부심을 드러내기 때문이다. 이 책보다 조금 일찍 나온 『국민소학독본』1895에서 좀 더 확실한 표현을 찾을 수 있다. "우리 大朝鮮은 亞細亞洲中의 一王國이라. ……世界萬國中에 獨立國이 許多ᄒᆞ니 우리 大朝鮮國도 其中의 一國이라. 檀箕衛와 三韓과 羅麗濟와 高麗ᄅᆞᆯ 지난 古國이오 太祖大王이 開國ᄒᆞ신 後 五百有餘年에 王統이 連續ᄒᆞᆫ 나라이라. 吾等은 如此ᄒᆞᆫ 나라에 生ᄒᆞ야 今日에 와셔 世界萬國과 修好通商ᄒᆞ야 富强을 닷토난 ᄯᅢ에 當ᄒᆞ얏시니 우리 王國에 사ᄂᆞᆫ 臣民의 最急務ᄂᆞᆫ 다만 學業을 힘쓰기에 잇ᄂᆞ니라"(學部 1895a : 9~10). 그리고 이 책은 일본 교과서에서 중국이나 중화를 '지나'로 낮추어 부르는 범례를 따르면서 상대적으로 조선의 위상을 높였다. "支那國은…… 國勢ᄂᆞᆫ 날노 陵

夷호딕 至今도 中華라 自大ᄒᆞ고 他國을 外夷라 蔑視ᄒᆞ야 無識無義ᄒᆞ야 世界의 嗤笑와 凌辱을 甘受ᄒᆞ니 可憐ᄒᆞ고 可笑롭도다"(學部 1895a : 57~58).

이렇듯 『조선역사』는 오랜 청나라의 간섭을 물리쳐 '본조'의 자주독립을 이루어야 한다는 시대적 이유를 담았을 것이다. 그러나 이 책이 너무 서둘러 나왔다는 인상을 지우기 힘들다. 단군의 아들 부루夫婁 이야기가 하나의 사례이다. "甲戌에 夏禹의 十八年이라 子夫婁룰 遣ᄒᆞ야 夏禹씨를 塗山에 朝ᄒᆞ다"(學部 1895c : 5). 단군이 하나라 우왕에게 신하의 예를 다하기 위해 아들을 도산에 보냈다는 이야기다. 조선은 출발부터 중국의 제후국이었다는 설명으로 읽힌다. 다른 사례도 찾을 수 있다. "箕子는…… 殷의 太師오 紂의 諸父ㅣ니 武王이 商을 克ᄒᆞ미 箕子ㅣ 東으로 朝鮮에 入ᄒᆞ니 武王이 封ᄒᆞ야 平壤에 都ᄒᆞ니라"(學部 1895c : 6). 앞에서 보았듯 이 이야기는 원래 사마천의 『사기』에 이렇게 실려 있다. "무왕은 마침내 기자를 조선에 봉하였으나, 그를 신하로 삼지는 않았다."[197] 근거를 알 수 없는 이 이야기가 거듭하면서 화하의 교화를 입은 '해동'의 신화가 새삼 되살아난 셈이다. 새 교과서는 아직 전통의 명분론과 주자성리학의 정통 이념에 굳건히 서 있었다. 1895년 학부가 『조선역사』에 이어서 고등용 교과서로 펴낸 『조선역대사략』은 이러한 전통의 세계관을 앞세우면서 시작한다. "단군은 맨 처음 나라를 열었던 신군神君이며 기자는 입교立敎의 성후聖后로 역년의 처음과 끝을 믿을 만하다고 여기고 존숭하여 동국 통계의 우두머리에 기록한다. 기준箕準은 비록 위만에

197 司馬遷, 「宋微子世家」, 『史記』 卷38 : "於是武王乃封箕子於朝鮮 而不臣也."

게 쫓기어 나라를 잃고 도읍을 남쪽으로 옮길 수밖에 없었지만 기자의 사직을 이었으니, 한나라 소열제昭烈帝 유비가 촉 땅에 나라를 세워 정통을 잃지 않았던 사례에 비추어 지금 주자강목의 예에 따라 그 사실을 정통으로 기록한다"(學部 1895d : 271). 이와 같은 '법례'와 함께 존왕양이의 강목체 이념은 충군애국의 교육 요지와 굳게 결합했을 것이다. 따라서 역대에 걸쳐 일어난 일들의 변화를 연조年條에 따라 서술하면서 "비록 훌륭한 말과 아름다운 일일지라도 국가에 관계되지 않으면 모두 빠뜨린다"는 교과서 '편찬의 근본'이 설 수 있었다. 오직 국가와 관련하는 '사변事變'을 '촬기撮記한다'는 지침은(學部 1895d : 273~274) 일본과 한국 「소학교교칙대강」이 앞세운 국체의 대요를 되새긴 표현으로 보인다.

학부 발행의 '본국사' 교과서는 1899년에 이르러 변화의 조짐을 드러내기 시작했다. 우선 이해에 『대한역대사략』처럼 교과서 표제에 '대한'이라는 국가 호칭이 올랐다. 이전의 '조선'이나 '대조선'을 대신한 이 이름은 '본국'의 대외 자존의식을 더욱 높이려는 시대의식을 반영했을 것이다. 1897년 10월 12일 대한제국 선포와 칭제건원이 교과서 명칭으로 이어진 셈이다. 그리고 1895년의 『조선역사』 이래 거의 빠짐없이 등장하던 '도산'의 제후회의 이야기는 단군이 아들 부루를 그 회의에 그저 '보냈다'는 기사로 바뀌거나(學部 1899a : 3) 아예 서술에서 빠지기도 했다(學部 1899b). 이러한 변화는 1896년 독립협회 창설과 함께 회원의 교양 독서 서목으로 널리 알려진 『대동역사』의 필사본이 커다란 영향을 끼친 것으로 보인다. 1905년에 인쇄본이 나온 이 책의 편집과 평열評閱이 최경환崔景煥과 정교鄭喬의 이름으로 기록되어 있는데, 두 사람은 모두 독립협회에서 활동한 인물이다. 그런 만큼 책 곳곳에 독립의 자부심과 자주의식이 현저하게 드러나 있다. 몇몇 사례를 보자. 여기에도 유명한 도산회의 기록이 실려 있는데, 그 이야기는 이제 조선과 중국 사이의 대등한 국제 관계 사안으로 바뀌었다. 곧 단군의 태자가 도산회의에 참석했던 일은 "이웃 나라들이 마침내 교빙통호交聘通好의 우의를 다진" 사례로서, "오늘날 만국의 사람들이 박람회에 가는 것과 유사하다"는 설명이었다(崔景煥 1905 : 45). 그리고 "단군의 후손이 기자에게 손위하고 부여 땅으로 옮겨 가게 되니, 비로소 부여국이 시작했다"는 주장과 함께 단군조선의 단절설이 부정되었다. 이어서 이 책이 후조선의 태조 문성왕으로 명명한 기자 이야기가 그 어느 곳보다 상세히 이어진다. "기성箕聖은 은나라 왕 무을의 후손으로 주나라를 피해 동쪽으로 건너와 지나의 구역 바깥에서 개국하여 은나라 왕실 중흥의 사업을 일으켰다." 그러므로 주나라 무왕이 그를 조선에 봉했다는 지나 사가들의 서술은 모두 잘못된 것이다. 기자는 명백히 동왕東王이었으며, 따라서 후조선은 단군의 정통을 이을 수 있었다(崔景煥 1905 : 51~62).

기자가 "동방에서 왕업을 중흥했다"(崔景煥 1905 : 17)는 이야기는 단군에서 시작한 조선의 정통성이 기자의 교화를 이어 '대한제국의 만만세'로 이어지기를 바라는 정치적 열망을 담은 것이었다. 이와 더불어 중국과 마주하는 조선의 주체성과 독립 정신이 교과서 서술의 주류를 이루게 되었다. 그렇지만 그러한 '대동'의 유산은 일본에 얽히는 이야기와 만날 때 더 이상 역사적 자긍심으로 이어지지 않았다. 바로 독립협회의 교과서처럼 읽힌 『대동역사』에 다음과 같은 설명이 들어 있다. "대황제폐하 광무 7년 일본이 러시아를 쳐서 싸울 때마다 무너뜨렸다. 다음 해 갑진년에는 여순을 취하고 또 요양과 봉천 등지에서 싸워 매번 러시아에 이겼다. 대체로 우리 대한이 일본과 더불어 동문동종同文同種의 나라이고 강토도 상접하여 순치보거脣齒輔車의 형세를 띠고 있는데, 우리나라의 젊은 선비들 가운데 고금의 화친과 전쟁, 그리고 정치개혁을 강구한 자가 드물다"(崔景煥 1905 : 201). 전통 사서에서 주로 왜나 왜국으로 비하되던 일본은 '지금'에 이르러 "서양 여러 나라의 부강을 본받아 정치를 개혁하고 관백關白을 제거하여 강토를 더욱 넓힌" 나라로 부러움을 사게 되었다(學部 1899a : 18). 1895년 학부가 펴낸 '외국역사' 교과에서 일본은 이미 유럽 여러 나라뿐만 아니라 미국과 더불어 가장 앞서 나간 문명개화의 나라였다.

> 歐洲諸國과 亞米利加合衆國과 亞細亞에셔 稱ᄒᆞ되 日本은 農商百工의 業이 旺盛ᄒᆞ야 學術과 技藝ㅣ 크게 進步ᄒᆞ고 印刷와 輪船과 鐵道와 戰線等에 文明의 利器롤 活用ᄒᆞ야 富國强兵홈을 힘쓰고 上下ㅣ 心을 如一히 ᄒᆞ야 國家의 隆昌홈을 圖ᄒᆞ야 政令이 明白ᄒᆞ고 刑罰이 寬大ᄒᆞ야 人民의 虛飾이 少ᄒᆞ고 廉恥의 心이 興ᄒᆞ야 文明開化의 最高度에 달ᄒᆞ니 곳 文明의 民이라 ᄒᆞᄂᆞ니라.
>
> 世界의 人民은 文明의 分數롤 좃ᄎᆞ 文明의 民이며 半開의 民이며 未開의 民이며 蠻夷의 四階級으로 分ᄒᆞ니 吾等은 自顧ᄒᆞ야 富國强兵의 實롤勉ᄒᆞ야 스ᄉᆞ로 勇進ᄒᆞ야 可히 文明開化의 ᄉᆞ람이 되기롤 圖謀할 거시라(學部 1895b : 16).

'식민사학'은 그렇듯 을사년1905 사건을 훨씬 앞질러 초반기 관찬 교과서와 함께 시작하고 있었다. 1906년 학부편집국의 현채玄采, 1856~1925가 중등교과용으로 『동국사략』을 펴냈을 때,[198] 그러한 기운은 이미 정점이었다. 이 책은 서구 역사 방법을 익힌 하야시 다이스케林泰輔, 1854~1922의 『조선사』 및 『조선근세사』를 상당 부분 옮겨 쓰면서 나름대로 새로운 통사체계를 실험한 작품이다(최혜주 2015 : 109~116). "이제 일본인 임태보林泰輔라는 사학자가 우리나라 일에 힘을 다하여 삼국에서 본조에 이르는 『조선사』 7권을 지었다. 이 책의 모든 증거가 확실하고 또 문門과 유類가 뚜렷이 나뉘어 있어, 사람들이 한 번 읽으면 분명히 알 수 있다. 실로 외국인이라 할지라도 달리 볼 수는 없을 것이다. 그래서 이 책을 번역한다"(玄采 1908 : 3). 이렇게 「자서」에 실린 번역의 해명처럼 이 책은 고루한 정통론에서 어느 정도 벗어나 오늘날 문화사라고 부르는 영역까지 아우를 수 있었다. 이 책의 주요 항목 가운데에는 제도, 교법, 문학, 기예, 산업, 풍속의 사적이 들어 있다. 이른바 신사체新史體 방법이 동국역사와 만나게 된 것이다. 그러면서 이 책은 번역 저본에 없는 내용들, 이를테면 '갑오 후 10년 기사', '을사신조약', '헤이그 사건 및 선양', '융희시사' 등의 이야기를 덧붙여서 망국의 사정과 일단의 저항운동을 나름대로 서술했다. "大抵 日本對韓策이 三十年來로 其始에는 征韓論이오 其次는 大同聯合論이오 又其次는 日併呑, 日保護, 日帝國主義, 日야 植民政策이라"(玄采 1908 : 394). 이렇듯 이 책의 저자는 분명히 일본 제국주의와 식민정책을 말할 수 있었다. 그러나 "日清戰爭은 全

198 이 책의 초판은 1906년 6월 보성관에서 4권 4책으로 나왔다. 그리고 1907년의 제2판을 거쳐 1908년 제3판이 일한인쇄주식회사에서 나왔다. 이 글은 『한국개화기총서 16』에 실린 이 책의 제3판을 참고한다.

혀 韓國獨立을 扶植고자 함이라"고 서술하면서(玄采 1908 : 379)[199] 일본의 문명개화를 우러러보는 가운데 망국의 원인을 제대로 밝힐 수는 없었을 것이다. "日本이 數年來로 我國을 爲ᄒᆞ야 謀忠ᄒᆞ다가 今에ᄂᆞᆫ 戰勝ᄒᆞᆫ 威를 乘ᄒᆞ야 餘勇을 賈ᄒᆞ고 遠慮가 無ᄒᆞ야 近利를 貪ᄒᆞ고 以暴易暴에 蹊田奪牛ᄒᆞ야 東亞大局의 百年大計를 不謨ᄒᆞ니 此ㅣ 엇지 失策이 아니리오." 이처럼 지금 '우리 백성'이 겪고 있는 '몹시 애석한 일들'은 '동아'의 큰 미래를 내다보지 못하는 일본의 실책에서 비롯한 것이었다. 마찬가지로 '한국 사람들'의 어리석음 또한 망국을 자초했다는 설명이 이 책의 결론이다. "且又 大可憂ᄒᆞᆫ 者ᄂᆞᆫ 我韓人이 依賴思想이 尙存ᄒᆞ야 但히 日本의 始終이 無ᄒᆞᆷ만 怨尤ᄒᆞ고 自修自立지 아니ᄒᆞ니 엇지 慨然치 아니리오"(玄采 1908 : 423). 현채의 『동국사략』은 '근대적' 교과서의 '전범'이 될 수 있었겠지만(도면회 2009 : 210), 제국주의에 물든 '식민사학'을 계몽의 역사와 뒤섞었다는 비판을 피할 수 없게 되었다(조동걸 2000 : 124 ff). 바로 문명개화의 교과서가 스스로 '구 사가의 죄를 논하는' 심판자를 불러낸 셈이다. "余가 現今 各學校 敎科用의 歷史를 觀ᄒᆞ건ᄃᆡ 價値有ᄒᆞᆫ 歷史가 殆無ᄒᆞ도다."[200] 청년

199 청일전쟁 이후 조선이 일본의 도움으로 청나라의 사슬에서 벗어나 독립국가로 발전할 수 있었다는 이야기는 이렇게 이어진다. "이에 日本이 內務大臣 井上馨ᄡᅧ 全權公使를 拜ᄒᆞ야 大鳥圭介를 代ᄒᆞ니 井上馨이 京城에 至ᄒᆞ야 上ᄭᅴ 奏ᄒᆞ야 大院君의 執政ᄒᆞᆷ을 罷ᄒᆞ고 改革二十條를 告ᄒᆞ니 時에 外戚이 오히려 用事ᄒᆞ다가 다 辭退ᄒᆞ고 井上馨의 言을 從ᄒᆞ야 冬至日에 獨立基礎를 建ᄒᆞᆷ과 밋 改革新政 等事를 宗廟에 誓告ᄒᆞ시고 朴泳孝ᄂᆞᆫ 內務大臣으로 總理大臣이 되더니 旣而오 朴泳孝와 金弘集의 兩派가 有ᄒᆞ고 ᄯᅩ 前日 外戚의 分爭이 有ᄒᆞ야 內政이 擾攘ᄒᆞ미 積年宿弊를 容易히 革除치 못ᄒᆞ깃고 時에 淸日兩國은 이믜 媾和條約를 定ᄒᆞ미 其第一條가 곳 淸國이 朝鮮의 獨立을 確認ᄒᆞᆫ다 ᄒᆞ야 自此로 朝鮮이 全혀 淸國의 羈絆을 脫ᄒᆞ고 獨立國이 되니 此ᄂᆞᆫ 三十二年 乙未 距今 十二年 前이오다."

200 신채호(1908), 「讀史新論」, 『大韓每日申報』 1908. 8. 27. 신채호는 역사 논설을 쓰기 시작

신채호는 그렇게 '한국을 멸망케 하는 교과서'에[201] 정면으로 맞서면서 혜성처럼 언론 무대에 등장할 수 있었다. 그의 '사필'은 무엇보다도 식민사학을 겨냥하는 저항의 수사법이었다.

或者 此等語ᄅᆞᆯ 教科書에 編入하니 其青年의 腦ᄅᆞᆯ 迷亂ᄒᆞᆷ이 曷極이 有하리오. 我國의 中世頃에 歷史家가 支那ᄅᆞᆯ 崇拜ᄒᆞᆯᄉᆡ 支那人이 自尊自傲의 特性으로 自尊貶外ᄒᆞᆫ 史蹟을 我史에 盲收ᄒᆞ야 壹般 卑劣歷史ᄅᆞᆯ 編成ᄒᆞᆫ 故로 民氣ᄅᆞᆯ 墮落케ᄒᆞ야 幾百年 國恥ᄅᆞᆯ 釀ᄒᆞ더니 近日 歷史家ᄂᆞᆫ 日本을 崇拜ᄒᆞᄂᆞᆫ 奴性이 又長하야 我神聖歷史ᄅᆞᆯ 誣蔑하니 嗚乎 此國이 將且 何地에 稅駕ᄒᆞᆯᄂᆞᆫ지 諸公諸公이여 歷史ᄅᆞᆯ 編ᄒᆞᄂᆞᆫ 諸公이여, 諸公이 此ᄅᆞᆯ 聞ᄒᆞ면 必曰 日人이 雖妄이나 엇지 史記이 揑造ᄒᆞ리오 此必實事가 有ᄒᆞᆫ 것인즉 不可不 我史에 收入ᄒᆞ리라 ᄒᆞ야 彼ᄅᆞᆯ 妄信ᄒᆞ며 我ᄅᆞᆯ 自欺ᄒᆞᆷ이로다.[202]

했을 무렵 寀浩라는 이름을 쓰다가 나중에 采浩로 개명했다. 그리고 그는 여러 언론기관에 글을 투고할 때 수많은 별호를 사용한 것으로 알려졌다. 유명한 단재(丹齋)와 더불어 일편단생(一片丹生), 단생(丹生), 무애생(無涯生), 금협산인(錦頰山人), 검심(劍心), 적심(赤心) 등은 그 몇몇 사례일 따름이다. 이 글에서는 단재신채호전집편찬위원회 편(2007~2008), 『단재신채호전집 1~9』(독립기념관 한국독립운동사연구소)의 범례에 따라 그의 저술로 인정된 서지의 저자는 모두 신채호의 이름을 사용한다.

201 신채호(1909), 「國家ᄅᆞᆯ 滅亡케 ᄒᆞ난 學部」, 『大韓每日申報』 1909. 3. 16.

202 신채호(1908), 「讀史新論(續)」, 『大韓每日申報』 1908. 11. 8.

4. 국가의 역사

'한국 근대사학'의 분수령을 이룬(조동걸 2000 : 137 ; 한영우 1996 : 147 ff) 신채호의 글쓰기는 망국의 시대를 반영하는 위기의식의 산물이다. 1908년 4월 25일 『대한협회보』에 실린 「대한의 희망」은 그러한 '신역사'의 길을 다음처럼 예고한다. "嗚呼 今日 我大韓에 何가 有한가. 國家난 有하건마난 國權이 無ᄒᆞᆫ 國이며 人民은 有하건마난 自由가 無한 民이며 貨幣난 有하건마난 鑄造權이 無有하며 法律은 有하건마난 司法權이 無有며 森林이 有하건마난 我의 有가 아니며 鑛山이 有하건마난 我의 有가 아니며 郵電이 有하건마난 我의 有가 아니며 鐵道가 有하건마난 我의 有가 아니니, ……今日 我韓國民의 所有가 何라 云할고." 그의 논설은 이렇듯 밀어닥친 제국주의 침탈을 개탄하면서 시작한다. 그러나 바로 이어서 '희망이란 곧 만유의 주인'이라는 경구와 함께 '희망의 맹아가 항상 고통시대에' 싹텄던 교훈을 '역사상' 외국의 사례에서 찾을 수 있다는 설명이 뒤따른다. 그러고는 "現在의 苦痛은 過去 無希望으로 遺한 孽業이오, 未來의 幸福은 現在 有希望으로 播할 種子니" 지금이 곧 희망을 품고 나아가야 할 시점이라는 말이 글의 끝을 맺고 있다.[203] 이 글에 담긴 희망의 교훈은 너무 소박하고 단순해 보인다. 그러나 처음부터 끝까지 거기를 관통하는 힘은 '지금'과 '미래'를 아우르는 역사적 시간의 성찰이다. 그곳에서 희망이란 막연하지만 앞으로 다가올 미지세계의 기대를 드러내는 수사법이다. 위기에 다다른 '지금'은 과거 어느 때보다 중요하며, 그렇기 때문에 바로 그 지점에서 새로운 시간의 지표가 비롯한다. 그 바탕에서 신채호는 '오늘날 대한국민의 목적지가 어디에 있는가'를 물으면서 미래로 나아가는 시간과 역사를 말할 수 있었다.

嗚乎라 今日大韓國民의 目的地가 何處에 在ᄒᆞᆫ가. ……目的地를 已知커던 眼ᄅᆞᆯ 着ᄒᆞ며 步를 放ᄒᆞ야 此地로 向ᄒᆞᆯ지며 目的地ᄅᆞᆯ 未知커던 腦를 費ᄒᆞ며 精을 竭ᄒᆞ야 此地ᄅᆞᆯ 求ᄒᆞᆯ지니 思哉어다 大韓國民이여. 盖宇宙古今에 目的이란 二字만 無ᄒᆞ면 生人이 死鬼되며 陽界가 陰獄되야 人民도 無ᄒᆞ며 英雄도 無ᄒᆞ며 世界도 無ᄒᆞ며 歷史도 無ᄒᆞ리니 試思ᄒᆞ라 東西兩半球太陽下에 舌를 將ᄒᆞ고 狂叫ᄒᆞᄂᆞᆫ 者 筆을 執ᄒᆞ고 呻吟ᄒᆞᄂᆞᆫ 者 劍을 仗ᄒᆞ고 踴躍ᄒᆞᄂᆞᆫ 者 喜劇을 演ᄒᆞᄂᆞᆫ 者 悲劇을 演ᄒᆞᄂᆞᆫ 者 其他歌者 舞者 哭者 笑者 一切有情이 其誰가 目的을 抱ᄒᆞ고 目的地로 進ᄒᆞᄂᆞᆫ 者 아닌가. 此地가 無ᄒᆞ면 亡ᄒᆞ며 此

203 신채호(1908), 「大韓의 希望」, 『大韓協會會報』 제1호(1908. 4. 25).

地가 有ᄒᆞ면 存ᄒᆞ고 此地가 無ᄒᆞ면 滅ᄒᆞ고 此地가 有ᄒᆞ면 生ᄒᆞᄂᆞ니, 何處에 在ᄒᆞᆫ가 今日 大韓國民의 目的地여.[204]

목적이 없으면 인민도 세계도 역사도 있을 수 없다는 생각이 이 글의 중심이다. 그가 보기에 지난 역사 과정에서 '옛 목적지'는 파괴되고 말았다. 따라서 그의 기대는 '장래 건축할 신목적지'로 향한다. 그 방향은 이전에 '한' 사람도 '진행한' 적 없었던 '국민의 목적지'다.

目을 擧ᄒᆞ야 世界를 察ᄒᆞ라. 日美日法日德等國은 其安樂이 已足ᄒᆞ며 幸福이 已極ᄒᆞᆫ대 尙且帝國主義의 目的地를 到達ᄒᆞ랴고 其腦가 竭ᄒᆞ며 其思가 焦ᄒᆞ며 其手脚이 忙ᄒᆞ고 數百年退嬰保守로 見譏ᄒᆞ던 淸國도 政治改革의 目的地를 到達ᄒᆞ랴고 上下가 紛ᄒᆞ하며 頑傲自大의 俄國民도 立憲要求의 目的地를 到達하랴고 人民이 沸騰ᄒᆞ고 其外大小各國이 莫不一目的을 執ᄒᆞ고 竭蹶爭前ᄒᆞᄂᆞᆫ대 此四千載 文明歷史를 擁ᄒᆞ며 八萬二千方里 膏腴土地를 據ᄒᆞ고 聰明慧智의 二千萬 同胞가 有ᄒᆞᆫ 大韓國民이여 其目的地를 未知ᄒᆞᄂᆞᆫ가. 黃金이 璀璨ᄒᆞ며 錦繡가 燦爛ᄒᆞᆫ 者ㅣ 大韓國民의 目的地며 奇花가 馥郁ᄒᆞ며 天香이 爛熳ᄒᆞᆫ 者ㅣ 大韓國民의 目的地라. 其門은 獨立이며 其路ᄂᆞᆫ 自由니 國家의 精神을 發揮ᄒᆞ고 萬有의 事業을 國家에 供ᄒᆞ야 神聖ᄒᆞᆫ國家를 保有ᄒᆞᆷ이 大韓國民의 目的地니라.[205]

"아름답구나, 목적지여!" 이렇게 힘주어 말하는 신채호의 사필

204 신채호(1908), 「今日 大韓國民의 目的地」, 『大韓每日申報』 1908. 5. 24.
205 신채호(1908), 「今日 大韓國民의 目的地(續)」, 『大韓每日申報』 1908. 5. 26.

은 역사라는 말을 국민의 목적지, 독립의 문, 자유의 길과 같은 신조어와 함께 배치한다. 글의 구성 가운데에서 역사는 아직 스스로 가속하는 운동 '그 자체'로 등장하지는 않지만, 그 의미는 지나간 사적의 기록이라는 옛 상투어의 범주를 벗어나고 있다. 여러 강대국이 온갖 수단을 다해 '제국주의의 목적지'로 나아가는 '세계'의 상황을 내다보듯 '4천 년 문명역사를 옹호하여' 신천지로 나아가자는 표현 가운데에서 새로운 의미연관이 역사적 시간의 계기를 함축하게 되었다. 그러한 언어 용법은 지나간 경험과 미래로 향하는 기대 사이의 긴장을 의식적으로 표출하는 첨단의 방법이었던 셈이다. "聖哉라 歷史며 偉哉라 歷史여, 七重八重의 華嚴樓閣으로 一國 山河를 壯麗케 ᄒᆞᄂᆞᆫ 者ㅣ 歷史가 아닌가. 千回萬回의 衆香天飯으로 一國民族을 蘇醒케 ᄒᆞᄂᆞᆫ 者ㅣ 歷史가 아닌가."[206] 이 구절은 신채호가 본격적으로 사론을 시작한 「역사와 애국심의 관계」에 들어 있다. 여기에서는 스스로 호명한 '신사 씨新史氏'에 걸맞게 문장마다 역사라는 단어가 이어지면서 전체 글을 구성한다. 이렇듯 화려한 수사법과 더불어 역사는 계몽의 표상으로 등장할 수 있었다. '본국역사', '세계역사', '만국역사'와 같은 교과의 제목처럼 신식 학교의 규칙에 갇혀 있던 그 이름의 사용 범위가 점점 넓혀진 공간으로 나아갔을 때, 신채호 방식의 용법이 가능했을 것이다. 몇몇 사례를 보자.

① 교동 관립 일어 학교에셔 륙월 이십 ᄉᆞ일로 이십 륙일 ᄭᅡ지 ᄉᆞᆷ일 간에 학긔 시험을 ᄒᆞ얏ᄂᆞᆫᄃᆡ 현ᄌᆡᄒᆞᆫ 학도와 시험 과목은 좌와 ᄀᆞᆺᄒᆞᆫᄃᆡ 뎨 ᄉᆞᆷ년젼긔

206 신채호(1908), 「歷史와 愛國心의 關係」, 『大韓協會會報』 제2호(1908. 5. 25), p.3.

에 현지가 십일인인디 우등이 솜인이요 급뎨가 칠인이요 흠셕이 일인이며 락뎨는 공이고 뎨 이년 후긔에 현지가 이십 팔인인디 우등이 이인이요 급뎨가 십이인이요 흠셕이 십ᄉ인이요 락뎨는 공이고 뎨 일년젼긔에 현지가 이십 팔인이요 우등이 ᄉ인이요 급뎨가 십오인이요 흠셕이 이인이요 락뎨가 칠인이라 총계 ᄒ면 현지가 륙십 칠인이요 우등이 구인이요 급뎨가 솜십 ᄉ인이요 흠셕이 십칠인이요 락뎨가 칠인이며 시험 과목은 뎨 솜년젼긔에 독셔 역ᄉ 디리 리과 번력 셔취 산슐 톄조요 뎨 이년후긔에 디리 회화 독셔 산슐 번력셔 취 톄조요 뎨 일년젼긔에 독셔 번력 셔취 회화 톄죠더라.[207]

② 홍문동 샤립 쇼학교에셔 이왕 골ᄋ친 학도 ᄉ십인은 다 졸업이 된 고로 이돌 삼일 브터 이십일 ᄭ지 다시 십오셰 이샹되는 학도를 채려 하는디 과명은 한문 쟉문 국 한문 대쇼 습ᄌ 산슐 력ᄉ 디리 톄죠라 ᄒ는디 그 교샤 리시션씨 ᄀ혼이는 참 ᄀ명에 쥬의 ᄒ는이라 우리는 리씨를 대 ᄒ야 크게 치샤 ᄒ노라.[208]

③ 本部大臣 申箕善氏가 成均館敎授에게 訓令ᄒ 內開에 受由諸生促還修業之意는 昨已訓飭이견과 本館이 爲首善之地하야 在今에 爲線陽之脈이거늘 卽聞秋冬以來로 多士星散하고 課程久廢하야 章甫가 落落於食堂하고 絃誦이 寥寥於黌堂하니 雖曰爲勢所使나 豈不大可寒心가 且夫勸奬이 不能盡其道하고 需用이 不能充其望은 亦本部之所慨悶하야 求良築而不得者也나 然經不云乎아 豪傑之士는 不待文王而興이라 하니 今之館儒는 實

207 「관보」, 『독립신문』 1897. 7. 10.
208 「잡보」, 『독립신문』 1898. 6. 9.

一國之俊髦而顧不能自待以豪傑하고 乃欲自同於凡民乎아 須以此意로 曉譬諸儒ᄒᆞ야 使之惕然警發ᄒᆞ야 刻勵就工이고 貴敎授가 權攝館長事務ᄒᆞ야 接期課試와 逐日講製를 一依館長存席時ᄒᆞ야 期於日就月將ᄒᆞ며 亦復逐事報明이고 士之爲學이 本之經史ᄒᆞ고 參之藝術ᄒᆞ야 旣立大本ᄒᆞ고 兼通時務然後에 乃可謂 明體適用之學故로 本館課程에 算術 地理 歷史를 揭錄於經傳之下하고 所有書籍을 亦多撥送하야 使之肄習이거늘 近聞館儒가 全闕不講하야 自謂高致하니 何其隘陋膠滯인지 無怪乎世人之嘲笑也로다 自今으로 齋儒一日課程中四分之一을 下工於地誌歷史算術等書하야 俾各通藝識務하야 免爲偏枯之儒하야 以需經濟之資케 하라 하엿더라.[209]

④ 夫歷史者ᄂᆞᆫ 人類의 行爲經歷을 精確히 記錄ᄒᆞ야 其事狀前後의 關係因緣을 明瞭케홈을 爲主ᄒᆞᄂᆞᆫ 바ㅣ라. ……歷史ᄂᆞᆫ 二種이 有ᄒᆞ니 其一 國民의 事變을 記ᄒᆞᆫ 者ᄂᆞᆫ 卽 國史라 稱ᄒᆞ고 萬國萬代의 事變을 竝記ᄒᆞᄂᆞᆫ 者ᄂᆞᆫ 卽 萬國史라 云ᄒᆞᄂᆞᆫ 故로 萬國史ᄂᆞᆫ 其國史의 集合體ㅣ라. 甲乙兩種 以上의 國民이 始乃 相接ᄒᆞ야 或 和ᄅᆞᆯ 交ᄒᆞ며 或 戰을 宣ᄒᆞ ᄂᆞᆫ 時로뻐 萬國史의 發端을 삼으니 其統世界의 年代ᄅᆞᆯ 經過홈을 從ᄒᆞ야 漸次로 發達變遷ᄒᆞ야 今日에 至ᄒᆞᆫ 槪要ᄅᆞᆯ 硏究코자 홈은 卽 萬國史의 主眼이니라(金祥演 1906 : 16~17).

①은 『독립신문』이 관립 일어 학교의 학사를 알리는 '관보'를 올린 기사이다. 이 학교의 시험 내용이 자세하게 소개되는 가운데 '역ᄉᆞ'라는 과목 이름이 회화, 독서, 산술, 지리 등과 함께 독서 대중을 만

209 「잡보 학부훈령」, 『皇城新聞』 1899. 2. 1.

나게 되었다. 이러한 방식으로 법령의 조문 안에 갇혀 있었던 용어가 일상의 세계에 드러날 수 있었을 것이다. ②의 기사 또한 『독립신문』이 전하는 하나의 '잡보'인데, 몇 줄에 그친 그 내용이 수많은 사연을 전한다. 우선 갑오경장 이후 사립학교도 소학교의 대열에 함께했으며, 그 학과목은 전통과 개화를 아우르는 구성이었다. 무엇보다도 그 교사를 '참개명에 주의하는' 인물로 소개했을 때, 역사와 같은 신식 과목이 미래의 기대를 표현했을 것이다. ③의 『황성신문』 기사는 1899년 1월 학부대신에 다시 취임한 신기선申箕善, 1851~1909의 훈령을 보도하는 내용이다. 1896년 아관파천 이후의 시대상을 뒤따른 이 복고적 유학자는 숭유중도崇儒重道의 성균관 경학과 학제에 힘을 다하던 인물이다. 그가 중요하게 여긴 학문의 근본은 여전히 전통의 경사經史에 있었다. 그렇지만 시대의 변화를 반영하는 관료 양성에 지리, 역사, 산술과 같은 신식 지식 또한 반드시 포함되어야 할 교과목이었다(성숙경 2006). 바로 이 무렵 신채호는 신기선의 서재를 거쳐 성균관에서 수학했다(이만열 1990 : 61). 이곳에서 그는 사필을 시작하기 전에 이미 역사 용법을 익힐 수 있었을 것이다. ④의 글은 1906년 중등용 세계역사 교재로 나온 『정선 만국사』의 「서언」에 실려 있다. 이 책의 저자 김상연金祥演, 1874~1941은 일본 유학 시절 문명론과 사회진화 학설을 익힌 만큼 문명세계에 다다르게 되는 유럽과 미국의 사적을 비교적 자세히 서술했다. 이 책은 이례적으로 '역사 정의'에서 시작하는데, 그것은 곧 인류의 행위와 경력을 정확히 반영하고 그 일의 전후 관계 내력을 밝히는 과제이다. 그 말은 아직 전통의 기록에 머물고 있어 시간의 궤적으로 나아갈 수는 없었다. 역사의 용례가 이렇듯 모두 지나간 사적을 모은 책의 의미에만 머물렀던 것은 아니다. 그 말은 점점 위기의 시대 상황과 얽히고 있었다.

① 今日 諸公이 雖以依附外人으로 爲護身之妙訣ᄒᆞ나 至於無國無民之日에ᄂᆞᆫ 亦不免 波蘭貴族之身世矣니 言念及此에 寧不可哀哉아. 惟願諸公은 惕然改悟ᄒᆞ야 痛滌舊日之惡習ᄒᆞ고 亟亟然對揚 聖旨ᄒᆞ야 敎育焉日以進興케ᄒᆞ며 人才焉日以登庸케ᄒᆞ야 弘濟時艱ᄒᆞ며 增進國步ᄒᆞ야 免爲皇上之罪人ᄒᆞ며 免爲宗社之罪人ᄒᆞ며 免爲國民之罪人ᄒᆞ며 免爲世界之罪人ᄒᆞ며 免爲歷史之罪人이 是諸公之得策이라 ᄒᆞ노라.[210]

② 月旦生이 日 同氏의 雄辯을 愛ᄒᆞᆷ은 決코 其 三寸 舌의 縱橫에 不在ᄒᆞ고 其 雄辯이 其 人格과 一致暗合ᄒᆞᆷ에 在ᄒᆞ다 ᄒᆞ노라. 同氏의 歷史ᄂᆞᆫ 樂劇보덤 悲劇이 多ᄒᆞ고 成功보덤 失敗가 多ᄒᆞ야 過去의 事蹟으로써 現今의 人格을 評論키 難ᄒᆞᄂ 同氏의 理想은 참 我韓同胞의 最好模範이 되도다. 何를 謂ᄒᆞᆷ이뇨. 十數年來로 東馳西走ᄒᆞ야 非常ᄒᆞᆫ 患難苦楚를 經過ᄒᆞ얏스되 百折不屈ᄒᆞᄂᆞᆫ 精神과 猛進無退ᄒᆞᄂᆞᆫ 勇氣ᄂᆞᆫ 去益鞏固ᄒᆞ야 眼中에 過去 現今이 無ᄒᆞ고 다만 未來의 信念이 有ᄒᆞ도다. 一言으로 蔽ᄒᆞ야 日 同氏ᄂᆞᆫ 悲觀的 思想이 充滿ᄒᆞᆫ 我韓國民 中에 非常ᄒᆞᆫ 樂觀的 勇將이오 恭爾不振ᄒᆞᄂᆞᆫ 我韓同胞 中에 奮鬪的 人物이라 ᄒᆞ노라. 同氏ᄂᆞᆫ 須臾라도 責任의 重大ᄒᆞᆷ을 勿忘ᄒᆞᆯ지어다.[211]

210 「歎無對揚聖旨者」, 『大韓每日申報』 1906. 4. 24.
211 月旦生(1907), 「安昌浩氏의 人格」, 『太極學報』 제10호(1907. 5. 24), pp.57~58.

③ 四千三百餘年 國家 歷史가 一朝에 桑溟의 變遷을 經ᄒᆞ얏스니 是는 歷史上 新時代오. 國家統治權이 其 主體의 權限과 機關의 組織을 一變ᄒᆞ얏스니 是는 政治上 新時代오. ……今日 我韓의 境遇가 何處에 處ᄒᆞ얏ᄂᆞ뇨. 一言以蔽之컨ᄃᆡ 四千三百餘年 國史를 破壞ᄒᆞᆫ 亡國時代라. 此 時代를 指ᄒᆞ야 吾人이 新時代라 稱ᄒᆞᄂᆞ냐. 新時代라 謂홈은 何를 謂홈이뇨. 政治上에 一物이 不在ᄒᆞ고 社會上에 一物이 無餘홈을 謂홈이니 開闢時代라 謂홈과 彷佛ᄒᆞ도다. 然則 我韓의 今日 以后 歷史는 檀君과 繼續ᄒᆞᆫ 歷史가 아니오 吾人의 創造ᄒᆞᆫ 新歷史요. 我韓의 今日 以后 民族은 檀君의 血統을 繼續ᄒᆞᆫ 民族이 아니오. 吾人 自身이 創造ᄒᆞᆫ 民族이로다. 此 言이 奇奇怪怪ᄒᆞᆫ 듯ᄒᆞᄂᆞ 政治上으로 觀察ᄒᆞ면 如此ᄒᆞᆫ 論斷을 下치 아니홀 슈 無ᄒᆞ도다. 何則고. 吾人類를 政治的 動物이라 假定ᄒᆞ면 今后의 韓民族은 自律的 政治範圍를 脫去ᄒᆞ고 他律的 權力에 服從치 아니홀 슈 無ᄒᆞᆫ 故ㅣ니 此 方面으로 觀察ᄒᆞ면 韓民族은 自己의 歷史와 自己의 政法과 自己의 意力과 自己의 自由를 不有ᄒᆞᆫ 者ㅣ니 韓民族이라 ᄒᆞ는 名稱은 如前ᄒᆞᄂᆞ 其 民族의 性質이 一變ᄒᆞ야 全然히 無國性的 民族이 되얏도다.[212]

④ 吾等 青年은 大韓開國 四千二百餘年 歷史를 有ᄒᆞᆫ 青年이오 未來 大韓獨立의 千萬年 歷史를 期ᄒᆞ난 青年이라. 過去의 歷史를 繼續ᄒᆞ며 未來의 歷史를 光榮케 홈도 吾等 青年의게 在ᄒᆞ고 過去의 歷史를 永絕ᄒᆞ며 未來의 歷史를 慘憺케 홈도 五等 青年의게 在ᄒᆞᆫ지라. 過去의 歷史도 今日 青年의게 在ᄒᆞ고 未來의 歷史도 今日 青年의게 在ᄒᆞ도다. 青年아 青年아 大韓青年아. 今日 大韓青年은 過去 韓國의 青年의게 比홀 바 아니오 未來 韓國

212 一歲生(1907), 「新時代의 思潮」, 『太極學報』 제14호(1907. 10. 24), pp.15~27.

靑年의게 比홀 바도 아니라. 責任이 重ᄒᆞ니 泰山이 輕ᄒᆞ고 義務가 深ᄒᆞ니 河海가 淺ᄒᆞ도다. 吾等 靑年은 歷史의 主人이오 國家의 原動力이라. 深思ᄒᆞ고 深察ᄒᆞ라. 今日 大韓의 靑年界의 現象이 如何흔 境에 在ᄒᆞ가. 瞠目視之ᄒᆞ라. 一種 靑年은 閉門讀書에 自稱斯文ᄒᆞ고 是古非今ᄒᆞ야 世界時勢의 變遷홈을 全昧홀 뿐 아니라 自國이 如何흔 慘禍를 當홈도 不知ᄒᆞ니 是可 日 歷史主人이며 國家原動力乎아. ……靑年이 無識ᄒᆞ고 靑年이 腐敗ᄒᆞ면 卽 歷史가 永絶ᄒᆞ는 日이며 國家가 滅亡ᄒᆞ는 日이오 靑年이 有識ᄒᆞ고 靑年이 健全ᄒᆞ면 卽 歷史가 光榮ᄒᆞ는 日이며 國家가 興旺ᄒᆞ는 日이라.[213]

먼저 1907년 『태극학보』에 실린 ②의 사례를 보자. 이 기사는 '안창호 씨의 인격'을 품평하는 글인데, 여기에 '그의 역사'가 즐거운 사건보다는 어려운 일, 그리고 성공보다는 실패를 더 많이 겪었다는 표현이 들어 있다. 이때 역사는 옛 사적의 서술이 아니라 지나간 경험 자체를 말한다. 이렇듯 그 용법의 범주가 차츰 행위연관의 영역으로 나아가게 되었을 때, 그 의미는 기록의 자리에만 머물 수 없게 될 것이다. 이보다 한 해 앞서 『대한매일신보』에 실린 ①의 논설은 위기의 시대를 염려하는 가운데 '역사의 죄인'을 경고하고 있다. 이때 이 말은 앞으로 사서에 기록될 만한 수치의 인간을 뜻할 수도 있겠지만, 역사가 황제 · 종사 · 국민 · 세계와 같은 주체들과 나란히 자리한다는 점에 깊이 주목할 만하다. 이러한 표현이 거듭할 때, 역사는 비로소 스스로 심판하는 행위자의 위치에 서게 될 것이다. ③의 글은 1907년 「신시대의 사조」라는 제목으로 『태극학보』에 실

213 金志侃(1907), 「靑年의 歷史硏究」, 『太極學報』 제16호(1907. 12. 24), pp.3~4.

린 논설의 한 부분이다. 이제 앞으로 나타나게 될 역사는 우리가 창조하는 '새로운 역사'라는 말이 두드러진다. 이렇게 역사가 앞으로 새롭게 만들어진다면, 그 오랜 감계의 자리는 빛을 잃고 말 것이다. 얼마 뒤 같은 지면에 실린 ④의 글은 「청년의 역사 연구」라는 제목의 논설이다. '과거의 역사', '미래의 역사', 그리고 국가와 함께 '영절'하거나 '영광스런' 날을 맞이하게 될 '역사'와 같은 표현과 더불어 그 말은 생명력을 지닌 존재와 같은 뜻으로 인식되고 있다. 이러한 시대적 의미연관 가운데에서 새로운 역사가들의 글쓰기가 시작했을 것이다. 청년 신채호의 필명을 널리 알린 「역사와 애국심의 관계」 또한 그러한 사례에 속한다.

> 嗚呼라 若何ᄒᆞ면 我二千萬의 耳에 恒常 愛國이란 一字가 鏗鏘ᄒᆞ게 ᄒᆞᆯ가 曰 惟 歷史로 以ᄒᆞᆯ지니라. 嗚呼라 若何ᄒᆞ면 我二千萬의 眼에 恒常 國이란 一字가 徘徊ᄒᆞ게 ᄒᆞᆯ가 曰 惟 歷史로 以ᄒᆞᆯ지니라. 嗚呼라 若何ᄒᆞ면 我二千萬의 手가 恒常 國을 爲ᄒᆞ야 拮据케 ᄒᆞᆯ가 曰 惟 歷史로 以ᄒᆞᆯ지니라. 嗚呼라 若何ᄒᆞ면 我二千萬의 脚이 恒常 國을 爲ᄒᆞ야 踴躍케 ᄒᆞᆯ가 曰 惟 歷史로 以ᄒᆞᆯ지니라. 嗚呼라 若何ᄒᆞ면 我二千萬의 喉가 恒常 國을 謳歌케 ᄒᆞᆯ가 曰 惟 歷史로 以ᄒᆞᆯ지니라. 嗚呼라 若何ᄒᆞ면 我二千萬의 腦가 恒常 國을 爲ᄒᆞ야 沈思케 ᄒᆞᆯ가 曰 惟 歷史로 以ᄒᆞᆯ지니라. 嗚呼라 若何ᄒᆞ면 我二千萬의 毛毛髮髮이 恒常 國을 爲ᄒᆞ야 森立케 ᄒᆞᆯ가 曰 惟 歷史로 以ᄒᆞᆯ지니라. 嗚呼라 若何ᄒᆞ면 我二千萬의 血血淚淚가 恒常 國을 爲ᄒᆞ야 熱滴케 ᄒᆞᆯ가 曰 惟 歷史로 以ᄒᆞᆯ지니라.[214]

214 신채호(1908), 「歷史와 愛國心의 關係」, 『大韓協會會報』 제2호(1908. 5. 25), pp.2~3.

이렇게 시작한 이 글은 역사란 무엇인가를 스스로 질문한다. 그것은 곧 "그 나라 국민의 변천 소장한 실적이다." 그러므로 '역사는 그 나라를 일으키는' 존재이다. 이렇듯 역사의 '공과 효력의 신성함'을 설파하는 이 글은 화려한 수사로 번득이지만, 그 주장은 간단하고 명료하다. 즉 역사를 버리고 애국심을 구하면 이는 곧 눈을 가리고 보려 하며 다리를 없애고 달리려는 것과 같다. 따라서 국민의 애국심을 불러일으키려면 '완전한 역사'를 먼저 가르쳐야 한다. 역사가 있으면 그 나라가 반드시 흥하기 때문이다.[215] 신채호는 이렇게 말하면서도 애국심이 어떤 의미를 띠며 어디에서 유래한 말인지를 자세히 밝히지는 않았다.[216] 그렇지만 그는 역사를 '읽은 뒤' 분발하는 그 마음이 '국민사상'으로 이어지리라는 기대를 숨기지 않았다. 또 다른 논설에서 그는 "歷史는 愛國心의 源泉이라. 故로 史筆이 强하여야 民族이 强ᄒ며 史筆이 武ᄒ여야 民族이 武"하다고 썼다.[217] 그렇듯 그는 몇 차례에 걸쳐 민족의 대서사를 예비한 끝에 드디어 「독사신론」을 발표했다. 역사가 신채호의 탄생을 신호했던 이 글은

215 신채호(1908), 「歷史와 愛國心의 關係」, 『大韓協會會報』 제2호(1908. 5. 25), pp.3~7 ; 신채호(1908), 「歷史와 愛國心의 關係(續)」, 『大韓協會會報』 제3호(1908. 6. 25), pp.2~6.

216 신채호는 아마도 이 말을 동시대 중국 사상가 량치차오의 저술에서 빌려 왔을 것이다. 일본 망명 시절 서구의 계몽철학에 심취했던 이 개혁가는 1899년 「애국론」을 발표했는데(梁啓超 2008b : 65~77), 이 글은 박은식(朴殷植, 1859~1925)이 1907년 부분적으로 번역하여 발표하면서 한국 지식사회에 널리 알려졌다[朴殷埴 譯述(1907), 「愛國論 : 支那哀時客稿」, 『西友』 제2호(1907. 1. 1), pp.17~27]. 신채호도 1907년 『이태리건국삼걸전(伊太利建國三傑傳)』을 출간했는데(단재신채호전집편찬위원회 2007b : 565~617), 그의 처녀작이라 할 만한 이 책은 량치차오의 『의태리건국삼걸전(意太利建國三傑傳)』(梁啓超 2008c : 1~61)을 국한문 혼용체로 번역한 것이다. 그는 이 책의 서론과 결론에 '무애생(無涯生)'의 이름으로 자신의 관점을 더했는데, 거기에서 그는 '애국자'의 역사적 위상과 역할을 거론하고 있다.

217 신채호(1908), 「許多古人之罪惡審判」, 『大韓每日申報』 1908. 8. 8.

다음과 같이 시작한다.

> 國家의 歷史는 民族 消長盛衰의 狀態를 閱敍훈 者라. 民族을 捨ᄒ면 歷史가 無훌지며 歷史를 捨ᄒ면 民族의 其國家에 對훈 觀念이 不大훌지니, 嗚呼라 歷史家의 責任이 其亦 重矣哉인져. 雖然이ᄂ 古代의 歷史는 東西롤 無論ᄒ고 壹般 幼稚하야 支那 馬遷 班固의 著述이 盡是 壹般의 傳家譜오 西歐 羅馬 埃及의 記籍이 無非 壹編의 災異記니 然則 吾國 古史로 엇지 今日 新眼孔으로 苛議훔이 可ᄒ리오만은 但 目下에 壹篇 新歷史의 撰出이 遲遲ᄒ니 吾가 瞿然훔을 不覺ᄒ노라.[218]

이 구절과 함께 비로소 이른바 '민족사학'이 시작한다고 말할 만하다. 신채호 이전에 민족이 곧 역사의 주체라는 의미론을 내세운 역사가는 없었다(임 2007 : 469~503). 그런 점에서 이 미완의 작품은 새로운 서사의 실험이었다. 이 글 곳곳에서 읽을 수 있듯 그의 사필은 줄곧 전통의 역사서술을 겨냥하고 있다. 그가 처음부터 구상한 한국의 역사는 군주나 왕조의 계통을 넘어서는 문화 구성체의 공간이었다. 이처럼 이전과 전혀 다른 사유 방식이 동시대 지식인들의 공감을 불렀을 것이다. 그는 옛 정통의 이념에서 벗어나는 인식의 지평에서 국가와 국민의 관계를 성찰하기 시작했다. "王統의 正閏을 爭훔은 오儒의 頑夢이며 朝廷의 眞僞를 辯훔은 奴輩의 譫語라. 如今에는 學理가 大明하야 國家란 者 壹姓의 私有物이이니오 萬民의 公産됨을 發現훈 故로 歷史를 著ᄒ는 者가 新羅紀 高麗紀 等의 陋例를

218 신채호(1908), 「讀史新論」, 『大韓每日申報』 1908. 8. 27.

去ᄒᆞ고 國家發達 方面에 觀察ᄒᆞᆯ 上中近 三時代를 區別ᄒᆞ며 龍朔元年 開耀元年 等의 亂號를 削ᄒᆞ고 國民思想界에 支配될 教主 或 國祖로 紀元ᄒᆞ야 此等 頑陋의 聚訟이 無ᄒᆞ거날 今 余가 忽然 筆을 抽ᄒᆞ야 誰ᄂᆞᆫ 正統이며 誰ᄂᆞᆫ 非正統이라ᄒᆞ야 甚麽 春秋義理 綱目義理를 辯論ᄒᆞ니 嗚乎라 余亦 多事者가 될지로다."[219]

신채호가 새롭게 찾은 '국가의 역사'는 어떠한 의미연관에 얽혀 있었을까? 그의 '신역사'는 '무정신의 민족'을 낳으며 '무정신의 국가'를 만드는 '무정신의 역사' 저편에 위치한다. 그것은 '일관한 정신'의 존재이다. "今日에 民族主義로 全國의 頑夢을 喚醒ᄒᆞ며 國家觀念으로 靑年의 新腦를 陶鑄ᄒᆞ야 優存劣亡의 十字街頭에 并進ᄒᆞ야 壹線尙存의 國脉을 保有코자 ᄒᆞᆯ진대 歷史를 捨ᄒᆞ고ᄂᆞᆫ 他術이 無ᄒᆞ다 ᄒᆞᆯ지나 此等歷史로 歷史라 ᄒᆞᆯ진ᄃᆡ 歷史가 無ᄒᆞᆷ만 不如ᄒᆞ도다."[220] '우존열망'이나 '십자가두'라는 표현에서 드러나듯 그가 찾은 새로운 '학리'는 사회진화의 교설이었다. 이 글과 더불어 한국 민족주의 역사학이 시작했다면, 그 사유의 뿌리가 바깥으로 뻗고 있었던 셈이다. 고유한 민족이 나아갈 길을 외래의 '빛'으로 밝히겠다는 선언은 하나의 역설처럼 들린다. 그러나 그의 글 어디에서도 그러한 의미론 충돌과 대결하느라 고심한 기미는 찾을 수 없다. 그는 다만 낯선 사유 방식을 손쉽게 받아들이고는 별다른 긴장 없이 자신의 시대인식으로 전유한 것으로 보인다.

그 무렵 진화의 논리는 곧 국권운동의 정당성이었다. 이른바 '개

219 신채호(1908), 「讀史新論(續)」, 『大韓每日申報』 1908. 9. 8.
220 신채호(1908), 「讀史新論」, 『大韓每日申報』 1908. 8. 27.

신유학'을 대변했던 박은식朴殷植, 1859~1925은 1906년 대한자강회 기관지의 논설에서 이렇게 말했다. "現今時代ᄂᆞᆫ 生存競爭을 天演이라 論ᄒᆞ며 弱肉强食을 公例라 謂ᄒᆞᄂᆞᆫ지라."[221] 여기에서 사회진화와 같은 의미로 쓰인 '천연'은 중국의 개혁사상가 옌푸嚴復, 1854~1921의 저술에서 비롯했다. 전통 유학자이면서 영국 유학을 경험한 이 첨단의 지식인은 유럽 계몽주의 작품들을 중국어로 펴낸 번역가로 유명했다(양일모 2008). 그 목록 가운데 헉슬리Thomas Henry Huxley, 1825~1895의 『천연론天演論』이[222] 들어 있다. 1898년에 출간한 이 책에서 옌푸는 고대 한자어에서 빌린 천연 · 물경物競 · 천택天擇과 같은 용어로 진화의 용어들을 번역했는데, 이 말들이 고전에 익숙한 한말 지식인들의 뇌리에 쉽게 전해졌을 것이다. 량치차오도 일찍이 20대 초반의 나이에 옌푸의 번역 초고를 읽고 사회진화론에 눈떴다고 한다(양일모 2008 : 88 ff). 그는 그 뒤 망명 시절에 일본식 진화론을 수용하면서 적자생존, 생존경쟁, 우승열패와 같은 용어로써 나름의 국가사상을 다듬을 수 있었다. 그의 책이 여러 학교의 교재로 쓰일 정도로 '양계초'의 이름은 한국 지식사회의 유행이었다(이광린 1981 : 255~287 ; 박찬승 1988 ; 우남숙 1985). 1906년 장지연張志淵, 1864~1921과 함께 대한자강회를 만든 윤효정尹孝定, 1858~1939이 그 기관지에 「생존의 경쟁」이라는 연설문을 실었을 때, 그 중심 언어들은 량치차오의 저술에서 빌린 것이었다.[223]

유럽에서 태동한 사회진화의 교설은 원래 자유방임과 공리의 세

221 朴殷植(1906), 「自强能否의 問答」, 『大韓自强會月報』 제4호(1906. 10 . 25), pp.1~3.
222 이 책은 1894년에 나온 *Evolution and Ethics*를 중국의 고문으로 번역한 것이다(엄복 2008).
223 尹孝定(1907), 「生存의 競爭(演說)」, 『大韓自强會月報』 제11호(1907. 5. 25), pp.6~7.

계관에서 비롯했다. 그러므로 거기에는 단선 진보의 논리와 발전의 낙관론이 들어 있었다. 이러한 점은 옌푸가 모방하려고 애쓴 스펜서의 이론에서 두드러진다. 이 영국의 사회학자는 개인주의에 근거한 자유경쟁의 원리로써 사회진화의 교설을 펼친 인물이다. 그런 까닭에 그의 사유체계는 19세기 후반기의 민족주의와 어긋날 수밖에 없었다(황수영 2011). 그러나 그 뒤에 더욱 크게 떨친 사회진화론이 오직 하나의 줄기로만 나아갔던 것은 아니다. 원래 '위기'의 개념으로부터 이론적 자양분을 얻은 그 이론이 시간과 장소에 따라 여러 이념 경향으로 흩어졌기 때문이다. 옛 그리스 말 κρίνω에서 비롯한 위기는 성공과 실패, 삶과 죽음, 혹은 천당과 지옥 사이의 양자택일 가운데 그 어떠한 수정도 허락되지 않을 정도로 절박한 현상을 표현한다. 따라서 그 의미론은 항상 정치적 결단이나 의료 판정 혹은 신의 계시와 같은 시간 차원을 지닌다. 위기의 시간은 대체로 반복한다. 그러나 진화의 시간은 돌이킬 수 없다. 그 위기는 갈림길의 시간에서 비롯하며, 따라서 그 속에 심판의 의미가 들어 있다. 그것은 지금 바로 닥치고 있거나 앞으로 다가올 '새로운' 시대의 표상이다. 도태 또는 발전의 기로에 다다른 '지금'이 과거 어느 때보다 중요하며, 그렇기 때문에 바로 '여기'에서 '새로운 역사'가 시작한다는 시간의 지표가 진화의 위기에서 비롯한다는 사유 방식이 생성한다. 이로부터 자유주의자들은 앞뒤로 갈리는 시간의 선택을 강요하면서 자율과 경쟁의 도덕적 정당성을 이끌어 냈다. 그런가 하면 성공과 실패를 극단적으로 가르는 위기의식은 우승열패의 논리를 배타적 이념의 수준으로 끌어올리는 제국주의와 인종주의의 수사법으로 이어지기도 했다(Koselleck 1982 : 617~650).

이러한 위기의 교설이 시대를 걱정하는 지식인들의 심금에 맞닿았을 것이다. 1906년 자강과 국권을 앞세운 서우학회의 취지문에서 갈림길의 용례를 읽을 수 있다. "凡物이 孤ᄒᆞ면 危ᄒᆞ고 群ᄒᆞ면 强ᄒᆞ며 合ᄒᆞ면 成ᄒᆞ고 離ᄒᆞ면 敗홈은 固然之理라. 矧今 世界에 生存競爭은 天演이오, 優勝劣敗ᄂᆞᆫ 公例라 謂ᄒᆞᄂᆞᆫ 故로 社會의 團體成否로써 文野를 別ᄒᆞ며 存亡을 判ᄒᆞᄂᆞ니, 今日 吾人이 如此히 劇烈ᄒᆞᆫ 風潮를 撞着ᄒᆞ야 大而國家와 小而身家의 自保自全之策을 講究ᄒᆞ면 我同胞青年의 教育을 開導 勉勵ᄒᆞ야 人才를 養成ᄒᆞ며 衆智를 啓發홈이 卽 是 國權을 恢復ᄒᆞ고 人權을 伸張ᄒᆞᄂᆞᆫ 基礎라."[224] 이 글은 물론 단체 결성을 호소하고 있지만, 그 배경에는 망국의 위기를 적자생존의 논리로 바라보는 시대인식이 근거한다. 그리고 다음 해 10월에 나온 『태극학보』 제10호의 한 논설은 더욱 생생하게 "現二十世紀는 又競爭之結果 而死生之機會라"고 하면서, 기로에 다다른 시간의 절박성을 드러냈다.[225]

신채호의 수사법 또한 그러한 추세와 크게 다르지 않았다. 1909년 『대한매일신보』에 실린 최영의 전기에서 그는 위기가 곧 기회라는 취지를 밝혔다. "嗚呼라 競爭은 人의 天職이며 生活ᄒᆞᄂᆞᆫ 資本이라. 故로 天職을 忘ᄒᆞ고 資本을 棄ᄒᆞ면 憔悴死境에 必入홈은 個人도 然ᄒᆞ고 一國도 然ᄒᆞ나니, 如此히 競爭에 淡泊ᄒᆞᄂᆞᆫ 國民으로 엇지 安樂無事홈을 得ᄒᆞ리오."[226] 이렇듯 신채호의 글쓰기는 사회진화의 원리로 시대 상황을 인식한다는 점에서 남다르지 않았다. 그는 다만 역사

224 「本會趣旨書」, 『西友』 제1호(1906. 12. 1), p.1.
225 朴庠鎔(1907), 「教育이 不明이면 生存을 不得」, 『太極學報』 제10호(1907. 5. 24), p.32.
226 신채호(1909), 「東國巨傑 崔都統(續)」, 『大韓每日申報』 1909. 12. 24.

를 새로운 운동 개념들 사이에 배치하면서 위기의식을 드러내는 일에서 그 누구보다 탁월했다. 그러면서 그는 생사기로의 경쟁이 개인뿐만 아니라 국민과 국가의 원동력이 된다는 인류 보편의 원리를 말하는 가운데 앞으로 나아가는 역사적 시간의 성찰에 이를 수 있었다.

> 人類進步가 時代를 隨ᄒᆞ야 異ᄒᆞᆫ 故로 上古時代의 歷史가 變ᄒᆞ야 中古되며 中古時代의 歷史가 變하야 近世된 바라. 其進步의 狀態가 複雜ᄒᆞᆫ즉 今에 某一件 往跡만 指ᄒᆞ야 日 此가 進步된 것이라 ᄒᆞ며, 其壹個 結果만 指하야 日 此가 進步된 것이라 홈은 不可ᄒᆞ나, 萬壹 强令히 其中 幾個條件만 摘ᄒᆞ야 人類歷史上 進步의 狀況을 證코ᄌᆞ ᄒᆞᆯ진대, 記者ᄂᆞᆫ 此ᄅᆞᆯ 身, 家, 國 三觀念의 變遷에 觀코ᄌᆞ ᄒᆞ노라.[227]

역사는 드디어 진보와 짝하면서 시간의 계기를 얻었다. 시대를 앞서 나간 이 글에는 '근세'에 이르기까지 다난했던 인류의 경험세계와 국민국가라 부를 만한 시대적 열망이 함께 들어 있다. 무엇이 '진정한 국가'인가? 논설의 긴장감을 더하는 이 질문은 국가의 생성과 발전 과정을 설명하는 진화의 원리로 이어진다. 예부터 단계적으로 개인에서 가족과 부락을 거쳐 국가를 완성하려는 경쟁과 투쟁이 있었지만, '인민의 공화'가 아니거나 '인민이 정권에 무관하면' 올바른 국가를 이룰 수 없었다. 이러한 역사의 과정 끝에 "國家ᄂᆞᆫ 斯民의 國이라 ᄒᆞ야 其存其亡에 惟民이 是圖라 ᄒᆞ며 國民은 斯國의

227 신채호(1909), 「身家國 觀念의 變遷」, 『大韓每日申報』 1909. 7. 15.

民이라 ᄒᆞ야 其安其危를 惟國이 是顧라 ᄒᆞ야 國家ᄂᆞᆫ 國民의 公產을 作ᄒᆞ며 國民은 國家의 公權을 有ᄒᆞᆷ에" 이르게 될 것이었다.[228] 신채호는 이 글에서 '진정한' 주권과 국가의 형성을 세세히 밝히지는 않았지만, 국민 동원의 정당성과 그 참여를 보장하는 정치체제의 관념을 표출할 수는 있었다(박상섭 2008 : 172~173). '근세'라 부른 그 시점이 진화의 끝 단계에 자리하면서 그의 '신역사'는 시간의 질을 얻을 수 있었다. 망국의 위기 상황이 계몽의 사도를 불러낸 셈이다. 그러나 그는 더 이상 사회진화의 기대지평에서 저항의 글쓰기를 계속할 수 없었다. 인류 역사의 진보를 말하던 바로 그 시점에 그는 아득히 먼 옛 시간의 기억을 불러내고 있었다.

> 韓國이 古代에는 自治制度가 盛行하던 國이라. ……萬壹 希臘羅馬 共和의 制에 比較ᄒᆞ면 毫髮도 稍讓ᄒᆞᆯ 者ㅣ 無ᄒᆞ다 ᄒᆞᆯ지니 偉哉라 韓國의 政治史여 世界에 自豪ᄒᆞᆯ 만ᄒᆞ도다. 然則 如此히 太古時代에 開化最早ᄒᆞᆫ 民族으로 其文化를 발輝ᄒᆞ야 六洲에 傳布하며 其能力을 養成ᄒᆞ야 萬國에 雄鳴ᄒᆞᆷ은 尙矣勿論이오, 反히 層壹層墮落ᄒᆞ며 年壹年降衰ᄒᆞ야 中世가 上世에 不及ᄒᆞ며 近世가 中世에 不及ᄒᆞ야 數千年 以後 今日에 坐ᄒᆞ야 數年 以前 當時를 仰ᄒᆞᆷ이 地獄과 天堂ᄀᆞᆺ치 懸殊ᄒᆞ니 嗚呼라 此가 果然曷故이뇨.[229]

이처럼 한국 문화유산의 자부심이 육대주 가운데 '가장 먼저 개화한' 단군시대에 있다면, '지금' 애써 찾은 '대한국민의 목적지'는 이제

228 신채호(1909), 「身家國 三觀念의 變遷(續)」, 『大韓每日申報』 1909. 7. 17.
229 신채호(1909), 「韓國自治制略史」, 『大韓每日申報』 1909. 7. 3.

어디가 될 것인가? "我韓은 四千年 文明古國이라."[230] 1909년 2월 『황성신문』의 기사처럼 이 무렵 '4천 년'의 유산을 앞세우는 미담이 계몽의 언론을 이끌고 있었다. 단군 혈맥의 '신성 민족' 또한 하나의 유행어처럼 온갖 글쓰기를 장식했다. "無窮花 無窮花여 爾의 田地는 十三道의 錦繡山河오 爾의 主人은 貳千萬 神聖民族이라." 태백산 박달나무 아래에 성인이 처음 나시던 날 그렇게 우리의 뿌리가 뻗기 시작했다는 『대한매일신보』의 논설은 20세기 '대한 동포'의 희망을 옛적의 '춘광春光'과 하나로 삼았다.[231] 또 다른 신문 기사는 신성한 역사의 자부심으로 시세에 맞서자고 호소했다.

> 嗚呼라 我大韓民族이여, 我祖先의 神聖ᄒᆞᆫ 歷史를 紀念ᄒᆞ고 崇拜ᄒᆞ야 恒常 自尊自立의 精神을 奮勵ᄒᆞ야 高等種族의 價値를 發表ᄒᆞ고 決코 自卑自屈의 思想을 持有ᄒᆞ야 奴隷劣等의 隊落ᄒᆞ기를 自甘치말지어다.[232]

망국의 그늘이 점점 짙어지는 만큼, '국민의 국가'에 걸었던 희망도 사그라져 갈 수밖에 없었을 것이다. 신화의 향수가 차츰 그 빈자리를 채워 가는 현상이 그러한 시대의 결핍을 증언하고 있다. 낯선 외래 사조의 수용 과정 또한 질문의 대상이다. 계몽의 언론들이 일본 토양에 적응한 사회진화론을 망설임 없이 받아들였다는 사실을 되짚어 볼만하다. 한말 개혁가들의 미래 구상과 맞닿았던 량치차오의 사유 방식을 먼저 따져 보아야 옳을 것이다. 그러나 문제의 발단

230 「我國古代發達의 遺蹟」, 『皇城新聞』 1909. 2. 6.
231 「是日敬爲同胞一告」, 『大韓每日申報』 1909. 8. 14.
232 「我民族의 神聖歷史」, 『皇城新聞』 1910. 4. 21.

은 그에게 국가사상을 전해 준 일본 개혁가들의 번역 저술로 거슬러 오른다. 메이지 아카데미즘의 한 축을 구성한 가토 히로유키가 주목의 대상이다. 앞에서 보았듯 그는 처음에 천부인권의 입헌제도를 주장하다가 나중에는 반민권운동에 앞장섰다. 이때 그는 독일 공법학자 블룬칠리Johann Caspar Bluntschli, 1808~1881의 유기체국가 이론과 스펜서의 사회진화론을 결합한 끝에 천황제와 제국주의를 옹호하는 '강권'의 원리를 세울 수 있었다(박양신 2008a ; 전복희 1996 : 51 ff ; 윤해동 2004 : 193~230). 이러한 경향성을 물려받은 량치차오 또한 차츰 민권보다는 국권을 내세우는 국가주의에 기울다[233] 마침내 '민족제국주의'로 나아가는 진화의 단계를 수용했다(조병한 2007). 이렇게 원형에서 벗어나 복합적인 의미망으로 다시 합성한 '진보'의 외래 사조는 인종주의와 군국주의의 경향을 품은 채 한말 지식사회로 건너왔다.

근대형성기 한국 계몽의 사도들이 국민국가를 꿈꾸는 가운데 어쩔 수 없이 굴절된 사유 양식에 편승할 수밖에 없었다면, 그것은 '번역과 전유의 다층적 과정'에서 비롯한 현상이었다고 이해할 만하다. 일본이나 중국에서 서구 개념들의 번역어로 들어온 용어들이 토착 과정에서 스스로 새로운 의미연관을 생성한 것으로 보인다. 이때 이식된 번역 용어는 원본의 의미 영역을 확장하거나 축소하면서 창조적으로 변화시킨 작용공간에 적응했을 것이다(Kurtz 2001 : 147 ; 릭터 2015). 한국에 건너온 독일 유기체국가 이론 또한 그러한 전형에 속한다. 블룬칠리의 사유체계에서 국가란 자연의 산물도 어떠한 설

233 「자유서(自由書)」에 이런 글귀가 보인다. "천하에 이른바 권리란 없고 다만 권력이 있을 따름인데, 권력이 곧 이익이다"(梁啓超 2008d : 29).

비나 시설도 아니다. 그것은 인간 유기체와 마찬가지로 도덕적이며 정신적인 인격체이다. "국가는 인격체로서 주권을 지닌다. 따라서 우리는 이 주권을 국가주권이라 부른다. 그것은 국가에 앞서지 않으며, 국가 바깥에 존재하지도 않으며, 더구나 국가 위에 서지도 않는다. 그것은 곧 국가의 권력과 통치권 자체이다"(Bluntschli 1863b : 9 ff). 이 말은 언뜻 보면 국가지상주의 이념으로 읽힌다. 그러나 이 설명에서 중요한 관심사는 오히려 국가를 구성하는 실질적 토대에 있다. 그것은 곧 신분과 계급뿐만 아니라 통치자들도 포괄하는 인민Volk이다. 이 용어는 멀리 볼 때 그리스어 폴리스πόλις에 어원을 두며, 고대로마의 전체 정주민을 지칭하던 포풀루스populus와 친화성을 지닌다. 그러므로 그 의미 영역에는 정치공동체에 참여하는 구성원의 권리와 의무가 들어 있다. 이러한 뜻에서 인민은 탄생nasci에서 유래하여 언어, 정신, 종교 등 문화 영역에서 고유한 의미를 획득하는 민족Nation과 구별된다. 이 민족은 법률상 의미보다는 선천적 의미에서 그 정신의 통일성을 언어로 표현하기 때문에 하나의 인격체다. 그러나 그 공동체는 어떠한 법제도로 확정되지 않으며, 따라서 국법상의 인격체가 될 수 없다. 이와 달리 인민은 국가 속에서 온전한 신체를 갖추게 되면서 법률상의 인격체가 된다. 그러므로 인민은 "권리를 신장하는 문제와 관련하여 민족보다 상위에 선다." 이때 인민은 국가인민Statsvolk과 같은 유기적 존재이며, 하나의 조직 개념이 된다. 블룬칠리는 이렇게 인민과 민족을 구별했지만, '민족 원리'가 본질적으로 근대국가의 원리와 화합하면서 '정치적 의미'를 지닐 수 있다고 주장하는 가운데 두 인격체 사이의 '자연적 상호작용'을 인정했다. "여러 민족성이 뭉쳐 한 국가를 세우면서 함께한 인민을 이룬다면, 정치적 권리들은 민족성에 따라 분배될 수 없으며, 민족성을 구별하지 않고 지켜야 할 것은 정치적 공동체와 평등한 권리이다"(Bluntschli 1863a : 81~94). 이러한 유기체 원리의 국가사상은 무한한 인민주권을 거부할 뿐만 아니라 국가주권을 넘어서는 그 어떠한 절대권력도 인정하지 않는 조화 이론의 한 갈래에 속한다. 블룬칠리는 실질적으로 입헌군주제의 역사적 당위를 인정하는 보수주의자였다. 그러면서도 그는 인민의 주권을 옹호한 자유주의자이기도 했다(Böckenförde 1991 : 263~272).

이러한 유기체 이론은 번역자들에게 의미 변용과 확장의 공간을 열었을 것이다. 블룬칠리 국가학의 한 부분을 맨 처음 일본어로 번역한 가토 히로유키는 이로부터 유기체 일반의 도덕적이며 정신적인 자율성을 전유하여 일본식 계몽절대주의에 논리적 당위성을 부여했다. 그가 펴낸 『국법범론』은 독일어로 쓰인 사상과 이론을 처음으로 일본어로 번역한 작품이다. 따라서 번역어 선택은 지난한 과정이었을 것이다. 이를테면 Volk는 대부분 국민과 짝하면서도 때로는 민종民種, 국가, 신민, 족민族民, 호루쿠ホルク 같은 번역어와 섞였다. Nation 또한 때에 따라 민종 또는 족민으로 번역되었다.[234] 이보다도 애초부터 원전을 메이지 국가주의 이념과 제도 형성에 맞추려 했다는 점이 더 중요해 보인다. 이를테면 Volk를 국민이나 국가 등으로 번역하면서 그 어원의 설명 부분을 생략한 사례가 눈에 띈다. 이때 정치공동체 자체이면서 그 구성원을 뜻하는 의미 영역이 침식당하고, 그 대신 '국의 민'이 더욱 두드러질 수 있었을 것이다. 명백

234 일본에서 Nation을 민족으로 번역하는 사례는 1887년에 처음 나타난다(박양신 2008a : 248 ff).

한 의미의 굴절현상도 지적할 만하다. "국가 인민이 되기에 적합한 모든 위대한 민족은 고유한 정치적 삶의 의견과 더불어 특별한 국가적 임무를 지닌다. 인민은 그 본질의 특징을 국가에 빌려 줌으로써 이러한 사명을 완수한다." 원전은 이렇게 분명하게 '정치적' 기대지평으로 나아가는 인민과 민족 개념을 설명하지만, 번역 과정에서 그 의미는 다음과 같이 전도되었다. "국민이 될 거대 민종은 반드시 국가에 적응하는 본성을 지니며 국가를 이룰 특별한 임무를 지닌다"(ブルンチュリ 1872 : 1~36). 이렇게 하여 공동체 구성원이라는 인민의 정치적 의미연관은 사라지고, 그 대신 국민 위에 서는 국가의 위상이 돋보일 수 있었다. 가토는 여기에서 더 나아가 스펜서로부터 가져온 적자생존의 원리를 국가라는 유기체에 적용하여 '강자의 권리'를 내세우는 정치체제를 구성할 수 있었다. 이 과정에서 원래 민족주의뿐만 아니라 제국주의에 첨예하게 맞섰던 스펜서의 자유주의 이념은 가토의 국가사상에서 생명력을 잃고 말았다(安世舟 1976 : 113~156). 이처럼 메이지 국가주의와 뒤섞인 독일 유기체 이론은 량치차오의 국가사상에도 큰 흔적을 남겼다. 그는 1903년 「정치학 대가 백륜지리의 학설政治學大家伯倫知理之學說」을 발표하는데, 이 글은 블룬칠리 국가학의 일본어 번역본을 이용한 것으로 보인다. 그 머리말은 그가 이미 계몽의 철학에서 멀어졌다고 밝힌다. "루소의 학설은 1백 년 전에 정계를 변화시키는 데 가장 유력한 것이었고, 블룬칠리의 학설은 루소의 반대이다. 양자 가운데 어느 것이 진리에 가까운가. 루소의 학설은 약이고, 블룬칠리의 학설은 곡식이다. 병이 이미 깊으면 참으로 곡식에 의지해서는 치료할 수 없다. 그러나 약은 병을 고칠 수도 있고 병이 생겨나게 할 수도 있다. 더욱이 약과 증상이 서

로 반대되면, 옛 병이 아직 낫지도 않았는데 새로운 병이 생겨나게 된다. 그러므로 약을 쓰는 것은 신중하지 않을 수 없다." 이렇듯 그는 독일 이론가를 만나면서 새로운 사유 방식을 구상한 것으로 보이는데, 원전과는 달리 공동체 구성원을 정치적 기대 개념으로 수용하지는 않았다. 먼저 그가 이해하는 민족은 "민속의 연혁으로 생긴 결과이다." 그것은 동일한 거주 지역, 혈통, 신체적 형상, 언어, 문자, 종교, 풍속, 생계를 공유하는 '단체'이다. 이러한 특성의 민족은 "본래 국가를 건설하려는 마음을 갖고 또한 그것을 실행할 수 있는 세력이 있으며 실행하려는 의지와 기운이 있은 연후에 국가를 건립할 수 있다." 이렇듯 그의 민족은 블룬칠리의 개념과 크게 다르지 않다. 그렇지만 그러한 민족이 "국가를 건립하면 족수族粹의 보존을 최고 목적으로 삼게 된다"는 말 이외에 민족 원리의 정치적 기대를 드러내는 어떠한 설명도 하지 않았다. 그가 해석한 국민도 비슷한 문제점을 지니고 있다. 그것은 곧 '유기적 국가'를 바탕으로 견해를 발표하고 권리를 제정하는 '인격'이며, 국가 안에서 생존하는 '법률체'이다. 그것의 특성은 '일정불변한 전체'라는 점에 있다. 이러한 점은 그가 국가를 '완전히 통일되어 있는 영원한 공동체'로 보는 견해와 일치한다. 그러나 블룬칠리가 이해하는 국가 구성원은 '유기적 생명의 자연법칙 아래' 발전 과정의 역사를 지니는 존재이다. 그리고 그 고유성은 결코 국가 속에서 틀림없는 모습으로 드러나는 것은 아니다. 그것은 여러 국면의 발전 과정을 겪는다. 그 존재는 본래 그대로 머물러 있더라도 그 욕구와 의견은 당면한 생애 시기에 따라 변하기 마련이다. 마찬가지로 '본성에 어울리는' 국가 형태는 언제나 국가 안에서 생존하는 인민의 특성과 발전 주기에 상응한다. 량치차오는 이러한 원리를 중국의 정치현상에 맞추면서 이렇게 결론지었다. “중국의 큰 우환을 살펴볼 때…… 국민의 자격이 없다는 것보다 더 심각한 것은 없다. ……그러므로 오늘날 우리 중국의 가장 큰 결점이자 가장 시급한 것은 유기적인 통일과 유력한 질서이며, 자유와 평등은 바로 그다음이다.”[235]

이렇게 블룬칠리 학설을 풀어쓴 량치차오의 글은 몇 년 뒤 한국 언론에서 새로운 의미연관에 얽히게 되었다. 1908년 7월 30일 『대한매일신보』의 논설로 실린 「민족과 국민의 구별」은 그 가운데 일부를 옮겨 적은 것이다. 이 기사는 우선 민족과 국민의 ‘글자’가 크게 다르다는 점에서 출발한다. “民族이란 者ㄴ 只是同壹ᄒᆞᆫ 血統에 系ᄒᆞ며 同壹ᄒᆞᆫ 土地에 居ᄒᆞ며 同壹ᄒᆞᆫ 歷史ᄅᆞᆯ 擁ᄒᆞ며 同壹ᄒᆞᆫ 宗教를 奉ᄒᆞ며 同壹ᄒᆞᆫ 言語를 用ᄒᆞ면 便是同壹ᄒᆞᆫ 民族이라 稱ᄒᆞㄴ바어니와 國民二字ㄴ 如此히 解釋ᄒᆞ면 不可ᄒᆞᆯ지라.” 그런 다음에 국민의 의미가 뒤따른다. 그것은 곧 “其血統歷史居住宗教言語의 同壹ᄒᆞᆫ 外에 又必同壹ᄒᆞᆫ 精神을 有ᄒᆞ며 同壹ᄒᆞᆫ 利害를 感ᄒᆞ며 同壹ᄒᆞᆫ 行動을 作ᄒᆞ야 其內部의 組織이 壹身의 骨格과 相同ᄒᆞ며 其對外의 精神이 壹營의 軍隊와 相同”한 존재이다.[236] 이렇게 한말 지식사회에 전해진 민족 개념은 문화적이며 원초적인 의미를 지니게 되었다. 운동의 수사로 표현된 국민은 이와 달리 행위 주체라는 점에서 기대 개념에 가깝다. 그렇더라도 국민이 나아갈 방향은 모호하다. 따라서 그것은 원

235 이 글은 처음에 『신민총보(新民叢報)』 제38~39호 합본(1903. 8. 14), pp.19~53에 실렸으며, 나중에 그의 『음빙실문집 13』[『飮冰室合集 2』, 北京 : 中華書局, 2008, pp.67~89]에 다시 올랐다.

236 「民族과 國民의 區別」, 『大韓每日申報』 1908. 7. 30.

래의 의미내용을 거의 복사할 수 없었다. 그리고 국민의 행동과 정신을 '병영의 군대'로 묘사한 표현 또한 주목할 대목이다. 국민을 전쟁의 행위 주체로 표현하는 수사법은 원래 메이지 후반기 국수주의자들의 관행이었다.

이렇게 원전의 의미 구성에서 멀리 떨어진 정치공동체와 그 구성원의 개념들이 중층의 과정을 거쳐 한국 지식사회로 건너왔다. 블룬칠리 국가학의 근간을 이루는 Volk는 원래부터 한자어 국민과 짝할 만한 의미 요소를 지니고 있었다. 그리고 그가 구상했던 국가는 입헌군주제의 현실에 걸맞은 하나의 조직 개념이었다. 그러나 그 의미의 뿌리가 고전시대 폴리스와 맞닿아 있었다는 점이 더욱 중요할 것이다. 일본과 중국 개혁가들이 구상했던 '국'과 블룬칠리의 정치공동체 사이에서 서로 건널 수 없는 심연을 보는 듯하다. 아무튼 모호한 뜻을 지닌 '국의 민'이 한국에 건너와 사회진화의 기대와 얽혀서 계몽의 언어로 작용하게 되었다. 그 전이 과정에 숨어 있던 제국주의 의미론이 거기에 맞서는 저항의 수사법을 이끈 셈이다. 한말의 개혁가들은 아마도 그 와중에 휩쓸리는 참여자들의 불평등 관계를 뒤늦게나마 깨달았을 것이다. 그러한 문제점의 돌파구는 어디로 열려 있었을까? 다음에 전하는 어느 언론의 논설 가운데에서 그 무렵 선진 지식인들이 구사할 수 있었던 계몽의 개념과 의미론 수준을 가늠할 만할 것이다.

夫 今日의 所謂 世界文明者는 復是 十九世의 産物이라 彼 達爾文이 生物進化의 原理를 考出흔 以后로 科學의 面目이 大開ᄒᆞ야 凡 哲學 宗教 道德 社會의 觀念이 莫不一新ᄒᆞ니 萬般事物를 다 進化의 公例를 準ᄒᆞ야 解說

ᄒᆞᄂᆞᆫ지라 社會制度의 變遷이 進化也오, 道德宗教의 發達이 進化也오, 風俗習慣의 推移가 亦 進化也라. 然則 人類의 歷史 卽 進化也오, 吾人의 棲息ᄒᆞᄂᆞᆫ바 世界도 亦 進化의 世界也어늘, 噫獨 半島人物이 萬事閉息ᄒᆞ야 進化의 榮華를 不受ᄒᆞ고 退化의 衰枯를 自取코ᄌᆞ ᄒᆞ니 岌岌乎危哉라. 若如此以往ᄒᆞ야 日日而退ᄒᆞ다가 步窮地盡ᄒᆞ면 退將安之리오. 維我 國民은 警ᄒᆞ며 誡ᄒᆞ야 나의 國粹를 保ᄒᆞ며 國民의 私權를 發展ᄒᆞ야써 民是를 定ᄒᆞ며 國是를 立홀지어다.[237]

237 岳裔(1909), 「民是論」, 『大韓興學報』 제8호(1909. 12. 20), pp.15~16.

Part 5

이념과 신화 사이

1. 정신의 역사

그리고 10여 년 세월이 지난 뒤 진화의 교설은 분화했다. 1920년 8월 25일 『개벽』 제3호는 「막쓰와 유물사관의 일별-瞥」이라는 논설을 싣는데, 이 기사는 진화의 사유 방법이 새로운 유물론으로 이어진다고 설명한다. "막쓰의 學說의 특징은 헤겔의 철학에서 進化的 思索法을 취하야 此를 唯物論과 결합함에 在하니 즉 世界事物에 대한 進化的 思索方法과 唯物論的 見解로써 學說의 근저를 구성하며 출발하엿다." 이어서 이 글은 다윈의 진화설이 마르크스의 유물론에 이르는 '사색'의 과정에 주목하면서 두 가지 대립적 세계관의 긴장 관계를 드러낸다. "보통 世人들은 唯物論者라 하면 我利의 人, 我慾의 人, 低級의 快樂主義의 人, 또는 沒理想의 人, 不人情의 人으로 輕斷하는 通弊가 업지 안이하나 그러하나 哲學上의 唯心論 精神主

義·理想主義과 唯物論 物質主義과는 吾人 實際生活上의 理想的 動機와는 하등의 관계가 無한 것이다. 唯心論者는 말하되 물질의 세계는 결코 독립으로는 존재치 못한다. 오즉 정신이 유일한 독립으로 존재한 것이니 물질의 세계는 정신 발전의 반영 또는 표현에 불과하다 주장한다. 此에 대하야 唯物論者는 말하되 人生社會에 在하야 吾人의 五官이 지각하는 물질계가 유일의 진실의 세계이다. 吾人은 五官으로 感得하는 지식 이외에는 아모것도 모른다. 精神이란 것은 다만 物質界의 反映에 불과한다 주장한다." 그리고 마르크스의 유물사관 설명이 뒤따른다. "進化的 思索法 즉 사물을 歷史的으로 고찰하야 吾人의 세계는 動的 상태로 間斷 업는 변화 성장의 連鎖라 관찰하야 立論함이요 사물을 理解함에는 그 生死와 盛衰의 原理를 討究치 안이치 못할 것이니 이 思索法을 唯物論者가 인류사회의 역사 연구에 응용함이 이것이 즉 唯物史觀이며 막쓰 학설의 근거가 되는 것이다."[238]

이 글은 진화의 동력을 새롭게 설명하는 가운데 또 다른 외래 사조, 곧 마르크스유물론을 한국 지식사회와 접목했다. 그 '사색' 방법은 물질의 변화와 성장을 '유일한 진실의 세계'로 삼으면서 유심론철학과 대척점에 선다. 앞으로 오래도록 이어질 이념 논쟁을 예고하는 이 기사는 동시대 이데올로기현상을 반영했을 것이다. 이즈음 민족과 국가의 운명을 정신의 작용으로 이해하는 사유 방법이 이미 하나의 대세를 이루고 있었다. 망국의 시대 상황이 그러한 경향성으로 이어졌을 것이다. 1915년 박은식이 중국 망명의 시간에 펴낸 『한국통사韓國痛史』에서 그 범례를 찾을 수 있다. "대륙의 원기

238 又影生(1920), 「막쓰와 唯物史觀의 一瞥(읽은 中에서)」, 『開闢』 제3호(1920. 8. 25), pp.98~100.

는 동쪽 바다로 달려 백두산에 닿았고, 북쪽으로는 요동평야를 열었으며, 남쪽으로는 한반도를 이루었다. 한국은 당요시대에 일어난 나라로 인문이 일찍 열렸고, 그 민은 돈독한 윤리를 지녀 천하가 군자의 나라로 칭했으며, 역사는 면면하게 이어져 4천3백여 년에 이르렀다. 오호라, 옛날의 문화가 동쪽 끝 세 섬에 파급하여 저들의 음식 · 의복 · 궁실이 우리로부터 비롯했고, 종교와 학술 또한 우리에게서 나왔다. 그런 까닭에 저들은 일찍이 우리를 스승으로 삼았는데, 이제는 우리를 노예로 여기는가." 이렇게 통한의 넋두리로 시작하는 이 책 서언은 정신의 역사를 강조하는 대목에 이르러 광복의 혼을 불러낸다.

> 옛사람이 이르기를 나라를 멸할 수 있으나 사史를 멸할 수는 없다고 하였다. 대개 나라는 형形이고 사는 신神이다. 지금 한국의 형은 허물어졌으나 신은 홀로 존재할 수 없는 것인가. 이것이 통사를 짓는 까닭이다. 신이 존속하여 없어지지 않으면 형 또한 어느 때에 부활할 것이다. 그러나 이 책은 갑자년 이후 50년사에 그칠 따름이니 어찌 족히 우리 4천 년 역사 전부의 신을 전할 수 있겠는가. 이와 함께 우리 민족은 우리 조상을 생각하며 잊지 않을 것이다. ……오늘날 우리 민족 모두가 우리 조상의 피로 골육을 삼고 우리 조상의 혼으로 영각을 삼고 있는데, 우리 조상에게는 신성한 교화가 있고, 신성한 정법이 있으며, 신성한 문사와 무공이 있으니, 우리 민족이 다른 곳에서 구하는 것이 옳겠는가(朴殷植 1915 : 17~25).

형체를 상실한 나라와 오직 정신으로 존속하는 역사, 이 절묘한 대비는 그 자체로 시대적 절망을 드러내는 수사법이었겠지만, 그

가운데에는 자강과 국권을 초월하여 새로운 기대지평을 내다보는 의미연관이 들어 있다. 이미 경술년1910 8월 22일의 조약 사건 이전에 진화의 교설에서 물려받은 정치개혁의 열망은 정신의 작용에 기대는 이상세계로 바뀌고 있었다. "大抵 窮則變ᄒᆞ고 變則通은 不易의 理라 故로 世界歷史에 一定不變의 局이 無ᄒᆞ야 分裂이 極ᄒᆞ면 聯合이 有ᄒᆞ고 競爭이 甚ᄒᆞ면 平和가 有ᄒᆞᄂᆞ니 現今은 世界人類의 分裂競爭이 非常히 劇烈ᄒᆞᆫ 時代라 聯合平和의 時期가 渺然ᄒᆞᆫ 듯ᄒᆞ나 窮則變ᄒᆞ고 變則通의 理로 觀ᄒᆞ면 畢竟 分裂이 聯合되고 競爭이 平和될 時代가 有ᄒᆞᆯ 것이오 또 人類의 思想으로 言ᄒᆞᆯ지라도 將次 分裂을 厭ᄒᆞ고 聯合을 希望ᄒᆞ며 競爭을 避ᄒᆞ고 平和를 要求ᄒᆞᄂᆞᆫ 日이 有ᄒᆞᆯ 것은 亦其確的ᄒᆞᆫ 理想이 아닌가. 所以로 目下 競爭時代에도 種種 有名 大政治家ᄂᆞᆫ 恒常 平和를 主張ᄒᆞᆷ은 쏘ᄒᆞᆫ 將來 世界에 嚆矢를 發現ᄒᆞᆷ이라 謂ᄒᆞᆯ지로다. 然ᄒᆞᄂᆞ 世界平和의 最大基礎ᄂᆞᆫ 宗敎範圍에 在ᄒᆞᆫ 것이니 佛敎의 普度와 耶敎의 博愛가 莫非平和主義어니와 吾東洋의 儒敎로 言ᄒᆞᆯ지라도 世界平和가 一大主義와 論語의 忠恕□貫과 中庸의 中和位育과 禮運의 大同이 皆平和의 本原이며 平和의 極功이오 春秋一部大旨가 天下列國으로 ᄒᆞ야곰 息爭弭亂ᄒᆞ고 講信修睦ᄒᆞ야 大同平和를 成ᄒᆞᆷ에 在ᄒᆞ니 此等主義가 目下 競爭時代에ᄂᆞᆫ 適合지 아니ᄒᆞᆫ 듯ᄒᆞᄂᆞ 將來 社會影響이 平和에 傾向ᄒᆞᄂᆞᆫ 日에ᄂᆞᆫ 吾儒敎의 大發達을 確然可期ᄒᆞᆯ지로다."[239] 1909년 11월 『황성신문』의 논설로 나온 이 글은 캉유웨이康有爲, 1858~1927의 '대동세大同世'를 빌려 우리 '유교의 정신'으로 이루어 나갈 이상세계를 꿈꾼다. 청나라 말기 변법운

239 「儒敎發達이 爲平和之最大基礎」, 『皇城新聞』 1909. 11. 16.

동의 중심에 섰던 캉유웨이는 『춘추공양전』의 '삼세三世'와 『예기』의 '대동'에서 새로운 도덕적 유토피아를 이끌어 내었는데, 그것은 진화의 법칙을 초월하여 인류의 평등과 태평을 기약하는 보편의 '공리'로 작용하게 될 것이었다(이혜경 2002 : 126~151). 현실의 질곡을 초월하는 '대동'의 이상향이 약육강식의 질서에 절망한 한국 지식인들에게 '정신'의 피안을 열었을 것이다. '국치'의 날이 목전에 다다랐을 즈음, 『대한매일신보』는 '변천의 시기'에 걸맞은 '신선한 정신'을 이렇게 호소한다.

> 先天後天은 歷數가 已變ᄒᆞ고 古世今世ᄂᆞᆫ 物態가 已遷ᄒᆞ엿스니 上下千載에 歷史를 溯考ᄒᆞ면 可히 喜ᄒᆞᆯ 事도 有ᄒᆞ고 可히 驚ᄒᆞᆯ 事도 有ᄒᆞ도다. 我韓이 自檀箕以來로 民族의 繁殖과 人道의 闡明이 幾千年을 一隅의 獨立을 保有ᄒᆞ더니 幅圓이 支那와 偏近ᄒᆞᆷ으로 弱肉强食ᄒᆞᄂᆞᆫ 歎을 免치못ᄒᆞ야 幾百年 以來로 牛後의 恥로 世界에 貽笑를 免치못ᄒᆞ더니 天地가 雲變ᄒᆞ고 山河가 萍換ᄒᆞ야 羈絆을 解脫ᄒᆞ고 獨立을 主唱ᄒᆞᆯ 機會를 當ᄒᆞ엿스니 我韓人士ᄂᆞᆫ 思想을 一變ᄒᆞ야 腐敗ᄒᆞᆫ 習慣은 新鮮ᄒᆞᆫ 精神으로 變幻ᄒᆞ야 一日에 進一步ᄒᆞ고 二日에 進二步ᄒᆞ면 枝上에 鳴조도 糞壤을 免ᄒᆞᆯ 時가 有ᄒᆞ고 喬木의 黃려도 谷中에 出ᄒᆞᆯ 日이 有ᄒᆞ니 人事의 變遷이 此와 奚異ᄒᆞ리오. ……一變一遷을 엇지 氣數에만 歸ᄒᆞ리오. 歐雨米風이 一時에 驅入ᄒᆞ야 半島江山이 陸沈ᄒᆞᄂᆞᆫ 境遇에 至ᄒᆞ엿스니 此를 變幻ᄒᆞ랴면 社會界에도 新思想을 幻着ᄒᆞ고 教育界에도 新思想을 換着ᄒᆞ고 農業界에도 新思想을 幻着ᄒᆞ고 工業界에도 新思想을 幻着ᄒᆞ고 商業界에도 新思想을 換謂ᄒᆞᆯ지로다.[240]

240 「變遷의 時機」, 『大韓每日申報』 1910. 6. 15.

국민의 국가로 나아가게 될 진화의 기대가 무망할 수밖에 없었다면, 망국으로 이어진 민족의 역사 가운데에서 어떠한 희망을 찾을 수 있을 것인가? 수많은 우국지사는 이러한 질문을 가슴에 품고 망명길에 올랐을 것이다. 일찍이 타고난 성리학자로서 '공교孔敎'의 믿음에 흔들림 없던 이상룡李相龍, 1858~1932은 다윈의 진화론과 캉유웨이의 대동학설을 받아들인 뒤 군주전제가 민의 주권으로 일변하는 '시세의 운행'을 말할 수 있었다(안동독립운동기념관 2008 : 581). 1911년 그가 서간도로 망명하여 대종교에 귀의했을 때(한영우 1996 : 87 ff), 국민의 정신을 되살리는 민족사 서술이 그의 주요 과업이었다. "대저 나라가 사史를 지니는 것은 다만 지난 사적을 기록하는 일에만 그치지 않는다. 그것으로써 국가의 체통을 높이고 국민의 정신을 기르는데, 그렇지 않다면 사가 있더라도 사가 없는 바와 마찬가지이다. 그래서 법국 학자 파류波留 씨는 일찍이 '러시아에는 역사가 없다'고 말했다. 어찌 러시아에 사가 없었겠는가"(이상룡 1973 : 110).

이와 비슷한 궤적을 밟은 박은식은 서간도에 도착하자마자 한 편의 사론을 구상하면서 정신으로 작용하는 역사의 의미론을 보다 정교하게 풀어썼다. 먼저 그가 보기에 '천지의 진화'가 매일매일 끊어지지 않으면서 '인지仁智의 진보' 또한 나날이 새로워진다. 이러한 원리에 따라 가족주의는 민족주의로 바뀌었는데, 그 현상은 곧 '민족경쟁시대'의 산물이다. 이렇게 타자와 맞서는 경쟁은 어쩔 수 없이 '우리 동족 사이의 상호부조'를 불러일으킨다. 그러므로 오늘날 수많은 민족은 '조상의 역사를 발달시켜' 자주와 자강의 정신으로 외부 세력에 맞서고자 애쓴다. 박은식은 이렇듯 망명 시절에도 예나 다름없이 진화의 기대를 버리지 않았던 듯 보인다. 그러나 그때 그가 앞세운 '민족경쟁'은 부국강병과 천하무적의 위업으로 다른 민족을 압도하게 될 '세력의 승리'가 아니라 '종교와 역사의 신성神聖' 으로 다른 민족을 교화하여 따르게 하는 '정신의 승리'를 의미했다. 이러한 생각은 오늘날 '대동 민족'이 힘으로 타자와 대결할 수 없을 뿐만 아니라 종교와 역사의 정신 또한 사람들의 마음에 뿌리내리지 못한다는 현실인식에 근거했다. 따라서 그가 진정으로 두려워한 일은 '세계역사'에서 우리 민족의 명칭이 사라지고 마는 일이었다. 정신의 역사가 모든 현상에 앞설 수밖에 없었다(박은식 2002 : 362~393).

민족이 있으면 뒤따라 역사가 있기 마련이나, 역사가 없으면 또한 민족도 없게 된다. 역사가 곧 민족의 정신이기 때문이다. 먼저 조국의 역사가 있고, 그런 다음에 애국의 정신이 있게 된다. 동족의 역사가 있어야 애족의 정신이 있게 되며, 독립의 역사가 있어야 독립의 정신이 있게 되며, 자존의 역사가 있어야 자존의 정신이 있게 된다. 그러므로 신성한 민족은 반드시 신성한 역사를 지닌다(박은식 2002 : 362).

박은식은 몇 년 뒤 '통사'를 완성하면서 종교나 역사처럼 정신의 유산으로 이루어지는 혼魂과 경제와 군사의 힘을 드러내는 백魄을 나누고는, 혼의 됨됨이가 백에 따라 죽고 살지 않는다고 설명했다. "국교와 국사가 망하지 않으면, 그 나라도 망하지 않는다." 그는 이렇게 힘주어 말하면서 하나의 질문을 남겼다. "오호라! 한국의 백은 이미 죽었으나, 이른바 혼이란 것은 살아 있는가 없어졌는가"(朴殷植 1915 : 376). 망국의 통분이 새로운 역사의 의미론을 불러낸 셈이다. 그의 역사는 무엇보다도 민족 사적의 기록이다. 따라서 그것은 옛 사서의 전승이다. 그러면서도 그것은 민족의 후손이 시세에 맞추어 '발달시킬' 수 있는 '신성'이라는 점에서 전통의 의미를 초월한다. 그것은 애국과 애족의 정신, 독립의 정신, 자존의 정신에 선행하는 존재이다. 그것은 곧 '정신의 승리'를 이끄는 어떠한 힘이다. 박은식은 비록 그 인식의 과정을 세세히 풀어 설명할 수는 없었더라도 '생산 가능한' 역사의 의미연관을 떠올린 것으로 보인다. 이 전대미문의 서술 방법이 신채호의 유명한 질문으로 이어질 수 있었을 것이다. "역사란 무엇이뇨?" 박은식이 겪었던 망명과 구도의 길을 거의 꼭 같이 걸은 신채호는 『조선상고사』를 그렇게 시작하면서(신채호 1948 : 1)[241] 이전의 역사 저술에서 거의 찾아볼 수 없던 가설과 명제를 실험했다(박근갑 2011).

> 人類社會의 「我와 非我」의 鬪爭이 時間부터 發展하며 空間부터 擴大하는 心的 活動의 狀態의 記錄이니 世界史라 하면 世界人類의 그리 되여 온 狀態의 記錄이며 朝鮮史라면 朝鮮民族의 그리 되여 온 狀態의 記錄이니라(신채호 1948 : 1).

이처럼 오묘한 표현과 함께 글은 처음부터 역사의 이름으로 하나의 운동 방향을 지시하는 듯 보인다. 그러나 그 가운데 미래세계를 내다볼 만한 어떤 이념이나 사상의 경향성이 선명하게 드러난 것은 아니다. 글을 이끄는 표현 방법은 여러 생소한 용어로 구성되어 있

241 이 글은 처음에 '조선사'라는 제목으로 1931년 6월 10일부터 10월 14일까지 『조선일보』에 모두 103차례 실렸다. 그후 1948년 종로서원에서 한 권의 단행본으로 나왔으며, 그때 『조선상고사』로 바뀐 책이름이 오늘날까지 전한다.

으며, 그것들은 각각 저마다 고유한 상징체계를 전달하고 있다. 그러므로 이 글에서 어떠한 하나의 주의로 규정할 수 있는 단선적 세계관을 쉽게 찾을 수 없다. 다만 글의 중심에 위치한 역사가 다른 용어 사이에 유기적으로 위치하면서 독특한 긴장 관계를 이끌고 있다는 점에 주목할 만하다. 이를테면 역사란 단순히 보면 어떠한 '심적 활동의 상태'를 적은 '기록'일 따름이다. 그렇지만 그것은 시간과 공간의 범주로 넓혀지는 '투쟁'의 계기에 얽히면서 더 넓은 의미의 지평으로 나아간다. 이는 곧 역사라는 말이 하나의 개념으로 상승하면서 수많은 연상 작용을 불러일으킨다는 뜻이다. 이러한 인식의 범주는 '역사란 무엇인가'라는 질문과 더불어 그 발전의 동력을 찾는 과정이다. 그 한가운데에 '아'와 '비아'의 투쟁이 자리한다.

> 무엇을 「我」라 하며 무엇을 「非我」라 하느뇨? ……무릇 主觀的 位置에 슨 者를 我라 하고 그 外에는 非我라 하나니 일을테면 朝鮮人은 朝鮮을 我라 하고 英露法美…… 等을 非我라 하지만 英美法露…… 等은 각기 제 나라를 我라 하고 朝鮮은 非我라 하며 無産階級은 無産階級을 我라 하고 地主나 資本家…… 等을 非我라 하지만 地主나 資本家…… 等은 각기 제 붓치를 我라 하고 無産階級을 非我라 하며 이뿐 아니라 學問에나 技術에나 職業에나 意見에나 그 밧게 무엇에든지 반드시 本位인 我가 잇스면 딸아서 我와 對峙한 非我가 잇고 我의 중에 我와 非我가 잇스면 非我 中에도 또 我와 非我가 잇서 그리하야 我에 對한 非我의 接觸이 煩劇할사록 非我에 對한 我의 奮鬪가 더욱 猛烈하야 人類社會의 活動이 休息될 사이가 업스며 歷史의 前途가 決定될 날이 업나니 그러므로 歷史는 我와 非我의 鬪爭의 記錄이니라(신채호 1948 : 1~2).

이처럼 투쟁의 '본위'를 이루는 '아'는 '주관적 위치에' 선다. 그러면서 역사가의 인식은 증인의 '서 있는 지점'에서 자신의 관점으로 나아가며, 그것은 다시 시간의 차원에 얽히면서 운동의 의미를 얻는다. 요컨대 보는 지점에 따라 아와 비아의 위치가 달라진다. 그리고 그 상대적 관계가 빈번할 때, 그 사이의 다툼 또한 더욱 거세게 일어난다. 그러나 그것은 하나의 선을 따라 진행하지 않는다. 오히려 그 길은 앞을 모르는 채 쉼 없이 반복한다. 신채호는 이러한 언술에 어떠한 의미론을 담았을까? 무엇보다도 그의 역사는 이제 시간과 운동의 계기로 나아가면서 하나의 개념세계를 이루었다. 그것은 끊임없이 투쟁하느라 멈출 '사이' 없는 '인류사회의 활동'을 포괄한다. 여기에 이르는 인식 과정에는 계몽과 진화를 넘나들던 그의 사상 편력뿐만 아니라 그가 대종교에서 나온 후 기울었던 무정부주의 혁명운동의 경험이 스며들었을 것이다. 이러한 추정은 어떠한 방향으로 나아가는 역사의 동학을 예견한다. 그의 역사 개념은 과거와 단절하면서 미래의 시간으로 향했을까?

신채호의 역사는 스스로 움직이는 '역사 자체'라기보다는 궁극적으로 '기록'의 존재이다. 따라서 그것이 어떠한 운동 과정에서 포착되더라도 그 본질은 수동적이다. '본위'의 '아' 또한 한계 속에서 운동한다. 그 존재는 비록 '주관적인 위치'에 서 있지만 상대편의 '비아'와 마주칠 때 비로소 투쟁에 들어간다. 그런 만큼 그것은 소극적 주체로서 역사에 가담한다. 그리고 그 투쟁은 끝없이 반복할 뿐 목표 지점을 찾지 못한다. 그러므로 역사는 목적을 향해 나아가는 '앞길'을 밝힐 수 없으며, 그 시간도 속도의 계기를 얻을 수 없다. 간추려서 보자면, 그 글 어디에도 사회적 혁명이나 급격한 발전의 기대는 들어 있지 않다. 그 표현은 시종 운동의 수사로 가득하지만, 중심을 이루는 역사 개념에서 진보의 성찰은 머뭇거린다. 그가 진정으로 전달하고자 한 역사의 형상은 다른 곳에 있을 것이다. 그가 내세운 명제 가운데에서 그 단서를 찾을 수 있다. 역사의 이름으로 기록되는 투쟁의 과정은 정신의 산물이며, 그 투쟁을 이끄는 주체들은 상대적 위치에서 고유성을 유지한다. 이 말은 곧 그의 역사 개념이 고전적 관념론의 영향에서 자유롭지 못하다는 점을 시사한다. 조금 넓게 보면, 이 글의 얼개를 이루는 아와 비아의 표현이 피히테Johann Gottlieb Fichte, 1762~1814의 저술에 실려 있다는 점에 주목할 만하다. 1915년 량치차오는 이 독일 철학자의 인간사명론을 소개하면서 거기에 담긴 선험적 자아 관념을 중국의 정치 상황에 알맞도록 윤색했다(梁啓超 2008a : 70~88). 신채호는 아마도 이 글에서 주요 단어와 사유 방식을 차용하여 『조선상고사』의 서문을 장식했을 것이다. 여기에서 또 다시 번역과 전유 과정에 따라붙는 의미의 굴절현상이 드러난다.

피히테는 프랑스혁명의 와중에 자유와 이성의 철학 과제를 쉽게 풀어쓴 몇몇 저술을 펴냈는데, 그 가운데 인간 본연의 사명을 서술한 세 권의 책이(Fichte 1794, 1800, 1806) 일본에서 번역되어 『인간천직론 : 인생 해결』이라는 표제로 묶여 나왔다(フィヒテー 1906).[242] 독일어 원전을 읽을 수 없던 량치차오는 이 일본어 번역서를 이용할 수밖에 없었을 것이다(Kurtz 2012 : 153~175). 그가 쓴 피히테 해설은 주로 이 책의 전편, 곧 『학자의 사명을 설명하는 몇 차례 강의*Einige Vorlesungen über die Bestimmung des Gelehrten*』1794의 번역 내용을 요약한 것이다. 한자

242 이 번역서는 앞에 예시한 피히테의 원전 세 권을 각각 '전편, 중편, 후편'으로 나누어 담고 있다.

어 표현을 통하여 한국 지식사회에까지 이르는 그 전이 과정은 먼저 원전의 이해에서 출발해야 옳을 것이다. "인간 보편의 사명이란 어떠한 것이며, 인간은 어떠한 수단으로 가장 확실하게 그것을 완수할 수 있는가?"(Fichte 1794 : 5) 글을 이끄는 이 질문은 이성을 지닌 인간이 자기 자신과 완전히 일치하는 상태를 '고유한 목적'으로 삼으면서 그 완전성에 접근하기 위해 이성적이지만 유한하고 감성적이지만 자유로운 존재의 인격과 도덕을 성찰하는 과제이다. 이러한 목표는 일찍이 칸트가 설명한 최고선das höchste Gut의 경지와 일치한다. 그것은 비이성적인 것들을 자기 자신에게 종속시키고, 고유한 법칙에 따라 그것들을 자유롭게 지배해 나가는 도덕적 선의 궁극목적이다. 이러한 인류 진보의 과정은 다음과 같은 인간 존재의 의식에서 출발한다. "인간은 단순히 그 자체로 있지 않고 그 어떠한 무엇인가로 존재한다"(Fichte 1794 : 9). 다시 말하여 '절대적 존재, 순전한 그 자체의 존재'뿐만 아니라 '특수한 사명' 또한 인간의 본질에 속한다. 그 사명의식은 '순수자아das reine Ich'의 바깥에 존재하는 '비아das Nicht-Ich'를 전제한다. 이러한 대비는 인간이란 이성적 존재이면서 동시에 감성적 존재라는 본원적 인식에 근거한다. 이성의 인간은 그 자체로 존재하지만, 감성적 경험을 지니는 그 존재는 영원히 타자를 통해 규정될 수밖에 없다. 그러므로 "순수자아는 오직 부정으로만, 곧 비아의 반대편으로 드러난다. 이때 비아의 성격은 다양성이며, 따라서 순수자아는 완전히 절대적인 동일성의 표상이 된다"(Fichte 1794 : 11). 순수자아는 항상 하나로 동일하기 때문에 자기 자신과 모순될 수 없다. 그러나 이와는 반대로 외부의 영향을 받는 경험적 자아는 순수자아의 형식에 따라 규정되지 않는다는 점에서 자기모순을 지닌다. 그럼에도 인간은 스스로 규정해야만 하는 자기목적의 존재이기 때문에 외부의 것들을 변화시켜 자아 자신의 순수형식과 일치시켜야만 한다. 이렇게 인간이 자기목적에 따르는 과제는 외부의 사물과 그것을 규정하는 개념을 일치시키는 과정인데, 그것은 단순한 의지를 넘어서서 더욱 고양된 숙련성을 요구한다. 그러한 성과가 곧 최고선의 궁극 목적에 이르기 위해 최상의 수단으로 간주할 만한 '문화'이다(Fichte 1794 : 15).

이처럼 인류의 문화 형성이 자아 고유의 개념에 따라 자아 바깥의 다양성을 동일성으로 변화시키는 과정이라고 설명하는 피히테의 명제는 인간이 개인을 넘어 사회적으로 완성해야만 하는 사명의 예비 조건이다. 이러한 인식 과제는 현실적으로 자아 바깥에도 이성적 타자가 존재한다는 점을 전제한다. 사회란 이성적 존재자 사이의 연관 관계이며, '개념에 따르는 상호작용' 곧 '합목적의 공동체'로 규정될 수 있다(Fichte 1794 : 39). 그렇다면 인간은 자기의식 바깥의 이성적 존재자를 어떻게 인정할 수 있는가? 무엇보다도 인간은 본원적으로 자기 자신과 완전히 일치하고자 하는 내적 추진력을 지니고 있기 때문이다. 곧 인간의 자아 가운데 위치하면서 모든 개념에 대응하는 어떤 표현이나 표상은 비아 가운데에도 존재하고 있어야만 한다. 이렇게 자신과 동등한 이성적 타자를 가정할 수 있는 인식의 힘은 인간 자신이 그러한 이성적 타자와 함께 사회 속에 위치하게 된다는 조건 아래에서만 가능하다. 그렇듯 개인은 각자 자기 고유의 이상대로 타자를 한 인간이라고 인정할 만한 개념을 시험해보면서, 다른 사람들을 인간이라는 개념에 이르도록 고양시키려고 한다. "이렇게 정신 존재 사이에 벌어지는 다툼에서 더 고상하고 더 나은 인간이 늘 승리한다. 그렇게 사회를 통해 인류는 완성에 이르고, 우리는 그와 함께 전체 사회 자체의 사명을 찾게 된다"(Fichte 1794 : 35). 모든 인간이 이러한 최상의 목표에 이르러 완전해질 수 있다면, 그들은 서로 완전히 동등해진다. 따라서 사회의 최종적이자 최상의 목표는 모든 사회 구성원 사이의 완전한 일치와 단결이다. 이 궁극 목표는 인간이 온전하게 달성할 수 없는 이상이면서 무한히 접근해 가야만 하는 과제이다. 그것은 곧 온 인류가 개개인에게 부과하는 '보편 작용의 이념'이다. "이처럼 끊임없는 삶과 노력의 이념, 이렇듯 진지하게 서로 주고받는 경쟁의 이념, 이것은 인간이 나누어 가질 수 있는 것 가운데 가장 고귀하다. 그리고 그것은 자유를 공통의 원동력으로 삼는 수많은 바퀴가 서로 맞물리는 보편적 연동의 이념이며, 거기에서 비롯하는 아름다운 조화의 이념이다"(Fichte 1794 : 43~44).

이러한 인간 사명의 철학적 과제는 일본어 번역본에 어떻게 전달되었을까? 원전의 이식 작업은 처음부터 축약과 의역을 염두에 두었던 듯 자구와 문장 하나하나를 세세히 따르지는 않았다. 그 과정에서 번역자의 고유한 생각이나 시대적 이념 경향이 원전의 의미 영역과 서로 경계를 접할 수 있었겠지만, 여러 곳에서 원전에 근접하는 통찰력은 사라질 수밖에 없었다. 하나의 극단적인 사례만 지적해 보자. 피히테는 원래 자기 자신과 합일하는 순수자아의 이상형에 따라 개념의 상호작용으로 이해하는 사회 자체의 사명을 말하면서 국가라고 부르는 경험기구의 목적을 인간의 절대적인 목적과 엄격하게 구별했다. "인간이 만든 모든 기구처럼 단순히 수단일 뿐인 국가는 자기 자신을 소멸시키는 방향으로 나아간다. 통치를 쓸

모없게 만드는 것이 곧 통치의 목적이다"(Fichte 1794 : 33). 사변의 명제로 말한 이 원리는 비록 지금 당장 실생활에 얽힌 모든 통치 행위를 부정하지는 않더라도 인류 앞에 선험적으로 놓여 있는 국가 소멸의 지점을 명확하게 밝힌 것이다. 이럴 때만 '자유를 통한 상호작용'이 전체 사회의 최종적이며 최상의 목표로 이어질 수 있을 것이다. 이러한 이상적인 '완성'의 의미는 일본어 번역 작업에서 되살아나지 않았다. 사회 일반과 '특수한 형태'의 국가를 혼동하지 말아야 한다는 언명은 사라진 채, 모호한 번역 문장이 글의 의미 구성을 이렇게 흐려 놓았다. "그러므로 국가는 모름지기 원대하게 큰 계책을 쓰면서 이상적 사회를 향해 나아가야 할 것이다"(フィヒテー 1906 : 15).

량치차오는 여기에서 더 나아가 원전의 의미를 완전히 뒤집는 설명을 자신의 논설에 더했다. "피히테는 이어서 국가의 위치를 논한다. 그것은 인류 최고의 이상으로서 이성이 원만하게 실현되게 하려고 애쓴다. ……국가는 우리의 최고 이상을 실현하는 하나의 큰 수단이다. 그러므로 국가기관을 맡은 사람은 마땅히 국가가 그처럼 중대한 책임을 진다는 사실을 깨닫고는 그것을 완수할 방법을 생각해야 한다. 국민의 한 구성원 되는 사람 또한 국가가 나를 위해 그 중대한 책임을 진다는 사실을 마땅히 알아서 온 정성을 다해 국가를 사랑해야 할 것이다." 량치차오는 이처럼 아무런 망설임 없이 피히테의 『인간천직론』을 다시 고쳐 쓰는 가운데 곧바로 원전의 사유 체계에서 벗어났다. 이때 그는 독일 이상주의 철학자의 시대 상황과 자기 당대의 국가 위기를 하나로 보면서 자아 고유의 본성과 사회적 책임을 중국의 정치 현실에 접목했다. 피히테의 순수자아는 프랑스혁명의 파고 가운데에서 합목적의 사회를 도덕적 완전성으로 이끌게 될 개인의 표상이었다. 그러나 이러한 최고선의 이상은 량치차오의 피히테 해설에서 하나의 영감으로만 남게 되었다. 무엇보다도 개개 이성의 상호작용은 국가에 봉사하는 도덕적 자아의식으로 바뀔 수밖에 없었을 것이다. "무릇 사람들은 반드시 동류와 더불어 공동생활을 꾸려 나가야만 한다." 이러한 언명은 자유의 바퀴들이 서로 맞물려 돌아가는 '최상의 공동체'를 불러낸 것이 아니었다. 당면한 그의 관심사는 위기를 딛고 회생하여 최고의 이상을 실현하게 될 국가의 과제에 있었다. 따라서 그는 스스로 명명한 '신민新民'에게 국가와 함께하는 정신의 임무와 더불어 시대적 경각심을 일깨우고 싶었을 것이다. 이 맥락에서 사회 구성원들은 '인류 최고의 이상'을 실현하기에 적합한 '우자'와 그렇지 못한 '열자'로 나뉠 수밖에 없었다. 이렇게 다시금 사회진화의 원리가 글의 중심에 들어섰다. 그러나 그것은 피히테의 소명의식과 아무런 관련성이 없어 보이는 수사법이었다. "피아 정신의 투쟁은 쉴 틈이 없어서 우월한 자가 늘 승리하고 열등한 자가 늘 패배한다. 그러는 부지불각 사이에 사회는 스스로 매일 선으로 향해 나아간다"(梁啓超 2008a : 80~82).

이제 신채호의 『조선상고사』에 담긴 '아'와 '비아'의 의미연관이 보다 선명하게 드러날 수 있을 것이다. 인간은 어떻게 자기의식 바깥의 이성적 존재자를 인정할 수 있는가? 그렇듯 사회적 완성 과정으로 향하게 될 보편적 사유의 질문은 신채호의 글쓰기 과제에서 되살아나지 않았다. 그는 아마도 량치차오의 피히테 해설에서 이성적 개개인의 내적 추진력, 곧 개념에 따르는 상호작용의 긴장 관계를 읽어 낼 수 없었을 것이다. 그의 영감은 우승열패의 법칙에 따르는 '피아 정신의 투쟁'에서 떠올라 민족들 사이에서 쉼 없이 벌어지는 생존경쟁으로 나아갔을 것이다. 그는 자아의 자기목적성을 시대적 상황으로 이끌어 재해석하면서 '조선 민족'의 '서 있는 지점'을 이렇게 질문할 수 있었다.

> 非我를 정복하야 我를 表彰하면 鬪爭의 勝利者가 되야 未來歷史의 生命을 이으며 我를 消滅하야 非我에 貢獻하는 者는 鬪爭의 敗亡者가 되여 過去 歷史의 陳跡만 끼치나니, 이는 古今歷史에 박구지 못할 原則이라. 勝利者가 되려 하고 失敗者가 되지 않흐랴 함은 人類의 通性이어늘 매양 豫期와 違反되야 勝利者가 아니되고 失敗者가 됨은 무삼 까닭이뇨? 무릇 先天的 實質부터 말하면 我가 생긴 뒤에 非我가 생긴 것이지만 後天的 形式부터 말하면 非我가 잇슨 뒤에 我가 있나니, 말하자면 朝鮮民族—我—이 出現한 뒤에 朝鮮民族과 相對되는 苗族 支那族 등—非我—이 잇섯스리니, 이는 先天的에 속한 자이다. ……情神의 確立으로 先天的의 것을 護衛하며 環境의 順應으로 後天的의 것을 維持하되 兩者의 一이 不足하면 敗亡의 林에 歸하는 故로 猶太의 宗教나 突厥의 武力으로도 沈淪의 禍를 免치 못함은 後者가 不足한 까닭이며 南美의 共和와 挨及 末世의 興學으로도 衰頹의 患을 求치 못함은 前者가 不足한 까닭이니라. ……오늘 以後는 西歐의 文化와 北歐의 思想이 世界史의 中心이 된바 我 朝鮮은 그 文化思想의 노예가 되어 消滅하고 말 것인가? 또는 그를 咀嚼하며 消化하야 新文化를 建設할 것인가?(신채호 1948 : 3~5)

신채호는 그렇게 비아와 마주서는 자아의식을 매개로 '조선 민족'의 '주관적 위치'를 미화할 수 있었다. "대개 壇君 以後 千餘年 동안의 朝鮮은 그 治制의 善美가 古代에 가장이엇스며, 文化의 發達도

隣邦各族이 模範할 만한 하게 되얏섯나니, 만일 子孫 된 者―武力으로 그 文化를 保護 또 擴張하얏드라면, 朝鮮이 진실로 東洋文明史 首座를 占할 뿐 아니라 環球全土를 獨占하엿슬 것이다."[243] 『조선상고문화사』에 실려 있는 이 표현처럼, 신채호의 글쓰기 과제는 역사의 이름으로 밀고 나아가는 '민족 만들기 기획'이었다. 이 '민족사'의 선구자를 "4천 년에 처음 보는 사가史家"로 높여 불렀던 정인보鄭寅普, 1893~? 또한 같은 대열에 서 있었다(홍이섭 1968 : 321). 1935년 1월 『동아일보』에 실린 「5천 년간 조선의 〈얼〉」은[244] 민족주의 '정신사관'의(이기백 1974 : 53~59) 한 백미라고 이를 만할 것이다.

> 무릇 世事는 萬端이다. 그러나 그 本함은 人心이요, 역사는 百變, 千幻한다. 그러나 그 髓血을 循摩하여 보면 곧 人心의 蜿蜒, 屈折함이다. 人心 또한 眞僞, 虛實, 詐誠, 邪正의 遞代함이 巧算으로써 헤일 수 없는 것이라. 그러나 그 脊柱는 이 이른바 「얼」이니, 이 「얼」이 잇는지라 變해도 또 幻해도 雲裏의 龍身과 가치 歷久一貫의 大線을 尋索할 수 잇는 것이다.[245]

이처럼 난해하기 그지없는 표현은 정인보의 삶과 학문을 이끌었던 양명학 이해와 얽혀 있다(이난수 2013). "자기 스스로에게 한편의 책임감과 불안감이 생기고 한편의 긍정과 편안한 마음이 생기는 것,

243 신채호(1931), 「朝鮮上古文化史(十六)」, 『朝鮮日報』 1931. 11. 2(단재신채호전집편찬위원회 2007a : 253).
244 鄭寅普(1935), 「五千年間 朝鮮의 〈얼〉」, 『東亞日報』 1935. 1. 1~14.
245 鄭寅普(1935), 「五千年間 朝鮮의 〈얼〉」, 『東亞日報』 1935. 1. 13.

이것이 바로 자신의 본심으로 아는 것이다"(정인보 2005 : 75). 왕양명王陽明, 1472~1528의 '양지良知'를 이렇게 풀어쓴 본심, 곧 '본밑마음'은 인간이 스스로 시시비비를 가리는 판단의 준거이며 어떠한 일에서도 자기 자신을 속일 수 없는 도덕률의 명제이다. 이러한 주체성의식이 망국의 시대 상황과 마주하는 역사인식으로 나아가기 위해 얼이라는 매개 개념이 필요했던 것으로 보인다. 사람이면 누구나 지니는 그 '얼'은 후천적으로 배워서 얻는 것이 아니라 선천적으로 자기존재와 함께한다. 그것은 곧 정신이며, 자신의 의지를 실현하는 주체이다. 이 '진정한 의미'의 인간 존재를 발견하는 과제가 역사의 이름 안에서 하나의 의미연관으로 작용한다. 그의 역사는 세태에 따라 수백, 수천 번의 변화를 거듭하는 현상이다. 그것은 스스로 운동하는 '그 자체'의 존재자이기보다는 인간 마음이 여러 모습으로 나타나는 궤적들이다. 그런 점에서 그것은 오랜 사적의 기록에 가깝다. 그 내면에 '엄연히' 존재하는 큰 중추가 곧 '얼'이다. 이 정신의 존재는 '휴식'도 없거니와 그 '종극'도 알 수 없다. 이렇게 영속하는 얼은 변화무쌍의 역사 과정 속에서 민족의 정신으로 현현한다. "遠昔의 으슬으슬하던 것을 거듭 살피어보고 近古의 비리비리하던 것을 다시 뒤적여 보면 朝鮮의 「얼」의 明迷 얼마나 중대함을 알 것이며 또 우리로서 朝鮮의 「얼」의 明迷로조차 朝鮮의 一切를 按索하고 朝鮮의 一切를 按索하므로조차 朝鮮의 「얼」의 明迷를 證照하야 風磨, 雨洗한 久幹으로 하야금 다시금 두렷하게 할 急務 — 얼마나 切迫함을 알 것이다."[246]

246 鄭寅普(1935), 「五千年間 朝鮮의 〈얼〉」, 『東亞日報』 1935. 1. 12.

이처럼 '조선사' 내면에 영속성과 불변성의 존재로 자리하는 '조선의 얼', 곧 조선의 민족정신은 어떻게 지금 시대를 살고 있는 우리에게 이어질 수 있는가? 정인보의 대답은 단순하게 인간의 원초적인 정서 작용에 근거한다. "사람이란 感激이 잇다. 感激은 곳「얼」의 流通되는 血脈이니 우리 古典, 往籍을 읽다가 엇던 때 眉宇가 들리고 엇던 때 悲淚—交河하는 것이 모다 感激으로서 通하는 血脈이다. 그러나 이는 오히려 泛泛하니 骨肉의 相受인 그 부치로서는 固然한 血脈인지라 거기서 생기는 感激은 外他感激의 類—아닌즉 저 感激으로서 血脈을 삼은 것과 이 血脈으로서 感激이 생긴 것이 한갓 淺深, 淡濃의 差로만 볼 것이 아니다. 그럼으로 우리로서 우리의 過去를 어르만지지 아니한다면 모르되 만지기만 한다면 우리의 손이 다닷기 前에 발서 옛 脈이 이제로 뛰믈 體覺할 것이다. 우리로서 엇지 우리를 알랴 하지 아니할 것인가. 우리의「얼」이 엇더함을 엇지 按索하지 아니할 것인가."[247] 인간에게 고유한 이 '감격'이란 마치도 핏줄처럼 얼과 얼이 서로 통하는 교감 작용으로 이해할 만하다. 이를 통해 '저는 저로서'의 '얼'이 되살아난다. 곧 사서에 기록으로 남아 있는 선조들의 행적이 감격의 핏줄을 타고서 우리의 정신적 경험과 하나를 이룰 수 있다. 이 교호 작용 가운데에서 지나간 시간은 소멸하지 않고 우리의 얼 속에 영속한다. 얼의 인식은 이렇게 관찰자의 주체성에 역사적 정당성을 부여하면서 민족 만들기를 미화한다. 이러한 사유 방식은 오늘날의 학술 용어로 말하자면 소박한 감정이입의 해석학이다. 그것은 지나간 시간 속으로 몰입하는 직관

247 鄭寅普(1935),「五千年間 朝鮮의 〈얼〉」,『東亞日報』1935. 1. 14.

을 통해 역사적 실상을 파악할 수 있다는 낭만적 역사주의 방법과 상통한다. 그렇게 지나간 정신의 작용을 '체각'하는 인식 과정은 옛 인간들과 지금 우리의 본성이 동일해야 한다는 암묵적 전제를 요구한다. 그러나 우리의 '서 있는 지점'이 끊임없이 유동하는 만큼 과거로 향하는 시선 또한 때때로 변할 수밖에 없다면, 감성을 매개로 이해해야만 하는 '사적' 가운데에서 어떠한 소통 가능성을 찾을 수 있을 것인가? 정인보의 '얼'에서 그 절정을 이룬 듯 보이는 '유심론사학'은(조동걸 2000 : 170~178) 이러한 질문을 뒤에 남긴 채 '조선민족사' 복원의 과업에서 또 하나의 뚜렷한 족적을 남겼다.

2. 역사의 법칙

“그러나 從來의 研究가 모다 그렇다는 것은 아닐지라도 「얼」的 研究의 數百回 雜文이 누구든지 史學에 관심을 가진 사람이면 모다 알 만한 文學的 傳承의 몇 種의 年代記와 文集類에 나오는 字句의 訓話와 解釋으로써 得意然하시는 모양이 아닌가? ……勿論 우리는 우리의 先輩가 웨 우리에 같다른 나라의 史學先進들처럼 學究的 業績을 남겨 주지 못한 環境의 所以然을 잘 알고 있는 것이다. 그래도 이 나라의 「얼」빠진 先進들은 歷史의 法則을 無視하고 執拗頑迷하게 井蛙의 見을 붓잡고 曰 「5천 년간…… 얼」, 曰 「壇君千年」 하고 큰소리치며 다닌다.”[248] ‘얼’의 사변은 이렇듯 신문 지상에 오른 지

248 金台俊(1936), 「史觀의 批判, 史學 研究의 回顧, 展望, 批判(四)」, 『朝鮮中央日報』 1936. 1.

꼭 한 해 뒤에 문단 평론에서 '얼빠진' 이야기로 전락했다. 이 글을 쓴 김태준金台俊, 1905~1949은 정인보와 같은 '관념적'이며 '훈고학적' 선배들을 우물 안 개구리의 '구학'으로 내몰면서 새로운 '조선학'의 신예로 떠오를 수 있었다. 누가 보더라도 조롱에 가까운 그 비판은 어디에 근거하는가? 김태준이 보기에 '무슨 문화를 연구함에 있어서 가장 긴요한 문제는 방법론'인데, '선배 제씨'는 '너무도 자가自家의 특수사관에 사로잡히고 너무도 고루한 연구 재료로써' 문헌의 훈고에만 집착했기 때문이다. 그는 분명히 대안의 '학'을 염두에 두고 있었다. "그러나 從來의 解釋學적 特殊史觀의 根本的 缺陷은 非科學的이라는 一語로 다한다. 그는 文書로 된 史料의 取扱은 比較的 익으나 文書 以外의 史料에 對해서는 그 眞假의 檢證, 年代의 測定 等 分析과 批判이 缺如할 뿐 아니라 事物을 正反合的 發展의 法則에서 보지 못하기 때문에 歷史的 諸現象을 잘하야 그 表面的 連結의 解說에 끝이고 그 現象 속에 內在한 客觀的 關聯을 無視하며 個人 心理學 또는 心理學的 因子의 把捉까지는 하되 文化因子의 把捉 또 自然的 物質的 因子의 把捉을 하지 못한다."[249]

김태준은 이른바 '조선학'의 선배들을 '해석학자'로 일컬었으며, 그들의 구학에 해석학이라는 방법론 이름을 붙였다. 그들의 문제점은 어디에 있었을까? 김태준은 이렇게 설명한다. "그들은 事物의 現象을 觀念에 訴하여 獨斷한다. 그들은 野蠻時代의卜師처럼 때때

9. 같은 해 1월 1일부터 11일까지 연재된 이 글은 김준(金俊), 천대산(天台山) 등의 필명으로 나왔다. 여기에서는 원래 이름을 되찾아 쓴다.

249 金台俊(1936), 「史觀의 批判, 史學 硏究의 回顧, 展望, 批判(五)」, 『朝鮮中央日報』 1936. 1. 10.

로 通한 辯神論과 豫言을 한다. 그들은 어데까지든지 幻想的이다. 그들은 恒常 今人이 古人만 못하다는 主觀을 갓고 社會는 退化한다고 본다."[250] 이러한 설명과 함께 '해석학'이라는 낯선 학문 이름이 비판의 대상으로 떠올랐다. 그렇지만 이 말의 유래나 대상 범주를 설명하는 말은 따로 드러나지 않았다. 따라서 당시로서는 생소했을 이 학술 개념의 의미내용은 다만 추정의 대상일 따름이다. 김태준이 이 글을 쓸 무렵 이미 일본 학계가 이 분야에 어느 정도 익숙해 있었다는 사실에서 단서를 찾을 수 있을 것이다. 딜타이Wilhelm Dilthey, 1833~1911의 해석학Hermeneutik을 소개한 글이 그 사례이다.[251] 그리고 김태준과 이념 지향성을 같이하던 철학자 신남철申南澈, 1907~1958이 19세기 독일 문헌학자 뵈크August Böckh, 1785~1867의 저술에서 '해석Hermeneutik'이라는 말을 끄집어내어 피상적으로나마 설명한 적 있었다.[252] 경성제국대학 법문학부에서 문학을 전공한 김태준이 어떠한 방식으로든 이 첨단의 방법을 어느 정도 알고 있으리라고 짐작할 만하다. 그가 쓴 글의 문맥이 그러한 점을 시사하고 있다. 역사적 텍스트 이해Verstehen의 방법과 이론을 포괄하는 해석학은 원래 그리스신화에서 신의 전령을 맡았던 헤르메스Ἑρμῆς에 어원을 둔다. 김태

250 金台俊(1936), 「史觀의 批判, 史學 研究의 回顧, 展望, 批判(三)」, 『朝鮮中央日報』 1936. 1. 7.

251 이를테면 1929년에 관념론철학을 소개하는 책(三木清 1929)이 나왔는데 그 가운데 '딜타이의 해석학'을 설명하는 부분이 따로 들어 있다(「ディルタイの解釋學」). 그리고 이보다 몇 년 앞서 딜타이가 쓴 철학개설서가 일본어로 번역되었다(ディルタイ 1926). 그리고 경성제국대학 법문학부 출신 '조선인' 소장 학자들이 펴내던 학술지 『신흥(新興)』 제7호에도 딜타이의 이해철학을 설명하는 다음의 글이 실려 있다. 權稷周(1932), 「歷史的 社會的 現實과 理解作用」, 『新興』 제7호(1932. 12), pp.58~65.

252 申南徹(1934), 「朝鮮研究의 方法論」, 『青年朝鮮』 제1호(1934. 10), p.16.

준이 '해석학자' 선배들을 빗대어 말했던 '복사'는 헤르메스의 화신으로 보인다. 그들이 사물의 현상을 관념에 근거해서 판단한다는 주장 또한 어느 정도 해석학과 상통한다. 그것은 처음에 성서의 언어들에 담긴 신의 뜻을 이해하는 방법론 질문에서 출발했다. 종교개혁과 계몽주의신학을 거쳐 역사학파 낭만주의시대에 이르면 모든 개별 시대에서 그 자체의 존재 이유를 갖고 독자적 완결성을 지니게 되는 역사적 사실이 자기성찰의 대상이었다. 그 방법의 중심에 섰던 랑케는 일시적 현상으로 나타나는 감각세계의 사실적 토대에 주목하면서 역사적 실체를 예감할 수 있는 직관의 이해가 방법론의 전망을 넓힐 수 있다고 생각했다. 딜타이는 이러한 낭만적 해석학을 역사적 텍스트의 언어들 가운데에서 생의 체험을 이해하는 정신과학의 인식론으로 확장했다. 해석학 이론의 정초를 다진 그의 철학적 과제는 이렇게 요약될 수 있다. 감성적으로 존재하는 인간이 각각 삶을 하나의 개별적 전체로 표출한다면, 그러한 체험의 세계를 어떻게 보편타당하고 객관적인 방법으로 이해할 것인가? (Iggers 1997 : 43~226 ; Gadamer 2010 : 177~246 ; 딜타이 2009) 김태준이 이러한 세세 내용에 정통했다고 속단할 수는 없겠지만, 그는 적어도 인식 대상과 주체의 동일성을 정신의 작용으로 이해하는 관념론의 해석 방법에 주목한 것으로 보인다. 이러한 근거에서 그는 해석학의 이름을 빌려 '조선학' 선배들을 관념적이며 훈고적인 '구학'으로 내몰 수 있었을 것이다.

김태준이 보기에 해석학의 '결함'은 '자가의 특수사관'에 사로잡혀 '역사의 법칙'을 무시한 데 있었다. "「五千年……의 얼」, 「花郎……史」 같은 것을 써서 特殊文化를 古調하며 朝鮮魂을 喚起하고" 있는

'잡문'이 곧 비과학성의 상징이었다.[253] 여기에서 말하는 '특수문화'란 '세계사적 일환에서 분리시킨' 전승문화를 의미하는 것으로 보인다. 거기에 매달려 있는 특수사관은 따라서 보편 사관의 반대 개념이 될 것이다. 훈고의 대상이 되는 연대기와 문집에만 매달려 구비 전승과 유물에 주목하지 못하는 연구, 조선의 원시 신앙을 샤머니즘으로 단정하지 못하고 조선의 혼으로 이해하는 '단군론', 역사적 인물의 시대성을 그 사회경제적 배경에서 밝히지 못하는 영웅 연구, 이처럼 '야만적 소우주에 만족하는' 경향성이 특수사관의 사례에 해당한다. 그렇다면 조선학 연구에서 어떠한 보편성을 발견할 수 있는가? 김태준의 대답은 어설프지만 어떠한 지향점에 맞닿은 듯 보인다.

> 그러나 最近의 科學的인 學徒들은 個正한 知識의 追求에서 언제든지 그들의 잠꼬대에 속을 만큼 어리석지 아니하다. 社會的·歷史的 事件의 現象을 그 本質에서 分析하야 이것을 眞正한 姿態로 보려 하고, 언제든지 그것을 現實이라는 歷史的 瞬間과의 聯關 밑에 觀照하려 하고, 언제든지 사람의 生의 流動을 보려 한다. 從來의 歷史觀에 對立하야 根本的으로 다른 두 가지의 特徵이 있다. 하나는 從來처럼 歷史를 어느 個人의 業績과 眞個事實의 敍述로써 滿足하지 아니하고 生活者群이란 大衆의 活動을 大量的으로 考察하야 이들의 活動을 理解하는 열쇠를 주는 것이요, 다른 하나는 從來의 歷史가 各個個人 속에 社會進化의 原因을 求하고 人類의 歷史

253 金台俊(1936),「史觀의 批判, 史學 硏究의 回顧, 展望, 批判(完)」,『朝鮮中央日報』 1936. 1. 11.

的 活動에 있어서도 잘하야 그 觀念的 動機의 追求로써 至善의 能事로 삼든 것이 이에 이르러서는 一步 나아가 그러한 動機가 어데서 由來한 것인가를 硏究하고 그 最後의 決定的인 動因을 社會의 物質的 生産力의 變化에 求하므로 因하여 社會觀 進化의 背後에 潛在한 儼然한 客的法則을 抽出함에 있는 것이다.[254]

랑케가 꽃피운 낭만적 해석학의 방법은 진보와 총체성의 개념을 따르는 역사철학을 비판하는 가운데 이루어질 수 있었다. 거기에 따르는 역사가는 먼저 모든 개개 존재 속에서 '신의 숨결'을 발견하는 사명을 지닌다. 따라서 그의 주된 관심은 보편의 개념에 있다기보다는 개체성의 실체에 있게 된다. 이렇듯 모든 개별 시대의 '특별한 경향성'과 '고유한 이상'을 이해하는 과제는 많은 부분에서 김태준이 말하는 '특수사관'과 겹친다. 무엇보다도 전통과 관습이 현재 시점에 서 있는 사람들의 생활 방식과 태도에 지대한 영향을 끼친다는 낭만주의 사고방식은 그가 비판하고자 한 회고적 '조선학'에서도 나타나는 문제점이었다. 그러한 '중세인中世人의 잠꼬대 같은 사견史見'은 어떻게 '세계사적' 지평으로 열릴 수 있을까? 그의 대답은 모호하지만 미래를 향해 가속하는 시간인식에 근거했다. "그렇다고 無條件하고 朝鮮史 硏究에 籠城하라, 朝鮮學으로 높고 象牙塔을 쌓으라 하는 것은 아니다. 우리는 現實은 過去의 延長이요 未來는 現實의 延長이기 때문에 항상 現實을 理解함에는 過去와 現實을 각각

254 金台俊(1936), 「史觀의 批判, 史學 硏究의 回顧, 展望, 批判(四)」, 『朝鮮中央日報』 1936. 1. 9.

한 토막씩으로 分離시킬 수 없는 것이라 하지만 現在에서 未來를 向하여 나가는 速度가 얼마나 빠르며 未來의 理想追求를 爲하여 거의 一刻도 閑劫할 수 없음을 아는지라, 어떻게 過去의 追求가 우리 行動의 全的인 것이라 하고 벼개를 높이고 있을 것인가."[255] 그가 말하는 '역사의 법칙' 또는 '객적 법칙'은 진보하는 시간의 계기를 의식적으로 표현하는 개념이었을 것이다. 이 글을 쓸 무렵 그는 이미 마르크스주의에 기울어 있었다. 따라서 그는 모든 역사현상을 물질주의Materialismus, 곧 유물론으로 설명하고 싶었을 것이다. 그러나 그가 내세운 '과학적' 방법론은 진화의 교설이었다. 그가 보기에 '다윈의 진화론'은 '신의 창조'를 외경하는 '정신正信'의 안티테제로 등장한 것이었다. 그것은 코페르니쿠스의 지동설처럼 '비과학적' 관념론을 뒤집는 하나의 '발명'이었다.[256] 그렇다면 조선학은 다윈의 이론에 근거해야 하는가? 진화설은 마르크스의 물질주의를 대신하는 위상을 지니는가? 김태준은 이렇게 묻지 않았다. 그는 아마도 초반기 수용자들이 그렇게 전하는 대로 진화설과 유물론을 하나의 '과학'으로 삼는 관점에 기대고 말았을 것이다.

"사람이 社會的으로 그 生活資料를 生產할 時에 民種의 必然的인 自己의 意思로부터 獨立한 關係를 作하나니 그 關係는 곳 그 社會의 物質的 生產力의 發達程度에 相應하는 生產關係ㅣ니라." 1920년 6월에 3·1운동을 계기로 '조선청년연합회'가 결성되면서 다음 해 3월

255 金台俊(1936), 「史觀의 批判, 史學 研究의 回顧, 展望, 批判(完)」, 『朝鮮中央日報』 1936. 1. 11.

256 金台俊(1936), 「史觀의 批判, 史學 研究의 回顧, 展望, 批判(三)」, 『朝鮮中央日報』 1936. 1. 7.

15일에 『아성』이라는 이름의 기관지가 나왔는데, 그 창간호에 실린 「유물사관 요령기」는 그렇게 시작한다.[257] 이 글은 마르크스가 1859년에 펴낸 『정치경제학 비판』의 「서문」을 부분적으로 발췌한 것이다. 마르크스의 원전을 맨 처음 한국어로 번역하여 공개적으로 펴낸 그 초역은(박종린 2008 : 77~99) 다음과 같은 문장으로 끝난다. "우리는 亞細亞諸國, 上古諸國, 封建時代, 及 近世資本家時代의 各個의 生産方法을 社會의 經濟的 進化의 列次的 大別이라 할지라. 그리하야 今日의 資本家的 生産關係는 社會的 生活過程에서 最後의 軋轢形式을 成한 者ㅣ니, 그 軋轢은 곳 個人的 軋轢을 意味함이 안이요 各개인의 社會的 生活條件으로부터 生하는 軋轢이니라. 그러나 此資本家的 社會의 內部에 發達한 生産力은 同時에 此軋轢을 解決키 可能한 物質的 條件을 作하나니 그런 故로 此資本家的 社會形體와 共히 人類歷史前紀가 終結을 告할지니라." 여기에 생산방법의 변화를 설명하는 '사회의 경제적 진화의 열차적 대별'이라는 문구가 등장하는데, 이를 원전의 표현과 비교해 보면 다시금 '창조하는' 번역과 만나게 된다. 해당 독일어 문장 "progressive Epochen der ökonomischen Gesellschaftsformation"을 굳이 직역해 보자면, 그 표현은 '순차적으로 발전하는 경제적 사회 구성의 시기들'로 바뀔 만하다(Marx 1981 : 9). 여기에서 progressiv라는 단어가 문제로 보이는데, 마르크스는 이를 Progreß 곧 진보의 형용사형으로 썼을 것이다. 그러므로 이 말을 '진화'로 옮기더라도 의미 전달에 큰 문제는 없어 보인다. 그러나 그러한 번역과정을 좀 더 깊이 들여다보면 마르크스의 유물론을 다윈의

257 尹滋瑛 抄(1921), 「唯物史觀要領記」, 『我聲』 제1호(1921. 3. 15), pp.71~73.

진화설과 같은 생물학 원리로 풀어서 설명하려는 숨은 뜻을 찾을 수 있다. 번역의 출처를 밝히지 않았던 「유물사관 요령기」의 저본에 주목해 보자. 우선 『정치경제학 비판』의 「서문」을 담고 있는 일본의 번역 저술이 그 대상이다.

「유물사관 요령기」가 조선청년연합회의 기관지에 실렸을 즈음, 문제의 「서문」을 일본어로 옮긴 글은 여러 곳에 실려 있었다. 그 가운데 공산주의운동가로 유명한 사카이 도시히코堺利彦, 1870~1933가 1913년 어느 번역서에 따로 붙여 넣은 「유물적 역사관 요령기」는 그 표제와 내용으로 보건대 한국 번역 글의 모본으로 여길 만하다. 바로 여기에서 앞에서 본 '사회의 경제적 진화'라는 표현을 그대로 찾을 수 있다.[258] 사카이는 또한 1920년에 『공포 · 투쟁 · 환희』라는 제목의 책을 펴내면서 마르크스의 『정치경제학 비판』을 해설하는 「유물사관 개요」를 함께 실었다. 여기에 그 「서문」을 발췌한 글이 들어 있는데, 그 표현과 내용이 한국의 번역 문장과 그대로 일치한다. 「유물사관 요령기」는 아마도 이러한 글을 참고했을 것이다. 거기에 실린 사카이의 설명은 이렇게 요약될 수 있다. '유물사관의 과학적 가치'는 여러 물질적 요소 가운데에서 특히 경제적 요인을 가려서 이를 '역사진화의 근본 동력'으로 삼은 데 있다. 그리고 '생산방법'이 발달하게 되면 그 '알력'의 결과로 '계급투쟁'이 발생하는데, 그것은 곧 두 '경제력' 사이의 '생존경쟁'과 다를 바 없다(堺利彦 1920 :

258 박종린(2008 : 88~90)에 따르면 사카이는 1913년 독일 사회민주주의 이론가 카우츠키(Karl Kautsky, 1854~1938)의 저서를 번역하여 『사회주의 윤리학』(東京 : 丙午出版社)으로 펴내면서 『정치경제학 비판』의 「서문」을 부록으로 첨부했다고 한다. 이는 그가 앞에서 다른 지면에 발표했던 번역 글을 수정하여 실은 것이다.

92~103). 마르크스의 핵심 사상은 그렇듯 진화론의 언어로 거듭날 수 있었다. 이러한 전유현상은 사카이의 사례에만 그치지 않았다. 동시대의 유명한 경제학자 가와카미 하지메河上肇, 1879~1946 또한 『정치경제학 비판』의 「서문」을 번역하여 여러 지면에 실으면서 문제의 대목을 보다 원전에 가깝게 '사회의 경제적 조직의 진보 단계'라고 번역했다. 그렇지만 그는 그 내용을 해설하면서 사카이 도시히코보다 한 걸음 더 나아갔다. 마르크스 '역사관'의 설명은 아예 '사회진화론'이라는 소제목에 묶여 나열되었다. 왜 그 이름인가? 그는 다만 '옛 사회조직이 붕괴하고 새 사회조직이 생겨나는 사회적 유신'을 설명하기 위해 '사회진화론'이라는 '잠정적인' 명칭을 쓴다고 밝혔을 따름이다(河上肇 1920 : 174~201).

『정치경제학 비판』의 번역 과정에서 드러난 표현 방식은 마르크스 사후 그의 사유체계와 다윈의 진화론을 한 방향의 '법칙'으로 내세우는 어떠한 경향성과 맞닿았을 것이다. 흥미롭게도 그 시작점은 바로 엥겔스Friedrich Engels, 1820~1895의 발언이었다. 1883년 3월 17일 그는 마르크스의 장례식에서 이렇게 유명한 연설을 남겼다. "다윈이 유기적 존재의 발전법칙을 발견했듯, 마르크스 또한 인간 역사의 발전법칙을 찾아냈다"(Engels 1883). 이러한 표현은 곧 하나의 공식이 되어 유물론을 앞세우는 수많은 문건에서 스테레오타입으로 반복했다. "다윈과 마르크스 사이의 유사성은 명백하다. 두 사람은 꼭 같이 투쟁 가운데에서 발전의 해법을 발견했다. 다윈은 생존투쟁에서, 그리고 마르크스는 계급투쟁에서 그것을 찾았다. 또한 다윈이 발견한 자연 속 운동법칙은 마르크스가 발견한 사회 속 운동법칙과 함께 공통의 운동법칙에 기인한다"(Kautsky 1895 : 709). 독일 사회민주주의 진영 내부에서 마르크스 정통론을 대변한 카우츠키Karl Kautsky, 1854~1938는 그렇게 엥겔스의 언명을 보다 정교하게 다졌다. 그리고 레닌Vladimir Il'ich Lenin, 1870~1924은 「어떻게 사회민주주의에 적대할 것인가」라는 글을 쓰면서도 카우츠키의 생각과 다르지 않게 다윈의 자연사와 마르크스의 유물사관을 하나의 과학 방법으로 보았다(Lenin 1977 : 119~338). 마르크스가 살아 있었다면 그러한 주장들을 함께했을까? 수많은 논쟁을 낳은 이 문제를 단지 몇몇 인용문으로 정리해 보자. 마르크스는 『자본』 제1권을 펴내면서 "경제적 사회 구성의 발전을 하나의 자연과학적 과정으로 파악하는" 자신의 관점을 분명히 밝혔다(Marx 1979 : 16). 그렇게 그는 심리적이며 선험적인 정신과학의 전통에 맞서서 역사 과정에 담긴 '엄격한 필연성'을 찾고자 했지만, '자연법칙'을 기계적으로 사회적 관계에 덮어씌우려는 사회진화의 교설을 이렇게 거부했다. "이러한 자연법칙은 '생존경쟁'struggle for life, Kampf ums Dasein이라는 상투어이며다윈 식 표현은 이렇게 적용되면 단순한 상투어가 될 것이다, 그 내용은 맬서스 방식의 인구법칙이거나 더 정확하게는 인구과잉법칙이다. 그렇듯 사람들은 생존경쟁이 사회형태 가운데에서 어떻게 역사적으로 드러나는지를 분석하는 대신 다만 모든 구체적인 투쟁을 '생존경쟁'이라는 상투어로 바꾸고, 또한 이 상투어를 맬서스 방식의 '인구 환상'으로 바꾸어 놓을 따름이다"(Marx 1974b : 685). 그는 『자본』 제1권을 쓸 즈음 독일 사회민주주의 진영의 라살Ferdinand Lassalle, 1825~1864에게 보낸 편지에서, 다윈의 저술이 "역사적 계급투쟁의 자연과학적 기초로 삼을 만할" 정도로 "매우 중요하다"고 밝혔다. 이와 더불어 그는 거기에 깃든 "조야한 영국식 발전의 방법론"을 꼬집었다(Marx 1974a : 578). 맬서스의 인구론이나 영국식 경험주의철학이 비판의 대상이었을 것이다. 그것이 무엇이든 마르크스가 궁극적으로 원했던 '시민사회의 해부학'이(Marx 1981 : 8) 단선적인 발전의 사유방식에 기댈 수 없다는 설명으로 보인다. 처음부터 그의 머릿속에서 떠나지 않았던 '역사적 발전'은 자연과 인간사회의 상호작용으로 이해할 만한 '변증법' 연관에 얽혀 있었다(Schmidt 1978 : 10~45).

마르크스 스스로 인정한 적 없는 진화설과 역사적 유물론의 유사성은 바로 사회주의 진영 내부에서 발생한 이념화 추세의 대상이자 수단이었다(임지현 1984 ; Ball 1990 : 334~346). 그 이데올로기현상의 이면에는 마르크스 사후 정치적 필연성으로 발생한 패권의 세계관이 도사리고 있었을 것이다. 독일 사회민주주의 역사에서 카우츠키의 사례가 보여 주듯(박근갑 2009 : 283~312), 정통론 주장은 기계적 '법칙'에 기대기 마련이었다. 이 밖에도 난해하기 그지없는 유물론철학이나 『자본』의 교설을 쉬운 언어로 대중에게 전달해야만 하는 시대적 필요성이 절실했을 것이다. 유럽 시민사회에서 울림이 컸던 진화 이야기는 역사적 유물론이 쉽게 편승할 만한 과학의 이름이었다. 일본의 마르크스 추종자들도 이러한 추세와 그다지 먼 거리에 있지 않았을 것이다. 한국어로도 번역되어 언론의 지면에 올랐던 야마카와 히토시山川均, 1880~1958의 글 한 편에서 그러한 경향성을 읽을 수 있다. 앞에서 본 사카이 도시히코와 함께 1922년 모스크바 코민테른의 지시로 일본공산당을 결성했던 그의 선전 문건은 유명한 엥겔스의 마르크스 추모사와 함께 시작한다. "맑쓰를 하이께-트墓地에 葬하든 一八八三年 三月 十七日에 엥겔쓰는 墓前에서 告別演說을 하엿습니다. 그래서 그 演說中에 맑쓰와 짜윈과를 比較하엿습니다. 맑쓰와 짜윈은 同時代의 人物일뿐 아니라 學問上의 成業으로도 만히 갓가운 곳이 잇습니다. 짜윈은 生物界에 잇서서 進化의 法則을 說明하고 맑쓰는 人間社會에 잇서서 진화의 법칙을 발명하엿습니다. ……맑쓰의 社會의 進化의 法則은 곳 唯物史觀說이라고 말하는 것인데 唯物史觀說에 依하면 政治上 法律上 思想上 其他 모든 社會現象의 變遷은 此를 究極까지 分析하면 生産方法의 變遷에 基因하는 것이외다. 박구아 말하면 맑쓰는 歷史的 進化의 過程中에 經濟的 條件이 如何한 作用을 行하는 것인가를 밝힌 것이외다. ……唯物史觀은 社會進化의 過程의 說明이외다. 그러면 이 過程을 動케 하는 機制는 무엇일가요. 이 社會進化의 機制를 說明한 것이 곳 맑쓰의 階級鬪爭說인대 맑쓰는 階級鬪爭이라는 推進力에 依하야 비로소 唯物史觀의 進化過程이 行하여지는 것임을 論定하엿습니다."[259]

초반기 한국 사회주의운동의 이념 지향성을 함께하는 이 글 가운데 진화란 다윈의 이론에서든 마르크스의 교설에서든 "자연적이며 필연적인" 과정이라는 설명이 두드러져 보인다. 마르크스가 현실의 '경제조직'이 자본의 집중으로 말미암아 '자동적'이며 '숙명적'인 '붕괴'에 이를 것이라고 예견했듯, 그의 역사관을 "일종의 숙명론"으로 볼 수 있다는 설명이었다.[260] 이렇게 '진화의 법칙'으로 거듭난 유물사관은 일본 제국주의가 끝내 '숙명적으로' 망하고 말리라는 결정론과 맞닿게 되었을 것이다. 3 · 1운동 이후 요동하는 세계관의 지형에서 이보다 더 선명하게 드러나는 기대지평이 또 어디에 열려

259 山川均(1922), 「無産階級의 歷史的 使命」, 鄭栢 옮김, 『新生活』 제9호(1922. 9), pp.30~40, 인용문 pp.30~31.

260 山川均(1922), 「無産階級의 歷史的 使命」, 鄭栢 옮김, 『新生活』 제9호(1922. 9), p.33.

있었을까. 게다가 한국 지식사회에서 오랜 세월 첨단의 학술체계로 자리 잡은 진화론은 개혁가라면 누구든 손쉽게 꺼내어 쓸 수 있는 전가의 보도나 다름없었다. 사회주의 진영 내부에서 마르크스주의 정통을 공개적으로 천명한(박종린 2006 : 56 ff) '신생활사그룹'의 기관지에서 다음과 같은 글을 읽을 수 있다. "카-를 · 맑쓰의 씻처쥰 學說은 언으것이 貴重한 文獻이 되지 아니한 것이 업지만은 더욱히 이 階級鬪爭說은 人類社會進化의 한 法則으로 보아서 歷史的 過程中에 介在한 儼然한 事實로 보아서 無産階級의 창조하라는 新文化의 基礎的 意味로 보아서 가장 重要한 것이다. 唯物史觀과 經濟學說은 實質的 組織이요 武器라 하면 階級鬪爭의 學說은 元氣요 策戰인 세음이다. 그러나 이것을 研究紹介함에 當하야 社會進化의 法則으로의 意味에다 置中하고 必然論과 갓흔 形式을 취하고져 한다."[261] 그리고 천도교와 깊은 관련을 맺고 있던 『개벽』에도 비슷한 논조의 글이 실렸다.

> 歷史는 社會進化의 法則에 依하야 發作되는 創造的 事實의 記錄이다. 制度의 盛衰와 組織의 變化가 다 이 社會進化의 法則에 依하야 그 因으로써 果가 나타나는 것이요 果가 잇는 곳에는 반드시 因이 업지 안는 것이다. 그럼으로 一組織과 他組職과의 代替 一制度와 他制度와의 代替가 一朝一夕의 故가 될 수 업는 것인 同時에 決코 偶然한 變遷 偶然한 推移가 아닌 것이다. 歐羅巴의 資本主義的 橫暴이 社會運動을 잇게 하얏다 하면 朝鮮의 歐羅巴의 그것과 가튼 資本的 橫暴에서도 社會運動이 이러나지 아니할

261 辛日鎔(1922), 「맑쓰 思想의 研究 : 階級鬪爭說」, 『新生活』 제6호(1922. 6), p.35.

수 업슬 것이니 卽 이것이 朝鮮社會運動發生의 必然性이다.[262]

이러한 글들의 논지는 다소 어설퍼 보일지라도 그 중심을 관통하는 '법칙'이나 '필연성'이라는 주장은 명백히 드러난다. 그 표현 방식은 이즈음 마치도 유행처럼 이념의 경계를 넘나들면서 언론 지면이나 팸플릿을 장식했다. 처음에 민족주의 계열의 잡지로 출발했다가 뒤에 사회주의 선전지로 넘어간 『조선지광』에는 아예 '사회진화의 필연성'을 제목으로 내세운 기사가 연재되었다. 일본어로 번역된 마르크스와 레닌의 저서를 다시 한국어로 옮기는 작업에 힘썼던 사회과학연구사의 박형병朴衡秉, 1897~?은 엥겔스의 마르크스 추도사를 소개하면서 그 글을 시작한다. "다-뷘이 有機的 自然의 發展法則을 發見함과 同樣으로 맑스는 人類의 歷史의 發展法則을 發見하였다. 이 법칙이라 하는 것은 從來 觀念論的 弊害로써 덥혀 잇는 極히 簡單한 事實, 즉 人類는 政治, 科學, 藝術, 宗敎, 其他를 行하기 前에 무엇보다 먼저 衣, 食, 住…… 그에 依하야 說明케 되지 아니하면 아니 되는 바의 基礎를 形成한다는 簡單한 事實을 발견하였다." 이러한 엥겔스의 언명은 한국 공산주의운동가에게 '역사적 발전의 법칙'이란 곧 '사회진화의 필연적 법칙'이라는 공식을 지시한다. "只今까지의 普通의 歷史는 社會의 進化 及 發達이 '엥겔스'의 말과 갓치 衣, 食, 住라는 事實, 또 衣, 食, 住를 찾고 쌔앗기 爲하야 不斷的으로 起하는 社會的 變化와 투쟁에 잇는 줄을 알지 못하엿다. 그럼으로 從來에 人類의 歷史는 '팡의 鬪爭史'이오 '生活의 變遷史'이요

262 裵成龍(1926), 「朝鮮社會運動의 史的考察(一)」, 『開闢』 제66호(1926. 3), p.22.

'民衆의 汗血史'"이며, "이러한 不斷의 變化, 不斷의 鬪爭, 不斷의 汗血로써 人類生活史의 裏面을 連續하엿고 社會進化의 必然的 法則을 實現하여 왓다."[263] 이렇게 유물론의 언어들보다 더 선명하게 드러난 '사회진화의 법칙'은 자본주의 붕괴의 필연성을 이끌어 내는 수사법으로 작용한다. "人類의 進化過程은 이와 갓튼 進化過程을 過程하고 必然的으로 進化하야서 現今 資本主義社會 3期에 至하엿나니 社會進化의 必然的 法則은 更히 必然的으로 '人類社會前史'를 過程하고 人類社會後事를 始作할 것이다."[264]

이처럼 동어반복의 용법으로 작용하는 진화의 법칙은 숨겨진 자연의 계획처럼 역사의 과정을 규정한다. 이때 역사는 자체의 동력을 지닌 '역사 자체'이기보다는 자연사, 경제사 또는 생활사의 분야에 머문다. 그리고 역사는 고유한 시간성의 계기를 '진화 과정'에 넘겨준다. 이러한 설명 방식은 마르크스의 사유체계에서 비롯했을까? "인간은 자신의 고유한 역사를 만든다. 그렇지만 인간은 자발적으로, 곧 스스로 선택한 형편대로 역사를 만드는 것이 아니라 곧바로 부딪치거나 이미 현존하며 예부터 내려온 사정에 따라 그것을 만든다"(Marx 1960 : 115). 마르크스가 스스로 역사 개념의 범례를 정리한 이 글 가운데 역사를 생산할 수 있다는 표현이 두드러진다. 칸트가 유명한 '보편사' 논문에서 이성이란 "그 시도에 있어서 아무런 한계도 인정하지 않는다"고 언명한 이래(칸트 2009 : 26), '역사 만들

263 朴衡秉(1927), 「社會進化의 必然性을 論함」, 『朝鮮之光』 제65호(1927. 3), pp.40~41.

264 朴衡秉(1927), 「社會進化의 必然性을 論함(完)」, 『朝鮮之光』 제68호(1927. 6), p.69. 이 결론 부분은 총독부의 검열에 걸려 군데군데 삭제되었다. 박형병은 이 글을 하나의 팸플릿으로 출간하면서 망실 부분을 바로잡았다[朴衡秉(1927), 『社會進化論』, 社會科學研究社, pp.77~78(박종린 2006 : 130 재인용)].

기'는 자유주의와 민주주의 · 사회주의와 공산주의를 가릴 것 없이 새로운 시대를 선전하는 이념 집단의 정치적 구호에 등장했다. 곧 그 말은 다른 사람들의 참여를 이끌어 내기 위한 자기정당화의 도구로 기능했다. 마르크스의 역사 용례 또한 이러한 현상을 함께했다. 그러면서 그 개념은 두 가지 점에서 영향사적 파장을 남겼다. 그가 엥겔스와 더불어 '이념의 환상'은 '역사라는 공장 주인'의 산물이라고 표현했을 때, 그 말은 역사를 규정하는 지배계급의 이념을 겨냥한 것이었다(Marx and Engels 1981 : 49 ff). 그렇게 그것은 이데올로기 비판으로 작용하면서 하나의 투쟁 개념이 되었다. 그것은 또한 실천적 행동 방식을 도출하는 의미연관이었다. 이때 마르크스가 이론적으로 주목한 것은 정치의 생산 가능성이었다. 그의 역사는 그가 설정한 유토피아의 기대지평을 매번 더 먼 미래로 밀어내는 개념작용이었다. 이렇게 마르크스는 그 개념의 범주를 조야한 유토피아 목적에 이용했지만, 그럼에도 그것은 명백한 장점을 하나 지니고 있었다. 곧 그의 이데올로기 비판은 이론적으로 진행의 과정에 있는 역사 개념을 전제한 것이었다. 그것은 항상 생산력과 생산 관계, 그리고 인간의 의식이 상호작용으로 얽혀 있는 경험적 충전을 요구했다. 따라서 그 용법에는 이념 지형을 넘어서서 넓은 공간으로 나아갈 만한 의미내용이 들어 있었다(Engels, Günther, Meier and Koselleck 1979 : 706~715).

한국 지식사회의 마르크스주의 수용 과정은 진화의 법칙에 매인 역사 개념의 단선적인 의미론과 함께 시작했다. 이러한 문제점과 직접 대결한 동시대 문헌을 찾아보기 힘들지만, 유물론의 범주를 확장하여 식민지 상황의 이해와 분석에 적용해 보려는 사유의 실험은 뚜렷하게 드러난다. 1929년 7월 '조선의 운동'에 확고한 '이론'과 '과학적 근거'를 마련하고자 한 『신흥』이[265] 학술지 대열에 합류했는데, 경성제국대학 법문학부의 '조선인' 졸업생들이 주축을 이룬 이 문헌에서 마르크스사상을 새롭게 독해하는 몇몇 글을 만날 수 있다. 이를테면 유진오는 창간호에서 '결정론적 세계관'과 '이상주의'의 양극단을 넘어서는 유물사관의 '인식론'을 이렇게 풀어썼다.

> 歷史는 사람이 맨드는 것이니, 唯物史觀에서는, 결코 願을 세우지 말라, 理想을 갓지 말라고는 아니한다. 願은 아모조록 크게 세워라, 理想은 아모조록 놉게 가즈라, 그러나, 아모리 큰 願, 아모리 놉흔 理想이라도, 그것은 하느님이 주는 것이 아니라, 그 사람의 社會的 存在에 規定된다 하는 것이다. 唯物史觀에서, 그러면 웨 理想主義를 排斥하는가. 그것은 理想主義者들이, 그 固有의 限界를 넘어서, 理想의 힘을 主張하기 째문이다. 또 이러한 主張의 숨은 根據가, 矛盾에 찬 現實로부터, 銳敏한 批判眼을 外向식히라는, 階級的 焦燥에 있기 때문이다. 唯物史觀은, 存在를 規定하는 意識을 容恕치 안는다. 그러나, 存在에 規定되는 意識이, 願을 세우는 것을 禁하지 아니한다. 이곳에 唯物史觀의 本來의 意味가 있다.[266]

이 글이 이상주의, 곧 관념철학의 인식론 근거를 제대로 밝혔다고 보기 힘들지만, 거기에 담긴 역사적 유물론의 이해는 마르크스

265 「편집후기」, 『新興』 창간호(1929. 7), p.116.
266 陳伍(1929), 「唯物史觀斷章 : '眞理의 二重性'을 中心으로 하야」, 『新興』 창간호(1929. 7), pp.28~29.

의 사유 방식에 근접한 것으로 여길 만할 것이다. 그리고 소철인蘇哲仁의 필명으로 실린 「'욮이엘빠흐' 철학」은 '수동적'이며 '자연주의적' 유물론의 '결함'을 극복하는 변증의 방법을 이렇게 소개했다. "여긔에서 '맑쓰는 그 '욮이엘쌔흐'론에서 '욮이엘쌔흐'짜지 包含한 從來의 唯物論의 主要한 缺陷은 그와 갓흔 唯物論은 現實性 對象的 世界 卽 外的 感官에 依하야 知覺되는 世界를 客觀 又는 直觀의 形態에 있어서만 觀察하고 具體的 人間活動의 形態에 잇서서 實踐의 形態에 잇서서 觀察하지 아니하며 主觀的으로 觀察하지 아니함에 있다고 하였다. 卽 思惟 가운데 잇는 客觀과 現實의 具體的 客觀의 相異되는 것을 問題 삼을려고 하엿지만 人間的 活動을 對象的 活動으로 보지 못함에 自然主義的 人間學的 哲學이라고 하는 缺點을 가진 것이다." 마르크스가 이러한 성찰과 함께 인간의 수동성, 곧 '인간의 자연에 대한 의속依屬'만 주목하면서 그 능동성을 보지 못한 옛 유물론을 극복할 수 있었다는 설명이 글의 결론을 이루었다.[267]

『신흥』은 제9호를 마지막으로 더 이상 나오지 못했는데, 그 권두에 실린 「인식 · 신체 급 역사」는 이 아카데미즘 출판물의 최후를 장식할 만한 기념비적 논제를 실험했다. 마르크스 물질주의철학에 정통했던 신남철은 이 글을 『독일 이데올로기』의 한 구절을(Marx and Engels 1981 : 20~21) 인용하면서 시작한다. "一切의 人間歷史의 最初의 前提는 물론 산 人間의 個人的 生存이다. 그러므로 確證되어야 할 最初의 事態는 이러한 個人의 肉體的 組織과 그것에 依하야 주어진

267 蘇哲仁(1932), 「'욮이엘빠흐' 哲學 : '헤-겔'을 紀念하는 意味에서」, 『新興』 제6호(1931. 12), p.28.

그것 以外의 自然에 對한 關係이다."[268] 마르크스와 엥겔스가 공동으로 쓴 이 표현은 '인식의 변증법'과 '역사의 변증법'을 하나의 '계열'로 파악하는 단서를 이룬다. 마르크스주의 저술뿐만 아니라 헤겔 및 칸트학파의 철학, 그리고 현상학까지 아우르는 신남철의 글은 인식과 신체의 문제를 '역사의 논리학', 곧 '역사철학'으로 이끌고 가기 위한 하나의 '기초' 논의이다. 그 중심에 신체적 활동의 분석을 수반하는 인식 과정의 철학적 과제가 위치한다. 인식은 육체라는 대상의 수용에서 시작하며, 그 과정은 주체의 표현으로 나타나는 신체적 실천에서 완성된다. 이러한 수용, 가공, 표현의 3단계 활동은 '상호 전환의 침투 작용'에 얽힌다. 이 과정을 '신체적 계열'이라고 한다면, 그 실천의 문제는 '역사적 계열의 문제'라고 할 수 있다. 이 두 계열은 근원적으로 동일한 방법과 동일한 법칙에 따라 진행한다. 그러므로 그것은 변증법적 인식의 대상이다. 실천은 이러한 인식 작용을 '근원적으로' 가능케 하는 인간적 행위이다. 여기에서 인간이 '만드는' 역사는 '정치적 행위'의 의미론과 결합한다.

> 實踐的인 認識은 歷史的인 認識이다. 그것은 同時에 文化認識의 問題이다. 實踐的인 行爲의 把持者는 個人人間이고 그 行爲의 所産으로서 歷史는 만들어진다. 우리는 現實的인 諸關係로부터 이러한 것을 抽象할 수가 있다. 그러나 이때에 우리는 個人人間의 社會的 規定을 忘却하야서는 안 된다. 實踐的 行爲는 무엇보다도 먼저 勞動이 아니면 안 된다. 勞動은

268 申南澈(1937), 「認識 · 身體 及 歷史 : '文化의 論理學'의 基礎論(其一)」, 『新興』 제9호(1937. 1), p.2.

創造이고 生産이다. 이때에 손手, 道具 及 機械는 重要한 役割을 맡어 본다. 個人은 勞動을 媒介로 하야 社會的 關係에 沒入한다. 그러나 自己를 保存하면서 歷史的 실천에로 自覺하야 간다. 그리하야 '政治的인 實踐'에서 自己의 勞動·創造를 完成한다. 이러한 意味의 人間은 '創造의 最後目的'이다. 身體的 存在로서의 人間이 그의 本然의 性質을 發展시킨 極致로서의 '終極目的'이다. 生物的 存在로서 前提되고 社會的 存在로서 歷史를 만든다. 前者는 身體的 人間이고 後者는 勞動·生産의 關係에 있는 人間이다. 이 兩者는 하나이며 同一한 者이다(Ein und dasselbe).[269]

신남철은 이 글의 마지막 부분에서 '인식과 신체'의 이해를 '역사학'의 과제와 하나로 되는 통일성의 실천으로 보면서 지식의 문제를 설명한다. 그것은 역사적 환경 속에서 살고 있는 인간 존재를 '근저로부터Vom Grunde aus' 파악하려는 변증법의 필연적 요청이다. 따라서 역사 지식이 '신체적 계열'과 하나의 연관 관계에 얽힐 때, 그 '정치적' 실천은 곧 '근원적인 행위radikale Tatsache'로 작용한다. 인간이 '만드는' 역사와 그 역사학은 그렇게 '논리학'의 기초에 설 수 있었다. 이러한 '인식론적 의미'가 없었다면 해방공간에서 전석담全錫淡, 1916~?이 다음처럼 말하는 역사의 '운동'은 한갓 공허한 선전 구호로 들렸을지도 모른다. "우리가 歷史를 알고자 하는 目的은 過去의 終點인 同時에 未來의 始發點인 現在를 運動에 있어서 把握하는 데 있다. 그러므로 우리가 이제 朝鮮 歷史를 알려고 애쓰는 것은 朝鮮

269 申南澈(1937), 「認識·身體 及 歷史 : '文化의 論理學'의 基礎論(其一)」, 『新興』 제9호(1937. 1), p.3.

에 關한 여러 가지 옛 이야기를 趣味삼아 알자는 것이 目的이 아니라 朝鮮의 未來를 우리 손으로 建設해 나아가자면 반드시 알아야 할 歷史的 軌道를 찾아내자는 것이 目的이다. ……이제는 다만 人民의 決定的 力量을 決定的 方向으로 集注하여, 歷史를 實現하는 過程만이 남았다"(전석담 1948 : 151~152).

신남철이 사변적으로 구상한 '변증법'의 역사는 '조선학' 연구에서 구체성을 드러내게 될 '정치적' 행위의 논리학이었다. "朝鮮學은 朝鮮의 歷史的 研究로부터 始作된다." 이처럼 간결한 표현과 함께 그의 조선학은 시작한다.[270] 그가 보기에 재래의 연구는 '비역사적' 근거들, 곧 '잡박하고 표면적인 고증과 연대기'에 기대고 있었다. 그러므로 새로운 조선학은 '역사적 연구의 진정한 의미'를 찾는 과제를 지닌다. 그것은 곧 "科學的 必然性의 法則을 客觀的 發展의 속에 發見하야서써 諸形態의 交互關係를 組織하고 理解하는 데 잇는 것이다." 신남철은 이 과제에 '들어가기 위해' 먼저 역사의 '개념'을 이렇게 정리한다.

> 歷史라는 것은 普通 二重의 意味에서 使用되고 있다. 이것은 數많은 哲學者, 歷史研究家 等에 依하야 指摘되고 잇는 事實이다. 그것은 一方으로 客觀的인 '生起한 사실 그것'을 意味하든 同時에 他方으로는 '生起한 事實의 敍述'을 意味하고 잇다. 우리가 普通 '歷史'라고 할 때는 이 같은 二重의 意味에서 그 意味內容을 理解한다. 그리하야 歷史를 經驗하는 同時에 歷

270 申南澈(1934), 「最近 朝鮮研究의 業績과 그 再出發 : (一)朝鮮學은 어떠케 樹立할 것인가」, 『東亞日報』 1934. 1. 1.

史를 쓰기도 하는 것이다. 그러나 이러한 歷史의 意味의 二重性은 決코 各其 獨立하야 考察됨을 不許한다. 歷史硏究에 잇어서는 언제나 또 반드시 '生起한 事實 그것'으로서의 歷史가 歷史의 敍述에 先行하는 것임은 勿論이다. 歷史서술에 있어서 이 點은 出發點이고 歸着點이다.[271]

앞에서 보았듯(Hegel 1955 : 164) 헤겔은 인간의 행적res gestas 자체와 발생한 사실의 서술historiam rerum gestarum을 내적으로 통일하는 의미론과 더불어 스스로 움직이고 결정하는 역사의 사유체계를 완성할 수 있었다. 신남철이 스스로 지시한 역사 '개념'은 진보철학을 모사하고 싶었던 '방법론적 자각'에서 비롯했을 것이다.[272] 그가 헤겔식 사유 방식의 '출발점'에서 '역사의 발전에 대한 과학적 인식'을 거듭 주장했을 때, 그것은 곧 "朝鮮의 歷史, 文化, 傳說 又는 民族을 觀念的으로 特殊化시키고 말엇"던 옛 조선학의 반성이었다. 그는 새로운 '방법론'으로 세 가지 과제를 이렇게 제시했다. ① 역사의 내면적 원동력으로 작용하는 사회적 생산관계를 과학적 법칙에 따라서 파악할 것. ② 사료의 선택은 역사적 연구의 기초 요건이다. 이러한 필요조건은 '현대적 정황'을 고려하는 연구자의 인식관심과 맞닿는

271 申南澈(1934), 「最近 朝鮮硏究의 業績과 그 再出發 : (一)朝鮮學은 어떠케 樹立할 것인가」, 『東亞日報』 1934. 1. 1.

272 신남철은 덴마크 역사학자 크리스티안 에르슬레브(Kristian Erslev, 1852~1930)의 저술 가운데 한 부분을 번역하여 「역사연구의 방법론(1)」이라는 제목을 붙여 『진단학보』 제3권(1935. 12)에 실었다. 이 글 가운데 독일어 Geschichte의 이중의미를 설명하는 내용이 들어 있다. 신남철은 이를 이끌어 자신의 역사 '개념'을 구성했을 것이다. 이 번역 글이 설명하는 역사는 헤겔의 용례와 크게 다를 바 없다(신남철 2013 : 392~410). 신남철이 번역한 원저는 아마도 다음의 책일 것이다. Erslev, Kristian Sofus August(1928), *Historische Technik : Die historische Untersuchung in ihren Grundzügen dargestellt*, Münschen ; Berlin : R. Oldenbourg.

다. 곧 현재의 시점이 어떠한 발전의 결과로 일정한 역사적 시대를 조성하고 있는가라는 질문과 함께 그 시간을 이끌어 온 여러 기인 요소를 탐색해야만 한다. ③ 조선의 역사적 · 사회적 연구 자체는 당면한 조선의 제반 문제를 해결하려는 통일적 관점을 요구한다.[273] 마르크스의 유물론 법칙성과 역사주의 사유의 현재인식을 아무런 이론적 성찰 없이 합성했을 것으로 보이는 이 방법론 과제는 연구 대상의 사료들에서 수많은 상징으로 흩어져 존재하는 '조선'의 전통 요소를 어떻게 탐색할 것인가라는 질문에 부딪힐 수밖에 없었을 것이다. 이 문제에 구체적으로 답하지 못하는 법칙의 과학은 이데올로기 구호로 전락하기 마련이다. "現實의 問題의 解決과 그 指針을 얻기 위하야 卽 우리의 現在의 歷史的 社會的 生活과의 連繫下에서 歷史的 事實은 選擇되고 또 解釋되지 안흐면 아니 된다. 그러므로 이 選擇과 解釋은 科學的 思惟가 아니면 아니 된다." 바로 그 '과학적 사유'는 구체적으로 어떻게 구성되어 어떠한 이론의 성찰을 이끄는가? 신남철은 스쳐 지나가듯 아우구스트 뵈크의 문헌학에서 '이해Verstehen'와 '해석Hermeneutik'이라는 말을 끌어내어 '방법론의 원리적 파악'을 언급했다.[274] 나중에 김태준이 혹독하게 비판하게 될 해석학 방법이 그렇게 새로운 조선학과 맞닿을 듯했지만, 신남철의 방법론 사유는 여기에서 더 이상 나아가지 못했다. 전통 요소를 어떻게 '이해'할 것인가? 이 질문은 이데올로기 경계를 뛰어넘어 오늘날까지 이어지고 있다.

273 申南澈(1934), 「最近 朝鮮硏究의 業績과 그 再出發 : (一)朝鮮學은 어떠케 樹立할 것인가」, 『東亞日報』 1934. 1. 1.

274 申南徹(1934), 「朝鮮硏究의 方法論」, 『靑年朝鮮』 제1호(1934. 10. 1), p.16.

3. 과학에서 신화로

1921년 3월 「유물사관 요령기」가 조선청년연합회의 『아성』에 실렸을 때, 곧 『조선문학사』1922와 『조선문명사』1923로 필명을 떨치게 될 안확安廓, 1886~?이 편집을 맡고 있었다. "今日朝鮮의 進化는 徐開하는 것이 아니오 急激히 開發되는 것이라. 故로 理想과 實地의 懸隔이 甚하고 舊信仰과 新信仰의 衝突이 生하는지라."[275] 그 창간호의 기고에서 밝혔듯이 안확은 옛 경험과 미래 기대의 균열 지점을 자각하고 있는 사회운동가이자 저술가였다. 그렇지만 그는 어떠한 이념 경향성에도 치우치지 않은 역사서술의 이력을 남겼다. 니혼日本대학에서 정치학을 수업하면서 근대식 학문의 세례를 거친 그는 생

275 安廓(1921), 「三重危險과 自覺」, 『我聲』 제1호(1921. 3), p.3.

애 동안 여러 사유 방식을 전전하면서 식민지 시기 혼돈의 정신현상을 함께했다. 그 출발점은 유교 비판이었다. "嗚呼라 神聖한 情神을 失하고 儒敎腐林에서 彷徨하는 二千萬 檀君子孫이여 予가 儒敎征伐에 先鋒을 擧하노니 一齊奮起하여 漢文桎梏을 打破하자." 이렇게 그의 형성기에는 전통의 이념이 비집고 들어갈 틈새가 없었다. 그의 생각 가운데 공자란 역사적으로 올바른 사상가가 아니었으며 믿을 만한 문필가도 아니었다. 그러한 사상이 조선에 들어와 어리석은 지식인들을 미혹했으며, 유교와 한문이 백 가지 병폐를 남긴 끝에 마침내 오늘날의 '참상'에 이르렀다. 바로 지금 '조선 고유의 특성'이 사라진 것은 곧 그 폐단의 귀결이었다.[276]

이렇게 안확이 잘못된 외래 사유의 대척점에 세운 '신성한 정신'과 민족의 '고유성'은 신채호의 글쓰기에서도 드러난 저항의 수사법이었다. 민족을 주체로 삼는 자립정신이 안확이 전개하게 될 사유체계의 출발점이었다. 그러면서도 그는 신채호 방식의 국수주의를 받아들이지 않았다. 우선 그는 신채호를 근래에 '역사의 신견지新見地'를 연 '문예 혁혁한' 인물로 평가했다. 그러면서도 그는 신채호가 조선의 역사를 온통 민족적으로만 해석하여 어느 면에서는 '역사의 본색本色을' 상실했다고 비판했다(安廓 1922 : 125). 안확은 그렇게 신채호를 지나치게 고대의 문화세계에 집착한 감상주의자로 보았다. 그리고 그는 한국의 역사를 보다 발전적으로 재구성하는 서술체계를 구상하면서 신채호가 찾았던 길을 다른 방향으로 돌렸다. 신채호가 애써 무시했던 조선 왕조의 정치는 안확의 시대 구분에서

276 安廓(1915), 「朝鮮의 文學」, 『學之光』 제6호(1915. 7), pp.71~73.

발전의 역사로 다시 살아났다(한영우 1996 : 188 ff). 안확이 찾은 그 시대 진보의 지표는 옛 귀족제도와 확실히 구별되는 "민권의 발달"이었다. 조선 군주의 통치권은 인민을 '공인公人'으로 인정하는 토대에서 행사되었으며, 인민 또한 공인의 '자신력'에 근거해 군주에게 '항거하는 권리'를 지니고 있었다는 설명이었다. 그가 보기에 이러한 현상이 곧 '근대 정치의 성질'이었다(安廓 1923 : 177 ff).

안확이 회복하고자 한 '민족성'은 한국문화 전통의 저변에 면면히 흐르는 '정신'의 기원을 찾는 과제이기도 했다. 역사 현상의 내면에서 그러한 '경향성'을 탐색하는 사유 방법은 '절대적' 위기 상황에서 민족의 정당성을 지켜야만 하는 시대적 사명과 맞닿았다. 그가 보기에 한국 정신의 뿌리는 '종倧'에서 비롯하는데, 그것은 곧 "最古의 宗敎오 道德이오 哲學이니 此는 檀君이 其 眞理를 設하야 民을 敎化한 者라 할 것이다"(안확 1994d : 41). 이 말을 오늘날의 수사학 방법으로 풀어서 이해하자면, '종'이라는 원초적 정신은 민족을 '체계적인 결정화'로 이끄는 '배양액'이다. 그것은 존재자가 스스로 드러나는 자연 상태를 일컫는다는 점에서 진리라는 은유의 이름을 얻는다. 이러한 의미의 진리는 행동으로 나타나지 않는 관조와 초월적 형이상학의 인식에 가까이 있으며, 때로는 신화세계의 신비성을 품고 있기도 하다(Blumenberg 1998 : 12 ff). 안확은 다음 글에서 보듯 당면한 현실의 영역에서 더 멀리 벗어나 더욱더 절실하게 신화의 세계에 기대었을 것이다. "本朝鮮族은 軍營의 排布같이 八邦을 設置하고 各其 自治的으로 生活할 새 그 分立狀態는 外로 보면 割據인 듯하나 內로 보면 天神을 崇拜하는 大宗敎心이 잇어 情神의 統一을 지으니 그 宗敎的 心事는 四面의 外來人을 同化하여 血을 짓고 肉을 짓고 드디어 全朝鮮을 擧하여 純然한 朝鮮民族의 結晶體를 지은 것이다" (안확 1994b : 99).

안확의 학문 이력이 방랑의 시간으로 이어졌듯, 그의 글쓰기 또한 신화의 세계에만 머물지 않았다. 그는 '진보'의 지평에서 '조선의 정신'을 보고자 했는데, 이때 헤겔의 사유 방법이 그의 생각을 이끌었다. "太古부터 思想의 進步過程을 보면 三國이 開創한 것, 半島가 統一한 것, 또한 漢文化가 輸入한 것, 모든 生活은 千變萬化의 波瀾이 飜覆하얏스나 其中의 情神인즉 오직 文武의 活動뿐이다. 그 文武의 活動線은 처음 胚胎로부터 兩分에 兩分으로부터 融合에, 다시 말하면 二大 思想이 正했다 反, 反했다가 合한 것, 즉 文武의 正反合의 傾向으로 된 것이다. 西洋 헤겔이 西洋 思想史를 일느되 靈的 肉的의 二情神이 사귀여 律動하야 正反合이 되엿다 하니 朝鮮史의 文武의 正反合도 그와 同觀이라 思惟하는 바이다"(안확 1994a : 394). 이렇듯 그가 생각하는 역사란 '정신의 선'이며, '정신의 반영'이다. 이를 좀 더 자세히 풀어서 보자면, 역사상에 나타난 문화현상은 곧 "심적 작용의 본성"이 '율동적으로' 진행한 것이다. 역사는 먼 옛날부터 현대까지 수천 년을 지나온 수많은 일의 흔적으로 채워져 있으나, 그 가운데에는 한 가닥 선이 서로 연결되어 있다. 이러한 역사를 만들어 온 내면에는 특별한 본질이 있는데, 그것이 곧 정신의 '율동'이다. 안확은 그렇게 헤겔의 정신현상학을 빌려 조선의 '역사를 지어 온 자별한 본질'에 주목할 수 있었다(안확 1994c : 160).

안확이 발견한 역사는 이처럼 변증법으로 움직이는 내적 본질을 지닌다. 이 점에서 그의 의미론은 신채호의 사례보다 한 걸음 앞서 나간 것으로 이해할 만하다. 그의 인식세계는 정신의 운동을 역사적 시간의식의 개념으로 구성한 헤겔철학의 독해에서 비롯했을 것이다. 그렇더라도 안확의 '사유'가 보편의 세계정신으로 향했다고 볼 수는 없을 것이다. 역사가로서 그의 과제는 다음처럼 여전히 민족의 고유성을 밝히는 글쓰기였다. "大抵 世界 何國人이던지 固有情神은 다 各其 잇는 터이다. 그럼으로 다 各其 部分的 歷史를 지어온 것이다. 朝鮮人도 사람이다. 또한 四千年 歷史가 堂堂하다. 고로 情神이 잇슴은 勿論이오, 그 情神은 他國에 대보아 自別한 本質을 가지고 잇는 것은 明白한 셈속이라 할 것이다"(안확 1994a : 392). 이렇듯 안확이 이해하는 조선의 고유성은 여러 문화 가운데 상대적 위치를 고수하는 '정신의 본질'에 근거한다. 그는 그러한 전통이 자치제도에서 뚜렷이 드러난다고 보았다. "朝鮮 自治制는 檀君 建國時代로부터 有한바 希臘 政治와 同한 者로 東洋에 先進 又 獨特한 生活이라"(安廓 1923 : 3). 그리고 그는 나아가 개별 역사 단계의 문화현상을 기술할 때 그 시대마다 드러나는 특별한 '시대상'에 주목해야 한다는 점을 이렇게 강조했다. "近日에 或者 말하되 三國時代에는 文學이 업고 잇서도 幼稚하다 하니 果然 그러한가. 否라 否라. 그대의 所見은 時情에 不通하야 古代를 現代에 比하는 曲解이니 그런 愚見이 어데 잇느냐. 이는 젓 먹는 童子에게 洋料理를 먹을 줄 모른다고 辱說함과 갓다. 우리는 時代相에 依하야 그 時代의 特點을 그 時代의 程度로서 論難할 뿐이다. 이럼으로 三國文學에 잇서는 우에 말한바 그의 特色을 알아야 될 것이오, 同時에 그 文學의 材料도 歷史的 事實의 우에서 取探하여야 될 것이다"(안확 1994a : 387).

안확이 표현한 '역사의 정신'은 시대마다 그 특징을 드러낸다는 점에서 랑케의 '시대정신'에 근접한다. 그의 '조선사' 탐색을 이끈 인식 방법은 보편의 역사철학보다는 거기에 맞선 역사주의에서 비롯했을 것이다. 원래 랑케가 내세운 전문 역사학은 모든 개별 시대의 '특별한 경향성'과 '고유한 이상'을 '원래 있었던 그대로' 복원하는 하나의 '과학Wissenschaft'이었다. '실증주의사학'의 이름으로 일본 아카데미즘 사회에 정착했던 그 방법이 안확의 서술 양식에 스며들었을 것으로 보인다. '태고 조상'에서 처음 시작한 '정신'의 '특질'이 "歷史의 實證에 依하야 發見"될 것이라고 했듯(안확 1994c : 160), 그는 자신도 모르는 사이에 역사주의의 길을 예비하고 있었던 셈이다. 일찍이 신채호는 『조선상고문화사』에서 "古代 諸民族의 競爭은 매양 宗敎의 衝突로 中心을" 삼는다고 했다는 "쌔이취 史學者 랑케氏"의 책을 언급한 적 있었다.[277] 그리고 변영로卞榮魯, 1898~1961는 1925년 『개벽』에 신채호의 '소식'을 올리면서 그를 '조선의 랑케'로 부를 만하다고 썼다.[278] 그렇더라도 신채호보다는 안확이 역사주의 수사법이나 실증의 방법에 더 가까웠다고 이해할 만하다.

안확의 방법론 사유를 징검다리 삼아 현대한국사 연구의 주류를 이루는 '실증사학'의 의미연관을 밝힐 수 있을 것이다. 일본 학자들 또는 일본 유학을 거친 역사가들이 그 주도 세력이었다는 점은 이미 잘 알려진 사실이다. 그 전이 과정은 랑케역사학이 일본에 건너오는 19세기 후반기로 거슬러 오른다. 1887년은 일본 역사학의 역사에서 '획기적인 시기'로 기록되어 있다. 이해에 독일 베를린대학

277 신채호(1931), 「朝鮮上古文化史(二四)」, 『朝鮮日報』 1931. 11. 11(단재신채호전집편찬위원회 2007a : 267).

278 卞榮魯(1925), 「國粹主義의 恒星인 丹齊 申采浩 先生……」, 『開闢』 제62호(1925. 8), pp.39~41.

출신 루트비히 리스Ludwig Rieß, 1861~1928가 제국대학에 왔다. 그리고 바로 그해에 일본 최초의 사학과가 그 학교에서 시작하는데, 리스가 그 주역 가운데 한 사람이었다. 일본 지식사회에서 '랑케 학풍의 정당한 계승자'로 숭앙받던 그가 역사주의 방법을 일본 관학파의 고증학 전통에 접목했다는 사실이 두드러진다. 일본 특유의 '국사'를 낳은 이 이야기는 메이지 초반기에 시작한다. 1869년 메이지 정부는 국사편집국을 만들어 일본의 정사를 편찬하기 시작했다. 그 주역은 1865년 『만국공법』을 중역하여 펴낸 시게노 야스쓰구重野安繹, 1827~1910였다. 주희의 성리학 전통에서 성장한 이 인물은 청조의 고증학을 깊이 학습한 뒤 수사 작업의 중심에 설 수 있었다. 메이지 정부의 국사편찬은 그 뒤 수사국으로 인계되는 우여곡절을 겪다가 1888년 제국대학 내에 설치된 임시편년사편찬괘臨時編年史編纂掛로 이관되었다. 바로 그다음 해에 시게노와 그의 동료들은 사학과와 별도로 국사과를 창설했으며, 1890년에는 일본 최초의 통사이자 모범 교과서인 『국사안國史眼』을 발간했다. 이 과정에서 이들은 랑케의 역사주의 방법에 '기꺼이 호응했다.' 이때 이들은 무엇보다도 순수학문이라는 역사학의 독립성과 엄정한 사료 비판에 주목했다. 바로 이 지점에서 일본식 '아카데미즘 실증주의사학'이 성장할 수 있었다(永原慶二 2005 : 32 ff ; 고야마 2009 : 53~129 ; 누마타 2007 : 389~419 ; 스테판 2004 : 72 ff).

"우리 역사학의 개조開祖로 랑케라는 대역사가가 있습니다"〔鈴木成高(1990), 『世界史における現代』, 東京 : 創文社(고야마 2009 : 126 재인용)〕. 어느 일본 학자가 이렇게 토로했듯 랑케의 역사주의와 맞닿은 실증사학은 어떠한 면면을 한국 지식사회에 넘겨주었을까? "朝鮮史는 곧 朝鮮民族

史이니 우리는 有史 以來로 同一한 血族이 同一한 地域에서…… 同一한 文化를 가지고 共同한 運命下에서 共同한 民族鬪爭을 無數히 敢行하면서 共同한 歷史生活을 하여 왔고 異民族의 混血은 極少數인 까닭이다. 그러므로 朝鮮에 있어서는 國民 즉 民族이요, 民族史가 곧 國史가 되는 것이다. 이 嚴然한 歷史的 事實을 無視하고는 朝鮮 歷史를 科學的으로 理解할 수는 없다"(손진태 1948 : 3). 이렇게 '과학적' 국사를 내세운 손진태孫晉泰, 1900~?로부터 이야기를 시작해 보자. 그에게 이어지는 계보의 전승은 그가 태어나지도 않았던 1880년대로 거슬러 오른다. 루트비히 리스의 첫 번째 제자 가운데 시라토리 구라키치白鳥庫吉, 1865~1942가 먼저 눈에 띈다. 그는 스승에게 배운 대로 랑케를 이상적 모델로 삼아 '과학적' 연구 방법을 '동양사' 연구에 접목한 인물로 평가받을 만하다. 와세다早稻田대학 사학과에서 손진태를 직접 가르친 쓰다 소키치津田左右吉, 1873~1961가 바로 시라토리의 제자였다. 손진태는 이 쓰다에게서 엄밀한 사료 비판과 실증적 분석의 방법을 배웠다. 그는 대학을 졸업한 뒤 도요분코東洋文庫에서 연구원으로 있었는데, 이때 그는 그곳 연구부장을 맡고 있던 시라토리와 교유했으리라 짐작할 만하다(남근우 1996).

손진태는 민족 기원의 문제를 다루면서 한국사 연구의 이력을 시작했다. 이때 그는 흥미롭게도 단군 전설의 역사적 근거를 부정했다. 그가 보기에 그 전설은 공상적 환상이며 미개시대의 산물이었다. 그의 주장은 이렇게 나아간다. "우리는 좀 더 理論的이오, 科學的인 方法으로 얼마든지 民族精神을 指導할 수도 잇스며, 涵養할 수도 잇슬 것임니다. 偏狹한 愛國思想은 民族의 情神을 좁게 하며 排他的 感情을 助成케 하야 將來 偉大한 民族思想이나 民族文化를 建

設함에 만흔 沮害가 잇슬 줄 암니다."[279] 손진태가 다룬 이 주제는 동시대 한국과 일본의 지식사회에서 민감한 논쟁의 대상이었다. 우선 단군 전설의 역사성을 부정하는 논의는 일본인 학자들로부터 시작했는데, 시라토리가 그 주역이었다(시라토리 2009 : 9~32). 그의 주장대로라면 고려시대 사서에 남아 있는 단군 이야기는 역사적 사실이 아니라 후대의 불교사상으로 윤색된 조작일 따름이다. 그 주요한 논점은 신화 기록의 진위보다는 거기에 담긴 민족의 고유성을 인정하는 문제에 있었다. 시라토리는 일본이 아시아에서 특별한 위상을 지녀야 한다고 주장하는 역사가들과 함께 한국문화 전통의 자주성을 왜곡하는 일에 앞장섰다. 이때 '과학적 역사'는 제국주의 침략을 정당화하는 하나의 미명이었다. 한국 민족주의 학자들의 반격이 뒤따를 수밖에 없었다. 손진태는 이러한 '역사운동'을 '단군운동'으로 일컬었다. 그리고 그는 그 '편협한 애국사상'에서 벗어나기 위해 '과학적인' 인류학 방법에 기대면서 한국문화 양식의 기원과 계통을 탐색하는 과제에 몰두했다. 그 성과로 민속학과 문화사 영역에서 두드러진 업적들이 쌓일 수 있었다(남근우 2008 : 55~103 ; 이영화 2010).

제국주의를 내화하는 시라토리의 '동양사'가 손진태의 민족문화 연구에 어느 정도 깊은 영향을 끼쳤는지 가늠하기는 힘들 것이다. 그렇지만 손진태가 물려받은 실증의 방법이 그의 전체 학술 이력을 관통하는 원리와 추진력이었다는 점에 의심의 여지는 없어 보인다. 그의 후반기 작품에서도 역사는 여전히 하나의 "과학"이었다. 그는 이렇게 주장한다. "歷史學徒는 歷史的 事實을 批判할 수는 있지마

279 孫晉泰(1927), 「朝鮮민족의 構成과 其文化」, 『新民』 제28호(1927. 8), p.62.

는 史實을 拒否할 수는 없다. 史實은 史實 그대로 이것을 認識하여 거기에 批判을 加하는 것이 眞正한 科學者로서 取할 바 당연한 태도이다." 이 글 다음에 이어지는 표현이 더욱 흥미롭다. "하물며 民族解放 民族自立 運動이 世界的으로 猛烈하게 進展되고 있는 지금에 있어서랴. 그러므로 朝鮮史에 있어 民族問題는 그 研究의 核心이 되는 것이며, 따라서 第一義的 重大性을 가지는 것이다. 朝鮮史가 經過한 모든 民族鬪爭 · 階級鬪爭 · 政治 · 文化 等 史實은 모두 民族의 立地에서 批判되고 價値가 判斷되어야 할 것이니, 民族은 實로 朝鮮史의 根本的인 眼目이 되는 것이다"(손진태 1948 : 4). 이렇듯 그는 조선 민족의 역사성을 재구성하는 가운데 서로 어긋나 보이는 두 인식 범주, 곧 '있는 그대로의 역사'와 주관적 '안목'을 하나의 서사 구조 안에 결합했다. 이러한 글쓰기 방식은 이전에 한갓 환상으로 여기던 전설의 국조를 민족사 서술의 한가운데로 불러내는 실험이었다. 예나 다름없이 그는 실증의 '과학'에 기대고 있었지만, 이제 단군 이야기는 경험세계에 투사되는 하나의 영상처럼 민족사의 생생한 토대를 표현하게 되었다.

> 歷史는 어디까지 科學的이어야 할 것이다. 그러나 歷史科學은 오로지 可見的 · 物質的 事實만을 取扱하는 學問은 아니다. 이 科學은 사람의 物質的 · 精神的 모든 生活을 取扱하는 學問이다. ……우리가 朝鮮民族史를 編述함에 당하여 始祖 檀君說을 빼어 버리지 못할 가장 重大한 理由만을 여기에 들고자 한다. 그것은 端的으로 말하면 이 檀君神話가 우리 全民族의 始祖傳說로서 적어도 七百年 以上 或은 千年의 傳統을 가졌으며, 現在에 있어서는 民族意識의 飛躍的 昂揚에 따라 民族思想 속에 不可拔 根底

를 깊이 박고 있는 까닭이다. 다시 말하면 이것은 우리들이 營爲하는 民族生活에 있어 重大한 歷史的 · 思想的 事實의 하나이므로써이다. 이 嚴然한 史實을 歷史學徒가 故意로 抹削할 수는 없다. 史實은 客觀的 存在이다. 그러나 모든 史實을 빼지 않고 歷史學에서 取扱할 수는 없다. 그러므로 史實을 取捨選擇하는 것은 歷史學者의 主觀에 依할 것이다. 만일 不幸히 朝鮮의 民族이란 것을 否認하는 學徒가 있으면 그 사람은 民族始祖의 傳說을 그의 歷史書에서 뺄 수도 있을 것이다. 그러나 나는 나의 理解하는 科學的 見地로서는 嚴然히 存在하는 朝鮮의 民族이란 것을 否認할 道理가 없고 따라서 檀君傳說을 看過할 道理가 없다. 이 兩者는 다 客觀的 重大事實이므로써이다(손진태 1948 : 20~21).

이렇게 손진태 또한 민족 만들기 대열에 합류했다. 그가 '이해하는' 신화의 복원은 절박한 현실인식에서 비롯한다. 즉 단군 이야기는 조선 왕조의 마지막 시점에 이르러 "獨立思想과 아울러 猛烈한 氣勢로 行하여졌고 二次의 世界大戰을 通하여 民族思想의 世界的 澎湃와 함께 檀君始祖思想도 全盛을 極하게 된" 것이었다. 바로 이 위기의 순간에 우리의 선조가 '거의 1천 년 동안' 누대로 '신성한' 시조의 기억 속에서 "民族的 自尊 自負心과 智와 仁과 勇"의 정신을 경모해 왔다는 역사적 '증좌'가 드러날 수밖에 없었다. 이 줄기에서 일본식 '과학적' 역사학은 통렬한 비판의 대상으로 바뀌고 말았다. "日本의 帝國主義의 奴隷學者들이 朝鮮民族의 民族的 自尊心을 抹殺하고자 하는 意圖에서 意識的으로 檀君神話의 歷史性 · 思想性 民族的까지를 不定한 것은 一顧의 價値조차 없는 것이다"(손진태 1948 : 314~315).

손진태가 평생토록 굳게 지킨 '진실하고 엄정한 과학'의 방법은 (손진태 1964 : 1) 그렇게 아득히 먼 단군의 기억과 결합했다. 그가 복원하고자 했던 신화의 전승은 과학의 사실과 어떻게 상응하는가? 블루멘베르크Hans Blumenberg, 1920~1996에 따르면 신화란 은유적 상징이다. 그것은 태고시대에 외부로부터 엄습하는 두려움과 공포를 물리치는 표현으로 등장한 것이다. 마치도 지하실에 심부름 간 어린아이가 무서운 어두움과 침묵의 공포를 이기기 위해 큰 소리로 노래를 부르듯, 신화는 무시무시하고 모습도 없으며 매정하기 그지없는 현실을 극복하기 위해 발산하는 긴장감 넘치는 이야기이다. 그러므로 신화의 기능은 곧 원시 인간들에게는 현실성이었다. 그렇게 그들은 신화를 창안함으로써 어두운 실존의 세력으로부터 자신을 방어할 수 있었다. 그것은 무엇보다도 "인간이 자기존재의 조건들을 확실히 장악할 수 없는" 상황에서 생성한다(Blumenberg 2006 : 9 ff). 이러한 의미론을 손진태의 글쓰기 과제로 이끌어 풀어 보면 '신성한' 국조 이야기는 무정한 현실의 '절대성'을 축소하는 작업이며, 거기로부터 '거리 두기의 실행'이다. 일찍이 안확이 회귀하고자 염원했던 '종'의 안식처처럼, 신화의 기억이 불러내는 민족의 '자존심'은 온전함의 기대를 충족하는 전통의 상징이다. 그러한 이야기 가운데에서 한 역사가가 온몸으로 맞서고자 했으나 어찌할 수 없었던 현실세계는 '절대적 은유'의 의미 작용과 함께 그럭저럭 견딜 만하게 여러 조각으로 분산한다. 그러면서 그 언어적 의미연관은 역사적 진리가 된다. "그 진리란 사고력을 아주 넓게 펼쳐 보면 실용적이다. 그 내용은 방향 설정의 기점으로서 하나의 행위를 규정한다. 절대적 은유는 하나의 세계에 구조를 부여한다. 그것은 전혀 경험할 수 없으며 모습을 파악할 수 없는 사실성의 온전함을 표현한다"(Blumenberg 1998 : 25).

손진태가 실험한 '거리 두기'의 민족사는 의미론의 지평에서 '국사'의 시대를 이끌었던 '실증사학'과 서로 교차한다. "歷史를 새롭게 考察한다고 客觀을 沒却한 主觀이거나 어느 한 個人의 史觀에 치우치거나 또는 事實을 孤立的 標本으로 考察한다면 그것은 잘못이다. 항상 客觀을 토대로 삼아 視野를 넓히여 多角的으로, 縱的時間 · 橫的空間 · 心的 · 物的인 關聯下에서 公正하게 考察하여야 한다. 그리하여 地的環境, 時代環境, 社會環境, 기타 關聯에서 個個事實과 特殊性을 밝히고 또 그와 反對로 個個事實을 통하여 어떤 聯關性과 大體性과 必然性을 把握하는 態度를 取하여야 할 것이다." 랑케의 경구를 연상케 하는 이 말을 역사가라면 그 누가 반박할 수 있을까. 이러한 표현은 손진태와 마찬가지로 와세다대학의 쓰다 소키치에게 동양사학을 수업한 이병도李丙燾, 1896~1989가(이병도 1956 : 304) 『국사대관』을 시작하면서 쓴 「총설」 가운데 들어 있다. 한 시대를 풍미한 그 책은 또한 랑케의 생각과 그다지 멀지 않은 발전의 사유와 함께한다.

> 즉 人間事爲의 變化는 단 한 번씩밖에 일어나지 않고 늘 보다 나흔 데로, 보다 完全한 것에로 進行하는 것이다. 사람의 歷史는 發展過程에 있어 類似한 點은 있을지언정 꼭 같은 事實이 反復되지는 않는다. 이렇게 歷史의 對象은 變化的이요 進步的이요 發展的의 것이므로 歷史는 즉 過去의 人間事爲가 어떻게 새 組織과 새 文化를 創造하고 展開하여 왔는가를 서술하는 것이다(이병도 1949 : 2~3).

굳이 비교해 보자면, 1854년 랑케가 바이에른 국왕 막시밀리안 2세에게 직접 전한 강의 기록에서 다음과 같은 구절을 찾을 수 있다. "그러므로 인류의 모든 시기에는 하나의 특정한 거대한 경향성이 표명되고 있다. 그리고 진보란 인간 정신의 하나의 일정한 운동이 모든 시기에 나타나고 이 운동이 때로는 이러한, 때로는 저러한 경향성을 부각시키며, 그 속에서 자신을 고유하게 표현한다는 사실에 있다"(랑케 2011 : 34). 이병도는 랑케처럼 발전하는 개개 시대의 고유성에 주목하여 "한국 근대사학의 토대를 마련"할 수 있었다(김두진 2008 : 606). 그에게 수업했던 이기백의 설명을 들어 보자. "이병도의 연구는 조선 후기 실학자들의 연구 성과를 흡수하고 이에 새로운 고증을 더하여 정확한 역사적 사실을 밝히는 데 주력한 것이었다. 이로 인해서 두계사학斗溪史學을 우리나라 실증사학의 대명사와도 같이 사용하게끔 된 것이다"(이기백 1991 : 168). 실증사학이 이처럼 조선시대 실학의 맥을 이으면서 현대 한국사학의 주도적 경향성으로 자리 잡았다면, 그 정당성은 '있는 그대로' 정확하게 밝히는 역사서술에 있을 것이다. 그러나 이병도의 『국사와 지도 이념』을 사례로 다음과 같은 표현들을 살펴보면, 실증사학이 내세우는 '객관성'에 의문을 제기할 수밖에 없을 것이다. '공동체 이념을 중심으로 우리나라 역사의 흐름을 요약해서 저술한' 이 책은 이렇게 시작한다. "國史는 말할 것도 없이 過去 우리 民族이 어떻게 發展하여, 즉 어떠한 經路를 밟아 오늘의 現狀에 이르렀는가를 硏究하는 學問이다. ……一國 一民族의 歷史를 硏究함에는 그 관계 민족 관계 국가와의 연관성 내지 세계사적 공통성을 고려해 가지고 그 자체의 특수성을 밝혀야 한다. 우리도 자기 자체 내의 협조와 상극 외에 또 주위 제 민족과의 不絕한

接觸鬪爭에서 民族社會를 維持發展하여 온 歷史的인 민족이므로 國史 역시 그러한 점에 주의하여야 하며, 결코 孤立的 標本으로 연구하여서는 아니 될 것이다." 세계사적 보편성과 함께 연구해야 할 한 '민족'의 역사가 왜 굳이 '국사'의 이름으로 밝혀져야만 하는가? 그의 대답은 '국사의 특수성'으로 이어진다. 랑케의 말을 빌린 것으로 보이는 '지도 이념' 또는 '공통된 최고 정신과 이념' 가운데 그 정당한 특수성이 들어 있다. 그것은 곧 "全體 個體의 自由롭고 平和스러운 發展向上을 도모하기 위하여 서로 協同扶助하는 精神"이다. 그것은 달리 표현하면 개인이 "항상 國家와 民族의 統一發展 가운데" 살면서 "國家民族의 永遠한 理想에 殉하려 하는 그 精神이다"(이병도 1955 : 9 ff).

간추려서 보자면, 국가와 민족이라는 공동체에 개인이 '평화롭게' 희생하는 정신을 통해 '국사의 특수성'이 드러난다는 주장이다. 여기에서 두드러지는 국가주의 이념을 그 누구라도 그냥 지나치기 힘들 것이다. 어떠한 사실이 그러한 '정신'을 '있는 그대로' 증언하는가? '국사의 지도 이념'은 하나의 객관적 '현상'인가, 아니면 저자 스스로 기피한 '어느 한 개인의 사관史觀'인가? 이러한 질문에 명확히 대답하는 설명은 수많은 저술 저편 어디엔가 숨어 있을지도 모른다. 객관성 명제가 늘 모호한 당위성 주장으로 굳어지는 동안 실증이 곧 진리라는 하나의 등식이 '국사' 연구의 정당성으로 작용한다. 이병도는 일찍부터 이렇게 설명한다.

歷史는 現在를 잘 理解把握하기 위하여, 또 自我反省, 自我批判에서 自我創造를 위하여 過去에 關한 生動한 知識을 얻고자 함에 있는 것이라고

> 할 수 있다. 이리하여 歷史는 進步되고 또 여기서 人間理性의 光明, 人間心理의 作用, 人間行爲의 어떤 秩序 目的 또는 眞理와 現實性을 把握하며 未來를 전망하게 된다(이병도 1949 : 4).

역사가 진리를 '파악'한다는 명제는 명백한 논거 없이 여러 글을 이어 가면서 두고두고 반복한다. 최근 역사학회의 기관지에서 다음과 같은 사례를 찾을 수 있다. "문헌 비판은 연구 성과나 문화를 비판적으로 바라보게 하는 동시에 역사적 사실의 진실을 추구함으로써 진리를 탐구하게 하였다." 그리고 설명은 이렇게 이어진다. "실증사학은 근대 독일의 랑케사학에 기초를 둔 것이고, 문헌 비판으로 잘못 기록된 부분의 진실을 찾으려는 것은 대단히 중요하다"(김두진 2008 : 606~607). 이른바 두계사학이 랑케사학의 맥을 이었다는 설명일 것이다. 와세다대학 유학 시절 랑케의 『강국론』을 읽고서 그 '주장에 제일 매력을 느꼈다'는(이기백 1994 : 239) 이기백 또한 진리 찾기를 마치도 신앙처럼 되새겼다. 그의 학문 생애를 정리한 듯 보이는 글에서 그러한 표현을 찾을 수 있다. "학문은 진리를 탐구하는 것을 목적으로 한다는 평범한 신념으로 지금껏 한국사 연구에 전념해 왔다. ……오늘날 민족을 지상至上으로 생각하는 경향이 널리 번지고 있다. 그러나 민족은 결코 지상이 아니다. 이 점은 민중의 경우에도 마찬가지이다. 지상은 진리이다. 진리를 거역하면 민족이나 민중은 파멸을 면하지 못한다"(이기백 2004 : 237). 진리가 지상 과제라는 그의 신념은 유명한 랑케의 경구와 잘 어울린다. "우리는 우리 나름대로 또 다른 역사 개념을 지닌다. 모든 장식을 걷어 낸 벌거숭이 진리 ; 개별 존재의 근원적 연구 ; 그 이상의 것들은 신에게 맡기고, 아무리

사소한 것이라도 꾸며 내지 않으며 그 어떠한 망상도 하지 않을 따름이다"(Ranke 1824b : 28). 이렇게 진리를 앞세우는 수사법은 '역사과학'의 정당성을 주장하는 랑케 자신의 선언과 서로 어긋난다. "사람들은 과거를 심판하고 다가올 세월에 쓸모 있도록 당대의 사람들을 가르치는 임무를 역사서술에 부여했다. 지금 내어놓는 이 책은 그렇게 고귀한 직분을 떠맡지 않는다. 그것은 다만 일어났던 일들이 실제로 어떠했는지 보여 줄 따름이다"(Ranke 1824a : V~VI). 진리를 심판하는 스승의 임무와 거기에서 놓여나야만 하는 역사서술의 과제, 이렇게 양립하는 명제 가운데 실증사학이 기대야 할 자리는 어디일까?

이미 앞에서 보았듯 꾸밈없이 진리를 말해야 한다는 도덕률은 키케로 이후 모든 역사서술가의 자기약속이었다. 일어난 일들의 진실을 순수하고도 굴절 없이 드러내야 한다는 소박한 실재론은 고전시대의 풍자가 루키아노스 Λουκιανὸς ὁ Σαμοσατεύς, 약 120~180가 '일그러져서는 안 된다'고 표현한 거울의 영상과 겹쳤다. 그 뒤로 진리의 명제를 비유적으로 표현한 거울의 은유는 '인간 삶의 거울'이나 '무당파의 거울'과 같은 말과 함께 18세기 계몽의 시대까지 지속했다. 깨우치는 정신이 모든 은폐의 책략을 꿰뚫어 본다면, 진리는 꾸미지 않은 상태로 드러나야 했을 것이다. 그러나 어떠한 무엇의 역사가 아니라 '있는 그대로 존재하는' 역사 개념을 불러오면서 그러한 은유법의 지속성을 위협한 것은 바로 계몽주의자들의 자각이었다. 역사적 진행의 조건, 그 가운데 일어나는 행위의 여건, 그리고 이 모두를 인식하는 조건이 계몽사상 이후 서로 얽히게 되는데, 그러한 작용연관은 스스로 운동하는 역사 속에서 '서 있는 지점'을 규정할 때 비로소 성찰의 대상이 될 수 있었다. 그러므로 항상 '무당파의 거울'

앞에 서라는 옛 도덕의 교훈은 역사세계를 구성하는 이성의 작업에서 낡은 방법론으로 전락할 수밖에 없었다(Koselleck 1979a : 178 ff). 젊은 시절 랑케가 계몽의 철학으로부터 물려받은 유산은 바로 그 '계몽적 시대착오'의 은유법이었다(Blumenberg 1998 : 72). 그리고 노년의 랑케 또한 완고한 보수 이념에 집착하면서도 여전히 무당파의 에티켓을 내세웠다. 그는 영국사를 서술하는 가운데 이렇게 말했다. "나는 말하자면 나의 자아를 지워 버리고 싶었다"(Ranke 1870 : 103). 평생을 두고 그는 그렇게 인식론적 냉담함의 절제를 확신했을 것이다. 그러한 중립성의 자기약속은 '객관적 서술'이라는 신화로 이어졌다. 그러나 "개별자는 다른 개별자와 연계성을 가질 뿐이며 전체와 결합하는 관계는 오직 도덕을 매개로 가능하다"라는 주장에서 보듯, 그의 객관성은 인식론적 위기를 안고 있었다. 그러므로 그는 "인류의 모든 시기에는 하나의 특정한 거대 경향성이 표명되고 있다"라는 주장과 함께 "모든 시대는 신과 직접적으로 접해 있다"는 명제를 내세우면서 객관적 인식을 변호했을 것이다(랑케 2011 : 32 ff). 랑케가 그렇게 역사신학으로 회귀했을 때, 진리를 찾는다는 실증사학의 길은 어디에 남아 있었을까?

| 전망 |

역사는 진리를 증언하는가? 지금까지 이 글이 주목했듯 거울의 은유와 함께하는 진리 명제는 동서고금에 편재한다. 마찬가지로 역사 개념의 근대성을 탐색하는 의미론은 보편의 인식에 근거할 수 있을까? 이 질문은 '자텔차이트' 가상 모델과 한국 근대사회의 언어작용 사이의 거리를 가늠하는 과제와 맞닿는다. 하나의 외래 용어가 토착하는 이야기의 얼개 가운데에서 한국 개념사의 발견적 통로를 찾을 만할 것이다. 무엇보다도 먼저 개념의 민주화현상이 두드러진다는 사실에 주목할 수 있다. 역사는 한말 교육개혁의 열기 속에서 주요 기초 교과목으로 정착했다. 이어서 그 용법은 설화나 전기 같은 이야기 형식을 통해 점점 더 넓은 대중의 언어공간으로 파고들었다. 이와 더불어 역사적 시간경험을 언어 구성으로 체화하는 수많은 텍스트를 만날 수 있다. 이를테면 유길준은 일찍이 세계역사를 말하자마자 문명개화로 향해 진보하는 시간 규정을 어렴풋하게나마 표현할 수 있었다. 그리고 신채호는 망국의 소용돌이 가운데에서도 역사의 변화가 '인류 진보의 시대'를 따른다고 말했다. 역사는 그렇게 스스로 운동하는 시간성의 계기와 함께 하나의 전망 개념으로 자리할 수 있었다.

역사가 이렇게 진보와 퇴보, 가속과 지연의 시간 체험을 포괄하게 되었을 때, 서구 계몽의 시대처럼 개별 경험 과정이나 조건들을 추상의 언어 성과로 결집하는 보편화 경향성이 나타났을까? '역사란 무엇인가'라고 물었던 신채호의 언술은 비록 스스로 움직이는 '역사 자체'를 형상화할 수는 없었더라도 어떠한 대상 없는 대표단수의 표현을 실험할 수 있었다. 이러한 용례 덕택에 신남철은 상투어로 쓰이는 단어를 역사철학의 '개념'으로 고양할 수 있었을 것이다.[280] 그는 역사를 '생기한 사실 그것'이라고 정의했는데, 이때 그것은 개별 사례들을 넘어서서 역사 일반에게 서사적 통일성을 부여하는 용법이었다. 이렇게 역사가 하나의 보편체계로 이해되었을 때, 그 개념은 '내면적 원동력'을 지니는 존재로 거듭났다. 그리고 그는 주어진 경험 자체에서 벗어나는 의미연관을 표현하면서 힘과 방향이라는 개념의 범주를 도입할 수 있었다. 그는 일제강점기 청년 학생들에게 '계몽'의 과제를 역설하는 가운데 다음처럼 미래의 행위

280 신남철은 드물게 역사의 '개념'과 '의미'를 말한 인물이다. 그는 아마도 독일어 해석학 텍스트를 독해한 끝에 그러한 표현을 사용할 수 있었을 것이다[申南澈(1934), 「最近 朝鮮硏究의 業績과 그 再出發 : (一)朝鮮學은 어떠케 樹立할 것인가」, 『東亞日報』 1934. 1. 1].

규범을 연상시키는 용례의 전범을 남겼다. "不息하는 역사의 齒車는 조곰도 머므르지 않고 모든 것을 運轉하야 제 갈 곳까지 가게 합니다."[281] 이렇게 여러 가지 무엇의 역사들은 하나의 상징체계, 곧 하나의 언어 형식 속에 포섭된다. 개념의 이념 지향성이라 부를 만한 이 범주는 본질적으로 화자의 '서 있는 지점'과 얽히게 되는 정치화 경향성과 함께한다. 하나의 개념이 보편의 질을 획득할수록 점점 더 많이 당파의 표어로 이용되기 때문이다. 우리는 『한서』를 편찬한 반고가 '국사 개작'의 죄목으로 황제의 옥에 갇혔던 에피소드를 기억한다. 그렇듯 '사'는 오랜 세월 특권의 상징이었다. 그렇지만 '역사 일반'은 누구에게나 열려 있는 의미지평이다. 따라서 개념의 용법과 해석을 둘러싸고 경쟁적 투쟁이 일어나기 마련이다. 일제 강점기에 이편과 저편을 구획했던 역사 용례들, 이를테면 '정신의 역사'·'역사 법칙'·'과학적 역사', 그리고 오늘날까지 회자하는'역사의 진리'는 각각 상이한 방식의 보편성 요구에서 비롯한 것이다. 역사는 그렇게 고도의 추상성과 정치적 지향성을 함께 포괄하는 운동 개념의 질을 획득했다.

간추려서 보자면, 문명개화의 열망과 더불어 한국 토양에 뿌리내리기 시작한 역사는 자텔차이트의 인식 범주에 걸맞게 새로운 시간의 균열 지점을 드러내기 시작한 전망 개념의 본보기로 여길 만하다. 그렇지만 그 용례 가운데 고유한 전통 요소가 함께하는 현상 또한 주목해야만 할 대상이다. 수많은 텍스트에서 개념의 상징들은

281 申南澈(1934), 「'啓蒙'이란 무엇이냐 : 歷史와 人間에 關한 斷想(二)」, 『東亞日報』 1934. 6. 21.

여러 공간에 흩어져 있다. 한국 지식의 장에서 맨 처음 역사를 시간의 지평으로 이끈 유길준의 글이 하나의 사례이다. "읽을지어다, 우리 大韓文典을 읽을지어다, 우리 大韓同胞여. 우리 民族이 檀君의 靈秀훈 後裔로 固有훈 言語가 有호며, 特有훈 文字가 有호야 其思想과 意志훈 聲音으로 發表호고 記錄으로 傳示호매, 言文一致의 情神이 四千餘의 星霜을 貫호야 歷史의 眞面을 保호고, 習慣의 實情을 証호도다"(유길준 1971c : 107). 이 글은 유길준이 1909년에 펴낸 『대한문전』의 「자서自序」에 들어 있다. 여기에서 읽는 역사는 보편의 시간 규정을 말하기보다는 '우리 민족'의 경험에 한정되면서 전통과 근대의 경계를 넘어 신화의 세계로 거슬러 오른다. 이러한 표현 방식과 함께 진보의 기대도 차츰 사그라진다. 망국의 그림자가 문명개화의 기대를 완전히 뒤덮은 시점에 이 글이 나왔다는 사실에 주목해 보자. 바로 이러한 위기 상황에서 역사의 이름은 밖으로 향한 기대보다는 내부의 고유성을 불러내는 수사법으로 작용한다. 이때 '역사의 진면'은 전통의 거울 이미지와 겹친다. 이 말은 '진개화', '진경', '지극선미한 경역'과 같은 서술과 마찬가지로 개념의 자산보다도 더 원초적인 의미를 전달한다.

'역사의 진면'은 수많은 언술 가운데 하나의 범례일 따름이다. 이를테면 신채호는 첨단의 가설과 논제를 실험하면서도 즐겨 역사를 거울의 은유법으로 표현했다. 오늘날까지 회자하는 진리명제 또한 가치판단의 시점을 지나간 경험세계에 두는 수사법이다. 이렇게 묘사하는 역사는 마치 『시경』의 '은나라 거울'처럼[282] 사유의 밑바닥

282 「大雅 蕩之什」, 『詩經』: "殷鑒不遠 在夏后之世."

층에서 규정되지 않은 채 포괄적으로 조율되어 있는 상징체계에 가깝다. 이와 같은 의미 구성은 방법론의 긴장으로 이어진다. '개념 형성의 앞마당'에 '비개념성Unbegrifflichkeit'의 존재로 남아 있는(Blumenberg 1997a : 87) 전통 요소는 옛 경험세계에서 벗어나 미래의 기대지평으로 향하는 '역사 일반'과 어떻게 화해할 수 있을까? 지금까지 다룬 텍스트들에서 발견할 수 없었던 그 해답을 찾아 또 다른 '은유적 우회로'에(Blumenberg 1997b : 116) 주목할 만할 것이다. 개념사 인식과 은유의 의미론을 맞대어 보는 한스 블루멘베르크는 '거울', '빛', '진리'와 같은 표현을 사례로 우리 현존재의 역동성으로 이어지는 전통 요소를 생산적인 의미연관으로 복원한다. 그의 설명에 따르면 그러한 상징들은 역사적 의미의 구성 요소를 지니는 '절대적 은유absolute Metapher'로 작용한다. 그것들은 이해의 지평과 관찰 방식을 근원적으로 확장하며, 개념보다 훨씬 더 근본적인 역사성을 지닌다는 점에서 '절대적'이다. 그 기능은 전혀 경험할 수 없으며 모습을 파악할 수 없는 사실성의 온전함을 나타낸다. 그것들은 또한 인간의 힘으로 어찌할 수 없는 절대적 현실을 감당하고 방어하는 과제를 지닌다. 말하자면 은유적 상징들은 압도적인 현실의 힘을 해석하여 스스로 그 우회로로 기능하면서 언짢은 것과 낯선 것을 길들이는 '자기주장의 행위' 또는 '거리 두기'이다. 이러한 인간학적 성찰의 바탕에서 은유의 방법은 하나의 개념 속에 포섭될 수 없는 시대적 이념이나 정치 행위의 배양액을 발견한다(Blumenberg 2006).

이렇게 보다 생생하고 원초적인 의미를 구성하는 은유의 방법은 개념사 인식론과 마주서는가? 코젤렉 또한 역사학이란 "다른 학문 분과들과는 달리 오직 은유법에 기댈" 수밖에 없다는 점을 인정한다(Koselleck 2003 : 305). 그의 자텔차이트가 바로 은유적 표현의 산물이다. 이러한 점에서 그의 생각은 블루멘베르크의 의미론과 함께한다.[283] 그렇지만 그의 인식 모델은 의식적으로 근대의 탄생을 이전의 시간들과 구분하면서, 더 협소해진 경험의 공간보다는 그 '보상'으로 더 넓어진 기대의 지평에 주목한다. 이와 같은 두 가지 비대칭성의 메타 범주 속에는 현대세계로 이어지는 언어적 격변기를 특별히 '진보적으로' 해석하려는 인간학적 전제가 들어 있다(Koselleck 1979a : 349 ff). 그 인식관심의 시작점은 언제나 의미론적으로 근대를 선취한 계몽의 시간이었다. 코젤렉은 그렇게 근대성의 역사가 존재하려면 "기대지평과 경험공간 사이의 긴장이 보존되어야 한다는 사실을 암묵적으로" 인정한다(리쾨르 2011 : 413). 그러면서도 그는 두 범주 사이의 극성을 중재해야 하는 의미론 과제에 무심할 수는 없었다. "역사학은 지속적인 구조들이 숨겨져 있는 옛 유래를 잘 알 때에만 끊임없이 변하는 것과 새로운 것을 인식할 수 있다. 역사적 경험들이 역사적 학술체계의 모습으로 바뀌어야 한다면, 이 구조들 역시 발견되고 조사되어야 할 것이다"(Koselleck 1979a : 375). 코젤렉의 인식 범주를 이해의 성찰 과제로 넓혀 보는 폴 리쾨르Paul Ricœur, 1913~2005는 한 걸음 더 나아가 전통의 '잠재성을 되살리기' 위해 '경험공간의 축소에 맞서야 한다'고 주장한다. "우리의 기대는 보다 더 규정되고

283 코젤렉은 여러 글에서 개념사의 명제들을 보완하는 은유법의 중요성을 언급했다. 그렇지만 그는 개념사 사전 작업을 마무리하면서 다음과 같은 변명을 남길 수밖에 없었다. "한스 블루멘베르크가 제시했던 바대로 우리 개념들의 은유법이 체계적으로 연구되지 않았다는 사실 역시 비난받을 수도 있겠다. 이 모든 요구가 앞으로 계속되는 작업을 고대하는데, 우리 사전이 그렇게 완수되려면 아마도 너무나 큰 부담을 졌을 것이다"(Koselleck 1992 : VIII).

우리의 경험은 보다 덜 규정되어야 한다. 바로 이것이 한 가지 과제가 지닌 두 얼굴이다. 왜냐하면 규정된 기대만이 과거를 살아 있는 전통으로 드러나게 하는 소급 효과를 과거에 미칠 수 있기 때문이다. 그렇게 해서 미래에 대한 우리의 비판적 성찰은 과거에 대해 그와 유사한 성찰이라는 보완을 필요로 하게 된다"(리쾨르 2011 : 415 ff).

이제 다시 한국 근대성의 의미론 과제를 생각해 보자. 한 사회가 계몽의 시간을 보다 늦게 경험할수록 개념 형성의 저변에 보다 많은 전통 요소가 잔존하게 되리라는 탐색적 예견에서, 우리의 인식 관심은 자텔차이트 명제가 지시하는 공간보다 더 넓게 나아가야 할 것이다. 이때 비로소 새로운 시대의 역사 개념과 함께하는 전통 요소는 낯선 타자로서 대상적 관계에 머물지 않을 것이다. 그것은 우리에게 모범이 되거나 놀라움의 대상으로 다가오면서 항상 우리의 인식을 일깨울 것이다. 이러한 이해의 과제는 전통적 권위의 복권에 온 힘을 다했던 역사주의를 되살리는 일일까? 현대의 '역사과학'과 함께하는 그 사유 방법은 이해를 매개로 역사세계의 전체를 설명할 수 있도록 실행하는 사료 비판의 다른 이름이다. 역사주의는 개체의 특성 속으로 몰입하는 직관을 통해 역사적 실상을 파악할 수 있다는 이해의 범례를 가리킨다. 이에 따라 역사가는 자신의 '애착이나 혐오'에 흔들림 없이 지나간 시대의 사유 방식을 모사하는 과제를 안게 된다. 현대 역사서술의 미덕과 정당성을 미리 보장했던 그 방법은 역사적 시간의 거리를 상정한다. 이러한 전제 조건에서 역사가의 '객관적' 인식은 어느 시점에서 어떤 사건을 다만 역사적 관심사로만 기억할 만큼 충분한 격차를 요구한다. 그러한 시간 간격은 건널 수 없는 심연처럼 그렇게 텅 비어 있는 공간일 따름일까? 이러한 질문과 함께 텍스트에 내재하는 '진정한 의미'를 찾는 현대의 해석학은 역사가와 대상 사이에 존재하는 대립적 긴장 관계에 주목한다(Gadamer 2010 : 270 ff). 그것은 곧 탐구자가 전통을 대할 때 느끼는 낯섦과 친밀함 사이에서 생성한다. 전통이란 우리의 시대와 먼 거리에 위치한다는 점에서 낯선 대상이다. 그러한 전통은 또한 현재인식의 뿌리로 작용하면서 우리의 한 부분을 형성한다. 모든 역사적 전승이 바로 거기에 근거하여 설명의 실마리로 다가올 때, 먼 거리의 시간 틈새는 '긍정적이고 생산적인 가능성'의 공간으로 바뀐다. 그 첫걸음은 전통을 우리에게 말을 걸어 오는 존재로 자각하면서 출발한다. 그때부터 시간 간격은 대상에 대한 관찰자 자신의 이해관계를 억제하는 과제 저편의 또 다른 의미를 지니게 된다. 하나의 텍스트에 내재하는 '진정한 의미'란 어느 시점에선가 완벽한 결론에 이르는 것이 아니라 끊임없이 생성하는 것이다. 마찬가지로 시간 간격 또한 일정한 범위 안에 멈추지 않고 끊임없이 움직인다. 이러한 이해의 과정에 이끌릴 때에만 전통의 탐구자는 자신의 역사성을 함께 성찰할 수 있다. 그럼으로써 그는 소박한 '역사적 객관주의'의 허상에서 벗어나 자기 자신과 대상을 동시에 인식하게 된다.

이러한 상호작용을 이해하는 과제는 탐구자의 관점이 언제나 상황의 제약을 받기 때문에 거기로부터 객관적인 거리를 유지할 수 없다는 자기성찰을 요구한다. 우리가 어떤 상황 가운데 있다는 것은 그 설명이 결코 완결될 수 없다는 사정을 뜻한다. 우리는 역사적 전통을 이해의 과제로 마주할 때도 그러한 상황 가운데 위치한다. 우리 자신이 속해 있는 역사적 존재의 본질상 스스로를 인지하는 일이 어느 때라도 완전한 단계에 이를 수 없기 때문이다. 이처럼 관찰의 가능성에 영향을 끼치는 상황인식은 역사적 전승의 문제를 풀기 위해 넓은 시야를 확보해야 한다는 과제를 지시한다는 점에서 지평인식을 함축한다. 지평이라는 말은 근본적으로 역사 속에 살아 있는 탐구자와 더불어 움직이는 역동적인 공간을 의미한다. 그 공간 안에서 전통이 우리에게 말을 걸어 온다고 자각할 때, 우리는 역사적 지평을 확보한다고 말할 수 있다. 이렇게 볼 때 전통의 이해는 곧 역사적 지평의 이해이다. 우리의 역사의식이 지향하는 우리 자신과 타자의 과거는 함께 인간·현존재의 근원이자 전통으로서 우리의 삶을 규정하는 이 역동적인 공간의 형성에 관여한다. 따라서 전통을 이해하는 과제는 곧 탐구자 자신도 그 상황 속으로 들어가 타자의 처지와 함께하는 것을 뜻한다. "이처럼 스스로 처지를 바꾼다는 것은 자신의 개성을 타자의 개성 속으로 감정이입하는 것도 아니고 타자를 자신의 규범에 종속시키는 것도 아니다. 그것은 자신의 고유성뿐만 아니라 타자의 고유성마저 극복하여 끊임없이 더 높은 보편성을 지향한다는 것을 뜻한다"(Gadamer 2010 : 310).

오늘날 해석학의 보편성 주장은 한국 근대의 언어적 성과를 질문하는 개념사의 방법에 생산적인 긴장으로 작용한다. 이를테면 옛 신화시대의 기억을 불러온 시대적 상황은 개념 탐구자의 자기의식에 깃들어 있는 역사적 심층과 얽힐 때 더 넓고 역동적인 예견으로 이어질 수 있을 것이다. 이러한 전통 회귀의 정신현상이 역사주의의 영향으로 생성했다는 점은 또 다른 성찰의 대상이다. 손진태가 '오직 진실하고 엄정한 과학'을 내세웠을 때, 그 방법은 랑케 신화를 불러온 낭만주의 역사서술의 일본식 변주와 다름없었다. 그러므로 그가 이해했던 민족 시조 복원의 과제는 넓게 볼 때 역사주의 세계관에 뿌리내린 것이었다. 이른바 애국계몽의 시대로 거슬러 오르는 민족 만들기는 전통적인 '진리'의 이름으로 내부의 고유성을 정제하는 '정신적인 경향성'이었다. 거기에 깃든 낭만적 복고주의는 기대지평으로 나아가는 개념 운동과 어긋나기 마련이다. 한국 근대성의 의미론은 이렇듯 화해하기 힘든 의식 존재를 극복하여 '더 높은 보편성'으로 나아가는 통로를 열 수 있을까? 그 길은 아직 멀다. 우리 앞에는 역사처럼 너무나 복잡한 의미망이 얽혀 있다.

| 참고문헌 |

I. 자료

1. 한국어

1) 연대기 · 문집

『高麗史』

『高宗實錄』

『東國李相國集』

『東國通鑑』

『東文選』

『四佳文集補遺』

『三國史記』

『世祖實錄』

『世宗實錄』

『與猶堂全書』

『太祖實錄』

2) 19~20세기 문헌

金祥演 撰述(1906), 『精選萬國史』, 皇城新聞社(국회전자도서관).

단재신채호전집편찬위원회 편(2007a), 『단재신채호전집 3 : 역사』, 독립기념관 한국독립운동사연구소.

단재신채호전집편찬위원회 편(2007b), 『단재신채호전집 4 : 전기』, 독립기념관 한국독립운동사연구소.

朴泳孝(1973), 「內定改革에 대한 建白書」, 역사학회 편, 『한국사자료선집 V : 최근세 편』, 일조각.

朴殷植(1915), 『韓國痛史』, 上海 : 大同編譯局〔단국대학교부설 동양학연구소(1975), 『박은식전서 상』, 단국대학교출판부〕.

박은식(2002), 「대동고대사론」, 백암박은식선생전집 편찬위원회 편, 『백암 박은식 전집 4 : 저술 Ⅳ』, 동방미디어.
朴衡秉(1927), 『社會進化論』, 社會科學研究社.
손진태(1948), 『조선민족사 개론』, 을유문화사.
손진태(1964), 『국사대요』, 을유문화사(국립중앙도서관 온라인자료).
송병기 · 박용옥 · 박한설 편(1991), 『한말근대법령 자료집 1』, 대한민국국회도서관.
신남철(2013), 『신남철 문장선집 1』, 정종현 편, 성균관대학교출판부.
신채호(1948), 『朝鮮上古史』, 鐘路書院.
안동독립운동기념관 편(2008), 『국역 석주유고 하』, 경인문화사.
安廓(1922), 『朝鮮文學史』, 韓一書店.
安廓(1923), 『朝鮮文明史』(일명 조선정치사), 匯東書館.
안확(1994a), 「삼국시대의 문학」, 권오성 · 이태진 · 최원식 편, 『자산 안확 국학논저집 4』, 여강출판사.
안확(1994b), 「조선민족사」, 권오성 · 이태진 · 최원식 편, 『자산 안확 국학논저집 4』, 여강출판사.
안확(1994c), 「조선사의 개관」, 권오성 · 이태진 · 최원식 편, 『자산 안확 국학논저집 4』, 여강출판사.
안확(1994d), 「조선철학사상 개관」, 권오성 · 이태진 · 최원식 편, 『자산 안확 국학논저집 4』, 여강출판사.
유길준(1969), 『西遊見聞 全』, 경인문화사.
유길준(1971a), 「競爭論」, 유길준전서 편찬위원회 편, 『유길준전서 Ⅳ : 정치경제 편』, 일조각.
유길준(1971b), 「國權」, 유길준전서 편찬위원회 편, 『유길준전서 Ⅳ : 정치경제 편』, 일조각.
유길준(1971c), 「大韓文典」, 유길준전서 편찬위원회 편, 『유길준전서 Ⅱ : 문법 · 교육 편』, 일조각.
유길준(1971d), 「世界大勢論」, 유길준전서 편찬위원회 편, 『유길준전서 Ⅲ : 역사 편』, 일조각.
유길준(1971e), 「小學校育에 對흔 意見」, 유길준전서 편찬위원회 편, 『유길준전서 II : 문법 · 교육 편』, 일조각.
유길준(1971f), 「與福澤諭吉書」, 유길준전서 편찬위원회 편, 『유길준전서 V : 시문 편』, 일조각.
이병도(1949), 『신수 국사대관』, 보문각.
이병도(1955), 『국사와 지도이념』, 일조각.
이병도(1956), 『두계잡필』, 일조각.
이상룡(1973), 『석주유고』, 고려대학교출판부.
전석담(1948), 『朝鮮史教程』, 을유문화사.
崔景煥 編(1905), 『大東歷史』〔한국학문헌연구소 편(1977), 『한국개화기총서 17』, 아세아문화사〕.
學部 編(1895a), 『國民小學讀本』〔한국학문헌연구소 편(1977), 『한국개화기총서 1』, 아세아문화사〕.
學部 編(1895b), 『萬國略史』, 學部編輯局(서울대학교 중앙도서관 전자책).
學部 編(1895c), 『朝鮮歷代史略』〔한국학문헌연구소 편(1977), 『한국개화기총서 11』, 아세아문화사〕.
學部 編(1895d), 『朝鮮歷史』〔한국학문헌연구소 편(1977), 『한국개화기총서 11』, 아세아문화사〕.
學部 編(1899a), 『東國歷代史略』〔한국학문헌연구소 편(1977), 『한국개화기총서 12』, 아세아문화사〕.
學部 編(1899b), 『普通教科東國歷史』〔한국학문헌연구소 편(1977), 『한국개화기총서 14』, 아세아문화사〕.
玄采 著譯(1908), 『中等教科東國史略』, 日韓印刷株式會社〔한국학문헌연구소 편(1977), 『한국개화기총서 16』, 아세아문화사〕.

3) 번역 자료

김학주 역저(2010), 『새로 옮긴 시경』, 명문당.
동중서(2006), 『춘추 : 역사해석학』, 신정근 옮김, 태학사.
딜타이, 빌헬름(2009), 『정신과학에서 역사적 세계의 건립』, 김창래 옮김, 아카넷.
랑케, 레오폴트 폰(2011), 『근세사의 여러 시기들에 관하여』, 이상신 옮김, 신서원.
시라토리 구라키치 / 조경철 옮김(2009), 「단군고(檀君考)」, 신종원 편, 『일본인들의 단군연구』, 신종원 · 조경철 · 윤수희 · 김희선 외 옮김, 민속원.
아리스토텔레스 · 호라티우스 · 플라톤 · 롱기누스(2002), 『시학』, 천병희 옮김, 문예출판사.
안정복(1977), 『국역 동사강목 1』, 민족문화추진회.
엄복(2008), 『천연론』, 양일모 · 이종민 · 강중기 역주, 소명출판.
유지기(2012), 『사통』, 오항녕 옮김, 역사비평사.
이승휴(1993), 「『帝王韻紀』 序」, 이기백 편, 『歷代韓國史論選』, 새문사.
이익(1998), 『국역 성호질서』, 임창순 교열 / 안병학 외 역주, 한림대학교출판부.
정인보(2005), 『양명학연론』, 홍원식 · 이상호 옮김, 한국국학진흥원.
칸트, 임마누엘(2009), 『칸트의 역사철학』, 이한구 편역, 서광사.
헤로도토스(2009), 『역사』, 천병희 옮김, 도서출판 숲.
후쿠자와 유키치(2006), 『후쿠자와 유키치 자서전』, 허호 옮김, 이산.

4) 신문 · 잡지

『開闢』
『大韓每日申報』
『大韓自强會月報』
『大韓協會會報』
『大韓興學報』
『독립신문』
『東亞日報』
『西友』
『新民』
『新生活』
『新興』
『我聲』
『朝鮮日報』
『朝鮮中央日報』

『朝鮮之光』
『太極學報』

2. 중국어

1) 경전 · 연대기 · 문집

『舊唐書』
『國語』
『南齊書』
『論語』
『孟子』
『明史』
『法言』
『史記』
『三國志』
『尙書』
『隨書』
『詩經』
『易經』
『資治通鑑』
『左傳』
『晉書』
『漢書』
『後漢書』
李宗侗 · 夏德儀 外 校註(1970), 『資治通鑑今註』, 臺北 : 臺灣商務印書館.

2) 19~20세기 문헌

梁啓超(2008a), 「菲斯的人生天職論述評」, 『飮冰室文集 32』(『飮冰室合集 4』, 北京 : 中華書局).
梁啓超(2008b), 『飮冰室專集 3』(『飮冰室合集 1』, 北京 : 中華書局).

梁啓超(2008c), 『飮冰室專集 11』(『飮冰室合集 6』, 北京 : 中華書局).
梁啓超(2008d), 「自由書」, 『飮冰室專集 2』(『飮冰室合集 6』, 北京 : 中華書局).
梁啓超(2008e), 「中國歷史硏究法」, 『飮冰室專集 73』(『飮冰室合集 10』, 北京 : 中華書局).

3. 일본어

1) 문집

荻生徂徠(1965), 「徂徠先生答問書 上」, 井上哲次郎 · 蟹江義丸 編, 『日本倫理彙編 6』, 京都 : 臨川書店.
荻生徂徠(1973a), 「辨明」, 吉川幸次郎 外 校注, 『日本思想大系 36 : 荻生徂徠』, 東京 : 岩波書店.
荻生徂徠(1973b), 「太平策」, 吉川幸次郎 外 校注, 『日本思想大系 36 : 荻生徂徠』, 東京 : 岩波書店.
荻生徂徠(1973c), 「學則」, 吉川幸次郎 外 校注, 『日本思想大系 36 : 荻生徂徠』, 東京 : 岩波書店.
會澤正志齋(1973), 「新論」, 今井宇三郎 · 賴谷義彦 · 尾藤正英 校註, 『日本思想大系 53 : 水戶學』, 東京 : 岩波書店.

2) 19~20세기 문헌

加藤弘之(1874), 『國體新論』, 東京 : 谷山樓(國立國會圖書館近代デジタルライブラリー).
堺利彦(1920), 『恐怖 · 鬪爭 · 歡喜』, 東京 : 聚英閣(國立國會圖書館近代デジタルライブラリー).
古俗傳 編(1886), 『日本史要 上』, 博愛書屋(國立國會圖書館近代デジタルライブラリー).
教育評論社 編(1890), 『改正學令彙纂』, 東京 : 教育評論社(國立國會圖書館近代デジタルライブラリー).
東京府學務課 編(1886), 『學令類纂』, 東京 : 博聞社(國立國會圖書館近代デジタルライブラリー).

文部省(1872a),『史略 1：皇國』(國立國會圖書館近代デジタルライブラリー).
文部省(1872b),『史略 2：支那』(國立國會圖書館近代デジタルライブラリー).
文部省(1872c),『史略 3：西洋 上』(國立國會圖書館近代デジタルライブラリー).
文部省(1872d),『史略 4：西洋 下』(國立國會圖書館近代デジタルライブラリー).
文部省普通學務局(1892),『尋常師範學校諸規則說明書』(國立國會圖書館近代デジタルライブラリー).
尾崎三良(1991),「君民同治論」, 田中彰・宮地正人 校註,『日本近代思想大系 13：歷史認識』, 東京：岩波書店.
福澤諭吉(1959),「世界國盡」, 慶應義塾 編,『福澤諭吉全集 2』, 東京：岩波書店.
福澤諭吉(1960a),「時事小言」, 慶應義塾 編,『福澤諭吉全集 5』, 東京：岩波書店.
福澤諭吉(1960b),「掌中萬國一覽」, 慶應義塾 編,『福澤諭吉全集 2』, 東京：岩波書店.
福澤諭吉(1960c),「脫亞論」, 慶應義塾 編,『福澤諭吉全集 10』, 東京：岩波書店.
福澤諭吉(1991),「洋學の科目」, 山住正己 校注,『日本近代思想大系 6：教育の體系』, 東京：岩波書店.
福澤諭吉(2004a),『福澤諭吉著作集 第1卷：西洋事情』, 東京：慶應義塾大學出版會.
福澤諭吉(2004b),『福澤諭吉著作集 第4卷：文明論之概略』, 東京：慶應義塾大學出版會.
福澤諭吉(2011),『福澤諭吉著作集 第3卷：學文のすすめ』, 東京：慶應義塾大學出版會.
三木清(1929),「ディルタイの解釋學」, 三木清,『史的觀念論の諸問題』, 東京：岩波書店(國立國會圖書館近代デジタルライブラリー).
森有禮(1991a),「埼玉縣師範學校における演說」, 山住正己 校注,『日本近代思想大系 6：教育の體系』, 東京：岩波書店.
森有禮(1991b),「兵式體操に關する建言案」, 山住正己 校注,『日本近代思想大系 6：教育の體系』, 東京：岩波書店.
河上肇(1920),『近世經濟思想史論』, 東京：岩波書店(國立國會圖書館近代デジタルライブラリー).

黑羽彌吉 編(1881), 『小學校教則綱領』(國立國會圖書館近代デジタルライブラリー).
「教育勅語」(1991), 山住正己 校注, 『日本近代思想大系 6：教育の體系』, 東京：岩波書店.
「教學聖旨」(1991), 山住正己 校注, 『日本近代思想大系 6：教育の體系』, 東京：岩波書店.
「史學協會創立の趣旨」(1991), 田中彰・宮地正人 校註, 『日本近代思想大系 13：歷史認識』, 東京：岩波書店.
「學制につき被仰出書」(1991), 山住正己 校注, 『日本近代思想大系 6：教育の體系』, 東京：岩波書店.

3) 번역 자료

ディルタイ, ウィルヘルム(1926), 『哲學の本質』, 勝部謙造 譯, 東京：大村書店(國立國會圖書館近代デジタルライブラリー).
ブルンチュリ, イ. カ.(1872), 『國法凡論』 巻之二, 加藤弘之 譯, 東京：文部省(國立國會圖書館近代デジタルライブラリー).
フィヒテー(1906), 『人間天職論：人生解決』, 杉谷泰山 譯, 東京：博文館.

4. 구미어

1) 고전자료

Aristotle(1902), *The Poetics of Aristotle*, Samuel Henry Butcher trans., London；New York：Macmillan.
Cicero, Marcus Tullius(1942), *De oratore*(with an English trans. by E. W. Sutton), vol. 1, in *Cicero*, vol. 3(28 vols.), London：William Heinemann；Cambridge, MA：Harvard University Press.
Herodotus(1890), *History of Herodotus*(parallel English / Greek, trans. by G. C. Macaulay), London；New York：Macmillan(www.sacred-texts.com/cla/hh).
Isidore de Seville(1911), *Etymologiarum sive originum libri XX*, I, Oxford.
Isidore of Seville Saint(2006), *The Etymologies of Isidore of Seville*, Stephen A.

Barney, W. J. Lewis, J. A. Beach and Oliver Berghof eds. and trans., Cambridge, UK : Cambridge University Press.

Polybius(1922), *The Histories*(with an English trans. by W. R. Paton), vol. 1, London : William Heinemann ; New York : G. P. Putnam's Sons.

Polybius(1979a), *The Histories*(with an English trans. by W. R. Paton), vol. 2, London : William Heinemann ; New York : G. P. Putnam's Sons.

Polybius(1979b), *The Histories*(with an English trans. by W. R. Paton), vol. 3, London : William Heinemann ; New York : G. P. Putnam's Sons.

Vossius, Gerardus Joannes(1653), *Ars historica*, Lugduni Batavorum : Joannis Maire(https://books.google.com).

2) 근대 자료

Bluntschli, Johann Caspar(1863a), *Allgemeines Staatsrecht*, vol. 1, München : Literarisch-Artistische Aanstalt J. G. Cotta.

Bluntschli, Johann Caspar(1863b), *Allgemeines Staatsrecht*, vol. 2, München : Literarisch-Artistische Anstalt J. G. Cotta.

Creuzer, Georg Friedrich(1803), *Die historische Kunst der Griechen in ihrer Entstehung und Fortbildung*, Leipzig : Georg Joachim Göschen(http://reader.digitale-sammlungen.de).

Engels, Friedrich(1883), "Das Begräbnis von Karl Marx," *Der Sozialdemokrat* 13(1883. 3. 22).

Ferguson, Adam(1767), *An Essay on the History of Civil Society*, Edinburgh : A. Millar & T. Caddel ; London : A. Kincaid & J. Bell.

Fichte, Johann Gottlieb(1794), *Einige Vorlesungen über die Bestimmung des Gelehrten*, Jena ; Leipzig : Christian Ernst Gabler.

Fichte, Johann Gottlieb(1800), *Die Bestimmung des Menschen*, Berlin : Bossische Buchhandlung.

Fichte, Johann Gottlieb(1806), *Über das Wesen des Gelehrten, und seine Erscheinungen im Gebiete der Freiheit*, Berlin : Himburgische Buchhandlung.

Guizot, François(1838), *Histoire générale de la civilisation en Europe, depuis la chute de l'Empire Romain jusqu'a la Révolution Française*, Bruxelles : Langlet et Comp.

Guizot, François(1870), *General History of Civilization in Europe : From the Fall of the Roman Empire to the French Revolution*, Caleb S. Henry trans., New York : D. Appleton and Co.

Hegel, Georg. W. F.(1952), *Phänomenologie des Geistes*, Hamburg : Felix Meiner.

Hegel, Georg. W. F.(1955), *Die Vernunft in der Geschichte*, Hamburg : Felix Meiner.

Humboldt, Wilhelm von(1904), "Betrachtungen über die bewegenden Ursachen in der Weltgeschichte," in Königlich Preussische Akademie der Wissenschaften ed., *Gesammelte Schriften*, vol. 3, Berlin : Behr.

Humboldt, Wilhelm von(1905), "Über die Aufgabe des Geschichtsschreibers," in Königlich Preussische Akademie der Wissenschaften ed., *Gesammelte Schriften*, vol. 4, Berlin : Behr.

Jablonski, Johann Theodor(1748), *Allgemeines Lexikon der Künste und Wissenschaften*, vol. 1, Königsberg ; Leipzig : Johan Heinrich Hartung (https://books.google.com).

Kant, Immanuel(1798), *Der Streit der Fakultäten*, Königsberg : Friedrich Nicoloviu(ULB Düsseldorf).

Kautsky, Karl(1895), "Darwinismus und Marxismus," *Die neue Zeit : Revue des geistigen und öffentlichen Lebens* 13(1).

Lenin, Wladimir Iljitsch(1977), "Was sind die 'Volksfreunde' und wie kämpfen sie gegen die Sozialdemokraten?," in *Lenin Werke*, vol. 1, Berlin(DDR) : Dietz Verlag(http://www.kalle-der-rote.de/bandi.pdf).

Marx, Karl(1960), "Der achtzehnte Brumaire," in Karl Marx and Friedrich Engels, *Werke*, vol. 8, Berlin(DDR) : Dietz Verlag.

Marx, Karl(1974a), "Marx an Ferdinand Lassalle, 16. Jan 1861," in Karl Marx and Friedrich Engels, *Werke*, vol. 30, Berlin(DDR) : Diez Verlag.

Marx, Karl(1974b), "Marx an Ludwig Kugelmann, 27. Juni 1870," in Karl Marx and Friedrich Engels, *Werke*, vol. 32, Berlin(DDR) : Dietz Verlag.

Marx, Karl(1979), *Das Kapital* I, in Karl Marx and Friedrich Engels, *Werke*, vol. 23, Berlin(DDR) : Dietz Verlag.

Marx, Karl(1981), *Zur Kritik der politischen Ökonomie*, in Karl Marx and Friedrich Engels, *Werke*, vol. 13, Berlin(DDR) : Dietz Verlag.

Marx, Karl and Friedrich Engels(1981), *Die deutsche Ideologie*, in Karl Marx and Friedrich Engels, *Werke*, vol. 3, Berlin(DDR) : Dietz Verlag.

Novalis(1826), "Die Christenheit oder Europa," in Ludwig Tieck and Friedrich von Schlegel eds., *Novalis : Schriften*, vol. 1, Berlin : Reimer(http://www.deutschestextarchiv.de).

Ranke, Leopold von(1824a), *Geschichten der romanischen und germanischen Völker : Von 1494 bis 1535*, vol. 1, Leipzig ; Berlin : Reimer(MDZ München).

Ranke, Leopold von(1824b), *Zur Kritik neuerer Geschichtsschreiber : Eine Beilage zu desselben romanischen und germanischen Geschichten*, Lepzig ; Berlin : Reimer(MDZ München).

Ranke, Leopold von(1870), *Englische Geschichte vornehmlich im siebzehnten Jahrhundert*, vol. 2(*Sämtliche Werke*, vol. 15), Leipzig : Duncker & Humblot(MDZ München).

Ranke, Leopold von(1872a), *Englische Geschichte vornehmlich im siebzehnten Jahrhundert*, vol. 8(*Sämtliche Werke*, vol. 21), Leipzig : Duncker & Humblot(MDZ München).

Ranke, Leopold von(1872b), "Georg Gottfried Gervinus : Gedächtnisrede vom 27. 9. 1871," *Historische Zeitschrift* 27.

Ranke, Leopold von(1874), *Zwölf Bücher preußischer Geschichte*, vol. 1～2 (*Sämtliche Werke*, vol. 25～26), Leipzig : Duncker & Humblot(MDZ München).

Schelling, Friedrich W. J. von(1800), *System des transcendentalen Idealismus*, Tübingen : Cotta.

Schiller, Friedrich(1835), *Resignation, und Witschel's Antwort auf dieselbe*, Kreuznach : Ludwig Christian Kehr(https://books.google.com).
Sieyès, Emmanuel Joseph(1924), *Was ist der dritte Stand?*, Essen : Reimar Hobbing.
Stein, Lorenz von(1843), *Die Municipalverfassung Frankreichs*, Leipzig : Otto Wigand.
Stein, Lorenz von(1852), "Zur preußischen Verfassungsfrage," *Deutsche Viertel-jahresschrift* 57.
Stein, Lorenz von(1959), *Geschichte der socialen Bewegung in Frankreich von 1789 bis auf unsere Tage*, vol. 3, Darmstadt : Wissenschaftliche Buch-gesellschaft.
Waldis, Burkard(1883), *Streitgedichte gegen Herzog Heinrich den Jüngern von Braunschweig*, Halle : Max Niemeyer.
Wegelin, Jakob(1783), *Briefe über den Werth der Geschichte*, Berlin : Christian Friedrich Himburg(https://books.google.com).

Ⅱ. 연구논저

1. 한국어

1) 단행본

권중달(2010), 『자치통감 전 : 해설로 만나는 통감필법』, 삼화.
김경미(2009), 『한국 근대교육의 형성』, 혜안.
김후련(2012), 『일본 신화와 천황제 이데올로기』, 책세상.
남근우(2008), 『'조선민속학'과 식민주의』, 동국대학교출판부.
박근갑(2009), 『복지국가 만들기 : 독일 사회민주주의의 기원』, 문학과지성사.
박상섭(2008), 『국가 · 주권』, 도서출판 소화.
신승하(2000), 『중국사학사』, 고려대학교출판부.
신정근(2004), 『동중서 : 중화주의의 서막』, 태학사.

양일모(2008), 『옌푸(嚴復) : 중국의 근대성과 서양사상』, 태학사.
유동준(2005), 『유길준전』, 일조각.
유영익(1990), 『갑오경장 연구』, 일조각.
윤해동(2004), 『식민지의 회색지대』, 역사비평사.
이광린(1981), 『한국개화사상 연구』, 일조각.
이권희(2013), 『메이지기 학제의 변천을 통해 본 근대 일본의 국민국가 형성과 교육』, 케포이북스.
이기백(1974), 『민족과 역사』, 일조각.
이기백(1991), 『한국사상의 재구성』, 일조각.
이기백(1994), 『연사수록』, 일조각.
이만열(1990), 『단재 신채호의 역사학 연구』, 문학과지성사.
이문규(2000), 『고대 중국인이 바라본 하늘의 세계』, 문학과지성사.
이상신(1989), 『19세기 독일역사 인식론 : 객관성과 당파성』, 고려대학교출판부.
이종찬(2014), 『난학의 세계사』, 알마.
이혜경(2002), 『천하관과 근대화론 : 양계초를 중심으로』, 문학과지성사.
이희복(2005), 『막번체제와 안사이학파』, 보고사.
전복희(1996), 『사회진화론과 국가사상 : 구한말을 중심으로』, 한울아카데미.
정구복(1999), 『한국중세사학사 1』, 집문당.
정구복(2008), 『한국고대사학사』, 경인문화사.
조동걸(2000), 『현대한국사학사』, 나남출판.
한영우(1996), 『한국 민족주의 역사학』, 일조각.
한영우(1998), 『조선후기 사학사 연구』, 일지사.
홍이섭(1968), 『한국사의 방법』, 탐구당.
황호덕(2005), 『근대 네이션과 그 표상들 : 타자 · 교통 · 번역 · 에크리튀르』, 소명출판.

2) 논문
김경현(2006), 「그리스 역사(서술)의 기원」, 『서양고전학연구』 제25권.
김두진(2008), 「두계 이병도(1896~1989)의 사학과 근대 한국사학의 수립」, 『역사학보』 제200집.

김문식(2012), 「순암 안정복의 기자 인식」, 이우성 · 이기백 외, 『순암 안정복의 역사학』, 성균관대학교출판부.
김봉철(1995), 「헤로도토스의 『역사』의 사료비판 사례」, 『서양고전학연구』 제9권.
김석근(2013), 「건백서」, 한림과학원 편, 『동아시아 개념연구 기초문헌해제 2』, 선인.
김여칠(1980), 「개화기 국사교과서를 통해서 본 역사인식(I) : 역사집략(歷史輯略)을 중심으로」, 『사학지』 제14권.
김주성(2000), 「김옥균 · 박영효의 자유주의정신」, 『정치사상연구』 제2집.
김채수(2008), 「근세 일본에서의 국체사상의 성립과 유교의 역할」, 『일본문화연구』 제25집.
김현철(2004), 「박영효의 〈1888년 상소문〉에 나타난 문명 · 개화론」, 유병용 · 김현철 · 김성배 · 윤병희, 『박영효연구』, 한국정신문화연구원.
김흥수(1996), 「박영효의 역사교육관 : 개화상소문 중 교육개혁안의 내용을 중심으로」, 『아시아문화』 제12호.
남근우(1996), 「'손진태학'의 기초연구」, 『한국민속학』 제28집.
도면회(2009), 「국사는 어떻게 구성되었는가? 한국 근대역사학의 창출과 통사체계의 확립」, 도면회 · 윤해동 편, 『역사학의 세기 : 20세기 한국과 일본의 역사학』, 휴머니스트.
류준필(2009), 「19C 말 일본 대학의 학과 편제와 국학 · 한학 · 동양학의 위상」, 『코기토』 제65호.
박근갑(2011), 「단재 신채호와 역사의 발견」, 『역사학보』 제210집.
박근갑(2012), 「'근대'의 의미론 : 라인하르트 코젤렉(Reinhart Koselleck)과 한스 블루멘베르크(Hans Blumenberg)」, 『개념과 소통』 제9호.
박근갑(2014), 「메이지 교육체제와 '역사'의 의미론」, 『사림』 제49호.
박양신(2008a), 「근대 일본에서의 '국민' '민족' 개념의 형성과 전개 : nation 개념의 수용사」, 『동양사학연구』 제104집.
박양신(2008b), 「근대 초기 일본의 문명 개념 수용과 그 세속화」, 『개념과 소통』 제2호.
박종린(2006), 「일제하 사회주의사상의 수용에 관한 연구」, 연세대학교 박사

학위논문.
박종린(2008), 「1920년대 초 공산주의 그룹의 맑스주의 수용과 '유물사관요령기'」, 『역사와 현실』 제67호.
박찬승(1988), 「한말 신채호의 역사관과 역사학 : 청 말 양계초와의 비교를 중심으로」, 『한국문화』 제9집.
박한민(2013), 「유길준 『세계대세론』(1883)의 전거(典據)와 저술의 성격」, 『한국사학보』 제53호.
성숙경(2006), 「갑오개혁 이후(1894~1899) 성균관의 근대적 재편」, 『한국근현대사연구』 제39집.
송영배(1985), 「동중서의 역사철학 : 동씨 춘추학의 역사철학적 의의와 한계」, 『철학』 제23호.
양일모(2014), 「진보 개념의 기원과 전개 : 개항기에서 식민지시기까지」, 송호근 · 양일모 · 권용립 · 김상조 · 김인영, 『좌 · 우파에서 보수와 진보로 : 보수 · 진보의 개념과 역사적 전개』, 푸른역사.
오항녕(2010), 「당대사 실록을 둘러싼 긴장, 규율, 그리고 지평 : 조선시대 당대사 편찬의 경험과 교훈」, 『역사학보』 제205집.
우남숙(1985), 「한국 근대사에서의 사회진화론 수용 양식 : 장지연 · 박은식 · 신채호를 중심으로」, 『한국정치외교사논총』 제21집 제1호.
이규수(2013), 「근대 일본의 학제 형성과 역사 지식의 제도화」, 『한국사학사학보』 제27호.
이기백(2004), 「한국사의 진실을 찾아서」, 『한국사 시민강좌』 제35집.
이난수(2013), 「정인보의 '얼'미학에 관한 시론」, 『한국양명학회 학술대회 논문집』(제10회 강화양명학 국제학술대회).
이명실(2013), 「메이지 전기 일본의 국가주의 교육사상에 관한 고찰 : 모토다(元田)와 모리(森)를 중심으로」, 『한국교육사학』 제35권 제1호.
이성규(1991), 「사마천의 시간관념과 『사기』의 서술」, 『동방학지』 제70집.
이성규(2002), 「사관(史官)의 전통과 중국 역사서술의 특색」, 편집부, 『강좌 한국고대사 5』, 가락국사적개발연구원.
이영화(2010), 「일제시대 단군을 둘러싼 한일 간의 공방」, 『한국사학사학보』 제22호.

임지현(1984), 「다윈과 마르크스 : 헌정설(獻呈說)을 중심으로」, 『역사학보』 제102집.
조병한(2007), 「양계초의 국민국가론과 민권 · 민족 관념(1896~1902)」, 『서강인문논총』 제22집.
조원일(2013), 「동중서의 천인관계론 연구」, 『중국학논총』 제38집.
최혜주(2015), 「중등교과 동국사략」, 한림과학원 편, 『동아시아 개념연구 기초문헌해제 3』, 선인.
허수(2013), 「세계대세론(1838)」, 한림과학원 편, 『동아시아 개념연구 기초문헌해제 2』, 선인.
황수영(2011), 「서양 근대사상에서 진보와 진화 개념의 교착과 분리」, 『개념과 소통』 제7호.

3) 번역서

가타기리 요시오 · 기무라 하지메 · 기무라 마사노부 · 하시모토 미호 외 (2011), 『일본 교육의 역사 : 사회사적 시각에서』, 이건상 옮김, 논형.
高國抗(1998), 『중국사학사 상』, 오상훈 · 이개석 · 조병한 옮김, 풀빛.
고야스 노부쿠니(2007), 『후쿠자와 유키치의 문명론의 개략을 정밀하게 읽는다』, 김석근 옮김, 역사와비평사.
니시카와 나가오(2007), 『국경을 넘는 방법 : 문화 · 문명 · 국민국가』, 한경구 · 이목 옮김, 일조각.
동중서(2006), 『춘추 : 역사해석학』, 신정근 옮김, 태학사.
리쾨르, 폴(2011), 『시간과 이야기 3 : 이야기 된 시간』, 김한식 옮김, 문학과지성사.
마루야마 마사오(2012), 『일본의 사상』, 김석근 옮김, 한길사.
마루야마 마사오(2013), 『〈문명론의 개략〉을 읽는다』, 김석근 옮김, 문학동네.
미나모토 료엔(2004), 『도쿠가와 시대의 철학사상』, 박규태 · 이용수 옮김, 예문서원.
스즈키 마사유키(2005), 『근대 일본의 천황제』, 류교열 옮김, 이산.
스테판 다나카(2004), 『일본 동양학의 구조』, 박영재 · 함동조 옮김, 문학과지성사.

쓰지모토 마사시 · 오키타 유쿠치 · 모리가와 데루미치 · 오토 야스히로(2012), 『일본교육의 사회사』, 이기원 · 오성철 옮김, 경인문화사.
윗슨, 버튼(1995), 『위대한 역사가 사마천』, 박혜순 옮김, 한길사.
유절(2000), 『중국사학사 강의』, 신태갑 옮김, 신서원.
진관타오 · 류칭펑(2010), 『관념사란 무엇인가 2 : 관념의 변천과 용어』, 양일모 · 송인재 · 한지은 · 강중기 · 이상돈 옮김, 푸른역사.

4) 번역 논문

고야마 사토시(2009), 「'세계사'의 일본적 전유 : 랑케를 중심으로」, 도면회 · 윤해동 편, 『역사학의 세기 : 20세기 한국과 일본의 역사학』, 휴머니스트.
누마타 지로(2007), 「시게노 야스츠구와 역사서술의 근대 도쿄 전통」, W. G. 비슬리 · E. G. 풀리블랭크 편, 『중국과 일본의 역사가들』, 이윤화 · 최자영 옮김, 신서원.
戴君仁 / 박한제 옮김(1985), 「음양오행설과 역사」, 민두기 편, 『중국의 역사인식 상』, 창작과비평사.
릭터, 멜빈 / 황정아 옮김(2015), 「개념사, 번역, 그리고 상호 문화적 개념 전이」, 박근갑 · 루치안 횔셔 · 롤프 라이하르트 · 김학이 외, 『개념사의 지평과 전망』(개정증보판), 도서출판 소화.
미우라 구니오 / 표교열 옮김(1985), 「자치통감의 성격」, 민두기 편, 『중국의 역사인식 상』, 창작과비평사.
李宗侗 / 박한제 옮김(1985), 「중국 고대의 사관제도」, 민두기 편, 『중국의 역사인식 상』, 창작과비평사.
이즈하라 마사오(2008), 「메이지 일본에 있어서의 '애국심'론의 형성과 전개」, 『한국문화』 제41집.
이케다 온(2003), 「사학」, 미조구치 유조 · 마루야마 마쓰유키 · 이케다 도모히사 편저, 『중국사상 문화사전』, 김석근 · 김용천 · 박규태 옮김, 민족문화문고.
임, 헨리(2007), 「근대적 · 민주적 구성물로서의 민족 : 신채호의 역사서술」, 신기욱 · 마이클 로빈슨 편, 『한국의 식민지 근대성 : 내재적 발전론과 식민지 근대화론을 넘어서』, 도면회 옮김, 삼인.

2. 일본어

1) 단행본

吉田俊純(2003),『水戸學と明治維新』, 東京：吉川弘文館.

內藤虎次郎(1961),『支那史學史』, 東京：弘文堂.

石塚正英・柴田隆行 監修(2004),『哲學・思想飜譯語事典』, 東京：論創社.

小林昇(1983),『中國・日本における歷史觀と隱逸思想』, 東京：早稻田大學出版部.

小澤榮一(1968),『近代日本史學史の研究：明治編：十九世紀日本啓蒙史學の研究』, 東京：吉川弘文館.

小澤榮一(1974),『近世史學思想史研究』, 東京：吉川弘文館.

鈴木成高(1990),『世界史における現代』, 東京：創文社.

永原慶二(2005),『20世紀日本の歷史學』, 東京：吉川弘文館.

佐藤正幸(2004),『歷史認識の時空』, 東京：知泉書館.

佐藤喜代治 編(1982),『近代の語彙』, 東京：明治書院.

海後宗臣(1969),『歷史教育の歷史』, 東京：東京大學出版會.

丸山眞男(2011),『日本政治思想史研究』, 東京：東京大學出版會.

ひろた まさき(1976),『福澤諭吉研究』, 東京：東京大學出版會.

2) 논문

宮地正人(1991),「幕末・明治前期における歷史認識の構造」, 田中彰・宮地正人 校註,『日本近代思想大系 13：歷史認識』, 東京：岩波書店.

尾藤正英(1973),「水戸學の特質」, 今井宇三郎・賴谷義彥・尾藤正英 校註,『日本思想大系 53：水戸學』, 東京：岩波書店.

山住正己(1991),「解說」, 山住正己 校注,『日本近代思想大系 6：教育の體系』, 東京：岩波書店.

安世舟(1976),「明治初期におけるドイツ國家思想の受容に關する一考察：ブルンチュリと加藤弘之を中心として」, 日本政治學會 編,『年報政治學1975：日本における西歐政治思想』, 東京：岩波書店.

鈴木貞美(2007),「日本における〈歷史〉の歷史：ひとつのプロブレマティクとして」,

『日本研究』第35集.
黑田俊雄(1984), 「'國史'と歷史學 : 普遍的學への轉換のために」, 『思想』 第726號.

3. 구미어

1) 단행본

Blumenberg, Hans(1996), *Die Legitimität der Neuzeit*, Frankfurt am Main : Suhrkamp.

Blumenberg, Hans(1997a), *Schiffbruch mit Zuschauer : Paradigma einer Daseinsmetapher*, Frankfurt am Main : Suhrkamp.

Blumenberg, Hans(1997b), *Wirklichkeiten in denen wir leben : Aufsätze und eine Rede*, Stuttgart : Reclam.

Blumenberg, Hans(1998), *Paradigmen zu einer Metaphorologie*, Frankfurt am Main : Suhrkamp.

Blumenberg, Hans(2006), *Arbeit am Mythos*, Frankfurt am Main : Suhrkamp.

Böckenförde, Ernst-Wolfgang(1991), *Recht, Staat, Freiheit : Studien zur Rechtsphilosophie, Staatstheorie und Verfassungsgeschichte*, Frankfurt am Main : Suhrkamp.

Brunner, Otto, Werner Conze and Reinhart Koselleck eds.(1972~1997), *Geschichtliche Grundbegriffe : Historishes Lexikon zur politisch-sozialen Sprache in Deutschland*, 8 vols., Stuttgart : Klett-Cotta.

Gadamer, Hans-Georg(2010), *Wahrheit und Methode : Grundzüge einer philosophischen Hermeneutik*, Tübingen : Mohr Siebeck.

Iggers, Georg G.(1997), *Deutsche Geschichtswissenschaft : Eine Kritik der traditionellen Geschichtsauffassung von Herder bis zur Gegenwart*, Wien ; Köln ; Weimar : Böhlau.

Jaeger, Friedrich and Jörn Rüsen(1992), *Geschichte des Historismus : Eine Einführung*, München : Beck.

Joas, Hans and Peter Vogt eds.(2011), *Begriffene Geschichte : Beiträge zum*

Werk Reinhart Kosellecks, Frankfurt am Main : Suhrkamp.

Koselleck, Reinhart(1979a), *Vergangene Zukunft : Zur Semantik geschichtlicher Zeiten*, Frankfurt am Main : Suhrkamp.

Koselleck, Reinhart(2003), *Zeitschichten : Studien zur Historik*, Frankfurt am Main : Suhrkamp.

Koselleck, Reinhart(2006), *Begriffsgeschichten : Studien zur Semantik und Pragmatik der politischen und sozialen Sprache*, Frankfurt am Main : Suhrkamp.

Schmidt, Alfred(1978), *Der Begriff der Natur in der Lehre von Marx*, Frankfurt am Main : Europäische Verlagsanstalt.

Tessitore, Fulvio(1998), *Wilhelm von Humboldt und der Historismus*, Nürnberg : Seubert.

Weber, Max(1982), *Gesammelte Aufsätze zur Wissenschaftslehre*, Tübingen : J. C. B. Mohr.

2) 논문

Ball, Terry(1990), "Marx and Darwin : A Reconsideration," in Bob Jessop and Charlie Malcom-Brown eds., *Karl Marx's Social and Political Thought : Critical Assessments*, vol. 1, London ; New York : Routledge.

Berding, Helmut(1971), "Leopold von Ranke," in Hans-Ulrich Wehler ed., *Deutsche Historiker*, vol. 1, Göttingen : Vandenhoeck & Ruprecht.

Engels, Odilo, Horst Günther, Christian Meier and Reinhart Koselleck(1979), "Geschichte, Historie," in Otto Brunner, Werner Conze and Reinhart Koselleck eds., *Geschichtliche Grundbegriffe : Historisches Lexikon zur politisch-sozialen Sprache in Deutschland*, vol. 2, Stuttgart : Klett-Cotta.

Fisch, Jörg(1992), "Zivilisation, Kultur," in Otto Brunner, Werner Conze and Reinhart Koselleck eds., *Geschichtliche Grundbegriffe : Historisches Lexikon zur politisch-sozialen Sprache in Deutschland*, vol. 7, Stuttgart : Klett-Cotta.

Koselleck, Reinhart(1967), "Richtlinien für das Lexikon politisch-sozialer

Begriffe der Neuzeit," *Archiv für Begriffsgeschichte* 11.

Koselleck, Reinhart(1979b), "Einleitung," in Otto Brunner, Werner Conze and Reinhart Koselleck eds., *Geschichtliche Grundbegriffe : Historishes Lexikon zur politisch-sozialen Sprache in Deutschland*, vol. 1, Stuttgart : Klett-Cotta.

Koselleck, Reihnart(1982), "Krise," in Otto Brunner, Werner Conze and Reinhart Koselleck eds., *Geschichtliche Grundbegriffe : Historisches Lexikon zur politisch-sozialen Sprache in Deutschland*, vol. 3, Stuttgart : Klett-Cotta.

Koselleck, Reinhart(1992), "Vorwort," in Otto Brunner, Werner Conze and Reinhart Koselleck eds., *Geschichtliche Grundbegriffe : Historisches Lexikon zur politisch-sozialen Sprache in Deutschland*, vol. 7, Stuttgart : Klett-Cotta.

Koselleck, Reinhart and Christian Meier(1979), "Fortschritt," in Otto Brunner, Werner Conze and Reinhart Koselleck eds., *Geschichtliche Grundbegriffe : Historisches Lexikon zur politisch-sozialen Sprache in Deutschland*, vol. 2, Stuttgart : Klett-Cotta.

Kurtz, Joahim(2001), "Coming to Terms with Logic : The Naturalization of an Occidental Notion in China," in Michael Lackner, Iwo Amelung and Joachim Kurtz eds., *New Terms for New Ideas : Western Knowledge and Lexical Change in Late Imperial China*, Leiden ; Boston ; Köln : Brill.

Kurtz, Joachim(2012), "Translating the Vocation of Man : Liang Qichao(1873-1929), J. G. Fichte, and the Body Politic in Early Republican China," in Martin J. Burke and Melvin Richter eds., *Why Concepts Matter : Translating Social and Political Thought*, Leiden ; Boston : Brill.

인명

사항

ㄴ

ㄷ·ㄹ

ㅇ

기타

책 · 신문 · 잡지 · 논설

ㄱ